数字经济创新驱动与技术赋能

银行数字化转型

数据思维与分析之道

钱兴会 相雪 邓梁 ◎ 著

机械工业出版社
CHINA MACHINE PRESS

在数据时代，数据思维至关重要。本书为银行数字化转型提供了一条清晰的数据思维之路。

全书内容贯穿着数据在银行各领域的应用实践，从整体上引导读者建立数据思维、洞悉业务本质，并通过数据分析解决实际问题。重点内容包括：通过数据指标洞悉业务运行状态、基于数据进行科学决策、客户经营中的数据分析、商业银行零售业务风控管理中的数据分析、对公业务中的数据分析、经营管理与决策中的数据分析等。

本书案例丰富、视角独到、可读性强，是银行从业人员学习数据思维和数据应用的佳作，适合银行高管、业务骨干及数据分析人员阅读。

图书在版编目（CIP）数据

银行数字化转型：数据思维与分析之道 / 钱兴会，相雪，邓梁著. -- 北京：机械工业出版社，2025.1（2025.8重印）.（数字经济创新驱动与技术赋能丛书）. -- ISBN 978-7-111-77128-9

Ⅰ. F830.49

中国国家版本馆 CIP 数据核字第 2024D59Z08 号

机械工业出版社（北京市百万庄大街 22 号　邮政编码 100037）
策划编辑：李晓波　　　　　　责任编辑：李晓波　赵晓峰
责任校对：郑　雪　张昕妍　　责任印制：单爱军
北京盛通数码印刷有限公司印刷
2025 年 8 月第 1 版第 2 次印刷
184mm×240mm・18.5 印张・468 千字
标准书号：ISBN 978-7-111-77128-9
定价：99.00 元

电话服务　　　　　　　　　　网络服务
客服电话：010-88361066　　　机　工　官　网：www.cmpbook.com
　　　　　010-88379833　　　机　工　官　博：weibo.com/cmp1952
　　　　　010-68326294　　　金　书　网：www.golden-book.com
封底无防伪标均为盗版　　　　机工教育服务网：www.cmpedu.com

前　言

　　数字化转型已成为当今银行业必须跨越的重要关口。在传统业务模式和经营理念遭到前所未有的冲击之际，银行唯有紧抓数字化转型这一发展机遇，才能在未来的竞争中立于不败之地。

　　数据正是推动银行数字化转型的核心驱动力。只有建立数据思维，将数据资源高效整合，并融入业务决策与运营的各个环节，银行才能真正实现高质量的数字化转型。

　　鉴于此，我们组织编写了这本《银行数字化转型：数据思维与分析之道》，希望给银行同人的数字化转型带来启迪和借鉴。

　　本书立足于实战，系统阐述了数据思维在银行数字化转型中的重要性和具体运用，内容涵盖了银行业务数据化的方方面面，既有宏观层面的数字化转型思路，也有微观层面的专题分析与案例解读。我们努力通过浅显的语言、清晰的逻辑和生动的案例，将数据分析的理论知识和实战经验娓娓道来。

　　本书由资深银行从业人员及数据分析专家联袂执笔，结合了实战经验和理论研究的双重视角。我们秉持客观务实的态度，直面银行数字化转型中遇到的种种困难和挑战，试图为读者提供可借鉴的最佳实践和有价值的思路。其中，钱兴会作为本书的主要设计人撰写了第1到第4章，相雪撰写了第5到第8章，邓梁撰写了第9章。

　　我们期望本书能够成为银行从业人员学习和贯彻数据思维的入门读物，也希望能为其他行业的数字化转型实践者提供有益参考。同时，本书适合数据分析爱好者、相关专业的师生作为案例学习读物阅读。

　　最后，我们诚挚感谢所有为本书创作和出版提供过意见和帮助的同人，正是有了他们的鼎力相助，本书才得以如期付梓。在未来，我们将一如既往地为银行的数字化转型贡献自己的力量。

目 录

前言

第1章 数据思维与商业银行数字化转型 / 1

1.1 数据思维及其重要性 / 1
  1.1.1 大家都在说的数据思维是什么 / 1
  1.1.2 数据思维对企业精细化经营、创新、流程优化的作用 / 2

1.2 数据思维的表现形式 / 5
  1.2.1 构建有效的监控体系和客观的评价标准 / 5
  1.2.2 用合理的分析方法探究原因以及评价效果 / 5
  1.2.3 综合运用统计学知识对业务经营效果进行预测 / 7

1.3 为什么商业银行数字化转型需要建立数据思维 / 8
  1.3.1 商业银行数字化转型需要建立数据思维 / 9
  1.3.2 大量银行正在应用数据思维改造自己的业务 / 9

1.4 如何建立数据思维 / 10
  1.4.1 树立目标意识 / 10
  1.4.2 养成基于数据下结论的习惯 / 11
  1.4.3 熟悉银行常用的数据分析方法与场景 / 12
  1.4.4 通过数据思维持续改善业务 / 13
  1.4.5 掌握统计学思维 / 14
  1.4.6 培养数据分析工作的热情与信心 / 15
  1.4.7 掌握常见的数据分析工具 / 16

1.5 本章小结 / 16

第2章 通过数据指标洞悉业务运行状态 / 18

2.1 数据指标体系的定义、价值 / 18
  2.1.1 数据指标体系的定义 / 18
  2.1.2 数据指标体系的价值 / 20
  2.1.3 数据指标的类型 / 21
  2.1.4 银行业务中数据指标体系的应用价值 / 23

2.2 数据指标的设计方法 / 25
  2.2.1 指标设计的过程与分类 / 25
  2.2.2 指标的尺度特性 / 33
  2.2.3 指标的时间特性 / 34
  2.2.4 指标评价 / 35
  2.2.5 银行业务中常见的数据指标 / 37

2.3 数据指标体系的构建 / 39
  2.3.1 搭建数据指标体系 / 40
  2.3.2 数据指标体系的评价 / 40
  2.3.3 银行业务中常见的数据指标体系 / 41

2.4 数据指标构建相关工具 / 42
  2.4.1 数据操作工具 / 43
  2.4.2 数据仓库工具 / 43
  2.4.3 商业智能工具 / 44
  2.4.4 数据可视化工具 / 45

2.5 利用数据看板和管理经营驾驶舱了解业务的运行情况 / 46
  2.5.1 数据看板 / 47
  2.5.2 管理经营驾驶舱 / 50

2.6 本章小结 / 54

第 3 章　运用数据手段解决业务经营中的专项问题 / 55

3.1　运用指标体系发现业务中存在的异常 / 55
3.1.1　数据异动分析方法 / 55
3.1.2　通过业务规则发现数据中的异常 / 56
3.1.3　通过统计方法发现数据中的异常 / 57
3.1.4　通过机器学习方法发现数据中的异常 / 58
3.1.5　通过专家经验库发现数据中的异常 / 59

3.2　运用对比分析了解业务现状 / 60
3.2.1　对比分析法 / 60
3.2.2　平均分析法 / 62
3.2.3　综合评价分析法 / 63
3.2.4　同比热力图分析法 / 64

3.3　利用相关性分析业务现状 / 65
3.3.1　原因分析的方法框架 / 65
3.3.2　原因分析中的统计学知识 / 66
3.3.3　相关性分析与相关系数 / 67
3.3.4　图表相关分析（折线图及散点图）/ 67
3.3.5　协方差及协方差矩阵 / 68

3.4　利用因果分析与推断分析业务现状 / 69
3.4.1　随机实验 / 69
3.4.2　PSM / 70
3.4.3　DID / 71
3.4.4　Uplift / 72
3.4.5　鱼骨图 / 72
3.4.6　5W2H / 73
3.4.7　双重机器学习 / 74
3.4.8　因果树 / 75
3.4.9　因果推断工具 / 76

3.5　利用归因分析分析业务现状 / 77
3.5.1　首次互动模型 / 77
3.5.2　末次互动模型 / 78
3.5.3　时间衰减归因模型 / 78
3.5.4　线性归因模型 / 79
3.5.5　末次非直接点击互动模型 / 79

3.6　基于数据分析报告总结业务原因 / 80
3.6.1　数据分析报告的结构 / 81
3.6.2　数据分析报告写作的核心方法 / 82
3.6.3　数据分析报告中可视化方法的运用 / 83

3.7　本章小结 / 85

第 4 章　基于数据进行科学决策 / 86

4.1　科学决策的概念与理论 / 86
4.1.1　科学决策的概念与流程 / 86
4.1.2　基于经验进行决策的缺陷 / 87
4.1.3　决策科学与数据科学 / 88

4.2　进行科学决策的步骤 / 90
4.2.1　明确应用场景，理解管理者思维逻辑 / 90
4.2.2　构建指标体系，明确运营状况的衡量尺度 / 91
4.2.3　明确各类业务分析模型 / 92
4.2.4　友好的功能设计，为决策者提供门户 / 93
4.2.5　注重对外展示，整体规划展示大屏 / 94

4.3　本章小结 / 95

第 5 章　基于数据挖掘方法实现数智化运营 / 96

5.1　数据挖掘的概念与应用 / 96
5.1.1　什么是数据挖掘 / 96
5.1.2　数据挖掘相关术语 / 97
5.1.3　数据挖掘过程概述 / 101
5.1.4　数据挖掘的核心方法——机器学习 / 103
5.1.5　数据挖掘在银行经营中的应用场景 / 104

5.2　数据挖掘典型任务之数据分类 / 107
5.2.1　数据分类任务的概念与典型应用场景 / 107
5.2.2　分类任务的整体实施流程 / 107
5.2.3　分类任务典型算法之决策树 / 108

5.2.4 分类任务典型算法之神经网络 / 110
5.2.5 分类任务典型算法之集成学习 / 112
5.2.6 分类任务在银行经营中的应用场景 / 115

5.3 数据挖掘典型任务之数值预测 / 116
5.3.1 数值预测任务的概念与典型应用场景 / 116
5.3.2 数值预测任务的整体实施流程 / 117
5.3.3 回归分析经典算法之线性回归 / 117
5.3.4 回归分析经典算法之非线性回归 / 118
5.3.5 回归分析经典算法之时间序列 / 120
5.3.6 回归分析经典算法之逻辑回归 / 123
5.3.7 数值预测任务在银行经营中的应用场景 / 123

5.4 数据挖掘典型任务之资源分配 / 124
5.4.1 资源分配任务的概念与典型应用场景 / 124
5.4.2 资源分配任务的整体实施流程 / 125
5.4.3 资源分配任务在运筹优化方面的经典算法 / 125
5.4.4 运筹优化典型场景之营销组合优化 / 126
5.4.5 运筹优化典型场景之排班优化 / 127
5.4.6 运筹优化典型场景之投资组合优化 / 128
5.4.7 资源分配任务在银行经营中的应用场景 / 129

5.5 数据挖掘典型任务之数据模式挖掘 / 130
5.5.1 数据模式挖掘任务的概念与典型应用场景 / 130
5.5.2 数据模式挖掘任务的整体实施流程 / 131
5.5.3 数据模式挖掘任务典型算法之聚类 / 131
5.5.4 数据模式挖掘任务典型算法之关联分析 / 132
5.5.5 数据模式挖掘任务在银行经营中的应用场景 / 133

5.6 数据挖掘典型任务之非结构化数据挖掘 / 133
5.6.1 非结构化数据挖掘类型与整体实施流程 / 134
5.6.2 文本数据挖掘方法与应用场景 / 134
5.6.3 图像视频数据挖掘方法与应用场景 / 136
5.6.4 语音数据挖掘方法与应用场景 / 137
5.6.5 非结构化数据挖掘在银行经营中的应用场景 / 138

5.7 本章小结 / 138

第6章 客户经营中的数据分析 / 140

6.1 客户经营的理论基础 / 140
6.1.1 客户关系管理 / 140
6.1.2 消费者心理学 / 142
6.1.3 客户生命周期运营 / 143
6.1.4 销售漏斗理论 / 145
6.1.5 客户画像理论与应用 / 146

6.2 客户分群经营 / 147
6.2.1 客群划分的维度与意义 / 148
6.2.2 客户分群经营的业务流程 / 148
6.2.3 基于聚类算法的客群划分方法 / 149
6.2.4 基于属性标签的客群划分方法 / 150
6.2.5 基于客户画像进行标签化 / 150
6.2.6 案例：零售银行职业女性客群经营 / 152

6.3 数据分析驱动商业银行客户营销 / 155
6.3.1 银行客户营销与拉新的定义 / 155
6.3.2 客户营销业务流程 / 155
6.3.3 基于数据指标监控营销业务流程 / 156
6.3.4 基于因果分析方法分析活动原因 / 157
6.3.5 基于数据建模方法预测客户偏好 / 158
6.3.6 案例：商业银行财富客户营销活动 / 161

6.4 客户流失挽回 / 164
6.4.1 银行客户流失的定义 / 164
6.4.2 银行客户流失挽回流程 / 165
6.4.3 银行客户流失实时报表监控体系 / 166

6.4.4　银行客户流失原因分析 / 167
6.4.5　基于机器学习的流失建模与归因方案 / 168
6.4.6　案例：银行公积金贷款客户流失预警与挽回 / 170

6.5　在线客户支持与服务 / 172
6.5.1　银行在线客户支持与服务的定义 / 173
6.5.2　银行在线客户支持与服务业务流程 / 173
6.5.3　基于运筹优化算法优化客服排班流程 / 175
6.5.4　基于非结构化数据挖掘构建智能问答服务 / 178
6.5.5　案例：商业银行智能客服 / 180

6.6　本章小结 / 183

第7章　商业银行零售业务风控管理中的数据分析 / 184

7.1　商业银行数智化风险管理基础理论 / 184
7.1.1　商业银行数智化风控发展背景 / 184
7.1.2　商业银行数智化风控总体架构 / 185
7.1.3　商业银行数智化风控中的核心数据技术 / 186
7.1.4　数智化风控对人才技能的要求 / 187

7.2　商业银行零售业务数智化风控体系建设 / 188
7.2.1　商业银行零售业务风控面临的挑战 / 188
7.2.2　零售风控大数据平台 / 189
7.2.3　个人客户画像信用体系 / 191
7.2.4　借款人全流程管控 / 192

7.3　商业银行零售业务数智化风控之贷前 / 194
7.3.1　贷前客户画像体系 / 194
7.3.2　贷前客户数据的监控与补充 / 197
7.3.3　贷前客户个人建模与风险预测 / 198
7.3.4　案例：基于数据建模贷前客户风险预警 / 200

7.4　商业银行零售业务数智化风控之贷中 / 210
7.4.1　贷中信用评分模型应用 / 210
7.4.2　贷中实时反欺诈应用 / 211
7.4.3　贷中风险客群管理 / 211
7.4.4　案例：基于数据建模贷中风险实时管理 / 212

7.5　商业银行零售业务数智化风控之贷后 / 216
7.5.1　贷后数智化风控体系 / 217
7.5.2　贷后预警监控系统 / 217
7.5.3　贷后催收智能化 / 219
7.5.4　案例：基于数据建模贷后管理 / 220

7.6　本章小结 / 223

第8章　对公业务中的数据分析 / 224

8.1　对公业务风险管理中的数据分析 / 224
8.1.1　对公业务风险管理中的常见业务场景 / 224
8.1.2　基于机器学习预测企业的风险 / 225
8.1.3　基于机器学习预测制造业上市公司财务造假 / 227

8.2　对公业务中的企业关联关系分析 / 232
8.2.1　企业关联关系分析的定义 / 232
8.2.2　企业关联关系分析的应用场景 / 232
8.2.3　基于知识图谱完成企业关联关系分析 / 233
8.2.4　上市公司关联关系分析 / 237

8.3　对公业务中的企业舆情分析 / 241
8.3.1　舆情数据的价值与类型 / 241
8.3.2　对公业务的常见业务场景 / 242
8.3.3　基于文本分类定义舆情信息的类别 / 242
8.3.4　基于关键词提取方法分析舆情的关键信息 / 244
8.3.5　基于算法合并舆情信息 / 245
8.3.6　上市公司舆情风险分析 / 247

8.4　本章小结 / 253

第 9 章 经营管理与决策中的数据分析 / 255

9.1 银行日常经营管理概论 / 255
   9.1.1 银行日常经营中的常见业务场景 / 255
   9.1.2 银行经营管理中常用的数据分析方法 / 256
   9.1.3 数据如何改善经营管理与决策 / 258
9.2 银行网点选址案例 / 260
   9.2.1 案例背景 / 260
   9.2.2 网点选址中的数据类型 / 261
   9.2.3 网点效能评估模型 / 262
   9.2.4 网点营销潜力模型 / 266
   9.2.5 网点选址模型 / 270
   9.2.6 选址分析结果 / 277
9.3 银行智慧网点运营案例 / 277
   9.3.1 银行智慧网点运营背景 / 277
   9.3.2 银行智慧网点运营中的数据类型 / 278
   9.3.3 银行网点智能客流分析 / 279
   9.3.4 银行网点智能 VIP 用户分析 / 283
   9.3.5 银行网点智能用户行为检测 / 284
9.4 本章小结 / 287

第 1 章
数据思维与商业银行数字化转型

1.1 数据思维及其重要性

【学习目标】

1) 熟知什么是数据思维。
2) 熟知数据思维对商业银行精细化经营、创新、流程优化的作用。
3) 根据数据思维要求,培养理性思维、批判质疑、勇于探究、乐学善学、勤于反思、信息意识、技术运用等核心素养。
4) 通过系统学习,培养专业精神、职业精神、工匠精神、创新精神和自强精神。

长久以来,商业银行一直是金融行业的重要组成部分。随着数字化时代的到来,商业银行必须跟上时代的步伐,推进数字化转型。

一般来讲,商业银行数字化转型是指引入人工智能、大数据、云计算、物联网等数字化技术,通过数据驱动的方法,实现智能化、自动化和高效化,从而提高业务效率和客户服务质量。

数字化转型的一项核心资源就是数据。商业银行需要搜集、存储、管理和分析大量的数据,以了解客户需求和行为、优化业务流程和提升业务效率、探索新的商业机会和趋势。而利用数据的核心是具备数据思维。

数据思维强调了以数据为基础进行分析和决策,通过数据分析和挖掘,发现问题、找到解决方案,从而实现商业银行数字化转型的目标。在数据思维的指导下,商业银行可以采取创新的思维方式,不断试错和改进,从而实现数字化转型。

1.1.1 大家都在说的数据思维是什么

假设你是一家银行的客户经理,你的客户是一位年轻人,他一般都在网上购物。通过数据思维,你可以分析他的信用卡消费记录，并结合他的个人信息，来给他推荐一些符合他消费习惯的产品和服务。

比如，你发现这位客户经常在某个电商平台购物，那么你就可以推荐一张和这个电商合作的信用卡，给他带来更多的优惠和返利。又比如，你发现这位客户经常旅行，那么你就可以推荐一款针对旅行消费的信用卡，让他在旅行中享受更多的福利。

通过数据思维，你可以更加深入地了解客户的消费习惯和需求，提供个性化服务，增加客户满意度，并提升客户忠诚度。同时，你还可以通过数据分析，发现客户的投资偏好和风险承受能力，为他推荐更加符合他风险偏好的理财产品。

数据思维是一种注重数据收集、分析和利用的思考方式，它是企业经营管理和决策制定过程中必不可少的一部分。数据思维展示如图1-1所示。在当今信息大爆炸的时代，数据已经成为企业竞争的重要资产，数据思维可以帮助企业更好地理解和利用数据，提高企业的决策质量和效率。

图 1-1　数据思维展示

1.1.2　数据思维对企业精细化经营、创新、流程优化的作用

由于当前企业的业务已经进入存量经营时代，社会在发生巨大的变化，所以数据思维对企业精细化经营、创新、流程优化都起到了非常重要的作用。

1. 帮助企业发现商业机会

数据思维可以帮助企业从海量的数据中挖掘出商业机会，帮助企业更好地理解市场需求和客户行为，从而开发出更有针对性的产品和服务。建设银行基于对公客户的分析，设计出了小微快贷产品来满足小微企业贷款需求，该产品线上申请下款快，受到了小微企业的一致欢迎。建行小微快贷广告如图1-2所示。

图 1-2　建行小微快贷广告

2. 提高企业的决策质量

通过数据的分析和利用，企业可以更全面、准确地了解市场和竞争对手的情况，从而做出更明智的决策。数据思维可以帮助企业领导层更好地理解数据，从而更好地制定战略和决策。

以美国花旗银行为例,该银行运用数据思维提高决策质量的实践如下:

花旗银行通过数据分析来了解客户的需求,以此为基础打造个性化的产品和服务,比如根据客户的消费习惯和喜好推出符合其需求的信用卡和贷款产品。

此外,花旗银行还利用数据分析来优化自身的业务流程和营销策略,比如通过对客户数据和行为的分析,进行精准化的营销和服务,提高客户满意度和忠诚度。

通过这些实践,花旗银行可以更好地把握市场变化和客户需求,提高业务流程和服务效率,从而提高决策质量。

3. 优化企业营销策略

数据思维可以帮助企业更好地理解客户需求和行为,从而制定更有针对性的营销策略。通过数据分析,企业可以更好地了解客户的需求和偏好,从而提供更好的产品和服务,提高客户忠诚度和满意度。

花旗银行(其标志如图1-3所示)通过数据分析发现,很多客户在打电话进行咨询之前会先通过银行的网站和移动应用程序获取信息和服务。因此,花旗银行决定通过分析客户在网站和移动应用程序上的行为和偏好,制定更加精准的营销策略。

首先,花旗银行对客户在网站和移动应用程序上的行为进行分析,了解客户的偏好和需求,比如客户访问的页面、点击的链接、使用的功能等。

随后,花旗银行利用这些数据制定个性化的营销策略,向客户推送符合其需求的金融产品和服务。

图1-3 花旗银行标志

比如,如果客户经常访问花旗银行网站上的贷款信息页面,花旗银行会在其下次登录网站或移动应用程序时,向其推送相关的贷款产品和服务,提高转化率和客户满意度。

通过这些实践,花旗银行成功地利用数据思维优化了营销策略,提高了客户满意度和转化率。

4. 帮助企业发现潜在问题

通过数据分析,企业可以发现潜在的问题和风险,从而及时采取措施避免损失。例如,通过数据分析,企业可以发现产品质量问题、供应链问题等,从而采取措施避免影响企业形象和利润。

以汇丰银行(其标志如图1-4所示)为例,该银行通过数据分析发现了信用卡客户的"闲置"问题,并采取了措施加以解决。

图1-4 汇丰银行标志

汇丰银行发现,一些信用卡客户在使用信用卡一段时间后会停止使用,这导致了银行信用卡客户的活跃度下降。为了解决这个问题,汇丰银行利用数据分析技术对信用卡客户的行为进行了分析。经过分析发现，信用卡客户闲置的主要原因是客户的需求变化，导致客户无法满足自己的消费需求，从而转向其他银行的信用卡。

为了解决这个问题，汇丰银行采取了一系列措施。首先，银行通过数据分析重新评估了客户的信用风险和需求，对客户的信用额度和服务进行了调整。其次，银行对于客户的信用卡使用行为进行了精准化营销和服务，通过提供更优惠的利率、奖励和优惠活动等方式，鼓励客户继续使用汇丰银行的信用卡。

通过这些措施，汇丰银行成功解决了信用卡客户闲置的问题，提高了客户满意度和忠诚度，增强了市场竞争力。因此，数据分析对于银行发现和解决潜在问题具有非常重要的作用。

5. 促进企业创新

数据思维可以帮助企业从数据中发现新的商业机会和创新点，从而推动企业的创新和发展。例如，通过数据分析，企业可以发现新的市场需求和消费趋势，从而开发出更有针对性的产品和服务。

汇丰银行运用数据分析技术，通过对客户的历史交易记录、消费习惯以及社交网络等信息进行分析，精准地预测客户的消费需求和金融需求。基于这些数据分析结果，银行为客户提供了个性化的金融服务和产品，如定制化的贷款方案、投资理财建议、信用卡奖励计划等，客户得到了更加满意和适合自己的服务和产品。

此外，汇丰银行还通过数据思维实现了风险管理的创新。银行利用大数据和人工智能技术，对风险进行实时监测和预测，及时发现和应对风险，提高了风险管理的能力和效率。

例如，汇丰银行在香港推出了一项名为"防欺诈"的服务，运用大数据技术和人工智能技术，对客户的账户和交易行为进行实时监测和分析，发现并预测可能存在的欺诈行为，及时采取预防措施，保护客户的资产安全。

6. 优化企业运营效率

数据思维可以帮助企业更好地了解运营情况，从而制定更有效的运营策略和管理措施。例如，通过数据分析，企业可以发现生产线的瓶颈和低效环节，从而采取措施提高生产效率和质量。

花旗银行将数据思维应用于内部业务流程和客户服务等方面，通过对数据的分析和应用，优化了业务流程，提高了效率和质量，同时也提升了客户满意度和忠诚度。

花旗银行利用大数据和人工智能技术，对客户的历史交易记录和行为进行分析，为客户提供个性化的金融服务和产品，如个性化的投资建议、信用评分等。同时，银行还通过数据分析优化了客户服务流程，实现了快速响应和高效处理客户问题的目标。

此外，花旗银行还利用数据思维优化了内部业务流程。银行通过数据分析技术，对内部各个环节进行了优化和改进，如自动化的风险管理、智能化的财务管理等，提高了业务流程的效率和质量。

花旗银行运用人工智能技术，实现了智能化的风险管理，通过对客户的行为和交易进行实时监测和分析，预测和应对可能发生的风险，提高了风险管理的能力和效率。

1.2 数据思维的表现形式

【学习目标】

1) 认知数据思维的表现形式。
2) 学习构建有效的监控体系与客观评价标准。
3) 学习用合理的方法分析原因与评价结果。
4) 学习综合运用统计学知识对业务经营效果进行预测。

1.2.1 构建有效的监控体系和客观的评价标准

假设一家银行需要监控其信贷风险,以确保贷款质量和风险控制。该银行可以通过表1-1所示的步骤构建有效的监控体系和客观的评价标准。

表1-1 某商业银行构建有效的监控体系和客观的评价标准的步骤

步 骤	步 骤 内 容
确定重点领域和指标	该银行可以确定信贷风险的重点领域,包括贷款发放、贷款违约、贷款回收等,需要监控的指标包括贷款发放额、贷款违约率、贷款回收率等
设计监控指标和数据采集方法	该银行可以设计合适的监控指标,例如贷款余额、贷款违约次数、贷款回收率等,同时采用核心银行系统、风险管理系统等工具进行数据采集
确定监控频率和报告形式	该银行可以根据不同领域和指标的特点,确定监控的频率和报告形式。例如,贷款违约率可以每月监控一次,报告形式可以是报表或仪表盘
建立监控体系和评价标准	该银行可以建立完整的监控体系和客观的评价标准,包括监控流程、监控人员、监控工具和方法、绩效评价标准等。例如,建立贷款违约监控流程,由风险管理部门负责监控,采用风险管理系统进行数据采集和报告
分析监控数据和绩效评价结果	该银行可以定期分析监控数据和绩效评价结果,发现问题、总结经验、改进方法,以不断提高绩效和优化管理。例如,分析贷款违约率的监控数据,发现某些贷款类型或借款人经常违约,需要加强风险评估和控制措施

通过以上步骤,该银行可以构建有效的信贷风险监控体系和客观的评价标准,以确保贷款质量和风险控制,保障客户和银行的利益。

所以构建有效的监控体系和客观的评价标准是企业管理中非常重要的一环。有效的监控体系可以帮助企业及时发现和解决问题,客观的评价标准可以帮助企业更准确地评估业务绩效和员工绩效。

1.2.2 用合理的分析方法探究原因以及评价效果

在建立了监控体系和评价标准之后,商业银行需要运用合理的分析方法来探究业务经营的原因以及评价效果。通过合理的分析方法,可以更好地理解业务经营的状况,找到问题的根源,并采取针对性的措施进行改进。同时，通过评价效果，企业可以更好地了解改进措施的效果，并及时调整和优化。具体来讲，用合理的分析方法探究原因以及评价效果的基本步骤如图1-5所示。

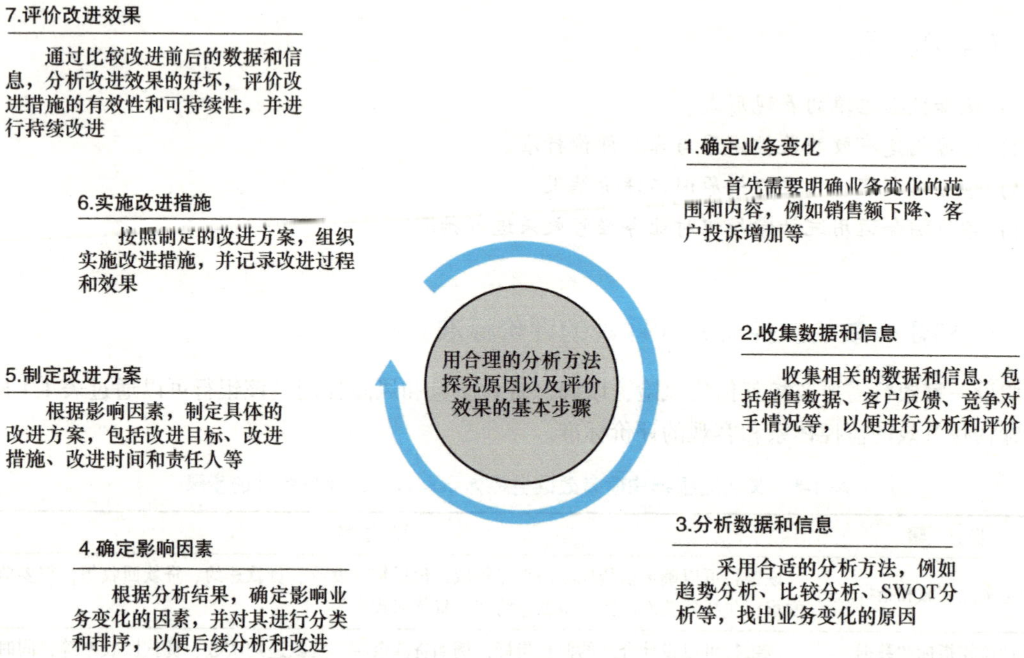

图1-5 用合理的分析方法探究原因以及评价效果的基本步骤

在实现这些步骤时，可以采用一些常用的分析方法和工具，例如趋势图、鱼骨图、SWOT分析、PDCA循环等，以确保分析过程的合理性和效果的客观性。同时，还需要注重数据的准确性和可靠性，避免数据误导分析结果和改进方案。

举个商业银行的例子。假设一家银行发现其信用卡客户的逾期率呈现上升趋势，需要采取合理的分析方法探究原因并采取措施解决问题。

1) 确定业务变化：银行的问题是信用卡客户逾期率上升。

2) 收集数据和信息：银行可以收集信用卡客户逾期记录、还款记录、信用评分等数据，以及客户反馈、市场竞争状况等信息，以便进行分析和评价。

3) 分析数据和信息：银行可以采用合适的分析方法，例如趋势分析、比较分析、因果分析等，对数据和信息进行分析，找出逾期率上升的原因。

4) 确定影响因素：根据分析结果，银行可以确定影响信用卡客户逾期率上升的因素，例如经济环境变化、客户还款能力下降、市场竞争加剧等。

5) 制定改进方案：根据影响因素，银行可以制定具体的改进方案，例如提高信用评分要求、加强客户风险管理、优化还款服务等。

6) 实施改进措施：银行按照制定的改进方案，组织实施改进措施，并记录改进过程和效果。

7）评价改进效果：银行通过比较改进前后的数据和信息，分析改进效果的好坏，评价改进措施的有效性和可持续性，并进行持续改进。

通过以上步骤，银行可以找出客户逾期率上升的原因，制定有针对性的改进方案，并及时采取措施，提高客户的还款能力和信用度，降低逾期率，维护银行的风险控制和经济效益。

1.2.3　综合运用统计学知识对业务经营效果进行预测

在完成了对业务经营的分析之后，商业银行需要综合运用统计学知识来对未来的业务经营效果进行预测。这个步骤通常包括建立模型、预测结果、评估误差等。

1. 运用统计学知识进行预测的步骤

通过综合运用统计学知识进行预测，商业银行可以更好地了解未来的业务经营趋势，并制定相应的业务计划和改进措施。同时，通过评估误差，企业可以了解模型的准确性，并及时调整和优化模型。具体的步骤如下：

1）确定预测目标：首先明确要预测的业务经营效果，例如销售额、客户满意度、市场份额等。

2）收集历史数据：收集相关的历史数据，包括销售数据、客户反馈、市场竞争状况等，以便进行分析和预测。

3）数据清洗和处理：对收集的数据进行清洗和处理，包括异常值去除、缺失值处理、数据转换等，以便保证数据的准确性和可靠性。

4）建立模型：根据历史数据，利用统计学方法建立预测模型，例如线性回归模型、时间序列模型、神经网络模型等。

5）验证模型：对建立的模型进行验证，包括模型的拟合程度、预测准确度等指标的评估，以便确定模型的有效性和可靠性。

6）进行预测：利用建立的模型，对未来业务经营效果进行预测，包括趋势预测、周期预测、季节性预测等，以便预测未来的变化趋势和可能的结果。

7）评价预测效果：通过与实际结果的比较，对预测结果进行评价和改进，以提高预测的准确性和可靠性。

在以上步骤中，企业可以利用统计学方法对业务经营效果进行预测，并预测未来趋势，制定相应的业务策略和决策，以提高经营效益和竞争力。

2. 预测业务经营效果的统计学方法

预测业务经营效果的统计学方法较为丰富，常见的方法包括以下几种：

1）描述统计分析：根据历史数据建立同比、环比的模型，对经营情况进行预测。

2）线性回归分析：根据历史数据建立线性回归模型，以预测业务经营效果的变化趋势和可能的结果。

3）时间序列分析：根据历史数据中的时间序列特征，建立时间序列模型，以预测未来业务经营效果的变化趋势和可能的结果。

4）神经网络分析：利用神经网络模型对历史数据进行学习和拟合，以预测未来业务经营效果的变化趋势和可能的结果。

5）灰色系统分析：利用灰色系统理论对历史数据进行分析和建模，以预测未来业务经营效果的变化趋势和可能的结果。

6）非参数回归分析：利用核密度估计等非参数回归方法对历史数据进行建模，以预测未来业务经营效果的变化趋势和可能的结果。

7）集成学习方法：利用多个模型（例如随机森林、XGBoost等）进行集成，以提高预测的准确性和可靠性。

选择合适的方法取决于数据的性质、历史数据的质量、预测目标的特征等因素。需要根据具体情况进行选择和应用，以提高预测的准确性和可靠性。

3. 案例：商业银行预测未来一个季度的信贷风险

来看一个例子，假设一家银行想要预测未来一个季度的信贷风险，以便制定相应的风险控制策略和决策。以下是具体的实现步骤：

1）确定预测目标：银行的预测目标是未来一个季度的信贷风险。

2）收集历史数据：银行可以收集过去几个季度的信贷数据，包括贷款金额、贷款期限、贷款利率、客户信息等，以便进行分析和预测。

3）数据清洗和处理：对收集的数据进行清洗和处理，包括异常值去除、缺失值处理、数据转换等，以便保证数据的准确性和可靠性。

4）建立模型：根据历史数据，利用统计学方法建立信贷风险预测模型，例如逻辑回归模型、决策树模型、支持向量机模型等。

5）验证模型：对建立的模型进行验证，包括模型的拟合程度、预测准确度等指标的评估，以便确定模型的有效性和可靠性。

6）进行预测：利用建立的模型，对未来一个季度的信贷风险进行预测，包括信贷违约率、贷款损失率等指标，以便银行制定相应的风险控制策略和决策。

7）评价预测效果：通过与实际结果的比较，对预测结果进行评价和改进，以提高预测的准确性和可靠性。

通过以上步骤，银行可以利用统计学方法对信贷风险进行预测，并制定相应的风险控制策略和决策，以提高经营效益和竞争力。

1.3 为什么商业银行数字化转型需要建立数据思维

【学习目标】

1）学习为什么商业银行在进行数字化转型时需要建立数据思维。

2）学习相关银行数字化转型中应用数据思维的案例。

3）通过系统学习，培养对建立数据思维重要性的意识。

1.3.1 商业银行数字化转型需要建立数据思维

商业银行数字化转型需要建立数据思维，是因为数据思维可以帮助银行更好地理解和利用数据，从而推动数字化转型的成功。

首先，随着数字化时代的到来，银行面临着海量数据的挑战。银行需要从各种渠道收集、存储和处理数据，包括客户交易数据、风险管理数据、市场数据等。这些数据是数字化转型的基础，因为它们可以为银行提供更准确、更全面的信息，帮助银行做出更明智的决策。

其次，数据思维可以帮助银行更好地利用数据，推动数字化转型的成功。通过数据分析和挖掘，银行可以发现潜在的市场机会、优化业务流程、提高风险管理能力、改进客户体验等。这些都是数字化转型所需要的关键能力。

再次，数据思维还可以帮助银行更好地预测未来。通过对历史数据的分析和趋势的研究，银行可以更好地预测未来市场的发展趋势，以及客户的需求变化。这可以帮助银行更好地制订未来的业务战略和计划。

最后，数据思维还可以帮助银行提高业务效率和降低成本。通过数据分析和挖掘，银行可以发现业务流程中的瓶颈和问题，从而优化业务流程，提高效率和降低成本。

目前在国内有大量的银行正在应用数据思维改造自己的业务，进行数字化转型，这是银行从业者必备的思维能力。

1.3.2 大量银行正在应用数据思维改造自己的业务

1. 中国工商银行的信用卡"智能匹配"服务

中国工商银行（简称工商银行）通过大数据技术对客户进行精准化定位和画像，实现了对客户需求的精准匹配，提供个性化的金融服务。例如，工商银行在信用卡领域推出了"智能匹配"服务，通过分析客户的消费行为和偏好，为客户推荐最适合的信用卡产品，并提供相应的优惠和礼品。此外，工商银行还在保险、理财等领域推出了类似的个性化服务，提高了客户的服务体验和满意度。同时，工商银行通过数据分析和挖掘，不断优化并改进产品和服务。例如，通过对客户的理财需求和风险偏好进行分析，工商银行提供了更加丰富和个性化的理财产品，满足客户不同的投资需求。同时，工商银行还通过智能风控系统，对客户的信用状况和风险进行实时监控和控制，提高了风险管理的效率和精准度。

2. 中国建设银行"智惠金融"服务

中国建设银行（简称建设银行）推出了"智惠金融"服务，该服务利用大数据和人工智能技术，对客户的金融需求进行智能分析和推荐。通过分析客户的财务状况、消费习惯、投资偏好等多维度数据，该服务可以为客户提供个性化的金融产品和服务推荐。该服务不仅提升了客户的服务体验，也提高了银行的业务效率和盈利能力。此外，建设银行还通过互联网和移动端渠道，为客户提供更加便捷的服务，例如在线办理账户、贷款、理财等业务。

3. 中国农业银行"智慧信贷"服务

中国农业银行（简称农业银行）推出了"智慧信贷"服务，该服务利用大数据和人工智能技术，对客户的信贷需求进行智能分析和评估。通过分析客户的财务状况、信用记录、行为习惯等多维度数据，该服务可以快速评估客户的信用风险，并为客户提供个性化的信贷方案。该服务不仅提升了客户的服务体验，也提高了银行的业务效率和风险控制能力。此外，农业银行还通过互联网和移动端渠道，为客户提供更加便捷的服务，例如在线办理信用卡、贷款等业务。

4. 中国银行"智能风险控制系统"

中国银行推出了"智能风险控制系统"，该系统利用人工智能和大数据技术，对客户的信用风险和交易风险进行实时监测和预警。通过分析客户的交易行为、信用记录、财务状况等多维度数据，该系统可以及时发现异常交易和信用风险，并采取相应措施进行风险控制。该系统不仅提高了银行的风险控制能力，也提升了客户的交易安全和信用评级体验。此外，中国银行还通过互联网和移动端渠道，为客户提供更加便捷的服务，例如在线办理账户、转账、理财等业务。

总之，商业银行可以通过数据思维来分析客户数据、风险数据、市场数据、业务流程数据和历史数据等，以便更好地优化客户体验、管理风险、发现市场机会、优化业务流程、预测未来趋势，从而推动数字化转型的成功。

1.4 如何建立数据思维

【学习目标】

1) 学习如何树立目标意识。
2) 了解如何养成基于数据下结论的习惯。
3) 了解银行常用的数据分析方法。
4) 了解如何通过数据思维持续改善业务。
5) 了解什么是统计学思维。
6) 了解如何培养数据分析工作的热情与信心。
7) 了解常见的数据分析工具。

1.4.1 树立目标意识

商业银行从业人员在建立数据思维时，树立目标意识是非常重要的。以下是一些步骤和建议，可以帮助从业人员树立目标意识。

1. 确定业务目标

从业人员需要明确商业银行的业务目标是什么，这可能包括提高客户满意度、提高销售额、降低风险等。理解业务目标有助于从业人员将数据思维与实际业务需求联系起来。

2. 确定数据相关的关键指标

根据业务目标，确定与之相关的关键指标。例如，如果目标是提高客户满意度，关键指标可能包括客户满意度调查结果、客户投诉率、客户留存率等。这些指标将成为评估数据思维实践的依据。

3. 将目标转化为数据问题

将业务目标和关键指标转化为具体的数据问题或挑战。例如，如果目标是提高客户满意度，数据问题可能包括如何分析客户反馈数据、如何识别关键问题区域等。这有助于将目标具体化，并使其与数据分析和洞察力的发现相关联。

4. 设定量化目标

为了确保目标可以量化和衡量，从业人员应设定具体的量化目标。例如，目标可以是提高客户满意度调查结果至少10%或减少客户投诉率20%。这样的量化目标可以帮助确定实际进展并评估数据思维的有效性。

5. 制订数据驱动的行动计划

基于确定的数据问题和量化目标，制订数据驱动的行动计划。这可能包括收集和分析相关数据、应用适当的数据分析技术和工具、制定行动方案并跟踪进展。

6. 持续监测和调整

树立目标意识是一个持续的过程。从业人员应定期监测与目标相关的指标，并根据实际结果进行调整和优化。这将帮助他们不断改进数据思维，并确保其对实际业务目标的支持。

通过这些步骤，商业银行从业人员可以更好地树立目标意识，并将数据思维与实际业务目标紧密结合，从而更有效地利用数据分析和洞察力来推动业务增长。

1.4.2 养成基于数据下结论的习惯

养成基于数据下结论的习惯是数据思维中的重要组成部分，可以帮助个人和组织更好地应用数据思维进行业务决策和优化。商业银行的从业人员需要培养基于数据做决策的习惯，以便更好地应对市场变化和客户需求。以下是一些具体的步骤和建议。

1. 提高数据素养

商业银行的从业人员需要具备一定的数据素养，例如了解数据分析方法和工具、能够处理和分析数据等。可以通过参加培训、自学等方式提高数据素养。

2. 分析数据并得出结论

商业银行的从业人员需要使用合适的数据分析方法和工具，例如统计分析、机器学习、数据可视化等，对收集到的数据进行分析，并得出客观和准确的结论。

3. 结论应该基于数据

商业银行的从业人员需要基于数据得出结论，并且结论应该是客观和准确的。如果没有足够的数据和分析，应该先收集更多的数据或进行更深入的分析，以便做出更好的决策。

4. 将结论与业务目标和愿景相结合

商业银行的从业人员需要将结论与业务目标和愿景相结合。结论应该能够帮助实现业务目标和愿景，例如提高客户满意度、提高业务效率、降低成本等。

通过以上步骤和建议，个人和组织可以养成基于数据下结论的习惯，更加客观和准确地做出业务决策和优化。

来看一个具体的例子，假设有一家商业银行想要提高客户满意度。为了实现这个目标，该银行利用数据分析工具和方法，对采集到的大量数据进行分析，找出影响客户满意度的因素和客户需求。

通过数据分析，该银行发现客户满意度与以下因素有关：

1）客户反馈：客户反馈是影响客户满意度的重要因素之一。商业银行分析了客户反馈数据，发现客户最为关注的问题是服务响应速度和服务态度。

2）产品设计：商业银行还分析了客户使用的产品类型和产品特点，发现产品的设计和功能对客户满意度有很大的影响。例如，一些产品的功能设置不够灵活，无法满足客户的不同需求，导致客户不满意。

基于这些结论，商业银行采取了一系列措施来提高客户满意度，例如：

1）提升服务响应速度：商业银行通过加强员工培训，优化服务流程，提高服务效率，以便更好地满足客户需求。

2）优化产品设计：商业银行还针对产品设计的问题，开展了用户调研，收集客户需求和反馈，优化产品设计，提高产品的适应性和灵活性。

通过这些措施，商业银行的客户满意度得到了显著提升，客户的反馈也更加积极。

通过这个例子，我们可以看到，商业银行利用数据分析工具和方法，深入挖掘数据背后的信息和价值，找出影响商业目标实现的因素，并通过制定具体的措施和方案，做出更为客观正确的决策，以实现商业目标。

1.4.3 熟悉银行常用的数据分析方法与场景

商业银行从业人员想要建立数据分析能力，熟悉银行常用的数据分析方法与场景是一个非常重要的步骤。以下是一些可行的做法。

1. 系统学习银行数据分析知识

可以安排系统的培训课程，邀请内部专家或外部专业培训机构，为从业人员讲解银行业中常用的数据分析理论和方法，如：

1）客户价值分析（RFM模型、客户生命周期价值模型等）。

2）风险建模（逻辑回归、决策树、评分卡模型等）。
3）营销响应模型（广告响应模型、次优响应模型等）。
4）舞弊/异常检测模型。
5）柜员/网点绩效分析模型等。

2. 与银行实际业务场景相结合

理论知识固然重要，但更关键的是将其与银行实际业务场景结合。可以安排从业人员参与银行的数据分析项目，在项目实施过程中熟悉常用方法在不同场景下的应用。一些典型的银行数据分析场景包括：

1）客户细分与精准营销。
2）信用风险评估。
3）欺诈风险监控。
4）绩效考核与管理。
5）产品定价优化等。

3. 定期进行经验分享

建立从业人员数据分析能力需要循序渐进。可以定期组织从业人员进行经验分享，互相交流在实践中遇到的问题和解决方案，促进知识分享和能力提升。

4. 鼓励自学和实践

数据分析是一个复杂的过程，需要不断地自学和实践方能得心应手。银行可以为员工提供数据分析工具和案例数据，鼓励他们在工作之余自主学习和练习，并给予必要的指导。

总之，培养银行从业人员的数据分析能力需要理论和实践相结合，需要系统学习专业知识，同时也要深入实际业务场景，在反复的实践中加深印象和积累经验，才能真正掌握并运用自如。

1.4.4 通过数据思维持续改善业务

通过数据思维持续改善业务是数据驱动型组织的关键能力之一。商业银行可以通过数据思维持续改善业务，是因为数据思维可以帮助银行更好地理解客户需求，优化产品设计，提高风险控制能力，提升运营效率，降低成本，增强盈利能力。举例来讲，招商银行是国内比较重视数据思维的银行之一，它在数据分析和应用方面有很多成功的案例。比如，招商银行通过分析客户的消费行为和偏好，推出了"招行一卡通"等多种信用卡产品，满足了不同客户的消费需求；通过分析客户的信用状况和还款能力，对客户进行风险评估，制定更加科学、合理的风险控制策略，降低了不良贷款率，提高了资产质量；通过分析业务流程和人员配置等信息，优化运营流程，提高工作效率，降低成本，提升了盈利能力。这些都是招商银行通过数据思维持续改善业务的成功案例。对于商业银行来讲，想要通过数据思维持续改善业务，可以从以下方面来展开：

1）将数据分析融入企业日常运营中，并建立数据驱动的业务决策机制。
建立数据分析部门，收集、处理和分析各种数据，为其他部门提供数据支持和决策建议。银行还应该建立数据分析平台，通过数据可视化和交互式分析，让数据更加易于理解和利用。

2）通过数据分析，深入了解客户需求和行为，优化产品和服务设计。

银行可以通过分析客户画像，了解客户的消费习惯和偏好，推出更符合客户需求的产品和服务。此外，银行还应该通过行为分析，了解客户在使用产品和服务时的行为特征，从而优化产品和服务设计，提高客户满意度和忠诚度。

3）通过数据分析，不断优化业务流程，提高服务质量和效率。

银行可以通过数据分析，找出服务流程中的瓶颈和问题，进一步改进服务质量和效率。例如，银行可以通过分析客户服务中心的服务热线数据，找出客户投诉最多的问题和原因，进一步改进服务质量。

从板块来讲，无论是银行的营销、风控、运营等常规板块，还是人力、财务、研发等中后台支撑板块，都可以通过数据思维来改善业务，从而提高客户满意度、优化业务流程并提高企业竞争力。商业银行应该积极推动数字化转型，提高数据分析能力和水平，从而更好地利用数据来驱动业务创新和提升企业价值。

所以从建立数据思维的角度来讲，掌握如何通过数据思维持续改善业务变得不可或缺。

1.4.5 掌握统计学思维

统计学思维是指通过统计学的方法和原则来思考和解决问题的一种思维方式。它强调对数据的分析和解释，注重从数据中发现规律和趋势，以及推断和验证假设等。统计学思维涉及概率、变量、假设检验、回归分析等概念和方法，可以帮助人们更加科学地分析和判断问题。

统计学思维强调数据的重要性，认为数据是决策和解决问题的基础。在统计学思维中，人们会利用数据来进行模型构建、预测和决策等。同时，统计学思维也注重数据的可靠性和有效性，强调数据的收集、整理、分析和解释过程中需要遵循科学的方法和原则。

统计学思维在现代社会中具有广泛的应用场景，例如市场调研、医学研究、金融分析、社会调查等。通过统计学思维，人们可以从数据中发现规律和趋势，预测未来发展趋势，制定科学合理的决策和策略，提高决策的准确性和效率。

在商业银行的应用中，统计学也被广泛应用于帮助银行更加科学地进行风险管理、信贷评估、营销策略制定、业务预测和客户关系管理等方面的工作，以提高银行的工作效率和竞争力。

（1）风险管理　商业银行需要面对各种风险，如信用风险、市场风险、操作风险等。统计学思维可以帮助银行对风险进行量化和评估，制定相应的风险管理策略，从而保护银行的资产和利益。

（2）信贷评估　商业银行需要对客户的信用状况进行评估，以决定是否给予贷款。统计学思维可以帮助银行对客户的信用数据进行分析和建模，预测客户的信用状况和还款能力，从而帮助银行做出更加准确的贷款决策。

（3）营销策略制定　商业银行需要推出各种金融产品和服务，吸引客户。统计学思维可以帮助银行对客户数据进行分析和挖掘，发现客户需求和偏好，从而制定更加精准的营销策略，提高客户满意度和忠诚度。

（4）业务预测　商业银行需要对各种业务进行预测，以制订相应的业务计划和决策。统计学思维可以帮助银行对历史数据进行分析和建模，预测未来业务趋势和市场变化，从而帮助银行做出更加科学的业务决策。

（5）客户关系管理　商业银行需要建立和维护良好的客户关系，以提高客户满意度和忠诚度。统计学思维可以帮助银行对客户数据进行分析和挖掘，发现客户需求和偏好，制定相应的客户关系管理策略。

所以，统计学思维是建立数据思维过程中必备的核心组成部分，可以帮助商业银行更好地理解、分析、解释和应用数据，从而更好地应对各种业务挑战。

1.4.6　培养数据分析工作的热情与信心

数据分析工作需要有热情，因为数据分析是一项需要耐心和细心的工作，需要花费大量时间和精力进行数据处理、数据清洗、数据分析等工作。如果没有热情，可能会觉得工作枯燥乏味，难以坚持下去。而有热情的人会对数据分析工作充满热情和动力，愿意投入更多的时间和精力去探索数据，发现数据背后的规律和价值。

数据分析工作需要有信心。因为数据分析是一项需要不断学习和探索的工作，且过程中会面临很多不确定性和复杂性。如果没有信心，可能会觉得自己无法应对这些挑战，从而影响工作效率和结果。而有信心的人会相信自己的能力和经验，能够自信地面对数据分析中的各种问题和挑战，从而取得更加优秀的分析结果。

对商业银行从业人员来讲，培养数据分析工作的热情与信心，是一项非常重要的工作，只有具备这些素质和态度，才能在数据分析工作中取得更好的成果，为银行的发展和自身的职业发展做出更大的贡献。根据笔者的经验来看，可以采取以下措施培养数据分析工作的热情与信心：

（1）建立培训机制　商业银行可以为从业人员提供培训课程和工作坊，帮助他们掌握数据分析的基本知识和技能。这些培训课程可以包括统计学、数据分析工具、数据可视化等方面的内容，帮助从业人员更好地了解数据分析工作的重要性和方法。

（2）提供实践机会　商业银行可以为从业人员提供实践机会，让他们实际操作数据分析工具和应用数据分析方法解决业务问题。这些实践机会可以是小组项目、实习或者工作中的具体任务，帮助从业人员更好地理解数据分析工作的实际应用场景。

（3）建立数据驱动文化　商业银行可以倡导数据驱动的决策文化，让从业人员明白数据分析对业务决策的重要性和作用。商业银行可以将数据分析的结果和影响与业务决策联系起来，让从业人员看到数据分析工作的实际价值。

（4）鼓励创新思维　商业银行可以鼓励从业人员运用数据分析工具和方法进行创新思考，探索新的业务机会和解决方案。商业银行可以提供奖励机制，鼓励从业人员提出创新想法并付诸实践。

（5）提供支持和反馈　商业银行可以提供从业人员所需的支持和反馈，帮助他们解决在数据分析工作中遇到的问题和困难。商业银行可以为从业人员提供数据分析工具和技术支持，同时提供及时的反馈和指导，帮助他们提高数据分析能力和信心。

综上所述，商业银行可以通过多种措施，帮助从业人员培养数据分析工作的热情和信心。

1.4.7 掌握常见的数据分析工具

从事数据分析工作和建立数据思维需要掌握常见的数据分析工具。因为数据分析工作涉及大量的数据处理、数据清洗、数据分析和数据可视化等工作，需要使用专业的数据分析工具来进行处理和分析。同时，数据分析工具是数据分析行业发展的重要基础。数据分析行业是一个发展非常迅速的行业，需要不断地应用新的数据分析工具来满足不断变化的需求。掌握常见的数据分析工具可以帮助从业人员更加高效地完成数据分析工作，提高工作效率和准确度，以及更好地适应行业发展的变化，保持竞争力和创新能力。常见的数据分析工具有以下几种：

（1）电子表格软件　如 Microsoft Excel、Google Sheets、LibreOffice Calc 等，它们能够进行数据的导入、处理、分析、可视化等操作，并且具有较强的计算和函数处理能力。

（2）数据库管理系统　如 MySQL、Oracle、Microsoft SQL Server 等，它们能够存储和管理大量的结构化数据，提供数据查询、分析和报表等功能。

（3）统计分析软件　如 SAS、SPSS、Stata 等，它们能够进行数据的统计分析、建模和预测，提供各种统计方法和数据可视化技术。

（4）数据可视化工具　如 Tableau、Power BI、QlikView 等，它们能够将数据转换成可视化图表，帮助用户更直观地理解数据和发现隐藏的信息。

（5）编程语言　如 Python、R、Java 等，它们能够进行数据的处理、分析和可视化等操作，具有较强的灵活性和可扩展性，同时支持大规模数据分析和机器学习等应用。

（6）人工智能工具　如 TensorFlow、Keras、PyTorch 等，它们能够进行深度学习和人工智能相关的数据分析和建模，适用于大规模的非线性数据分析和模型训练。

总之，常见的数据分析工具有很多种，不同的工具可以满足不同的数据分析需求和场景。在选择工具时，需要根据具体需求和实际情况进行选择，同时需要具备相应的技能和知识，才能更好地进行数据分析工作。对于银行来讲，数据分析工具的选择与使用需要结合行内的规定，要注意数据安全，可以结合银行的实际情况来选择。

1.5 本章小结

本章通过对数据思维的讲解，深入探讨了数据思维的重要性和建设方法。
本章重点讲述了以下几方面的知识：
1）数据思维及其重要性。
2）数据思维的表现形式。
3）为什么商业银行数字化转型需要建立数据思维。
4）如何建立数据思维。

通过本章的学习，我们可以深刻认识数据思维的重要性和实现方式，同时掌握一些建立数据思维的实践技巧和方法。

下一章的内容是通过数据指标洞悉业务运行状态，继续深入探讨业务现状、数据指标的相关知识。请继续保持学习的热情和动力，不断提升自己的知识和技能水平。

【学习效果评价】

复述本章的主要学习内容	
对本章的学习情况进行准确评价	
本章没有理解的内容是哪些	
如何解决没有理解的内容	

注：学习效果评价包括少部分理解、约一半理解、大部分理解和全部理解四个层次。请根据自身的学习情况进行准确的评价。

第 2 章
通过数据指标洞悉业务运行状态

2.1 数据指标体系的定义、价值

【学习目标】

1) 熟知数据指标体系的定义。
2) 熟知数据指标体系的价值。
3) 熟知数据指标的类型,包括原子指标、派生指标、复合指标。
4) 熟知银行业务中数据指标体系的应用价值。
5) 通过系统学习,培养专业精神、职业精神、工匠精神、创新精神和自强精神。

数据指标对商业银行至关重要,可以帮助银行了解其财务状况,管理风险,洞察客户需求,支持业务决策和确保合规监管。通过充分利用数据指标,银行能够提高运营效率、降低风险并实现可持续增长。通过对数据指标的分析,我们可以更好地制定业务策略、优化流程和提高效率,同时也能够更好地了解客户的需求和行为,从而更好地满足客户的需求。因此,学习数据指标对于银行的数据专家来说是非常重要的,可以帮助他们更好地工作并提升自己的职业发展。

2.1.1 数据指标体系的定义

数据指标体系是一个用于衡量和评估组织、部门、项目或个人表现的框架。它由一组指标或度量组成,这些指标或度量通常是定量的,并与特定的目标或标准相关联。

数据指标体系通常包括关键绩效指标(KPI)、关键成功因素(CSF)和其他相关指标。它们可以用于评估和监测特定的业务过程、项目或战略目标的表现,并帮助组织了解其业务的关键方面,确定改进的机会。

对于商业银行,数据指标体系是指在业务运营和管理过程中,为了全面、准确地了解业务状况和趋势，对银行业务数据进行分类、归纳和统计，建立起的一套完整、科学的指标体系。

数据指标体系通常是基于业务需求和战略目标来设计的，并且应该与组织的愿景、使命和价值观相一致。它可以用于监测组织、部门或个人对特定目标的进展情况，并支持决策制定和资源分配。数据指标体系也可用于比较组织内部不同部门或不同时间段的表现，并与同行业竞争对手进行比较以确定优劣势。

建立一个有效的数据指标体系需要考虑多个方面，包括确定目标、设计指标、确定数据来源和频率、定义目标值、制定监测和评估程序等。通过使用数据指标体系，组织可以更好地了解其业务和项目的表现，并采取适当的措施来改进其表现。一家商业银行的个人客户价值数据指标体系如图 2-1 所示。

目标层	一级指标	二级指标	三级指标	四级指标	备注
商业银行个人客户价值	客户当前价值	客户收入贡献	当年收入额	各项贷款业务的利息收入	
				银行卡各项业务收益	年费、逾期利息、管理费
				中间业务各项费用收入	
				其他业务各项费用收入	如短信通知费-资金归集
			相对年收入贡献		百分比
		客户消费量	客户消费服务或业务种类数		业务开通数
			客户年消费金额	储蓄类消费金额	日均存款余额
				贷款类消费金额	年度贷款消费额+剩余还款额
				服务类消费金额	信用开业务、中间业务及电子渠道服务
				理财类消费金额	
		客户成本节约	可变成本额		逆指标，发现维系成本
			每笔业务金额	储蓄业务每笔平均金额	总额/笔数
				贷款业务每笔平均金额	总额/笔数
				消费业务每笔平均金额	总额/笔数
			渠道使用情况		likter-5 渠道成本
	客户潜在价值	未来收入净现值			CLV
		忠诚度	客户关系维持时间		
			交易连续性		
			转移成本		
			增量购买和交叉购买		
		信用度	信用评级		
			授信业务还款情况		

图 2-1 商业银行个人客户价值数据指标体系

该指标体系从个人客户价值角度出发，分为一级指标、二级指标、三级指标、四级指标以及备注。
1）一级指标：客户当前价值、客户潜在价值。
2）二级指标：客户收入贡献、客户消费量、客户成本节约、未来收入净现值、忠诚度、信用度。

3）三级指标：当年收入额、相对年收入贡献、客户消费服务或业务种类数、客户年消费金额、可变成本额、每笔业务金额、渠道使用情况、客户关系维持时间、交易连续性、转移成本、增量购买和交叉购买、信用评级、授信业务还款情况。

4）四级指标：各项贷款业务的利息收入、银行卡各项业务收益、中间业务各项费用收入、其他业务各项费用收入、储蓄类消费金额、贷款类消费金额、服务类消费金额、理财类消费金额、储蓄业务每笔平均金额、贷款业务每笔平均金额、消费业务每笔平均金额。

通过该数据指标体系，我们可以较为系统地了解银行个人客户价值。银行可利用指标进行客户画像分析、高价值客户研究、客户生命周期运营等活动。

2.1.2 数据指标体系的价值

数据指标体系能够提供全面、准确的业务数据，为企业业务决策提供科学依据，帮助银行识别和管理风险、优化业务流程、提高管理水平和竞争力，从而实现业务增长和可持续发展。数据指标体系的建立和应用能够实现数据驱动决策，提高业务效率和客户满意度，降低业务风险，是企业业务管理中不可或缺的一部分。

1. 提高决策质量

通过数据指标体系，企业能够更加客观地评估业务绩效、制定战略目标和方案，以及优化业务流程和决策过程。数据指标体系可以提供客观、准确、及时的业务数据，帮助企业管理者做出更加明智的决策。

举个例子，假设一家零售银行需要决定是否开发一种新产品，通过数据指标体系的分析，可以了解市场的需求、竞争对手的情况、生产成本、销售预期等信息，从而做出是否开发新产品的决策。

该银行通过对数据指标体系的分析，发现市场对于新产品的需求较高，而竞争对手在这一领域的市场份额较低，那么银行可以考虑开发新产品线，提高市场占有率和盈利能力。

另外，通过对数据指标体系的分析，发现新产品线的生产成本较高，而销售预期较为不确定，那么银行可以考虑降低生产成本和控制销售风险，从而提高决策的准确性和有效性。

2. 促进业务增长

数据指标体系能够帮助企业管理者发现业务增长的机会和瓶颈，并及时采取相应的措施。通过数据指标体系，企业能够更加精准地定位市场需求，优化产品和服务，提高客户满意度和业务增长率。

举例来讲，假设一家金融科技公司的核心业务是提供在线支付服务，通过数据指标体系的分析，可以了解客户支付行为、支付渠道、支付金额等信息，从而制定相应的支付服务优化方案，提高客户满意度和业务增长率。

一个典型的场景是，通过数据指标体系的分析，发现客户对于快速支付和安全支付的需求较高，那么企业可以根据这些信息，推出快捷支付和安全支付的服务，提高客户满意度和业务增长率。

另外，通过对数据指标体系的分析，发现某些支付渠道的使用率较低，那么企业可以考虑对这些支付渠道进行优化，提高其使用率，从而提高业务增长率。

3. 优化资源配置

数据指标体系能够帮助企业管理者了解各项业务活动的成本和效益，从而优化资源配置，提高资源利用效率。通过数据指标体系，企业能够识别低效和高效的业务流程和资源配置，及时调整和优化，实现资源利用最大化和业务效益最大化。

举例来讲，假设一家制造企业的生产线需要进行设备维护和保养，通过数据指标体系的分析，可以了解设备维护和保养的成本、维护周期、故障率等信息，从而制定相应的设备维护和保养计划，提高设备的利用率和生产效率。

通过对数据指标体系的分析，该企业发现某种设备的故障率较高，那么企业就可以根据这些信息，加强对该设备的维护和保养，降低故障率，提高设备的利用率和生产效率。

另外，通过对数据指标体系的分析，发现某种设备的维护成本较高，而该设备在生产线中的利用率较低，那么企业可以考虑对该设备进行更换或者淘汰，以提高资源利用效率和降低成本。

4. 提高竞争力

数据指标体系能够帮助企业管理者了解市场和竞争对手的动态，及时调整企业战略和业务模式，提高企业的竞争力。通过数据指标体系，企业能够了解市场需求、客户需求、竞争对手的强弱势，制定相应的市场营销策略和产品优化方案，提高企业的市场占有率和盈利能力。

举例来讲，假设一家电商企业的竞争对手在某一市场领域的市场份额较高，通过对数据指标体系的分析，可以了解竞争对手在该市场领域的产品特征、目标客户群体、市场推广方式等信息，从而制定相应的市场营销策略和产品优化方案，提高企业的竞争力。

该电商企业通过对数据指标体系的分析，发现竞争对手的产品在价格、功能、品质等方面具有一定的优势，那么企业可以根据这些信息，对自己的产品进行相应的优化，提高产品性价比和品质，从而吸引更多的客户。

另外，通过对数据指标体系的分析，如果发现竞争对手的市场推广方式较为成功，那么企业可以参考竞争对手的市场推广方式，进行相应的调整和优化，以提高自己的市场占有率和盈利能力。

综上所述，通过对数据指标体系的分析和应用，企业可以了解竞争对手的市场份额和产品特征，制定相应的市场营销策略和产品优化方案，提高企业的竞争力。

2.1.3 数据指标的类型

数据指标是一种度量业务单元的量化工具，通过将业务目标细分为可度量的部分，使业务目标可描述、可度量、可拆解。数据指标是业务和数据的结合，是统计分析的基础，同时也是量化效果的重要依据。数据指标的几大组成要素主要包括：维度、度量、统计周期、过滤条件等。

维度可以分为定性维度和定量维度两种类型。定性维度通常是用文字来描述的，如城市、性别、职业等，其取值通常是离散的、不可度量的。而定量维度则是用数值来描述的，如收入、年龄等，其取值通常是连续的、可度量的。

维度是描述性数据，指的是地区、产品名称、产品类型等指标统计，常见的维度见表2-1。

表 2-1 常见的维度

维度	描述
地区	北京、上海、大连、沈阳
产品名称	理财、信用卡、分期
产品类型	存款、贷款

度量是数字性数据，比如销售额、交易量、账户余额等，常见的度量见表2-2。

表 2-2 常见的度量

度量	描述
销售额	理财产品销售额、分期业务销售
交易量	信用卡交易额、大额存款交易额
账户余额	储蓄账户余额、信用账户余额

统计周期指的是数据指标的时间范围，比如本月、本季度、本年度等；过滤条件是指数据指标的条件限制，比如有效状态、非工作日等。

指标的组成要素决定了指标的生产逻辑。根据组成要素、生产逻辑的不同，数据指标可被分为原子指标、派生指标、复合指标等类型。

1) 原子指标：原子指标是指最基本的、不可再分的指标，通常是业务活动中的最小单位，只有一个数值。例如，存款金额、贷款金额、不良率、掌银活跃客户数、信用卡客户数、代发工资金额等都是原子指标。

2) 派生指标：派生指标是指通过对原子指标进行计算、转换或组合而得到的新指标，通常用于衡量业务活动的细节或特定方面的表现。例如，存款增长率、不良贷款率、平均存款余额等都是派生指标。

3) 复合指标：复合指标是指通过对多个原子指标、派生指标进行加权平均或加减乘除等组合运算而得到的新指标，通常用于综合评价业务活动的整体表现。例如，资产负债率、净利润率等都是组合指标。

在实际应用中，需要根据具体业务需求选择合适的指标类型，并进行科学合理的指标设计和管理。数据指标根据阶段不同又分为结果型指标和过程型指标：

1) 结果型指标：结果型指标是用于衡量用户发生某个动作后所产生的结果的指标。结果型指标通常是延后的，因为需要等待用户行为的结束才能进行监控和度量。与之相对的是行为型指标，它们更多地关注用户的行为，通常是实时或近实时监控的。结果型指标往往很难进行干预，因为它们是由用户行为所产生的结果决定的。例如，一个银行理财产品的销售额是一个结果型指标，它受到众多因素的影响，包括产品质量、价格、促销等，这些因素很难直接干预。因此，结果型指标更多的是用于监控数据异常，或者是监控某个场景下用户需求是否被满足。

2) 过程型指标：过程型指标是用于衡量用户在做某个动作时所产生的指标，银行可以通过某些运营策略来影响这个过程指标，从而影响最终的结果。与结果型指标不同，过程型指标更加关注用户的需求为什么被满足或未被满足。

举个例子，假设在一个银行的互联网渠道平台，用户在搜索商品时，搜索结果的质量和匹配度是一个过程型指标，而购买率是一个结果型指标。通过优化搜索算法和搜索结果的展示方式，可以提高搜索质量和匹配度，从而提高购买率。这个过程中，搜索质量和匹配度作为过程型指标，反映了用户对商品需求是否被满足；而购买率作为结果型指标，反映了最终的效果。

过程型指标可以帮助企业了解用户需求和行为，发现问题并及时改进，提高用户体验和满意度。与结果型指标相比，过程型指标更容易进行干预和调整，能够帮助企业及时发现并解决问题，提高运营效率和效果。

2.1.4 银行业务中数据指标体系的应用价值

对于商业银行，我们无法用单一的指标来衡量整个企业的运行状况，比如若只选用生产成本这个指标，就无法得知销售端的状况，只使用销售金额又无法得知今年的利润如何，所以搭建数据指标体系就变得非常有意义。数据指标体系的角色分配如图2-2所示。从角色角度我们可以分为决策者、业务人员、数据分析师三种角色。数据指标体系对这三种角色的应用价值有所不同。

图 2-2 数据指标体系的角色分配

1. 对于决策者：提高业务决策的准确性与效率

商业银行运营过程中需要不断地做出各种决策，如产品设计、市场推广、风险管理等。通过建立完善的数据指标体系，商业银行可以及时掌握市场动态、客户需求、业务风险等信息，从而提高决策的准确性和效率。

举个例子，P银行想要推出一款新的信用卡产品，为了确保该产品的成功推出并获得客户的认可，该银行需要进行市场研究和分析。该银行可以通过建立一个由多个数据指标组成的指标体系，包括客户需求、市场竞争、产品定位等方面的指标，来分析市场状况和竞争环境。

在分析的过程中，该银行可以利用数据指标体系中的指标对不同市场和客户群体的需求进行分析和比较，从而确定新信用卡产品的定位和特色。此外，该银行还可以通过对竞争对手的数据指标进行分析，了解他们的产品优势和不足，制定相应的竞争策略。

通过利用数据指标体系进行市场研究和分析，该银行可以更加准确地了解市场需求和客户偏好，从而制定出更加符合市场和客户需求的信用卡产品。这样，该银行就可以在市场上获得更好的竞争地位和客户认可度，提高业务决策的准确性和效率，同时也可以为银行带来更多收益。银行决策者可以通过数据指标提高业务决策的准确性。

2. 对于一线业务人员：优化经营策略

如果没有数据指标体系供业务人员使用，仅凭业务人员的业务经验制定业务策略，无法有效指导运营，会限制业务发展的想象空间。

举例来讲，若某银行想要提高客户的忠诚度和满意度，以便更好地维护客户关系和提高业务收益，那么该银行可以通过建立一个由多个客户数据指标组成的指标体系，包括客户消费习惯、投资偏好、信用历史等方面的指标，来分析客户的需求和行为。在分析的过程中，该银行可以利用数据指标体系中的指标对不同客户群体的消费习惯和投资偏好进行分析和比较，从而确定客户的需求和偏好。此外，该银行还可以通过对客户信用历史的数据指标进行分析，了解客户的信用风险和还款能力，制定相应的信用评估和风险管理策略。通过利用数据指标体系进行客户分析和管理，该银行可以更加精准地了解客户需求和行为，从而制定出更加符合客户需求的产品和服务。这样，该银行就可以提高客户的忠诚度和满意度，增加客户的业务量和业务价值，同时也可以为银行带来更多的收益。

不仅如此，数据指标体系还可以帮助商业银行提高绩效。商业银行需要对不同部门和个人的绩效进行评估和管理。通过建立绩效评估体系，并结合相应的数据指标进行评估，商业银行可以激励员工积极工作，提高业务效率和质量。

通过以上的例子不难看出，数据指标体系对商业银行具有重要价值，可以为商业银行的决策、客户管理、风险管理、业务绩效和监管合规提供有效的支持和帮助，进而提高商业银行的竞争力和盈利能力。

3. 对于数据分析师：提高效率

当数据分析师拥有一个完整的数据指标体系后，日常的数据提取和报表制作工作将显著减少。这将为数据分析师节省时间和精力，使他们能够更专注于探索性分析和深度数据挖掘，从而更好地为业务提供高质量的数据支持和分析服务。

举例来讲，某银行建立了一个包括贷款、存款、信用卡、理财等方面的数据指标体系，用于监控和评估其整体业务状况。该银行的数据分析师利用这些指标进行了以下工作：

1）自动化报表制作：他们基于指标体系建立了自动化报表模板，通过使用软件或脚本自动提取数据并生成报表，减少了手动操作的时间和错误率。

2）探索性分析：通过对指标数据的可视化分析，他们发现了贷款业务的增长率下降，存款业务的增长率提高，信用卡业务的逾期率上升等问题。并进一步分析发现，这些问题主要源自于银行的贷款利率和信用卡额度设置等方面的问题。

3）预测分析：利用历史数据和指标趋势，他们建立了贷款和信用卡业务的预测模型，预测未来的业务走势和风险状况，为银行业务决策提供参考依据。

4）数据挖掘：通过对指标数据的挖掘，他们发现了存款客户的消费习惯和偏好，从而提出更加符合客户需求的金融产品和服务,提高了客户满意度和忠诚度。

通过以上工作,数据分析师成功地为该商业银行提供了高质量的数据支持和分析服务,帮助银行发现和解决了业务中的问题,优化了业务流程和服务,提高了银行的业务竞争力和市场占有率。

2.2 数据指标的设计方法

【学习目标】

1) 学习指标设计的过程,包括需求分析、指标开发、指标运营。
2) 学习指标的尺度特性,包括名义尺度、序数尺度、区间尺度、比例尺度。
3) 学习指标的时间特性,包括稳定性、趋势性、季节性、周期性、突发性。
4) 学习指标的评价方法,包括敏感特异性、可比性、可解释性和实用可操作性。
5) 学习商业银行常见的数据指标。

2.2.1 指标设计的过程与分类

指标的意义在于它使业务目标可描述、可度量、可拆解。随着银行数字化转型的不断深入,指标加工需求呈现爆发式增长。其中,指标作为业务活动的重要衡量工具,对银行的数字化转型至关重要。一般情况下,指标的设计主要分为需求分析、指标开发、指标运营三个阶段。目前,较多公司会采用原子指标、派生指标的逻辑构建自己的指标,该体系来自于阿里。阿里数据指标构建体系如图2-3所示。

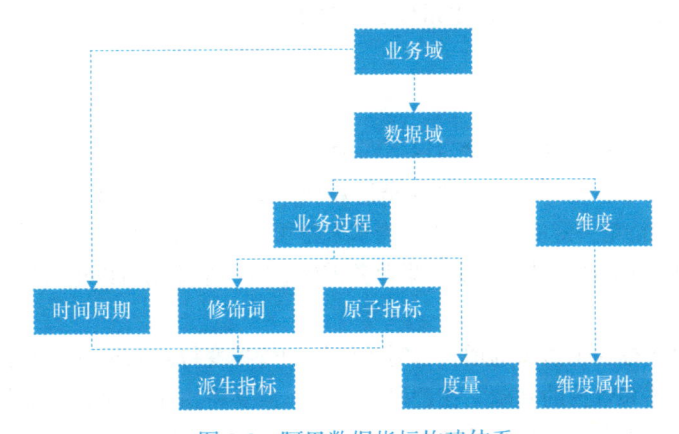

图2-3 阿里数据指标构建体系

以维度建模为理论基础,构建总线矩阵,定义业务域、数据域、业务过程、度量、原子指标、维度、维度属性、修饰词、时间周期、派生指标等。

1. 指标构建板块属性分析

（1）业务域　业务域是比数据域更高维度的业务划分方法，适用于特别庞大的业务系统，且业务板块之间的指标或业务重叠性较小。

例如商业银行零售业务层面理财和贷款都属于领域可抽象业务板块（level 一级），根据物理组织架构层面在进行小微贷款、消费贷款（level 二级），后续根据实际业务需求可再细分，小微贷款可细分互联网小微、小微企业贷款。

（2）数据域　数据域是指联系较为紧密的数据主题的集合，是对业务对象高度概括的概念层归类，目的是便于数据管理与应用。可以将数据分为不同的数据域，每个数据域都包含一组相关的数据，这样可以方便管理和应用数据，同时提高数据的质量和准确性。在商业银行管理中，客户行为数据就是一个数据域。数据域包括业务过程、维度、维度属性、修饰词、修饰类型、度量、原子指标、时间周期、指标类型等。

1）业务过程：业务过程可以概括为一个个不可拆分的行为事件，如支付、提现、转账等。

2）维度：是度量的环境，用来反映业务的一类属性，这类属性的集合构成一个维度，可以从 who-where-when-what 层面来看。

3）维度属性：维度属性隶属于维度，相当于维度的具体说明，如用户维度中性别为男、女。

4）修饰词：是指除了统计维度以外指标的业务场景。

5）修饰类型：对修饰词的抽象划分。简而言之，维度和修饰词都可以理解为原子指标的一些限定条件，一般是编写 SQL 语句时，放在 where 语句后边的部分。

6）度量、原子指标：原子指标和度量含义相同，某一业务行为事件下的度量，是业务定义中不可拆分的指标，如注册数。

7）时间周期：用来明确数据统计的时间范围或时间点，如最近 30 天、自然周、截至当日等。

8）指标类型：包含原子指标、派生指标、复合指标。

2. 指标设计

根据以上的理论，指标设计主要分为以下四个步骤：

（1）调研业务需求　在启动数据指标体系搭建项目之前，需要与各业务方进行详细的沟通，了解具体的业务，并梳理清楚关键的业务流程。需求采集可分为两种类型：定量采集和定性采集。定量采集可以采用发放调研问卷的形式，广泛收集业务需求。定性采集则可以进行用户访谈，深入挖掘业务应用场景和核心需求。

为了更好地应对指标加工需求的增长，需求统筹和管控变得越来越重要。在此背景下，充分的业务调研成为需求统筹和管控的基础。在调研过程中，需要将描述性的业务需求转换为标准的需求模板，以实现需求的标准化；同时，定义指标的元信息也是必不可少的，包括基本属性、业务属性、技术属性等，以确保指标的准确性和可靠性。通过这些步骤，银行可以更好地把握指标加工需求的规模和特点，提高指标加工的效率和质量，为数字化转型提供有力支撑。数据指标属性模版见表 2-3。

表 2-3 数据指标属性模版

属　性	项　目	描　述
基本属性	指标代码	指标体系中的唯一标识
	指标名称	简洁准确描述指标含义，体现出维度和度量 名称必须标准化，确保同名同义
	指标类型	原子指标、复合指标、派生指标、SQL 指标
业务属性	业务定义	标准的、准确的业务描述 如：代发工资客户数，是指银行代发工资的个人客户数，包括柜面、企业网银、银企通渠道的所有客户
	业务条线	指标归属的业务域 如：网络金融、个人金融、信用卡等
	业务流程	指标涉及的业务流程，例如订单流程中的支付节点
	一级主题	对业务的高阶分类，依据组织总体业务架构、数据架构
	二级主题	以组织业务架构蓝图为基础，对公司战略发展、业务运营、管理支持中产生持续价值、重复利用的数据做高阶抽象
	三级主题	指按业务细分的实际情况对二级主题进一步细化，依据总体业务架构、数据架构，参照公司数据主题域框架规范统一制定
	参考标准	指标参考的数据标准，例如《××企业数据标准 V1.0》
	上报频度	数据向上级公司汇报的时间频度，例如 1 个月一次
	统计时间	指标统计时间，例如每周 1 次
	计算口径	指标数据对应的计算处理方式，即指标数据核算、平衡、拆分等业务规则（计算公式/函数等），描述指标的本质和内涵，满足"口径统一"的要求。如果处理逻辑相同，则应该定义为一个指标
	是否为北极星指标	指标是否是北极星指标
技术属性	技术口径	标准、准确的技术描述 可以是标准 SQL、指标公式，或者基于领域服务模型的维度和度量选择
	监控规则	为确保指标的准确性定义的监控规则，可监测指标的数值范围、波动、勾稽关系等
	血缘关系	记录数据的血缘关系以及加工链路
	数据源系统	数据源所在的系统
	数据源表名	指标涉及的数据表，例如订单表、支付表
	数据源字段名	指标涉及的数据源的字段名字，例如 Tablea-name，Tableb-age
管理属性	数据主责部门	对该指标数据主要负责的部门
	标准管理部门	该指标使用的标准的管理部门
	颁布日期	指标启用时间
	废止日期	指标停用时间

基本属性主要关注指标的名称和编码等，业务属性主要关注指标的业务定义、业务条线等，技术属性主要关注指标的技术口径，如计算公式、SQL 等，还有监控规则、血缘关系等。

（2）分析业务流程　业务流程可以被概括为一个个不可分割的行为事件。为了梳理数据之间的逻辑关系和流程，首先需要理解用户的业务过程，并了解业务过程中涉及的数据系统。银行转账流程如图 2-4 所示。

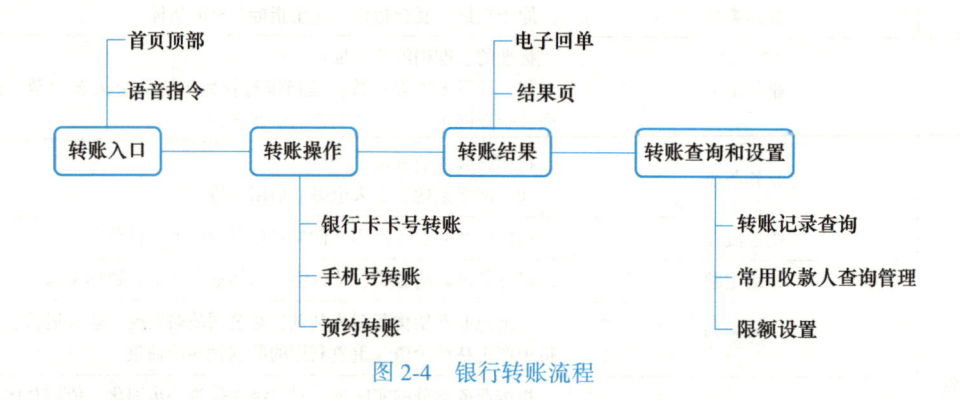

图 2-4　银行转账流程

核心流程中所产生的业务指标有以下几个：
1）转账操作：转账金额均值，历史累计转账总金额等。
2）转账结果：成功率，平均转账耗时等。
3）转账查询：历史转账累计总金额，每月转账笔数，自定义时间转账笔数等。

在明确用户的业务过程后，需要根据分析决策的业务，划分数据域，并在相应的数据域下拆解具体的业务过程。

（3）划分数据域　数据域指的是联系紧密的数据主题的集合，这些数据主题是对业务对象高度概括的概念层归类。数据域的目的是便于数据管理和应用。

数据域的作用类似于在计算机桌面上建立不同的文件夹来存储数据。我们的数据面向不同的业务人员，例如市场、运营、客服、风控等人员，而这些人员关注的业务模块大不相同。因此，通过对数据进行分类，可以更好地满足不同业务人员的需求。

可以通过对业务需求和各个模块的业务流程进行分析来划分数据域。通常，数据域可以根据企业部门（例如客服、运营、市场等）进行划分，也可以按照业务过程或功能模块进行划分。

商业银行可依据实际业务过程进行归纳、抽象得出数据域。商业银行不同数据域对应的业务过程见表 2-4。

表 2-4　商业银行不同数据域对应的业务过程

数　据　域	业务过程举例
客户域	转账、查询、登录
市场营销域	领券、分享、通知
交易域	转账、银行信息查询

（4）定义指标规范　对于已经确定了业务域、数据域和业务过程的整体框架，需要设计指标规范，相当于为文件夹的一级、二级、三级目录结构设计命名规范。常用的指标通常是按照个人理解给出的命名方式，没有特别的规范，例如日活/月活用户量、近一个月下单量、完单金额等。然而，随着数据指标的增多，会出现很多限定条件下的指标，结合前面介绍的原子指标、派生指标、复合指标以及指标逻辑，需要定义一套合适的指标规范。近7天个人网银转账金额如图2-5所示。

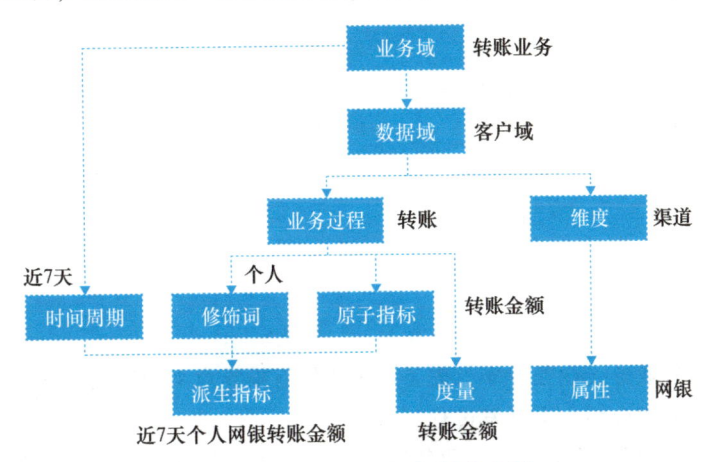

图 2-5　近 7 天个人网银转账金额

设计指标时需清晰定义业务域=转账业务，数据域=客户域，业务过程=转账，维度=渠道，属性=网银，时间周期=近 7 天，修饰词=个人，度量、原子指标=转账金额。通过增加对原子指标的约束条件，规范产生派生指标=近 7 天个人网银转账金额，提供一套通用的指标定义标准，方便不同业务部门的人理解指标含义。一个原子指标的维度限制条件组合不同，可得到成千上万个派生指标。原子指标、派生指标、复合指标的定义以及举例见表 2-5。

表 2-5　原子指标、派生指标、复合指标的定义以及举例

指标类型	定　义	举　例
原子指标	业务过程+度量	如订单表中的 pay_amt 字段，如果直接使用 pay_amt 支付金额，可能会和支付域中的支付金额重复，此处建议使用 trd_pay_amt 交易支付金额作为原子指标
派生指标	原子指标+时间周期+修饰词	近 1 个月北京市的活跃用户数 = 活跃用户数（原子指标）+近 1 个月（时间周期）+北京市（修饰词）
复合指标	通过对多个原子指标、派生指标进行加权平均或加减乘除等组合运算得到的新指标，通常用于综合评价业务活动的整体表现	净利润率

在创建指标的过程中，我们需要判定所创建的指标是原子指标，还是派生指标，还是复合指标。抽象出这样一套体系的原因，是我们需要尽量减少重复指标的开发，提高系统性能，降低成本。

3. 指标开发

按照模型，我们通常可以将数据指标的开发过程分为 9 步，如图 2-6 所示。

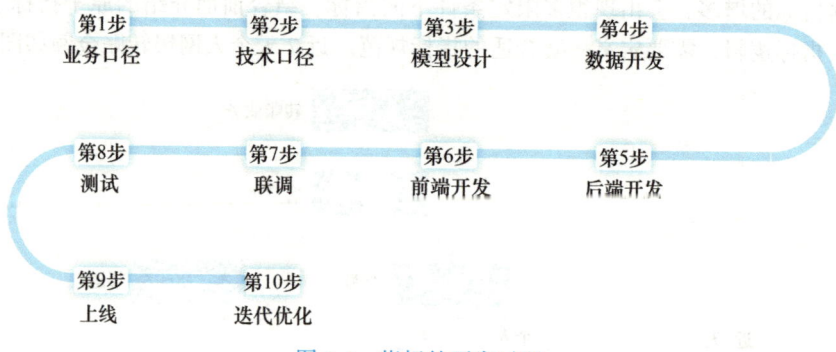

```
第1步        第2步        第3步        第4步
业务口径     技术口径     模型设计     数据开发

第8步        第7步        第6步        第5步
测试         联调         前端开发     后端开发

第9步        第10步
上线         迭代优化
```

图 2-6　指标的开发过程

举一个例子，零售业务线业务专家，提了一个比较有指导意义的数据指标叫老客户理财产品复购率，我们根据以上流程介绍一下开发过程。

1）第 1 步是确定指标的业务口径。业务口径应该由信息科技部门的技术专家、产品经理，或者业务需求分析师主导，找到提出该指标的业务负责人沟通。首先要问清楚指标是怎么定义的，比如业务人员说老客户理财产品复购率的定义分子是购买过理财产品的人，分母是所有的持卡超过 1 年，并且账户金额超过 1 万元人民币的用户。

2）第 2 步是确定指标的技术口径。技术口径是由数据技术专家主导，此时信息科技部门的技术专家、产品经理，或者业务需求分析师要与数据技术专家沟通整个指标的业务逻辑，另外就是要协调业务系统的技术开发人员和我们的数据技术专家一起梳理数据库层面需要用到的表结构和字段。一定要精确到字段级别，比如我们的老客户理财产品复购率涉及哪些数据库表、哪些字段。

3）第 3 步是模型设计。此时的主导是信息科技部门工程师，模型设计工程师会采用三层建模的方式把数据更加科学地组织存储。例如，互联网企业分为 ODS（操作数据层）、DWD（明细数据层）、DWS（汇总数据层）、ADS（应用数据层），而每个银行有自己的建模体系。信息科技部门工程师要清楚地知道数据源自哪里，要怎么存放。

4）第 4 步是数据开发。此时的主导是信息科技部门工程师，也有可能是数据平台或者大数据中心的开发人员，首先要和业务需求分析师、产品经理或者需求方沟通好技术口径，明确好计算的指标都来自于哪些业务系统，其次是开发数据加工脚本，另外一个比较重要的工作就是设置调度任务，简单来讲就是什么时候计算提前写好的计算脚本，如每天凌晨处理上一天的数据，随着业务的增长，业务会对实时数据的需求越来越大，还有一些实时计算任务的配置也是由数据开发工程师完成的。

5）第 5 步是后端开发。由于我们需要将指标展示给业务部门查看，在这种情况下，后端开发工程师主要负责开发，基于信息科技部门的技术专家、产品经理，或者业务需求分析师的功能定义，输出相应的接口供前端开发工程师调用。由于数据仓库层已经由数据开发工程师将数据注入常规的关系型数据库（例如 MySQL），因此后端开发工程师更多的是与信息科技部门的技术专家、产品经理，或者业务需求分析师沟通产品的功能和性能问题，以提供更好的用户体验。

6）第 6 步是前端开发。一旦原型出现，信息科技部门的技术专家、产品经理或业务需求分析师会与 UI 设计师合作，基于产品功能的重点进行 UI 设计。UI 设计师将反复设计，直至 UI 最终定型。然后，UI 设计师会提供切图给前端开发工程师。基于 UI 的切图，前端开发工程师将开始开发前端页面。当然，有的公司会通过 BI 软件完成可视化的展示。

7）第 7 步是联调。数据开发工程师、前端开发工程师、后端开发工程师等人员都要参与进来。数据开发工程师承担数据准确性的校验。前后端开发工程师解决用户操作的相关 BUG，保证不出现低级的问题。

8）第 8 步是测试。在原型评审完成后，测试工程师开始编写测试用例。测试用例将涵盖开发人员必须自行测试并通过的内容，以及需要再次验证的内容。经验丰富的产品经理通常会向业务人员索取历史统计数据，以核对数据。但是，业务人员提供的数据不一定准确，只能作为参考。如果测试没有问题，信息科技部门的技术专家、产品经理或业务需求分析师将与业务人员协调进行试用。在试用中，如果发现问题，将返回研发过程中重新修改。这样，整个研发过程就完成了。

9）第 9 步是上线。运维工程师将与前后端开发工程师协作，将最新版本更新到服务器上。在此期间，信息科技部门的技术专家、产品经理或业务需求分析师需要找到该指标的负责人，并长期跟进指标的准确性。对于重要的指标，需要每个周期内部再次验证，以确保数据的准确性。

10）第 10 步是迭代优化。数据指标的开发需要不断进行迭代优化才能跟上产品的更新与变化。

以上步骤说明即使是一个小小的指标，也需要多个角色的协作和沟通，花费相当长的时间才能完成上线，所以我们需要认真对待每一个指标。

对于商业银行来讲，通常会借助银行数据中台丰富的数据资产积累，以维度建模思想为理论基础，提供自助式、一体化、所见即所得的指标服务，进一步提升银行的数据驱动能力。在指标服务中，银行通过规范化指标口径和加工链路，实现了指标口径可解释、血缘可追溯、明细可查询，推进标准化、结构化的指标构建。

完成指标模型、指标内容等设计后，数据分析师和数仓架构师会召开指标评审会议，与数据开发人员和业务人员在指标的定义、业务口径、技术口径、更新周期等方面充分讨论并达成一致意见。

业务人员是数据指标的需求方和使用者，在派生指标维度有哪些、统计周期是什么、复合指标由哪些指标加工而成等问题上能够提出建设性意见；数据开发人员较为了解企业的数据源现状，能够在派生指标由数仓的哪些数据模型加工产出等技术问题上给出专业建议。

综合多方在指标评审会议上的反馈，负责指标开发的数据分析师和数仓架构师可对指标元数据和指标生产逻辑进行优化迭代，正式启动指标开发工作。基于数据指标平台的指标生产的步骤见表 2-6。

表 2-6 基于数据指标平台的指标生产的步骤

步骤	描述
步骤一	将需求中的业务定义转换为技术口径
步骤二	按照指标标准定义对指标维度和度量进行拆解
步骤三	分析指标加工口径和数据源，构建服务模型

(续)

步骤	描述
步骤四	基于构建的服务模型，数据分析师通过点选拖拽个性维度、共性维度与度量的方式配置指标
步骤五	通过规则探查功能，数据分析师对配置的指标进行数据验证，实时确认加工口径
步骤六	业务人员配置包含基本属性、业务属性、技术属性（包含经确认的口径）的指标定义
步骤七	数据工程师导出依据指标定义自动生成的脚本并进行测试
步骤八	投产批量脚本并定时运行，按要求频度加工出指标数据供前台查询

表 2-6 展示的指标生产步骤不仅提高了指标服务的效率和质量，也从根本上解决了定制开发带来的落地时间长、依赖数据工程师等问题，为银行数字化转型提供了更加可靠的数据支持。此外，数据指标平台还要不断完善指标服务的能力，拓展指标的应用场景，提供更加个性化的指标服务，以满足不同业务部门的需求。

4. 指标运营

数据指标的生命周期管理是指对数据指标从创建到废弃的全过程进行管理和控制，以确保数据指标能够持续地为企业提供价值。数据指标的生命周期管理内容见表 2-7。

表 2-7 数据指标的生命周期管理

步骤	描述
创建	在确定业务需求的基础上，创建新的数据指标。在创建阶段，需要确定指标的名称、定义、计算方法、数据源、数据质量要求等信息，并对指标进行测试和验证，以确保其准确性和可用性
发布	在指标创建完成后，需要将指标与相关的业务人员和数据分析师进行共享，以便他们能够使用该指标进行数据分析和业务决策
使用	在指标发布后，业务人员和数据分析师可以使用该指标进行数据分析和业务决策。在使用阶段，需要对指标数据进行监控和维护，以确保指标数据的准确性和一致性
维护	对于长期使用的指标，需要定期对其进行维护和更新。在维护阶段，需要对指标数据进行监控和校验，以确保指标数据的准确性和一致性，并对指标进行更新或删除
废弃	当某个指标不再符合业务需求或数据质量要求时，需要将其废弃。在废弃阶段，需要对指标进行归档和清理，以确保数据安全和数据存储空间的有效利用
监控	在整个数据指标生命周期中，需要对指标进行监控和分析，以及时发现和解决指标数据异常和质量问题，保证指标数据的准确性和可靠性

总之，数据指标的生命周期管理需要对数据指标从创建到废弃的全过程进行管理和控制，以确保数据指标能够为企业提供持续的价值，并对指标数据进行监控和维护，以保证指标数据的准确性和一致性。

一般情况下，指标投产后，可能存在因数据质量、加工逻辑等问题导致的指标数据不准确的情况，为此指标建设团队添加了指标监测模块，将监测条件配置在指标定义中，可以实现规则的可配置和实时监控，确保能够在第一时间发现指标异常情况，有效降低异常情况对业务的影响。指标的监测步骤及其描述见表2-8。

表2-8 指标的监测步骤及其描述

步骤	描述
监测条件	指标值范围、波动、指标间关系
监测范围	整理指标服务目录，从访问量、指标消费属性等多维度对指标画像定义指标级别，对重点指标进行监测
监测策略	用最小的代价发现最多的异常问题，优先监测出现过异常的指标，降低运行较成熟指标监测优先级；监测前置，如批量加工过程中对文件进行判空处理

为全面掌握指标的运行及评价情况，指标建设团队增加了指标的后评价属性，包括各指标的最新日期、访问量、下载量、访问用户量、用户评价、质量监测结果等，并通过系统层面对接获取基础数据，进行相关数据展示，供指标管理人员进行分析。

数据服务是基于用户需求产生的，而业务需求是动态变化的，部分指标可能不再和当前的业务规则相匹配。

对于此类指标，指标体系的管理规范中制定了指标下线流程，即指标运营团队通过访问分析等方式对指标进行后评价，提出对访问量较少指标的下线申请，经业务方充分评估后，通知各相关方后对指标进行下线。

2.2.2 指标的尺度特性

指标的尺度特性是指指标所使用的度量尺度对数据的影响。不同的度量尺度可以影响到指标的计算结果、数据分布情况、统计分析方法以及数据的解释和应用。常见的度量尺度包括名义尺度、序数尺度、区间尺度和比例尺度。

（1）名义尺度　名义尺度是最基本的度量尺度，其度量结果只能用来表示对象之间的差异或相同，不能用来表示对象之间的大小关系，如性别、国籍、品牌等。在名义尺度中，数据只能以频数或百分比的形式来描述。

（2）序数尺度　序数尺度上的数据可以用来表示对象之间的大小关系，但不能确定对象之间的差异具体是多少，如学生的排名、奖牌的等级等。在序数尺度中，可以使用中位数和百分位数等统计量来描述数据。

（3）区间尺度　区间尺度上的数据可以用来表示对象之间的大小关系，并且可以确定对象之间的差异，但没有绝对零点，如温度、时间等。在区间尺度中，可以使用平均数、标准差等统计量来描述数据。

（4）比例尺度　比例尺度上的数据可以用来表示对象之间的大小关系，可以确定对象之间的差异，并且有绝对零点，如重量、长度、收入等。在比例尺度中，可以使用平均数、标准差、比率等统计量来描述数据。

在实际应用中，选择合适的度量尺度可以帮助人们更准确地描述和解释数据，选择合适的统计方法和分析工具，能做出更准确的决策和预测。对于不同的度量尺度，需要采用不同的分析方法和技术，比如对于名义尺度和序数尺度，可以采用频数分析、卡方检验等方法；对于区间尺度和比例尺度，可以采用方差分析、回归分析、相关分析等方法。

2.2.3 指标的时间特性

指标的时间特性是指指标所反映的现象或变化随时间的变化情况。了解指标的时间特性可以帮助人们更好地理解数据的趋势和变化，以及对数据进行更准确的预测和决策。常见的指标时间特性有稳定性、趋势性、季节性、周期性和突发性。

（1）稳定性　稳定性是指指标在一段时间内保持相对稳定的特性。累计销售完成情况如图2-7所示。若一个企业的收入在过去三年内保持稳定增长，说明该指标具有稳定性。

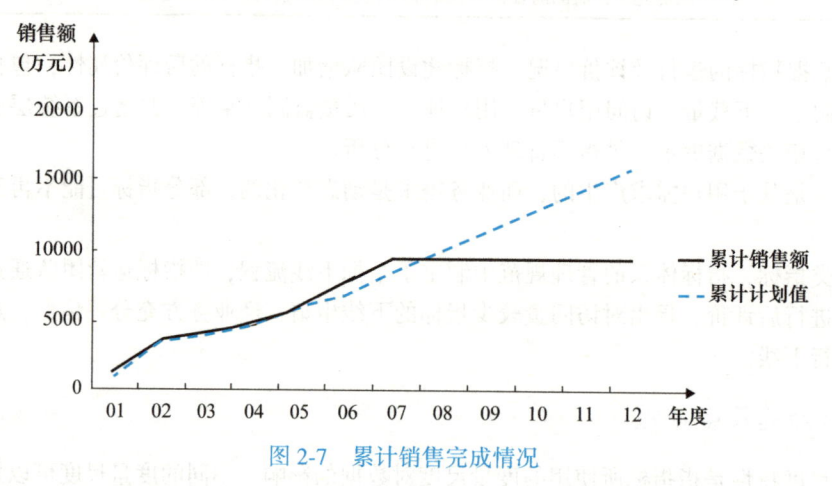

图2-7　累计销售完成情况

（2）趋势性　趋势性是指指标在一段时间内呈现出明显的趋势特征。一个典型的呈现趋势性的指标数据如图2-8所示。

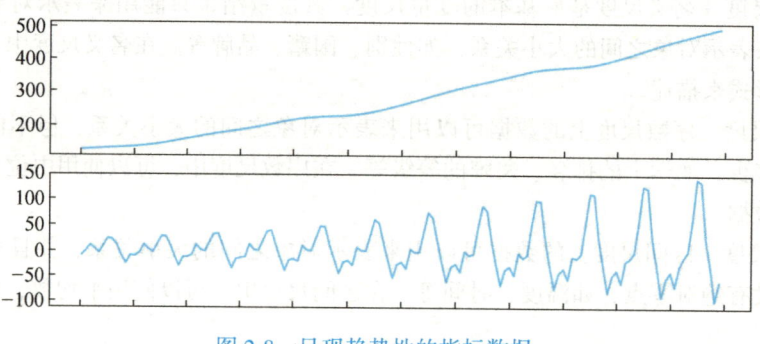

图2-8　呈现趋势性的指标数据

（3）季节性　季节性是指指标在不同季节或时间段内呈现出周期性变化的特性。例如，一个零售企业的销售额在每年的圣诞节和春节期间会有明显的增长，说明该指标具有季节性。

（4）周期性　周期性是指指标在一定周期内呈现出规律性的变化。例如，经济周期的波动就具有一定的周期性，如图2-9所示。

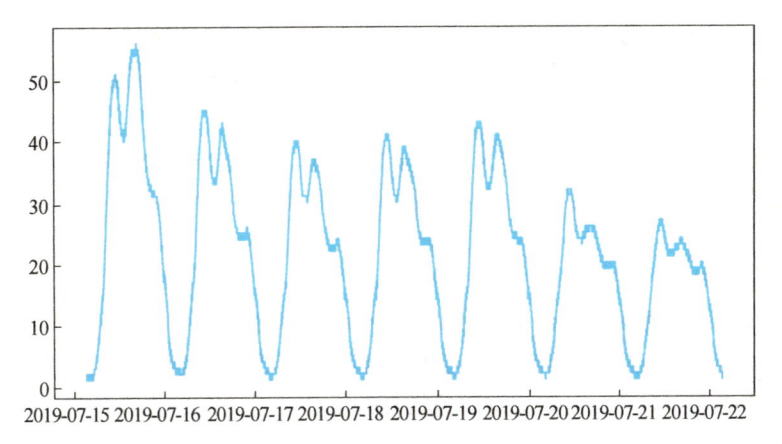

图 2-9　经济周期的波动

（5）突发性　突发性是指指标在某个时间点上发生了突然的变化，例如一个企业的股价在某个重要事件发生后突然暴涨或暴跌。美国两年期国债某时间段的突发性变化如图 2-10 所示。

许多经济和社会指标具有明显的周期性，比如季节性、年度周期等。了解数据的时间特性可以帮助人们发现这些周期性，从而更好地预测未来的变化。

某些指标可能存在长期的趋势和短期的波动，了解这些趋势和变化可以帮助人们更好地理解数据的演变和未来的发展方向，从而做出更准确的决策。

通过比较数据的历史趋势和当前的变化情况，可以帮助人们识别出异常情况，比如突然的增长或下降，从而及时采取措施。

通过对数据的时间特性进行分析和建模，可以帮助人们预测未来的趋势和变化，从而制定相应的策略和计划。

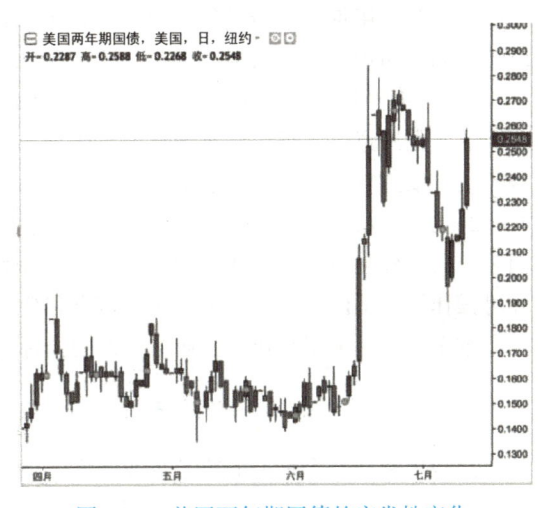

图 2-10　美国两年期国债的突发性变化

所以对于指标的设计者来讲，需要了解并展示出指标的时间特性。

2.2.4　指标评价

指标评价是指对指标进行评估和分析，以确定其是否合理、有效和可靠。指标评价是一个系统、科学和多维度的过程，需要考虑指标的内在属性、外部条件和实际应用效果等因素，以便更好地理解和应用指标，为决策者提供有用的信息和建议。评价指标的过程需要考虑评价的目的和背景，以及评价的方法和标准。

好的指标设计应该能够清晰地反映衡量对象的本质特征和目标，具有可度量性、敏感特异性、可比性、可解释性和实用可操作性。不好的指标设计则存在不足，不能提供有用的信息和建议。

避免不好的指标设计需要注意以下几个方面：

1) 在设计指标之前，需要明确衡量的对象和目标，并确定指标的目的和作用。只有目标清晰明确，才能够设计出体现目标的有效指标。

2) 指标的设计需要具有可度量性和测量精准度，需要明确指标的定义和测量方式，并保证数据来源和收集方式的可靠性。对于难以直接度量的指标，需要进行数据转化和加工，以确保指标的可靠性和精准度。

3) 指标的设计需要考虑衡量对象的特性和差异，以确保指标的敏感特异性和可比性。需要注意避免指标的设计过于笼统或过于具体，以避免指标的偏差和误导。

4) 指标的设计需要考虑指标的解释能力和实用性，需要能够提供有效的信息和建议，以帮助决策者做出更好的决策和行动。需要注意避免指标的设计过于复杂或过于简单，以避免指标难以理解或失去实用性。

5) 指标的设计需要根据实际应用的情况进行调整和改进，并及时反馈和修正指标的不足之处；要注意避免盲目追求指标的数量或指标的美观，以避免指标失去实际应用价值。

避免不好的指标设计需要注意目标和目的的明确、可度量性和精准度、敏感特异性和可比性、可解释性和实用性、不断优化和改进等方面。假设我们要衡量一个公司的员工满意度，设计线下平均工资和公司规模两个指标：

1) 线下平均工资：该指标能够反映出公司的薪酬水平，但是该指标不足以衡量员工的满意度，因为员工的满意度不仅仅与薪酬有关，还与工作环境、职业发展等因素有关。此外，该指标的设计也不具有敏感特异性，不能准确反映员工的满意度变化和差异。

2) 公司规模：该指标能够反映出公司的规模和发展，但是该指标也不足以衡量员工的满意度，因为公司规模与员工的工作质量、管理水平等因素没有直接关联。此外，该指标也不具有可解释性和可操作性，不能为公司提供有用的信息和建议。

举个例子，关于企业销售业绩衡量的指标设计如下：

1. 不好的指标设计：总销售额

总销售额是一个常见的衡量企业销售业绩的指标，但是它存在以下缺点：

1) 不具有敏感特异性：总销售额无法反映出企业销售的具体情况，比如哪些产品或服务的销售额贡献较大，哪些区域或客户群体的销售额增长较快。

2) 不具有可比性：总销售额难以与其他公司或行业进行比较，因为不同公司或行业的销售额大小存在差异，无法直接进行比较。

3) 不具有可解释性：总销售额无法解释销售业绩的具体原因，无法提供有效的信息和建议。

2. 好的指标设计：销售额增长率

销售额增长率是一个更好的衡量企业销售业绩的指标，它具有以下优点：

1) 具有敏感特异性：销售额增长率能够反映出企业销售的具体情况，比如哪些产品或服务的销售额增长较快，哪些区域或客户群体的销售额增长较快。

2) 具有可比性：销售额增长率可以与其他公司或行业进行比较，因为它消除了不同公司或行业销售额大小的差异，只关注销售额的增长率。

3）具有可解释性：销售额增长率能够解释销售业绩增长的具体原因，比如哪些产品或服务的销售策略有效，哪些区域或客户群体的市场需求增长较快。

综上所述，设计好的指标需要具有敏感特异性、可比性、可解释性等特点。在企业销售业绩衡量中，销售额增长率是一个更好的指标，能够更准确地反映出销售业绩的情况，并提供有效的信息和建议。

2.2.5 银行业务中常见的数据指标

指标是用于衡量商业银行某一业务活动中业务状况的统计数值，是能够表征目标总体特征的数值指示器。指标的主要作用在于描述、度量和拆解业务目标，使银行可以更好地了解业务状况并制定相应的决策。例如，存款金额、贷款金额、不良率、掌银活跃客户数、信用卡客户数、代发工资金额等都是典型的指标，用于衡量银行不同业务线的运营情况和业务绩效。

1. 商业银行常见的数据维度与度量

从维度角度来看，商业银行常见的维度有：时间、机构、币种、客群、渠道、产品、行业、介质、区间、风险分类等，见表 2-9。

表 2-9 商业银行常见的数据维度

维度	描述
时间	统计时间，又称会计时间，例如年、月、日
机构	总行、一级分行、二级分行、支行、网点等
币种	人民币、美元、澳元、日元等
客群	个人客户、对公客户、个贷客户、贵宾客户、信用卡客户等
渠道	掌银、个人网银、企业网银、柜台等
产品	定期存款、活期存款、大额存单等
行业	制造业、房地产、农业、建筑业等
介质	借记卡、贷记卡、Ⅰ类卡、Ⅱ类卡等
区间	当月、当年、连续 3 个月、连续 6 个月等
风险分类	正常、关注、次级、可疑、损失等

度量是指维度组合下的统计数值，商业银行常见的度量见表 2-10。

表 2-10 商业银行常见的度量

度量类型	度量值
客户数	个人有效客户数、私人银行客户数、信用卡有效客户数
金额数	法人贷款余额、个人存款余额
交易数	企业网银交易笔数、个人网银交易笔数
账户数	一类账户数、二类账户数
比例类	贷款比例、违约比列

2. 商业银行常见的原子指标、派生指标、复合指标

对于商业银行来讲，也可以按照原子指标、派生指标，复合指标的逻辑进行指标定义，见表 2-11。

表 2-11　商业银行原子指标、派生指标、复合指标

指标定义	描述
原子指标	是业务定义中不可拆分的指标，具有明确的业务含义，如核心存款
派生指标	原子指标+一个或者多个维度，如个贷客户掌银活跃客户数
复合指标	多个指标经四则运算得到的指标，如网捷贷贷款不良率： 网捷贷贷款不良率 = 网捷贷不良贷款余额/网捷贷贷款总余额

3. 商业银行指标定义案例

商业银行的一个核心指标是信用卡客户掌银活跃率，其计算过程如图 2-11 所示。

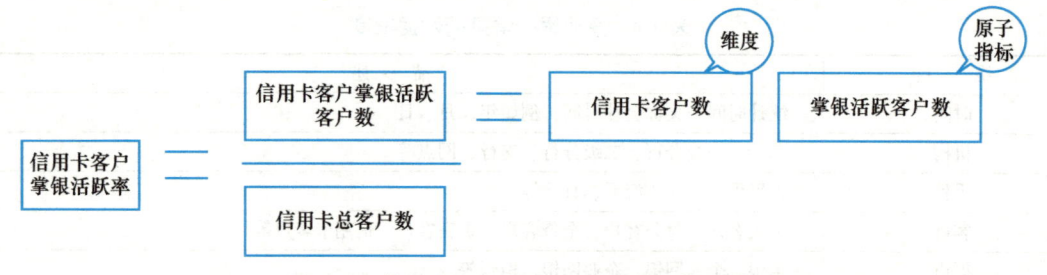

图 2-11　信用卡客户掌银活跃率指标计算过程

其中，维度是客群，而维度具体的属性是信用卡客户数，度量值是客户数。
核心指标结构如图 2-12 所示。

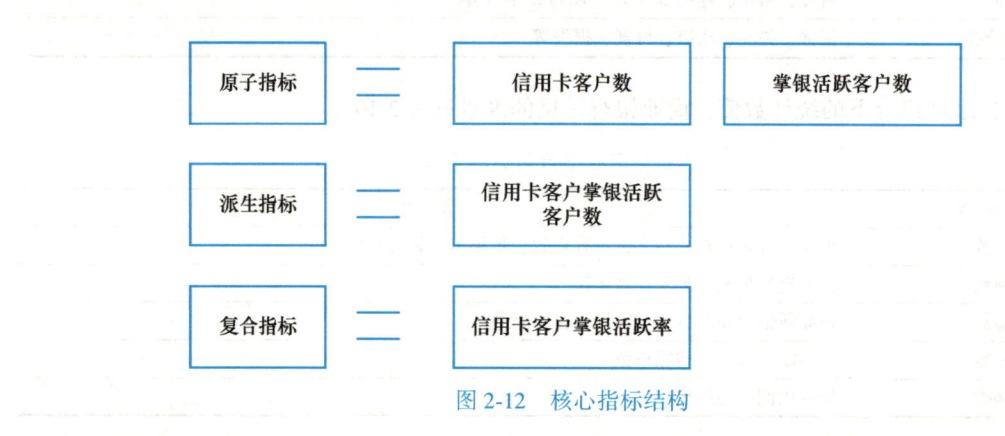

图 2-12　核心指标结构

4. 商业银行常见的数据指标

商业银行在金融业务经营的过程中，会建立大量指标体系来管理银行的业务，商业银行常见的数据指标见表 2-12。

表 2-12　商业银行常见的数据指标

指标分类	度量值
存款相关指标	存款总额：商业银行所有类型存款的总额 存款增长率：商业银行在一定时间内不同类型存款余额的增长率 存款占比：商业银行各种类型存款在总存款中的占比
贷款相关指标	贷款总额：商业银行所有类型贷款的总额 贷款增长率：商业银行在一定时间内不同类型贷款余额的增长率 贷款占比：商业银行各种类型贷款在总贷款中的占比 不良贷款率：商业银行不良贷款余额占总贷款余额的比例
资本相关指标	净资产：商业银行所有权益净额，即资产总额减去负债总额 资本充足率：商业银行净资产占总风险加权资产的比例，反映银行的资本实力 资本回报率：商业银行净利润与平均股东权益的比率
风险相关指标	资产负债率：商业银行负债总额与资产总额的比率，反映银行的财务风险 资产质量：商业银行不良贷款余额占总资产余额的比例，反映银行的信用风险
收入相关指标	利息收入：商业银行从贷款、债券和存款等收取的利息收入 非利息收入：商业银行从交易、承销、信用卡和财富管理等业务活动中获得的非利息收入 总收入：商业银行所有业务活动的总收入
成本相关指标	利息成本：商业银行支付的利息成本，包括存款利息、借款利息等 非利息成本：商业银行从业务活动中产生的非利息成本，如薪资支出、房租、广告宣传等 总成本：商业银行所有业务活动的总成本
客户相关指标	客户数量：商业银行的客户总数 新客户增长率：商业银行在一定时间内新客户的增长率 客户活跃度：商业银行客户的活跃度，包括活跃客户的数量、交易频率等
业务相关指标	信用卡发卡量：商业银行发行的信用卡数量 购买力：商业银行信用卡持卡人的购买力，反映客户的消费能力 交易量：商业银行各种交易的数量，包括存款、取款、转账、理财等

对于商业银行来讲，由于其经营是按照不同的业务部门展开，所以每一个银行的数据指标又分公司部门相关的运营指标以及总部的运营指标。

2.3　数据指标体系的构建

【学习目标】

1) 学习为什么商业银行在进行数字化转型时需要建立数据思维。
2) 学习相关银行转型中应用数据思维的案例。
3) 通过系统学习，培养对建立数据思维重要性的意识。

2.3.1 搭建数据指标体系

搭建数据指标体系对于商业银行来说非常重要，它可以帮助银行监控和评估其业务表现、风险管理、客户满意度等关键方面。商业银行数据指标体系搭建过程见表2-13。

表2-13 商业银行数据指标体系搭建过程

阶　　段	内　　容
确定目标和策略	明确商业银行的目标和策略，包括增加市场份额、提高利润率、降低风险等。确保清楚了解银行的长期和短期目标，以便为指标体系设定正确的方向
识别关键业务领域	确定商业银行的关键业务领域，例如存款业务、贷款业务、资金管理、风险管理等。每个业务领域都应该有相应的指标来衡量其表现和效果
定义关键指标	为每个业务领域确定关键指标。这些指标应该能够量化业务的关键方面，并与银行的目标和策略相对应。例如，存款业务的关键指标可以包括存款增长率、客户留存率、存款利息收入等
确定数据收集和分析方法	确定数据收集的方法和数据来源。商业银行通常有各种各样的数据可用，包括交易数据、客户数据、风险数据等。整合这些数据，并使用适当的分析方法来生成有关指标的洞察
设定目标和阈值	为每个指标设定目标和阈值。目标是希望达到的期望数值，而阈值是指标的上限或下限，当指标达到或超过阈值时需要采取行动。这些目标和阈值应该与银行的目标和策略一致
建立报告和监控机制	建立报告和监控机制，以便及时了解指标的表现和变化。这包括定期生成指标报告、制定仪表板和数据可视化工具，以便管理层和相关团队可以方便地监控指标的趋势和表现
持续改进和优化	数据指标体系应该是一个持续改进和优化的过程。定期审查指标的有效性，根据实际情况进行调整和更新。同时，与业务团队和管理层密切合作，根据指标的洞察制订相应的行动计划

以上只是一个简单的搭建商业银行数据指标体系的过程。实际上，每个银行都有其特定的业务需求和指标要求，因此需要根据实际情况进行定制和调整。另外，数据指标体系的搭建需要跨部门合作和数据驱动的文化支持，确保数据的准确性和可靠性。

2.3.2 数据指标体系的评价

商业银行指标评价体系见表2-14。

表2-14 商业银行指标评价体系

评价维度	内　　容
目标和策略关联	评估指标体系是否与银行的战略目标和业务策略相一致。确保指标能够有效地衡量和支持银行的核心业务领域和战略方向
重要性和相关性评估	评估每个指标的重要性和与业务绩效的相关性。确定哪些指标对于银行的成功至关重要，并确保它们能够提供有用的信息和见解
数据可用性和质量评估	评估指标所需数据的可用性和质量。确保数据的收集、处理和存储过程能够提供准确、完整及时的数据，以支持指标的计算和分析
可操作性和可衡量性评估	评估指标的可操作性和可衡量性。指标应该能够为银行提供明确的行动方向，并能够被客观地度量和监控

(续)

评价维度	内　　容
监控和报告评估	评估指标的监控和报告机制。确保指标能够及时、准确地被监控和报告，以支持决策制定和绩效管理
建立报告和监控机制	建立报告和监控机制，以便及时了解指标的表现和变化。这可以包括定期生成指标报告、制定仪表板和数据可视化工具，以便管理层和相关团队可以方便地监控指标的趋势和表现
反馈和改进	收集用户反馈并进行改进。与业务部门、管理层和其他利益相关者合作，了解他们对指标体系的意见和建议。根据反馈进行调整和改进，以提高指标体系的效果和适应性

假设一个商业银行希望评价其风险管理指标体系，则其具体过程如下：

1）目标和策略关联：该银行的战略目标之一是降低不良资产风险，并确保贷款组合的健康性和可持续性。因此，风险管理指标体系应与这些目标相一致。则该商业银行的一个相关指标可以是不良贷款率。

2）重要性和相关性评估：评估不良贷款率指标的重要性和与业务绩效的相关性。确定不良贷款率对于银行的风险暴露和贷款质量评估的重要性。这个指标可以帮助银行识别高风险贷款组合并采取相应措施。

3）数据可用性和质量评估：评估不良贷款率指标所需数据的可用性和质量，确保贷款数据的收集、处理和存储过程能够提供准确、完整和及时的数据，以计算和监测不良贷款率。

4）可操作性和可衡量性评估：评估不良贷款率指标的可操作性和可衡量性。该指标应该能够为银行提供明确的行动方向，例如制定风险控制策略和调整贷款政策。此外，指标应该能够被客观地度量和监测，例如每个季度计算和报告不良贷款率。

5）监控和报告评估：评估不良贷款率指标的监控和报告机制，确保银行能够定期监测和报告不良贷款率的趋势和变化。报告应提供清晰的可视化图表和解释，使管理层和风险管理团队能够理解和利用该指标进行决策。

6）反馈和改进：与风险管理团队和相关部门合作，收集他们对不良贷款率指标的意见和建议。根据反馈进行调整和改进，例如调整不良贷款的定义或改进数据收集过程，以提高指标的准确性和可用性。

7）持续改进和更新：定期审查和更新不良贷款率指标，以反映银行的变化需求和市场环境。与数据团队和风险管理团队合作，探索新的数据源和分析技术，以提高不良贷款率指标的效果和预测能力。

通过对风险管理指标体系进行综合评价，商业银行可以确保其指标体系与业务目标一致，并为风险管理和决策提供准确、可靠的指导和信息。

2.3.3　银行业务中常见的数据指标体系

在银行业务中，常见的数据指标体系涵盖多个方面，包括财务、风险、业务绩效和客户关系等。以下是一些常见的数据指标体系：

（1）财务指标体系

1）资产负债表指标：资产总额、负债总额、净资产、存款总额、贷款总额等。

2）损益表指标：营业收入、净利润、成本收入比、息差等。
3）资本充足率指标：核心资本充足率、风险加权资产比率等。
(2) 风险管理指标体系
1）不良贷款率指标：不良贷款总额占总贷款总额的比例。
2）资本充足率指标：衡量银行资本充足程度以覆盖风险的指标。
3）市场风险指标：价值波动、利率风险、外汇风险等。
(3) 业务绩效指标体系
1）客户增长指标：新增客户数、客户留存率、客户转化率等。
2）收入指标：每客户收入、每产品收入、收入增长率等。
3）成本效益指标：成本收入比、成本效率等。
(4) 客户关系指标体系
1）客户满意度指标：调查问卷得分、投诉率、客户建议采纳率等。
2）客户忠诚度指标：客户保持率、跨产品购买率、再购买率等。
3）客户价值指标：客户生命周期价值、客户利润贡献等。

这些指标体系可以根据银行的具体业务和战略目标进行定制和调整。银行可以根据实际需求选择适合的指标来监测和评估关键业务领域的绩效和风险情况，以支持决策制定、绩效管理和风险控制。

2.4 数据指标构建相关工具

【学习目标】

1）学习构建数据指标的数据操作工具。
2）学习数据仓库的原理及相关工具。
3）学习商业智能的原理与相关工具。
4）学习数据可视化的原理与相关工具。

加工数据指标需要相关的工具，企业产生的数据量往往非常大，如果使用传统的手工方式进行数据处理和计算，效率非常低下，而且容易出现错误。使用相关工具可以帮助企业更快速、准确地处理大量数据，提高工作效率。同时，企业的数据往往非常复杂，涉及各种指标和维度，需要进行多维度的计算和分析，相关工具可以提供丰富的计算和分析功能，帮助企业更好地理解数据，找出数据中的规律和趋势。再者，企业需要实时掌握业务的运营情况，及时做出决策，相关工具可以提供实时数据处理和分析功能，帮助企业及时了解业务运营情况，做出相应的调整和优化。最后，企业的数据非常重要，需要得到保护，相关工具可以提供数据安全性保护功能，例如数据加密、权限控制等，保证数据的安全性和保密性。

所以对于企业来讲，加工数据指标需要相关工具，可以帮助企业更快速、准确地处理数据，更好地理解数据，及时了解业务运营情况，做出相应的调整和优化，同时也可以保证数据的安全性和保密性。数据指标构建相关工具主要可以分为数据操作工具、数据仓库工具、商业智能工具、数据可视化工具。

2.4.1 数据操作工具

数据操作工具是指一类用于处理和分析数据的软件或工具。这些工具可以帮助用户对数据进行各种操作，例如数据清洗、数据转换、数据可视化、统计分析、机器学习等操作。在日常工作和业务中，数据操作工具可以帮助用户更好地理解数据，发现数据中的规律和趋势，提高数据处理和分析的效率和准确性。常见的数据操作工具包括：

1）SQL：SQL 是结构化查询语言（Structured Query Language）的缩写，它是一种用于管理关系型数据库的标准化语言，可以用于执行各种数据库操作，例如查询、插入、更新、删除等。

2）Excel：Excel 是微软公司推出的一款电子表格软件，它可以用于处理和分析各种数据，包括数字、文本、日期等，同时还提供了各种数据处理和分析功能，例如排序、筛选、图表等。

3）R：R 是一种开源的统计计算软件，它提供了各种数据处理和分析功能，例如数据清洗、数据转换、统计分析、数据可视化等。

4）Python：Python 是一种通用的编程语言，它提供了各种数据处理和分析库，例如 Pandas、NumPy、SciPy 等，可以用于数据清洗、转换、统计分析、机器学习等。

5）Tableau：Tableau 是一款数据可视化软件，它可以连接各种数据源，并提供各种可视化工具和交互式报表，可以用于进行数据探索和分析。

除了以上列举的数据操作工具，还有许多其他的数据操作工具，例如 SPSS、SAS、Power BI 等。企业可以根据自己的需求和数据规模选择最适合自己的数据操作工具。

2.4.2 数据仓库工具

数据仓库是一种用于存储大量历史数据的集中式数据存储库，旨在支持企业的决策制定和分析。数据仓库将来自各种业务系统、应用程序和其他数据源的数据集成到一个单一的、一致的数据模型中，为企业提供一个全面、准确的视图。数据仓库通常由以下组件构成：

1）数据源：各种业务系统、应用程序和其他数据源，例如 ERP、CRM、POS 系统、网站日志等。

2）数据抽取、转换和加载（ETL）工具：用于将来自不同数据源的数据提取、转换和加载到数据仓库中。

3）数据仓库存储：用于存储数据仓库中的数据，通常使用关系型数据库或列式数据库实现。

4）数据仓库管理工具：用于管理数据仓库，例如备份和还原、性能监控、用户权限管理等。

5）数据仓库查询和分析工具：用于查询和分析数据仓库中的数据，例如 OLAP（联机分析处理）工具、数据挖掘工具、报表工具等。

数据仓库是指为了支持企业决策制定而集成且存储大量历史数据的一个面向主题的数据集合。数据仓库的设计旨在方便企业用户进行数据分析和决策制定。下面列举几种常见的数据仓库类型：

1）企业级数据仓库（Enterprise Data Warehouse，EDW）：企业级数据仓库是一个集成的、全面的数据仓库，它存储了企业所有部门的数据，面向整个企业。企业级数据仓库通常采用标准化的数据模型，包括维度表和事实表，以支持企业级报表和分析。

2）数据库集市（Data Mart）：数据库集市是一个小型的数据仓库，通常只面向特定的业务领域或部门。数据集市通常包含一些特定的业务指标和数据，以支持该业务领域的决策制定。

3）实时数据仓库（Real-time Data Warehouse）：实时数据仓库是一个能够及时反映数据变化的数据仓库，通常采用了流处理技术，实时地将新数据加入数据仓库中，以支持实时决策制定。

4）虚拟数据仓库（Virtual Data Warehouse）：虚拟数据仓库是一个基于多个数据源的逻辑模型，它不需要将数据实际存储在一个物理数据仓库中，而是通过数据集成技术，直接将数据源中的数据整合起来，以支持跨多个数据源的分析和决策制定。

5）云数据仓库（Cloud Data Warehouse）：云数据仓库是一种基于云计算技术的数据仓库，它利用云计算的弹性、灵活性和可扩展性，提供了更加灵活和经济的数据仓库解决方案。

除了以上列举的数据仓库类型，还有许多其他类型的数据仓库，例如分布式数据仓库、分层数据仓库等。企业可以根据自己的需求和数据规模选择最适合自己的数据仓库类型。以下是一些常见的数据仓库软件产品：

1）Oracle Data Warehouse：Oracle Data Warehouse 是 Oracle 公司推出的一款数据仓库软件，它提供了全面的数据仓库解决方案，包括数据集成、数据建模、数据加载、数据查询和报表生成等功能。

2）IBM InfoSphere Warehouse：IBM InfoSphere Warehouse 是 IBM 公司推出的一款数据仓库软件，它提供了全面的数据仓库解决方案，包括数据集成、数据建模、数据加载、数据查询和报表生成等功能。

3）Microsoft SQL Server Data Warehouse：Microsoft SQL Server Data Warehouse 是微软推出的一款数据仓库软件，它能够提供全面的数据仓库解决方案，包括数据集成、数据建模、数据加载、数据查询和报表生成等功能。

4）Teradata Data Warehouse：Teradata Data Warehouse 是 Teradata 公司推出的一款数据仓库软件，它提供了全面的数据仓库解决方案，包括数据集成、数据建模、数据加载、数据查询和报表生成等功能。

5）Amazon Redshift：Amazon Redshift 是亚马逊公司推出的一款云数据仓库软件，它能够提供全面的云数据仓库解决方案，包括数据集成、数据建模、数据加载、数据查询和报表生成等功能。

除了以上列举的数据仓库软件产品，还有许多其他的数据仓库软件，例如 SAP BW、Snowflake 等。企业可以根据自己的需求和数据规模选择最适合自己的数据仓库软件产品。

2.4.3 商业智能工具

商业智能（Business Intelligence，BI）工具是用于数据分析和决策支持的软件工具，可以帮助企业获取、整理、分析和可视化各种数据，帮助企业快速、准确地了解业务运营情况，制定相应的决策和行动计划。Power BI 界面如图 2-13 所示。

一些常用的商业智能工具有：

1）Tableau：Tableau 是一款数据可视化和分析工具，可以帮助用户快速创建各种交互式数据可视化图表，并通过数据连接功能，将多个数据源集成在一起进行分析和比较。Tableau 提供了丰富的可视化和分析功能，包括数据透视表、交互式地图、时间轴等。

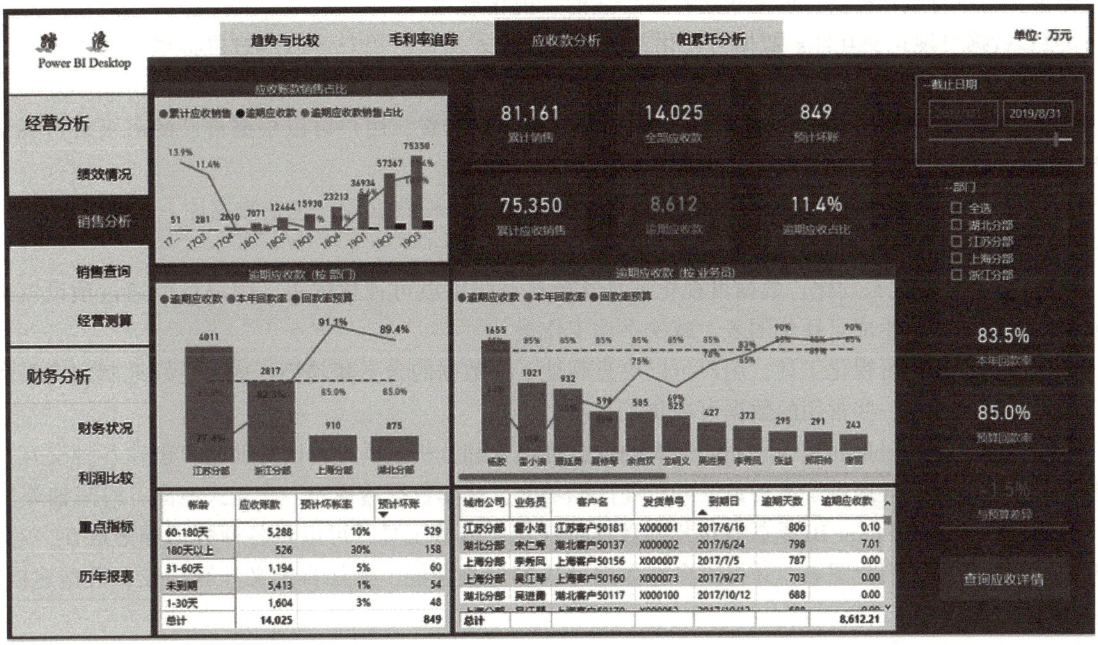

图 2-13　Power BI 界面

2）Power BI：Power BI 是微软推出的数据可视化和分析工具，可以帮助用户将各种数据源进行集成，创建丰富的数据可视化图表，并提供多种数据分析和挖掘功能，例如自定义计算字段、数据建模、预测分析等。

3）QlikView：QlikView 是一款数据分析和可视化工具，可以帮助用户轻松创建交互式数据可视化图表，并提供丰富的数据分析和挖掘功能，例如数据透视表、自定义计算字段、数据建模等。

4）SAP Business Objects：SAP Business Objects 是一款全面的商业智能工具，包括数据可视化、数据分析、数据挖掘、数据建模等功能，可以帮助用户更好地了解业务运营情况，做出相应的决策和行动计划。

5）IBM Cognos Analytics：IBM Cognos Analytics 是一款全面的商业智能工具，包括数据可视化、数据分析、数据挖掘、数据建模等功能，并提供了自然语言查询、智能搜索等功能，可以帮助用户更快速、准确地找到所需的数据和信息。

6）FineBI：FineBI 是一款国产的优秀 BI 软件，包括数据分析、数据展示等多种全面的 BI 功能。

2.4.4　数据可视化工具

数据可视化工具是用于将数据转换成各种可视化形式的软件工具。它们可以将数据转换成图表、图形、地图等形式，使数据更易于理解、分析和沟通。数据可视化工具可以帮助用户更好地了解数据所包含的信息和趋势，并提供更好的决策依据。数据可视化工具通常具有以下特点：

1）可视化形式多样化：数据可视化工具支持多种可视化形式，包括折线图、柱状图、散点图、饼图等，用户可以根据自己的需求选择最合适的可视化形式。

2）数据可视化交互性：数据可视化工具支持交互式操作，用户可以通过鼠标或手势等方式与可视化图表进行交互，例如缩放、拖动、筛选等，使用户更好地了解数据。

3）数据可视化定制化：数据可视化工具支持定制化配置，用户可以根据自己的需求对可视化图表进行自定义配置，例如颜色、字体、标签等。

4）数据可视化数据源多样化：数据可视化工具支持多种数据源，包括数据库、文件、API等，用户可以将不同数据源中的数据整合在一起进行可视化分析。

5）数据可视化自动化：数据可视化工具支持自动化生成可视化图表，用户可以通过预设模板或自定义模板快速生成可视化图表，减少手动工作量。

通过使用数据可视化工具，用户可以更直观地了解数据的含义和趋势，从而更好地制定决策和行动计划。以下是一些常用的数据可视化工具：

1）Tableau：Tableau是一款功能强大的数据可视化和分析工具，可以帮助用户创建各种交互式数据可视化图表，并提供了多种数据分析和挖掘功能，例如数据透视表、交互式地图、时间轴等。

2）Power BI：Power BI是微软推出的数据可视化和分析工具，可以将各种数据源集成在一起，创建丰富的数据可视化图表，并提供多种数据分析和挖掘功能，例如自定义计算字段、数据建模、预测分析等。

3）QlikView：QlikView是一款数据分析和可视化工具，可以帮助用户创建交互式的数据可视化图表，并提供丰富的数据分析和挖掘功能，例如数据透视表、自定义计算字段、数据建模等。

4）D3.js：D3.js是一款基于JavaScript的可视化库，可以帮助用户创建各种定制化的数据可视化图表，包括折线图、散点图、饼图等。

5）Google Data Studio：Google Data Studio是一款免费的数据可视化工具，可以帮助用户将各种数据源集成在一起，创建交互式的数据可视化图表，并提供多种定制化的配置选项。

6）Excel：Excel是一款常用的电子表格软件，可以用于构建各种数据指标。通过Excel的公式和函数，可以方便地计算数据指标，例如平均值、总和、百分比等。同时，Excel也提供了图表功能，可以将数据指标可视化呈现。

企业可以根据自己的实际需求选择最适合自己的数据可视化工具。

2.5 利用数据看板和管理经营驾驶舱了解业务的运行情况

【学习目标】

1）理解什么是数据看板、管理经营驾驶舱。
2）理解数据看板与管理经营驾驶舱的区别。
3）理解如何实施数据看板。
4）理解如何实施管理经营驾驶舱。
5）通过系统学习，培养对数据看板与管理经营驾驶舱的深入理解。

商业银行可以利用数据指标洞悉业务的运行情况，因为银行业务的本质是数据处理和管理。银行业务产生的大量数据可以反映银行业务的规模、风险、盈利等情况，通过对这些数据指标进行分析和比较，可以了解银行业务的瓶颈和机会，制定相应的策略和行动计划，提高银行业务绩效和效率。

一般情况下，如果想要看到业务的情况，需要具体的技术载体，除了PPT、Word等文件以外，根据目的的不同，还有数据看板与管理经营驾驶舱两种呈现方法。

2.5.1 数据看板

数据看板（Data Dashboard）是一种数据可视化工具，它可以将数据以可视化方式呈现，以便用户更好地理解和分析数据。数据看板通常采用图表、表格、地图和其他可视化方式来展示数据，以便用户可以快速了解数据的关键指标和趋势。

数据看板可以用于各种领域，包括商业、金融、医疗等。它们可以用于监测业务绩效、跟踪数据趋势、分析市场情况、预测未来趋势等。通过使用数据看板，用户可以更快地识别问题，并使问题在初期解决。数据看板通常具有以下特点：

1）可定制性：用户可以根据自己的需求和偏好定制自己的数据看板，包括选择数据源、指标和可视化方式。

2）实时性：数据看板通常可以实时更新数据，以反映最新的业务情况和趋势。

3）交互性：数据看板通常具有交互性，用户可以通过单击或拖动等操作来查看不同的数据视图、时间范围和维度。

4）可分享性：数据看板通常可以轻松地与团队或其他用户共享，以便更好地协作和沟通。

1. 实现数据看板需要的技术

实现数据看板需要掌握多种技术，包括数据库、数据处理、数据可视化、前后端开发、数据安全和云计算等技术。

1）数据库技术：数据看板需要从数据源中获取数据，并将其存储在数据库中。因此，对于数据看板的实现，需要具备数据库设计和管理的技术。

2）数据处理技术：数据看板需要对数据进行预处理和清洗，以确保数据的准确性和一致性。因此，需要掌握数据处理和转换的技术，例如ETL（Extract、Transform、Load）。

3）数据可视化技术：数据看板需要将数据以可视化方式展示，因此需要掌握数据可视化技术，例如图表、表格等。可以用商业智能软件实现，如Power BI、FineBI、Tableau等。

4）前端开发技术：数据看板需要一个用户友好的前端界面，因此需要熟练掌握前端开发技术，例如HTML、CSS、JavaScript等。

5）后端开发技术：数据看板需要一个后端服务器来处理数据的请求和响应，因此需要掌握后端开发技术，例如Java、Python、PHP等。

6）数据安全技术：数据看板需要确保数据的安全性和保密性，因此需要掌握数据安全技术，例如加密和访问控制等。

7）云计算技术：数据看板可以使用云计算服务来部署和管理，因此需要掌握云计算技术，例如 AWS、Azure、Google Cloud 等。

2. 如何实现数据看板

实现数据看板需要多个步骤和技术的结合，同时需要根据具体需求和情况来进行选择和实施。实现数据看板的一般步骤如下：

1）确定数据源和数据需求：要实现一个数据看板，首先需要明确数据源和需要展示的数据指标。数据源可以是数据库、API、文件等。

2）数据处理和清洗：对于从数据源获取的数据，需要进行预处理和清洗，以确保数据的准确性和一致性。可以使用 ETL 工具或编写脚本来完成数据处理任务。

3）数据建模和存储：根据数据需求，需要对数据进行建模和存储。有多种数据库可供选择，例如关系型数据库（如 MySQL、Oracle）和非关系型数据库（如 MongoDB、Cassandra）。

4）可视化设计和开发：根据数据需求和用户需求，设计和开发数据可视化界面，可以使用可视化工具（如 Tableau、Power BI 等）或编写代码来实现数据可视化。

5）前后端开发和集成：数据看板需要一个前后端分离的架构。前端可以使用 HTML、CSS、JavaScript 等技术来开发用户界面，后端可以使用 Java、Python、PHP 等技术来处理数据的请求和响应。前后端之间可以通过 API 进行通信。

6）部署和管理：数据看板可以部署在本地服务器或云服务上，可以使用 DevOps 工具（如 Docker、Kubernetes 等）来管理和部署数据看板。

7）数据安全和权限控制：要确保数据的安全性和保密性，需要使用加密技术和访问控制技术来保护数据，可以设置不同的用户角色和权限来控制对数据的访问。

3. 如何用好数据看板

商业银行可以利用数据看板来帮助其更好地理解和分析业务数据，以便更好地做出决策和推动业务增长，商业银行可以从以下几个方面应用数据看板：

1）监测业务绩效：商业银行可以使用数据看板来监测业务绩效，例如各种贷款产品的销售情况、存款产品的增长情况、ATM 和柜台的流量等。通过数据看板，商业银行可以更快速地发现问题并采取相应措施。

2）分析市场情况：商业银行可以使用数据看板来分析市场情况，例如不同地区的经济发展状况、不同客户群体的需求和偏好等。通过数据看板，商业银行可以更好地了解市场趋势，并做出相应的战略调整。

3）预测未来趋势：商业银行可以使用数据看板来预测未来的趋势，例如客户的需求和行为、市场竞争的情况等。通过数据看板，商业银行可以更好地做出决策，并把握未来机会。

4）实现自动化决策：商业银行可以使用数据看板来实现自动化决策，例如根据客户的信用评分和历史交易记录来决定是否批准贷款申请。通过数据看板，商业银行可以更快速地做出决策，并减少人工干预的错误。

总之，商业银行可以利用数据看板来更好地管理业务数据，并从中发现机会和优化业务流程。通过数据看板，商业银行可以更好地了解客户需求、市场趋势和竞争情况，从而做出更明智的决策。

4. 某商业银行的客户经营数据看板

某商业银行的客户经营部门使用数据看板来监测其客户的行为和产品使用情况，如图2-14所示。数据看板显示了以下几个指标：

1) 客户增长：数据看板显示了客户的增长情况和不同客户群体的增长情况。通过分析数据，客户经营部门发现在某些地区或行业中，客户增长较快。于是，客户经营部门制定了相应的营销策略来吸引更多客户。

2) 客户满意度：数据看板显示了客户的满意度和不同客户群体的满意度。通过分析数据，客户经营部门发现在某些服务方面，客户满意度较低。于是，客户经营部门采取措施来改进服务，提高客户满意度。

3) 产品使用情况：数据看板显示了客户使用不同产品的情况，例如存款、信用卡、投资等。通过分析数据，客户经营部门发现有些客户只使用了某些产品，而没有使用其他产品。于是，客户经营部门推出了一些跨产品的优惠和福利，以鼓励客户使用更多产品。

4) 客户分布：数据看板显示了客户的地理分布情况和不同地区客户的增长情况。通过分析数据，客户经营部门可以了解客户的地理分布情况，以及在不同地区的客户增长情况。商业银行可以根据客户的地理分布情况，制定相应的营销策略，例如在客户较多的地区增加网点和服务站点。

5) 客户流失率：数据看板显示了客户的流失率和不同客户群体的流失情况。通过分析数据，客户经营部门可以了解客户流失的原因和趋势。商业银行可以针对客户流失的原因和趋势，制定相应的措施来减少客户流失。

图2-14 某商业银行客户经营看板

6) 产品销售额：数据看板显示了不同产品的销售额和不同客户群体的产品使用情况。通过分析数据，客户经营部门可以了解不同产品的销售情况和客户使用产品的偏好。商业银行可以根据产品销售情况和客户使用偏好，制定相应的营销策略，例如推出更具吸引力的产品和促销活动等。

7）客户收益率：数据看板显示了客户的收益率和不同客户群体的收益率。通过分析数据，客户经营部门可以了解客户收益率的情况和趋势。商业银行可以根据客户收益率的情况和趋势，制定相应的产品和服务策略，以提高客户收益率。

数据看板的可视化界面通常是以数据图表的形式展示的，例如柱状图、折线图、饼图等。商业银行的客户经营部门可以根据需要自定义数据图表，以展示最有价值的数据指标。

利用数据看板，商业银行的客户经营部门可以更好地了解客户行为和产品使用情况，从而更好地制定营销策略，提高客户满意度和业务增长。例如，对于客户增长较快的地区或行业，客户经营部门可以采取定向营销策略，例如增加宣传力度、推出特定的产品和服务等。对于客户满意度较低的服务方面，客户经营部门可以采取改进措施，例如提高服务质量、增加服务渠道、改进产品设计等。对于只使用了某些产品的客户，客户经营部门可以推出跨产品的优惠和福利，以吸引客户使用更多产品。

2.5.2 管理经营驾驶舱

管理经营驾驶舱（Management Dashboard）是一种可视化的管理工具，用于帮助企业管理人员快速、直观地了解企业的运营情况和业务数据，从而进行决策和管理。

销售公司数据驾驶舱如图 2-15 所示。

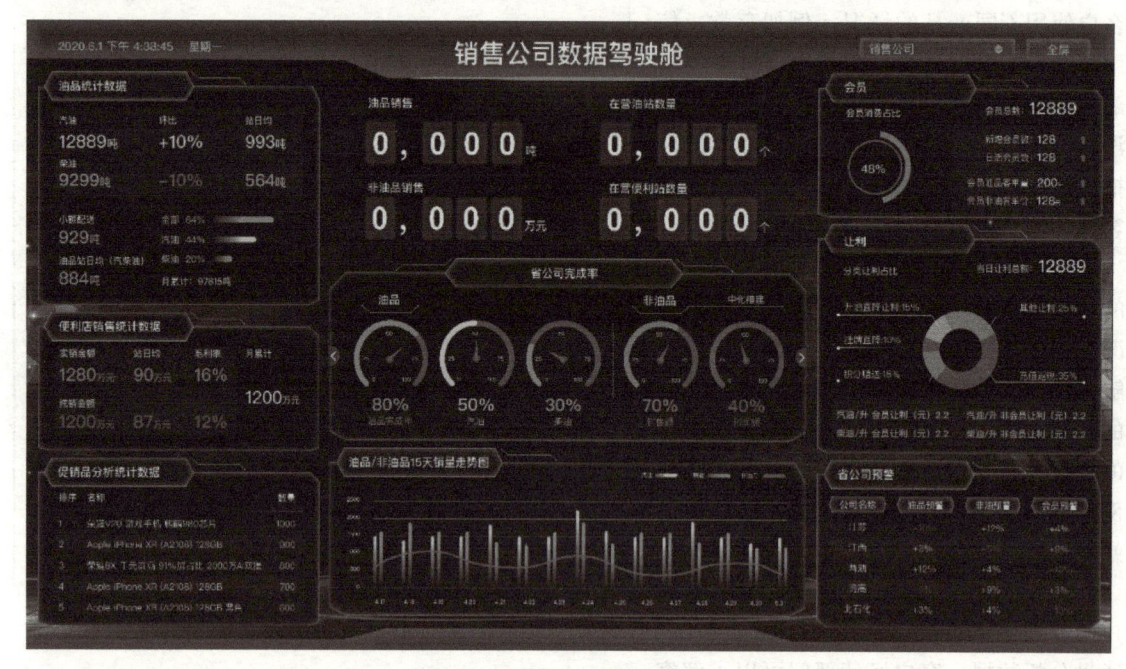

图 2-15　销售公司数据驾驶舱

管理经营驾驶舱的主要特点和作用如下：

1）可视化展示：将企业的业务数据和关键指标以图表、表格等形式直观展现，方便管理人员快速了解企业的运营情况。

2）实时监控：管理经营驾驶舱可以实时监控企业的运营情况，及时发现问题和机遇，以便及时采取措施。

3）多维度分析：可以根据不同的维度对企业的业务数据进行分析，如时间、地域、产品、客户等，从多个角度了解企业的运营状况。

4）智能预警：管理经营驾驶舱可以设置预警机制，当业务数据出现异常时，系统会发出警报，提醒管理人员及时处理。

5）决策支持：管理经营驾驶舱提供数据支持，帮助管理人员做出决策，优化企业运营。

通过使用管理经营驾驶舱，企业管理人员可以更加直观、全面地了解企业的运营情况，及时发现问题和机遇，优化企业运营，提高管理效率和决策质量。

1. 实现管理经营驾驶舱需要的技术

实现管理经营驾驶舱需要多种技术支持，需要综合运用多种技术，从而实现高效、准确、安全的数据分析和决策支持，常用的方法主要包括：

1）数据仓库技术：数据仓库是管理经营驾驶舱的数据源，需要将来自不同数据源的数据进行整合、清洗和转换，从而构建一个可供查询和分析的数据仓库。

2）数据可视化技术：管理经营驾驶舱需要将数据以图表、表格等形式进行可视化展示，需要使用数据可视化技术，如数据可视化工具和图表库等。

3）数据挖掘技术：数据挖掘技术可以对数据进行多维度、多角度的分析和挖掘，从而发现数据背后的规律和趋势，为企业提供决策支持。

4）人工智能技术：人工智能技术可以对数据进行智能分析和处理，如自然语言处理、机器学习等，从而提高分析效率和准确性。

5）云计算技术：管理经营驾驶舱需要处理大量数据，需要使用云计算技术，如云存储、云计算等，从而实现高效、可扩展的数据处理和分析。

6）安全技术：管理经营驾驶舱包含大量敏感数据，需要使用安全技术，如数据加密、访问控制等，保护数据的安全和隐私。

2. 如何实现管理经营驾驶舱

实现管理经营驾驶舱需要综合运用多种技术和工具，需要有一定的技术能力和经验，同时需要充分考虑企业的需求和实际情况，从而实现高效、准确、安全的数据分析和决策支持。

1）确定需求：首先需要确定管理经营驾驶舱的具体需求和目标，包括需要哪些关键指标和数据，以及需要实现哪些功能和特性。

2）数据整合：将企业的各种数据源进行整合、清洗和转换，构建一个可供查询和分析的数据仓库。

3）数据可视化：使用数据可视化技术，将数据以图表、表格等形式进行可视化展示，方便管理人员直观了解企业的运营状况。

4）数据分析：使用数据挖掘技术和人工智能技术对数据进行多维度、多角度的分析和挖掘，发现数据背后的规律和趋势，为企业提供决策支持。

5）定制化开发：根据企业的需求和目标，进行定制化开发和调整，实现各种功能和特性的个性化定制。

6）部署与维护：将管理经营驾驶舱部署到企业的管理平台上，进行维护和更新，保证其正常运行和持续发挥价值。

3. 如何用好管理经营驾驶舱

如何用好管理经营驾驶舱，一直是很多公司关心的内容，从实践出发，有如下的建议：

1）明确目标和指标：在使用管理经营驾驶舱之前，必须明确企业或组织的目标和关键业务指标。这些指标应该是可度量的、与企业战略和业务计划相关的，并且应该与各个部门的目标和绩效评估相一致。

2）选择正确的数据源：管理经营驾驶舱的数据源应该是可靠的、准确的和实时的。数据源可以来自内部系统、外部数据提供商或互联网。

3）设计可视化界面：管理经营驾驶舱的界面应该是简洁、直观和易于理解的。图表和指标应该以清晰的方式呈现，并且应该能够自动更新或实时更新。

4）确保数据安全：管理经营驾驶舱中的数据应该受到保护，并且只有经过授权的人员才能访问。此外，数据应该经过加密和备份，以防止数据泄露或丢失。

5）定期更新和优化：管理经营驾驶舱应该定期更新和优化，以反映业务变化和新的业务需求。此外，用户反馈也应该被考虑，并且应该不断改进和优化用户体验。

6）提供培训和支持：对于使用管理经营驾驶舱的员工，应该提供必要的培训和支持，以确保他们能够正确地使用和理解数据。此外，应该有专门的技术支持团队，以帮助解决技术问题。

4. 管理经营驾驶舱与数据看板的主要区别

管理经营驾驶舱和数据看板都是用于数据可视化和决策支持的工具，但是它们之间有以下主要区别：

1）目标不同：管理经营驾驶舱主要用于支持高层管理人员的决策，帮助他们了解整个组织的运营情况和趋势，从而制定战略和目标。而数据看板则更加关注具体的业务指标和运营活动，帮助中层和基层管理人员了解业务细节，监测绩效和执行业务决策。

2）数据来源和分析深度不同：管理经营驾驶舱通常汇聚整个组织的各种数据，包括内部和外部数据，通过各种数据分析技术和模型，提供更深入的数据分析和挖掘能力。而数据看板通常更加关注业务数据，例如销售数据、客户数据、产品数据等，更加注重数据的实时性和可视化呈现。

3）可视化呈现方式不同：管理经营驾驶舱通常采用大屏幕或者移动设备来呈现数据，数据呈现的方式更加灵活，可以根据不同的需求进行个性化配置。而数据看板通常采用网页或者应用程序的方式呈现数据，更加注重数据的可视化和交互，例如图表、仪表盘等。

4）用户群体不同：管理经营驾驶舱主要服务于高层管理人员，例如 CEO、CFO 等，他们需要了解整个组织的运营情况和趋势，从而制定战略和目标。而数据看板则更加服务于中层和基层管理人员，例如销售经理、客户经理等，他们需要了解具体的业务指标和运营活动，监测绩效和执行业务决策。

管理经营驾驶舱和数据看板都是非常有价值的数据可视化和决策支持工具，但是它们的目标、数据来源、分析深度、可视化呈现方式和用户群体等方面都有所不同。组织需要根据自身的需求和业务情况，选择最适合的工具来支持决策和管理。

5. 英国皇家银行（RBS）使用管理经营驾驶舱助力营销

英国皇家银行（RBS）在使用管理经营驾驶舱方面进行了大量工作，以监控其零售银行业务，并利用其数据来制定营销策略。

RBS 的主要目标是提高客户满意度和增加收入。为了实现这些目标，RBS 选择监测其业务的多个指标，包括存款金额、贷款金额、客户流失率、客户满意度、账户余额、交易量等。

RBS 使用了其内部系统作为数据源，并且使用了外部数据提供商提供的市场数据来补充其信息，包括交易数据、用户数据、社交媒体数据等。

RBS 的管理经营驾驶舱（见图 2-16）采用了一种交互式的可视化界面，可以显示多个指标和趋势。该界面包括各种图表、表格和指标。例如，折线图可以显示存款和贷款金额的变化，表格可以显示客户满意度和客户流失率的详细信息。此外，该界面还包括可调整的时间范围，以便用户可以查看指标的历史数据和趋势。

图 2-16　RBS 的管理经营驾驶舱

RBS 使用管理经营驾驶舱中的数据来制定营销策略。例如，如果 RBS 发现某个地区的客户流失率很高，那么可以通过针对该地区的客户推出促销活动来防止客户流失。此外，如果 RBS 发现某种产品的销售量很低，那么可以通过在管理经营驾驶舱中添加新的指标（如产品销售量）来跟踪其销售情况，并在此基础上制定相应的营销策略。

RBS 定期更新和优化其管理经营驾驶舱，以反映业务变化和新的业务需求。例如，如果 RBS 决定推出新的金融产品，那么该产品的数据应该被添加到管理经营驾驶舱中。

2.6 本章小结

本章通过对商业银行数据指标体系的讲解,深入探讨了指标的重要性和建设方法。

本章重点讲述了以下几个方面的知识:

1) 数据指标的定义及其重要性。
2) 数据指标的设计方法。
3) 数据指标体系的构建思路。
4) 数据指标体系构建的相关工具。
5) 如何利用数据指标洞悉业务的运行情况。

通过本章的学习,我们可以掌握一些建立数据指标的实践技巧和方法。

我们将在下一章中深入探讨运用数据手段解决业务经营中的专项问题的相关知识,请继续保持学习的热情和动力,不断提升自己的知识和技能水平。

【学习效果评价】

复述本章的主要学习内容	
对本章的学习情况进行准确评价	
本章没有理解的内容是哪些	
如何解决没有理解的内容	

注:学习效果评价包括少部分理解、约一半理解、大部分理解和全部理解四个层次。请根据自身的学习情况进行准确评价。

第 3 章
运用数据手段解决业务经营中的专项问题

3.1 运用指标体系发现业务中存在的异常

【学习目标】

1) 熟知数据异动分析方法。
2) 熟知如何通过业务规则发现数据中的异常。
3) 熟知如何通过统计方法发现数据中的异常。
4) 熟知如何通过机器学习方法发现数据中的异常。
5) 能够通过专家经验库发现数据中的异常。

商业银行通常会建立完善的指标体系来监控各项业务的运营情况，及时发现异常并采取相应措施。银行通常会设置这些指标的阈值或预警线，并通过数据监控系统实时跟踪指标变化情况。一旦发现异常，相关部门将及时介入，通过数据分析、现场调查等方式查明原因，并根据问题的严重程度采取应对措施，如调整策略、优化流程、加强管控等，从而将异常情况控制在可控范围内，确保业务稳健运行。

3.1.1 数据异动分析方法

数据异动分析是一种通过监测和分析数据中的异常变化或突变，以识别潜在问题、发现趋势或检测异常情况的方法。通过比较数据的当前状态与预期值或历史数据，数据异动分析能够揭示出可能存在的异常行为或异常模式，及时为决策者提供警示，帮助他们及时采取相应措施来应对潜在的风险或机遇。常见的数据异动分析方法见表 3-1。

表 3-1 常见的数据异动分析方法

方　　法	描　　述
规则和阈值检测	基于预设的规则和阈值，检测数据中的异常值。可以根据领域知识和经验设定规则和阈值，例如超过特定范围的数值或极端的变化趋势被认为是异常的
统计方法	使用统计学方法来检测数据中的异常情况。常见的统计方法包括标准差分析、箱线图、偏度和峰度分析等。这些方法可以帮助识别数据中与预期分布不一致的观测值
时间序列分析	对时间序列数据进行分析，以检测和解释数据的异常变化。可以使用时间序列模型（如ARIMA、指数平滑）或分解方法（如季节性分解）来识别异常的趋势、季节性或周期性变化
异常检测算法	利用机器学习和统计学方法，训练模型来检测数据中的异常。常用的异常检测算法包括孤立森林、LOF（局部离群因子）和DBSCAN（基于密度的聚类算法）等。这些算法可以自动识别数据中的异常点
数据可视化	通过数据可视化技术，将数据以图表、图形的形式展示出来，以便直观地发现异常情况。可视化方法有助于观察数据的分布、趋势和离群点，从而发现数据中的异动
模型比较和分析	使用不同的模型或算法对数据进行分析，并比较它们的结果。通过比较不同模型的输出，可以确定哪些数据点在多个模型中被识别为异常，以增加准确性和可靠性
领域知识和专家判断	借助领域专家的知识和判断，对数据进行分析和解释。与领域专家合作，利用他们的经验和见解，可以更准确地理解和解释数据中的异常情况

银行可以根据数据类型、数据量和分析目的的不同选择和组合使用不同的方法。重要的是结合领域知识和业务背景，以及根据具体情况对数据异常进行适当的解释和处理，以支持决策和解决问题。

举个典型的例子，某商业银行应用数据异动分析来监测客户的交易行为。通过收集和分析客户的交易数据，他们可以检测到异常的交易模式，比如大额转账、频繁的跨境交易或不寻常的交易地点。这些异常表示可能存在潜在的欺诈行为或洗钱活动。

利用数据异动分析来自动识别这些异常，并及时采取必要的措施，如冻结账户、联系客户核实信息或报告给监管机构，以降低风险并保护客户资产。通过这种方法，该银行可以更有效地管理风险、提升业务效率，并提供更安全的银行服务。

3.1.2 通过业务规则发现数据中的异常

通过业务规则发现数据中的异常是一种常见的方法，它基于针对特定业务领域的规则和条件来检测数据中的异常情况。利用业务规则发现数据异常的步骤见表3-2。

表 3-2 利用业务规则发现数据异常的步骤

步　　骤	描　　述
理解业务规则	深入了解所涉及的业务领域和相关的业务规则。这包括了解业务过程、关键指标和典型的数据模式。与业务专家和相关人员进行沟通和讨论，以确保对业务规则的准确理解
定义规则和阈值	基于业务规则，明确定义用于检测异常的规则和阈值。规则可以基于数值条件、范围限制、逻辑关系等。例如，某个指标在特定时间段内超过预设的阈值，或者两个指标之间的差异超过预设的比例

(续)

步骤	描述
数据清洗和准备	对数据进行清洗和准备，确保数据的质量和适用性。这包括处理缺失值、异常值和数据格式转换等。确保数据符合规则定义的条件
应用业务规则	使用编程或查询语言，根据定义的业务规则对数据进行筛选和过滤。根据规则逐行扫描数据集，判断每条数据是否符合规则的条件。符合规则的数据被标记为异常或进行相应的处理
异常标记和处理	根据业务需求，将异常数据进行标记或进行其他适当的处理。可以将异常数据标记为特定的标识或状态，以便后续分析和处理。也可以触发警报或通知相关人员，以便及时采取行动
监控和反馈	建立监控机制，定期或实时地检查数据中的异常情况。根据业务规则进行持续的数据监控，并及时将结果反馈给相关人员，这有助于快速发现和处理异常，并及时调整业务规则以适应变化的情况

需要注意的是，利用业务规则发现数据中的异常通常适用于已知的异常情况和业务规则。对于未知的异常情况或新的业务规则，可能需要结合其他的数据分析方法或机器学习技术来进行异常检测和发现。

举一个例子，商业银行可以利用业务规则来发现数据异常的案例。例如，他们可以建立一系列业务规则，用于检测客户账户中的异常活动。

一种常见的业务规则是检测异常交易金额。银行可以设定一个阈值，如果某笔交易的金额超过了该阈值，系统就会触发警报，要求进行人工审核，这有助于发现异常的大额交易；另一个例子是检测异常的交易频率。如果某个账户在短时间内进行了大量的交易，超出了正常的活动模式，系统可以自动触发警报，提示风险管理团队进行进一步的调查。

通过建立和应用这些业务规则，银行可以及时发现账户中的异常活动，从而更有效地管理风险，并采取适当的措施来保护客户资产和银行利益。

3.1.3 通过统计方法发现数据中的异常

通过统计方法发现数据中的异常是一种常见的方法，它利用统计学原理和技术来检测数据中的异常值或异常模式。发现数据异常的统计方法见表3-3。

表3-3 发现数据异常的统计方法

方法	描述
离群值检测	离群值是指与其他观测值明显不同的异常值。常用的离群值检测方法包括： 1) 箱线图（Boxplot）：通过绘制数据的箱线图，观察是否存在落在上下限之外的离群点。 2) Z分数（Z-Score）：计算数据观测值与其均值的偏差程度，并将偏差超过阈值的观测值识别为离群值。 3) Grubbs检验：针对小样本数据，检验最大值或最小值是否与其他值显著不同
偏度和峰度分析	偏度（Skewness）和峰度（Kurtosis）是描述数据分布形态的统计指标。异常数据可能导致偏度和峰度的显著偏离正常分布的情况发生
稳定性分析	稳定性分析用于检测数据序列中的突变或突发事件。常用的稳定性分析方法包括： 1) CUSUM（累积和）分析：通过计算累积和，检测连续观测值之间的累积变化是否超过预设的阈值。 2) EWMA（指数加权移动平均）控制图：使用指数加权移动平均计算序列的中心线，并设定控制限，判断序列是否超出控制限

(续)

方　　法	描　　述
时间序列分析	时间序列分析用于识别数据中的趋势、季节性或周期性变化，以及异常点。常用的时间序列分析方法包括： 1) ARIMA 模型（自回归滑动平均模型）：通过建立时间序列模型，预测未来观测值，并检查实际观测值与预测值之间的差异。 2) 季节性分解：将时间序列数据分解为趋势、季节性和残差三个部分，检测残差中的异常值
数据分布分析	通过分析数据的分布特征，检查是否存在与预期分布不一致的异常数据

这些统计方法可以单独或结合使用，银行可根据数据的特点和分析目的选择合适的方法来发现数据中的异常。同时，需要结合领域知识和业务背景，对异常数据进行适当解释和处理。

举例来讲，某商业银行可以利用统计方法来发现数据中的异常。一个例子是使用均值和标准差来检测异常交易金额。

可以计算每个客户账户的交易金额的平均值和标准差。然后，他们可以将每笔交易的金额与该账户的平均值进行比较，并计算其偏离度。如果某笔交易的金额远远超出了账户平均值加上几倍标准差的范围，那么这可能是一个异常交易。这种方法可以帮助银行发现那些金额异常高或异常低的交易，这些交易可能是由欺诈或错误引起的。

通过统计方法发现异常，该银行可以更快速地识别可能存在的问题，并采取适当的措施，如暂停账户或联系客户进行验证，以保护客户资产和银行利益。

3.1.4　通过机器学习方法发现数据中的异常

通过机器学习方法发现数据中的异常是一种常用的方法，它利用机器学习算法和模型来自动检测和识别数据中的异常模式。一些常见的发现数据异常的机器学习方法见表 3-4。

表 3-4　利用机器学习的方法预测数据异常

方　　法	描　　述
孤立森林（Isolation Forest）	孤立森林是一种基于树的异常检测算法，它通过构建随机切分的树来识别异常点。异常点通常需要更少的切分才能被隔离，因此孤立森林可以通过路径的长度来衡量数据点的异常程度
局部离群因子（LOF）	局部离群因子是一种基于密度的异常检测算法，它通过计算每个数据点周围邻居的密度来确定异常程度。异常点通常具有较低的局部密度，并且周围的邻居点与其距离较远
自编码器（Autoencoder）	自编码器是一种无监督学习算法，它通过将输入数据重新构建为输出数据来学习数据的低维表示。当自编码器在重构异常数据时误差较大，这些数据点可能被视为异常
基于密度的聚类算法（如 DBSCAN）	基于密度的聚类算法可以识别数据中的稀疏区域，并将其中的数据点视为异常。DBSCAN 算法通过基于密度的邻域关系将数据点划分为核心点、边界点和噪声点，并将噪声点视为异常
高斯混合模型（GMM）	高斯混合模型是一种概率模型，可以对数据进行建模。异常点通常具有较低的概率密度，因此可以使用 GMM 来估计数据点的概率密度，并将低概率密度的数据点视为异常
集成方法	集成方法结合多个异常检测模型的结果，从而提高异常检测的准确性和鲁棒性。例如，通过集成多个孤立森林模型或 LOF 模型的输出，可以得到更可靠的异常检测结果

银行可以根据自身数据的特点和分析目的对这些机器学习方法进行选择和组合使用。在使用机器学习方法进行异常检测时，需要注意选择合适的特征表示、模型参数调优和评估方法，以获得准确和可靠的异常检测结果。

举例来讲，某银行可以利用机器学习方法来发现数据中的异常，如使用孤立森林或自编码器等异常检测算法。

对于孤立森林算法，该银行可以将客户的交易数据作为输入，并训练一个孤立森林模型。这个模型能够识别出与其他数据点明显不同的孤立数据点，这些点可能是异常交易。例如，如果某笔交易的特征与其他交易大不相同，那么孤立森林模型可能会将其标记为异常。

另一个例子是使用自编码器。该银行可以训练一个自编码器来学习客户交易数据的表示。然后，他们可以使用这个自编码器来重建交易数据，并比较重建误差。如果某笔交易的重建误差显著高于其他交易，那么它可能是一个异常交易。

通过机器学习方法发现异常，该银行可以更加准确地识别潜在的欺诈或异常行为，从而更有效地保护客户和银行的资产。

3.1.5　通过专家经验库发现数据中的异常

利用专家经验库发现数据中的异常是一种基于专家知识和经验的方法，用于识别数据中潜在的异常情况。这种方法依赖于专家团队的领域知识和经验，他们可以通过分析数据并参考以往的案例，制定规则、指标或模型，以发现可能存在的异常行为或异常模式。

这个专家经验库可以包含各种信息，如历史数据中已知的欺诈案例、领域专家的见解、行业标准等。基于这些信息，专家团队可以设计出一系列规则或算法，用于自动识别新数据中的异常情况。

这种方法的优势在于可以充分利用专家团队的经验和洞察力，可以快速识别出潜在的异常，减少误报率，并且能够根据实时数据不断更新和优化经验库，使异常检测系统更加灵活和精准。然而，这种方法也存在着过于依赖专家判断的局限性，可能会受限于专家知识的主观性。通过专家经验库发现数据中异常的步骤见表3-5。

表 3-5　利用专家经验的方法预测数据异常步骤

步　　骤	描　　述
收集专家知识	与领域专家进行交流和讨论，获取他们对于异常情况的经验和知识。专家可以提供关于业务规则、典型异常模式和异常指标的信息
建立专家经验库	将专家提供的知识和规则整理成一个经验库或知识库，可以是一个规则库、决策树、知识图谱或其他适合存储和检索专家知识的结构
定义异常规则	基于专家经验和知识库，明确定义用于检测数据异常的规则和条件。这些规则可以是基于数值条件、逻辑关系、时间关联等。例如，某个指标超过阈值的异常，或者特定事件发生的异常情况
应用专家规则	使用编程或查询语言，根据专家规则对数据进行筛选和过滤。根据规则逐行扫描数据集，判断每条数据是否符合专家规则的条件。符合规则的数据被标记为异常或进行相应的处理

(续)

步骤	描述
异常标记和处理	根据业务需求，将异常数据进行标记或进行其他适当处理。可以将异常数据标记为特定的标识或状态，以便后续分析和处理。也可以触发警报或通知相关人员，以便及时采取行动
监控和反馈	建立监控机制，定期或实时地检查数据中的异常情况。根据专家规则进行数据监控，并及时给相关人员反馈结果。这有助于快速发现和处理异常，并及时调整专家规则以适应变化的情况

通过专家经验库发现数据中的异常可以利用专家的领域知识和经验，对于特定领域或行业的异常情况有较好的适应性。然而，需要不断与专家保持沟通和更新经验库，以确保其准确性和可靠性。同时也可以结合其他数据分析方法和机器学习技术来进行综合异常检测。

举例来讲，某银行可以利用专家经验库来发现数据中的异常。这个经验库包含了专家风险分析师的知识和经验，以及历史数据中已知的异常案例。

该银行的专家团队可以使用这个经验库来制定规则、指标或模型，来识别潜在的异常情况。例如，他们可能会制定一系列规则，用于检测客户账户中的异常活动，比如不寻常的交易模式、异常的交易金额或不寻常的账户访问模式。

这些规则可以基于专家团队的知识和经验，以及历史数据中已知的欺诈案例或异常行为。当新的数据进入系统时，该银行可以将其应用于这些规则，并自动识别潜在的异常情况。对于那些被标记为异常的数据点，专家团队可以进行进一步的审核和调查，以确定是否存在欺诈或其他问题，并采取适当的措施。

通过利用专家经验库来发现数据中的异常，该银行可以借助专家团队的知识和经验，更有效地保护客户和银行的资产，并提高风险识别的准确性和效率。

3.2 运用对比分析了解业务现状

【学习目标】

1）学习对比分析法，了解其原理与实施方法。
2）学习平均分析法，了解其如何用在业务现状分析上。
3）学习综合评价分析法，掌握其应用思路。
4）学习同比热力图分析法，掌握数据分析方法。

3.2.1 对比分析法

对比分析法是一种常用的数据分析方法，用于比较和评估不同数据集之间的差异和相似性。该方法可以帮助识别异常或异常模式，并揭示数据中的趋势和变化。对比分析法效果图如图3-1所示。

对比分析法的关键步骤和技巧如下：

1）选择比较对象：确定需要比较的数据对象或数据集。这可以是不同时间点的数据、不同地区的数据、不同组织或部门的数据等。确保比较对象具有一定的相关性和可比性。

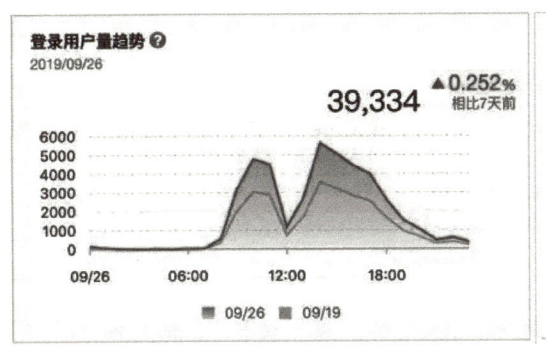

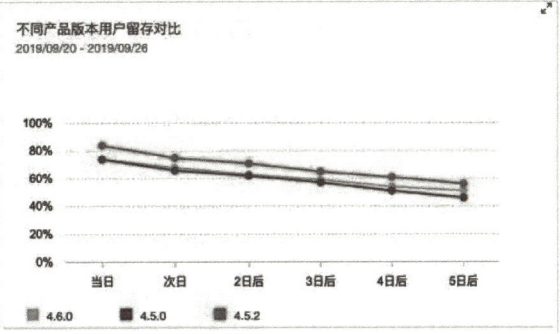

图 3-1 对比分析法效果图

2）确定比较指标：选择合适的指标或变量来进行比较。这些指标应该与分析目的和领域相关，并能够反映数据集的关键特征或性能。例如，销售额、利润率、用户增长率等。

3）数据清洗和预处理：对比较数据进行清洗和预处理，以确保数据的准确性和一致性。这包括处理缺失值、异常值、规范化数据格式等，以便进行有效的对比分析。

4）可视化对比：利用可视化工具和图表，将比较数据以直观和易于理解的方式展示出来。常用的可视化方法包括折线图、柱状图、散点图、雷达图等，可以帮助观察数据的差异和趋势。

5）统计分析：应用适当的统计方法和技术，对比较数据进行分析和推断。例如，计算平均值、标准差、相关系数、差异显著性检验等，以确定数据之间的差异是否具有统计学意义。

6）解释结果：根据对比分析的结果，解释数据之间的差异和相似性，并提供洞察和结论。这可以帮助识别异常或异常模式，发现潜在的问题或机会，并支持决策和优化。

对比分析法可以应用于各种领域和行业，如业绩评估、市场竞争分析、财务比较、时间序列比较等。它提供了一种直观和有效的方法来理解数据之间的关系和变化，帮助用户从大量数据中提取有价值的信息。然而，对比分析应该结合领域知识和背景，避免误解和错误的解读。

举个例子，某商业银行最近推出了一项新的网上银行服务，旨在为客户提供更加便捷的银行体验。然而，该银行的管理层尚不清楚此项新服务对客户满意度和业务收入的实际影响。为了全面了解新服务的效果，该银行决定采用对比分析法，分析步骤见表 3-6。

表 3-6 某商业银行网上银行服务对比分析步骤

步 骤	描 述
确定对比组	银行首先从现有客户中随机选取两组具有可比性的样本客户，分别称为实验组和对照组。实验组客户可使用新的网上银行服务，而对照组客户仍使用原有的线下和自助服务渠道
收集基线数据	在推出新服务之前，银行收集两组客户的基线数据，包括客户满意度评分、过去一年的交易量、手续费收入等关键指标。确保两组客户新服务推出前的数据没有显著差异
实施新服务	银行向实验组客户推广并开通新的网上银行服务，同时对照组客户的服务渠道保持不变
持续数据收集	在新服务实施一段时间（如 3~6 个月）后，银行持续收集两组客户的相关数据，包括客户满意度评分、交易量、手续费收入等指标

(续)

步骤	描述
异常标记和处理	根据业务需求，将异常数据进行标记或进行其他适当的处理。可以将异常数据标记为特定的标识或状态，以便后续分析和处理。也可以触发警报或通知相关人员，以便及时采取行动
对比分析	比较实验组和对照组在各项指标上的差异，分析新服务对客户满意度和业务收入的实际影响。例如： 1）实验组客户的满意度评分是否显著提高？ 2）实验组客户的交易量和手续费收入是否较对照组有明显增长？ 3）两组客户在不同年龄段、地区的差异表现如何？

根据对比分析结果，银行管理层可以全面评估新网上银行服务的实际效果，包括对客户满意度和业务收入的影响。进而决定是否需要优化或扩大该服务的覆盖范围。

通过对比分析法，银行能够清晰地了解新业务举措带来的变化，从而更好地把握业务发展现状，制定后续的经营策略。同时，对比分析结果也可以反馈给产品和服务团队，用于持续改进和优化。

3.2.2 平均分析法

平均分析法是一种数据分析方法，用于计算和比较一组数据的平均值。它可以揭示数据的集中趋势，并评估数据的整体水平。平均分析法的一些关键步骤和技巧见表3-7。

表3-7 平均分析法的关键步骤和技巧

步骤	描述
数据收集	首先，收集需要进行平均分析的数据集。数据可以是定量数据（数值型数据），如销售额、温度、成绩等
数据清洗	对数据进行清洗，处理缺失值、异常值或不合理的数据点。确保数据的准确性和一致性
平均值计算	计算数据集的平均值。最常用的平均值是算术平均值，即将所有数据值相加，然后除以数据的个数。如果数据集中存在离群值或异常值，可以考虑使用修正的平均值，如去除极大值和极小值后的平均值
平均值比较	将不同数据集的平均值进行比较。通过比较平均值，可以判断数据集之间的差异和相似性。较高的平均值表示更高的水平或表现，而较低的平均值表示更低的水平或表现
解释结果	根据平均分析的结果，解释数据集的平均值差异。可能需要结合领域知识和背景来解释差异的原因。这可以帮助识别潜在的问题或机会，并支持决策和改进

需要注意的是，平均分析法主要关注数据的集中趋势，但并未考虑数据的分布和变异性。在某些情况下，数据的分布和变异性可能对数据的解释和决策有重要影响。因此，在进行平均分析时，建议结合其他统计方法和数据可视化技术，以获得更全面的数据洞察力。

此外，平均分析法应谨慎使用，特别是在数据集中、存在极端值或偏斜分布的情况下。在这种情况下，中位数或其他描述统计量可能更适合描述数据的集中趋势。

商业银行可以利用平均分析法来了解业务现状。这种方法涉及计算特定指标的平均值，以便评估业务的表现和趋势。

举例来说，假设一家银行想要了解其客户的平均存款金额。他们可以收集一段时间内所有客户的存款金额数据，然后计算这些数据的平均值。通过比较不同时间段的平均存款金额，银行可以了解存款业务的发展趋势。如果平均存款金额在某段时间内有显著增加或减少，银行可以进一步探究背后的原因，并相应地调整业务策略。

另一个例子是了解贷款利率的平均水平。银行可以计算一段时间内各种类型贷款的平均利率，以评估市场的贷款利率水平。这有助于银行了解市场竞争情况，制定竞争性的贷款产品和利率策略。

通过平均分析法，商业银行可以快速、简便地了解业务的整体状况和趋势，为业务决策提供数据支持。然而，需要注意的是，平均分析法可能会忽略数据中的波动性和异常值，因此在进行业务分析时，还需要综合考虑其他因素。

3.2.3 综合评价分析法

综合评价分析法是一种多指标综合评估方法，用于综合考虑和分析多个指标或因素，以对对象进行全面评价。它可以帮助比较不同对象之间的综合性能或进行综合决策。

以下是综合评价分析法的一些常见方法和步骤：

1) 确定评价指标：首先，确定用于评价对象的相关指标或因素。这些指标应该与评价对象的性质、目标和要求相关，并具备可度量性和可比性。指标可以是定量的（如数值型指标）或定性的（如分类型指标）。

2) 指标权重确定：为了综合评价，需要确定不同指标的权重或重要性。这可以通过主观评估、专家意见、权重分配方法（如层次分析法、模糊综合评价等）或基于数据分析的方法（如回归分析、主成分分析等）来确定。

3) 数据收集和处理：收集与评价指标相关的数据，并进行数据清洗和预处理，以确保数据的准确性和一致性。这可以包括处理缺失值、异常值，进行数据标准化或归一化等。

4) 指标评分：根据评价指标和权重，为每个指标赋予相应的分数或等级。可以使用不同的评分方法，如线性加权法、熵权法、TOPSIS法等，根据具体情况选择合适的方法。

5) 综合评价计算：根据指标的权重和评分，计算综合评价指标或得分。这可以是加权求和、加权平均、加权乘积等方法，根据具体需求和决策目标选择适当的计算方法。

6) 结果解释和决策支持：根据综合评价的结果，解释和比较不同对象的综合性能。这可以帮助决策者理解对象之间的差异和优劣，并支持决策和优化。结果解释可以通过可视化、报告或排名等形式进行。

综合评价分析法可以应用于各种领域和决策场景，如项目评估、供应商选择、投资决策、绩效评估等。它综合考虑多个因素，避免了单一指标评估的局限性，提供了更全面和客观的评估结果。然而，选择合适的评价指标和权重、合理的数据处理和评分方法以及正确解释和使用评价结果是使用该方法的关键要素。

商业银行可以利用综合评价分析法来了解业务现状。这种方法涉及考虑多个指标或因素，综合评价业务的各个方面，以全面地了解业务的状况和趋势。

举例来说，银行可能希望综合评价其客户服务质量。他们可以考虑多个指标，如客户满意度调查结果、投诉率、客户流失率、客户终生价值等。通过综合考虑这些指标，银行可以全面地评估客户服务质量的表现，发现其优势和不足之处，并制定改进策略。

另一个例子是综合评价风险管理状况。银行可以考虑多个风险指标，如信用风险、市场风险、操作风险等。通过综合评价这些指标，银行可以了解其整体风险暴露程度，并确定是否需要调整风险管理策略。

综合评价分析法可以帮助银行全面了解业务的现状和趋势，有助于制定综合性的战略和决策。然而，这种方法需要充分考虑各个指标之间的关联性和权重，以确保评价结果的准确性和可靠性。

3.2.4 同比热力图分析法

同比热力图分析法是一种数据可视化和分析方法，用于比较和分析不同时间段的数据变化。它通过使用热力图来显示数据在时间维度上的变化情况，帮助观察和识别数据的趋势和模式。同比热力图对比分析效果如图 3-2 所示。

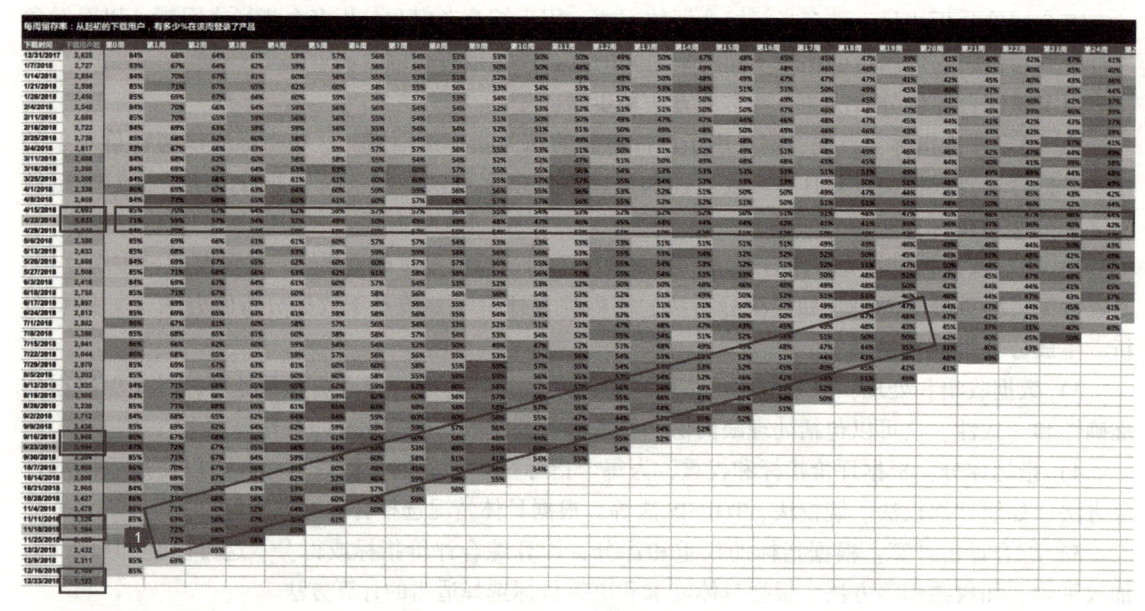

图 3-2 同比热力图对比分析效果

以下是同比热力图分析法的一些关键要点和步骤：

1）数据准备：首先，需要准备包含不同时间点数据的数据集，可以是定量数据（如销售额、用户增长率、市场份额等）或定性数据（如满意度调查结果、产品评级等），确保数据的准确性和一致性。

2）数据处理：对数据进行必要的清洗和预处理，可能包括处理缺失值、异常值或离群值，进行数据格式转换或标准化等，以确保数据的可比性和一致性。

3）热力图生成：使用热力图来可视化数据在时间维度上的变化。热力图可以使用不同的颜色渐变表示数据的数值大小或相对比例。通常，时间被放置在横轴，而另一个指标（如地理位置、产品类别等）可以放置在纵轴。

4）数据解读：观察和解读热力图上的数据变化。通过比较不同时间点的颜色分布和强度，可以发现数据的趋势、模式和异常情况。较深的颜色表示较高的数值或较大的变化，较浅的颜色表示较低的数值或较小的变化。

5）结果分析：根据热力图的观察和解读，对数据的时间变化进行分析和评估。可以发现季节性变化、趋势变化、周期性变化、异常点等。这有助于了解数据的演变和影响因素，并支持决策和策略制定。

同比热力图分析法可以应用于各种领域和场景，如销售分析、市场趋势分析、用户行为分析等。它提供了一种直观和有效的方法来识别数据的时间变化模式，帮助发现有价值的信息。然而，解读热力图时应注意避免错误的关联或因果推断，同时结合领域知识和背景来解释结果。

商业银行可以利用同比热力图分析法来了解业务现状。这种方法通过比较同一指标在不同时间段的变化情况，以热力图的形式展示出来，帮助银行直观地了解业务的发展趋势和变化情况。

举例来说，银行可能希望了解不同月份的贷款申请量情况。他们可以收集每个月的贷款申请数据，并将其制作成同比热力图。在同比热力图中，每个单元格代表一个月份，颜色深浅表示贷款申请量的变化程度，颜色越深表示贷款申请量越高，颜色越浅表示贷款申请量越低。通过观察热力图，银行可以直观地了解不同月份的贷款申请量变化情况，发现可能存在的季节性或周期性趋势。

另一个例子是了解不同地区的客户存款增长情况。银行可以收集每个地区每个季度的客户存款数据，并将其制作成同比热力图。通过观察同比热力图，银行可以发现哪些地区的客户存款增长较快，哪些地区的客户存款增长较慢，从而有针对性地制定业务发展策略。

通过同比热力图分析法，商业银行可以直观地了解业务的现状和变化趋势，帮助他们做出更有针对性的业务决策和规划。

3.3 利用相关性分析业务现状

【学习目标】

1）学习原因分析的方法框架。
2）学习原因分析中的统计学知识。
3）学习相关性分析与相关系数。
4）学习图表相关分析（折线图及散点图）。
5）协方差及协方差矩阵。

3.3.1 原因分析的方法框架

原因分析是一种系统性的方法，用于确定问题、事件或现象发生的根本原因。以下是一个常见的原因分析方法框架，称为"五个为什么"：

1）提出问题：首先，明确要进行原因分析的问题，并将其表述为一个简洁的问题陈述。例如，如果问题是关于产品质量下降，问题陈述可以是"为什么产品质量下降了？"

2）提出第一个为什么：针对问题陈述，提出一个可能的原因，即为什么发生了该问题。这个原因应该是一个具体的、可量化的原因陈述。例如，"为什么产品质量下降了？因为生产线设备老化导致生产效率下降。"

3）进一步追问为什么：针对第一个原因陈述，继续追问为什么这个原因会发生。这一步是为了深入挖掘问题的更深层次原因。例如，"为什么生产线设备老化导致生产效率下降？因为设备维护保养不到位，导致设备性能衰退。"

4）继续追问为什么：针对第二个原因陈述，再次追问为什么这个原因会发生。继续深入挖掘问题的更深层次原因。例如，"为什么设备维护保养不到位会导致设备性能衰退？因为维护计划和检修流程没有明确定义和执行。"

5）重复追问为什么：重复以上步骤，继续追问为什么，直到了解问题产生的根本原因。

在使用这个方法框架时，关键是保持深入追问和挖掘问题的原因，避免停留在表面原因或表象上。通过追问为什么，可以逐步剖析问题的多个层面，了解各个层面的关联和影响，最终找到问题的根本原因。此外，这个方法通常需要团队合作和多方参与，以多角度理解和分析问题。

3.3.2 原因分析中的统计学知识

在原因分析中，统计学知识可以帮助我们理解和解释数据背后的模式和关联性，从而揭示潜在的原因和影响因素。统计学知识在原因分析中的常见应用见表3-8。

表 3-8 常见的描述维度

方　　法	描　　述
描述统计分析	描述统计分析提供了对数据的概括和总结，包括平均值、中位数、标准差、百分比等。通过描述统计分析，我们可以了解数据的集中趋势、离散程度和分布情况，为原因分析提供基本的数据背景
相关性分析	相关性分析用于衡量两个或多个变量之间的关联关系。通过计算相关系数（如皮尔逊相关系数），我们可以了解变量之间的线性相关程度。如果两个变量之间存在较强的相关性，那么它们可能存在某种因果关系或共同的影响因素
回归分析	回归分析用于探索因变量与一个或多个自变量之间的关系，并建立预测模型。通过回归分析，我们可以确定哪些自变量对因变量具有显著影响，并估计它们之间的关系。这可以帮助我们理解特定因素对结果的贡献程度，从而识别潜在的原因
方差分析	方差分析用于比较不同组之间的均值差异，并确定这些差异是否显著。通过方差分析，我们可以确定某个因素是否对观察到的变化有显著影响。这对于确定特定因素是否是结果差异的原因非常有用
时间序列分析	时间序列分析用于研究随时间变化的数据。通过时间序列分析，我们可以识别和建模数据中的趋势、周期性和季节性变化。这可以帮助我们理解数据的时间演变模式，从而揭示潜在的原因和影响因素

以上这些统计学知识可以在原因分析中提供定量分析的方法和工具，帮助我们识别和解释数据中的模式和关联性，从而推断可能的原因和影响因素。然而，需要注意的是，统计学只是原因分析的一部分，还需要结合领域知识和其他分析方法来进行综合判断。

3.3.3 相关性分析与相关系数

相关性分析是统计学中用于衡量两个或多个变量之间关联关系的方法。相关系数是常用的用来度量变量之间相关性强度和方向的统计指标之一。

相关系数衡量的是两个变量之间的线性关系程度，其取值范围在-1到1。常见的相关系数包括皮尔逊相关系数、斯皮尔曼等级相关系数和判定系数（R-squared）等。

1）皮尔逊相关系数（Pearson correlation coefficient）：皮尔逊相关系数用于衡量两个连续变量之间的线性关系。它的取值范围在-1到1，其中1表示完全正相关，-1表示完全负相关，0表示无相关性。皮尔逊相关系数基于变量的协方差和标准差来计算。

2）斯皮尔曼等级相关系数（Spearman´s rank correlation coefficient）：斯皮尔曼相关系数用于衡量两个变量之间的单调关系，不限于线性关系。它通过将原始数据转换为排序等级来计算相关系数，因此适用于连续或有序的数据。

3）判定系数（R-squared）：判定系数用于衡量一个因变量能够被自变量解释的比例。它的取值范围在0到1，越接近1表示自变量对因变量的解释能力越强。

相关系数的计算可以帮助我们了解变量之间的关联程度，但需要注意的是，相关性并不代表因果关系。在进行相关性分析时，还需要结合领域知识和其他分析方法，以建立更全面的原因分析。此外，相关系数只能衡量线性关系，而某些重要的非线性关系可能无法通过相关系数来捕捉。因此，在解释数据时，应综合考虑其他因素和分析方法。

3.3.4 图表相关分析（折线图及散点图）

折线图和散点图是常用的图表工具，可以用于可视化数据并进行相关性分析。下面将介绍如何使用这两种图表进行相关性分析。

（1）折线图　折线图适用于展示两个变量之间的趋势和关系。如果你想观察两个连续变量之间的趋势或变化，并判断它们是否存在相关性，可以使用折线图。

对于折线图，将一个变量放在横轴上，将另一个变量放在纵轴上。每个数据点代表两个变量的一个观测值。通过绘制折线连接这些数据点，可以观察到数据的趋势和变化。

如果折线图显示出两个变量的趋势大致相似或相反，可能存在一定的相关性。然而，折线图只能提供关于趋势的直观感知，无法给出精确的相关系数。折线图相关性分析如图3-3所示。

图3-3　折线图相关性分析

（2）散点图　散点图适用于展示两个连续变量之间的散布情况，并通过观察数据点的分布模式来判断变量之间的相关性。

将一个变量放在横轴上，将另一个变量放在纵轴上。每个数据点代表两个变量的一个观测值。通过绘制散点图，可以观察到数据点的分布情况。

如果散点图显示出数据点呈现出某种趋势，比如线性的分布模式，那么两个变量可能存在一定的相关性。此时，可以使用相关系数（如皮尔逊相关系数）来量化和验证相关性的强度。散点图相关性分析如图3-4所示。

图3-4　散点图相关性分析

在进行折线图和散点图相关性分析时，需要注意以下几点：
1）相关性分析只能表明变量之间的关联程度，不能确定因果关系。
2）相关性分析应基于足够数量的数据点，以提高分析的可靠性和准确性。
3）除了图表分析，还应使用统计方法计算相关系数来量化相关性的强度。
4）需要综合考虑领域知识和其他分析方法，以获得更全面和准确的原因分析。

使用折线图和散点图进行相关性分析是一种直观和可视化的方法，可以帮助我们初步了解变量之间的关系，但在进行决策时，建议结合更全面的统计分析方法来得出准确结论。

3.3.5　协方差及协方差矩阵

协方差是用于衡量两个变量之间的线性关系强度和方向的统计指标。它描述了两个变量如何随着彼此的变化而变化。

给定两个随机变量 X 和 Y，它们的协方差可以通过以下公式计算：

$$\mathrm{cov}(X, Y) = E[(X - E[X])(Y - E[Y])]$$

其中，$\mathrm{cov}(X, Y)$ 表示 X 和 Y 的协方差，$E[\ ]$ 表示期望（即均值），$E[X]$ 和 $E[Y]$ 分别表示 X 和 Y 的期望值。

协方差的值可以为正、负或零，具体含义如下：

1）正协方差（$\mathrm{cov}(X, Y) > 0$）：表示 X 和 Y 呈正相关关系，即当 X 增加时，Y 也趋向于增加；当 X 减少时，Y 也趋向于减少。

2）负协方差（$\mathrm{cov}(X, Y) < 0$）：表示 X 和 Y 呈负相关关系，即当 X 增加时，Y 趋向于减少；当 X 减少时，Y 趋向于增加。

3）零协方差（$\mathrm{cov}(X, Y) = 0$）：表示 X 和 Y 之间没有线性关系，即它们彼此独立或存在非线性关系。

协方差矩阵是一个方阵，用于描述多个变量之间的协方差关系。如果有 n 个变量，那么协方差

矩阵将是一个 $n \times n$ 的矩阵，其中第 (i, j) 个元素表示第 i 个变量和第 j 个变量之间的协方差。

协方差矩阵的对角线元素是各个变量的方差，非对角线元素是各个变量之间的协方差。协方差矩阵可以用于分析多个变量之间的相关性模式，帮助理解变量之间的关系结构。

协方差和协方差矩阵在多元统计分析中广泛使用，例如主成分分析（PCA）和线性回归分析等。它们可以提供有关变量之间关系的重要信息，帮助我们理解数据集的结构和特征。

3.4 利用因果分析与推断分析业务现状

【学习目标】

1）学习如何利用因果分析工具推断分析业务现状。
2）学习随机实验、PSM、DID、Uplift、鱼骨图、5W2H、双重机器学习、因果树等方法。
3）学习因果推断工具，包括 DoWhy、Causal ML、EconML、causalToolbox。

利用因果分析与推断分析业务现状是一个很好的方法，可以帮助商业银行深入了解业务运营中的关键因素和影响因素，从而制定更加有效的战略和措施。

因果分析与推断为银行提供了深入理解业务运营的工具，而场景模拟和优化决策则将分析结果转化为可执行的行动方案。与传统的相关分析和机器学习方法相比，因果分析更侧重于挖掘事物之间的因果机制，有助于企业从根本上把握和优化业务。

3.4.1 随机实验

在因果分析中，随机实验是一种重要的方法，可以有效地识别出因果关系。随机实验的基本思路是通过随机分配处理（如特定营销活动、新产品等），观察处理组和对照组之间的差异，从而得出因果推论。随机实验主要包括以下方法：

1）A/B 测试：A/B 测试是一种常见的随机实验方法，用于比较两个或多个版本的产品、服务或策略。在商业银行中，可以使用 A/B 测试来评估不同的营销策略、产品特性或用户界面设计等。通过将用户随机分成不同的组，给予它们不同的体验，并比较结果，可以确定哪种变化对业务目标的影响更大。

2）随机抽样：随机抽样是指从总体中以随机方式选择样本的方法。商业银行可能会使用随机抽样来进行市场调研、客户满意度调查或风险评估等。通过随机抽样，可以确保样本具有代表性，从而能够对整个总体进行推断。

3）随机分配：随机分配是将参与者或客户随机分配到不同的处理组或实验组的过程。商业银行可以使用随机分配来测试新产品或服务的效果，或者评估不同的营销策略。通过随机分配，可以减少偏见和混杂因素，从而更准确地评估变量对业务结果的影响。

4）蒙特卡洛模拟：蒙特卡洛模拟是一种基于随机数生成的模拟方法，用于评估不确定性和风险。商业银行可以使用蒙特卡洛模拟来模拟市场风险、信用风险或投资组合表现等。通过生成大量的随机样本，可以对不同情景下的风险和回报进行建模和分析。

实施随机实验时，需要注意保证实验过程的随机性，控制混杂变量的影响，并确保实验组和对照组在实验开始时具有可比性。此外，还要考虑实验的伦理性、成本和可行性等因素。总的来说，随机实验为因果推断提供了有力的支持，是因果分析中不可或缺的重要方法。

3.4.2 PSM

PSM（Propensity Score Matching）方法是一种常用的随机实验方法，用于解决因果推断中的选择偏倚（selection bias）问题。它广泛应用于医学、社会科学和经济学等领域，包括商业银行领域，以评估某个处理或干预对于观测结果的因果效应。PSM 相关性分析如图 3-5 所示。

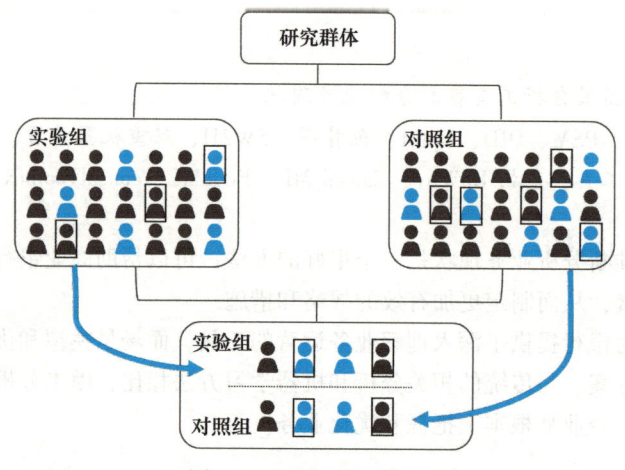

图 3-5 PSM 相关性分析

PSM 方法的基本思想是通过构建一个"倾向得分"（propensity score）来调整处理组和对照组之间的差异，从而使两组在预处理变量上更加平衡。倾向得分是指个体接受处理的概率，它被建模为基于个体特征的预测模型。

使用 PSM 方法进行因果推断的基本步骤如下：

1）变量选择：选择与处理变量和结果变量相关的预处理变量。这些变量应该是影响处理选择和结果的潜在因素。

2）倾向得分估计：使用预处理变量建立一个预测模型，该模型可以预测个体接受处理的概率。常用的方法包括逻辑回归、决策树等。

3）匹配样本：根据个体的倾向得分进行匹配，将处理组和对照组中具有相似倾向得分的个体配对。匹配方法可以是最近邻匹配、卡尺匹配等。

4）评估因果效应：比较处理组和对照组之间的观测结果，例如平均差异、处理效应的置信区间等。这样可以得出处理对结果的因果效应估计。

PSM 方法的优点是可以通过近似建立一个类似于随机实验的比较组，减少因选择偏倚而引入的估计偏差。然而，PSM 方法也有一些限制，包括对倾向得分模型的合理性假设、匹配的有效性和结果的解释等。

在商业银行领域，PSM 方法可以用于评估某个产品、服务或策略对客户行为、业务绩效或风险状况的影响。通过控制潜在的干扰因素，PSM 方法可以提供更准确的因果效应估计，帮助银行制定更有效的业务策略和决策。

3.4.3 DID

DID（Difference-in-Differences）方法是一种常用的因果推断方法，用于评估某个处理或干预对观测结果的因果效应。它广泛应用于经济学、社会科学和公共政策等领域，同时也包括商业银行领域。DID 方法趋势线如图 3-6 所示。

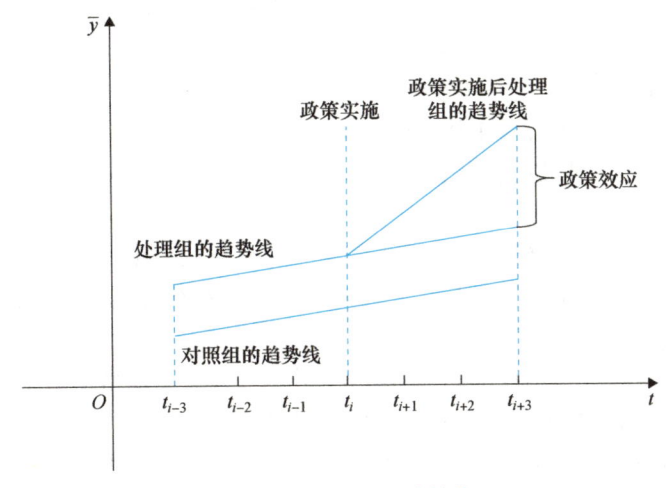

图 3-6 DID 方法趋势线

DID 方法的基本思想是通过比较处理组和对照组在处理前后的差异，来估计处理对观测结果的因果效应。该方法适用于具有时间维度的数据，可以控制时间固定效应和处理组固定效应。

以下是使用 DID 方法进行因果推断的基本步骤：

1）确定处理组和对照组：根据某个处理或干预的实施情况，将观测样本划分为处理组和对照组。处理组是接受处理的个体、组织或地区，对照组是没有接受处理的个体、组织或地区。

2）选择时间点：确定处理实施前后的时间点，通常需要有足够的时间间隔来观察处理效应的变化。

3）观测结果测量：选择适当的观测结果来评估处理的效应。这可以是一个或多个指标，例如销售额、利润、客户满意度等。

4）差异估计：比较实验组和对照组在处理前后的观测结果差异。通过控制时间固定效应和处理组固定效应，可以估计出处理对结果的因果效应。

DID 方法的优点是可以通过对时间和处理的交互项进行建模，减少了时间固定效应和处理组固定效应的混淆。它可以控制一些潜在的干扰因素，提供更具说服力的因果效应估计。

在商业银行领域，DID 方法可以用于评估某个政策、产品或服务的影响。例如，银行实施了一项新的信贷政策，可以使用 DID 方法来估计该政策对贷款申请量、违约率或信贷利润的影响。通过比较处理前后的差异，可以获得更可靠的因果效应估计，并用于业务决策和策略制定。

3.4.4 Uplift

Uplift 方法，也称为个体效应方法或推动效应方法，是一种用于评估营销干预对于个体行为因果效应的统计分析方法。它旨在确定营销干预对于个体的激励效果，即处理组与对照组之间的差异。Uplift 原因分析如图 3-7 所示。

传统的因果推断方法（如 DID 方法）主要关注整体效应，即处理组与对照组的平均差异。然而，个体之间的响应可能存在差异，有些个体可能对干预有更积极的响应，而另一些个体可能对干预反应较差甚至反映效为负面。这就是个体效应的概念。

Uplift 方法的基本思想是通过将个体分成不同的子群，根据他们的响应模式来估计干预的个体效应。以下是使用 Uplift 方法进行因果推断的基本步骤：

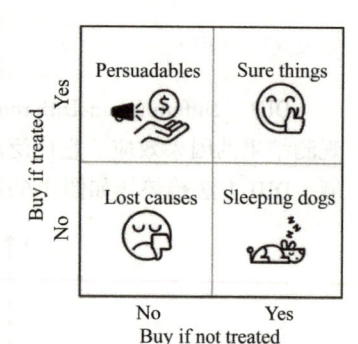

图 3-7 Uplift 原因分析

1）数据准备：收集包括个体属性、干预信息和观察结果的数据。对于商业银行来说，这可能涉及客户的基本信息、干预策略（如广告、促销活动等）和行为结果（如购买产品、增加存款等）。

2）建立模型：使用机器学习或统计建模技术，建立一个预测模型来估计个体的响应概率。这个模型可以根据个体的特征和干预信息预测个体的响应概率。

3）分组策略：根据个体的响应概率，将样本分为不同的子群。通常会选择响应概率高的个体作为处理组，响应概率低的个体作为对照组。

4）效应估计：比较处理组和对照组之间的观测结果差异，计算个体效应。个体效应是处理组中个体的平均响应减去对照组中个体的平均响应。

Uplift 方法的优点是可以提供个体级别的效应估计，帮助识别响应模式和个体特征对干预效果的影响。这有助于优化营销策略，针对不同的个体进行个性化干预，从而提高营销效果。

在商业银行领域，Uplift 方法可以应用于客户营销和推广活动的评估。通过识别哪些客户对于特定干预措施具有积极响应，银行可以更好地定制营销策略，提高客户参与度、购买力和忠诚度。

3.4.5 鱼骨图

鱼骨图也称为因果图或石川图，是一种图形化工具，用于分析问题的根本原因。它提供了一种结构化的方法，可以帮助团队识别和理解问题的各个方面，以便采取适当的措施来解决问题。鱼骨图分析如图 3-8 所示。

鱼骨图的外观类似于一条鱼的骨骼结构，因此得名。它通常由一个中心线和多个分支组成。中心线表示问题或效果，而分支表示可能导致该问题的不同因素。

以下是创建鱼骨图的基本步骤：

1）确定问题：明确要解决的问题或效果。这将成为鱼骨图的中心线。

2）绘制鱼骨图：将中心线绘制在图表的中央。这可以是横向或纵向的图表，具体取决于个人偏好和问题的本质。

图 3-8　鱼骨图分析

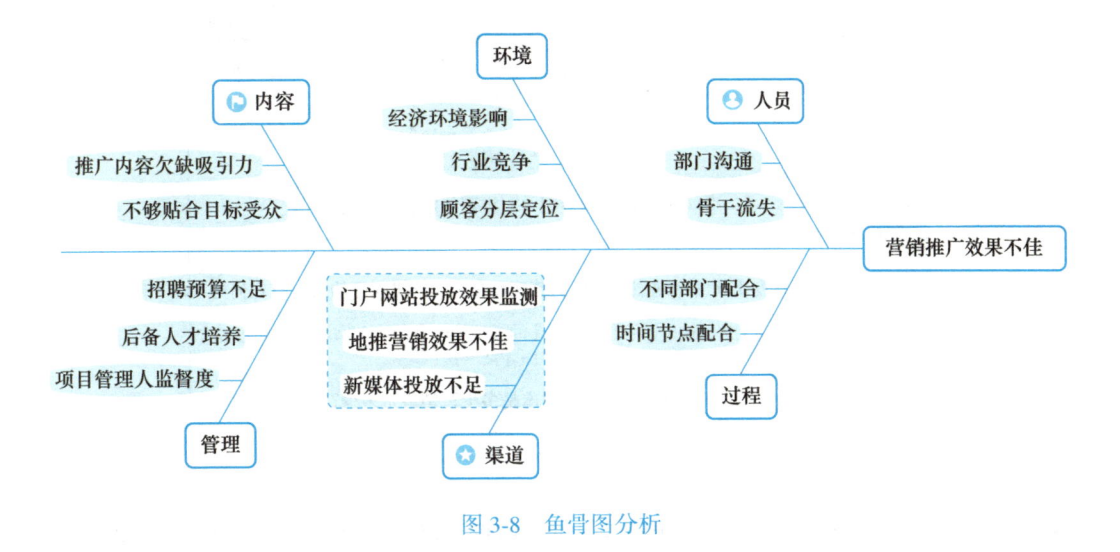

3）确定主要因素：讨论团队成员的意见，确定可能导致问题的主要因素。这些因素可以是人、方法、材料、机器、环境等，具体取决于问题的性质。

4）绘制分支：从中心线延伸出分支，每个分支代表一个主要因素。将主要因素的名称写在分支上。

5）确定次要因素：对于每个主要因素，继续讨论并确定导致它的次要因素。这些次要因素将成为主要因素分支的子分支。

6）分析原因：在适当的分支上，继续深入分析每个因素的可能原因。这可以通过提出"为什么"的问题来进行。

7）总结和优先级：对于确定的因素，团队可以总结并讨论可能的解决方案。此外，可以根据因素的重要性和影响程度来确定优先级。

通过创建鱼骨图，团队可以可视化问题的多个方面，识别潜在原因，并促进团队合作和讨论。这有助于更全面地了解问题，并制定有效的解决方案和改进措施。

3.4.6　5W2H

5W2H 方法是一种用于问题分析和解决的基本工具，它通过回答问题的七个关键要素来全面了解问题的本质。这七个要素分别是：What（什么）、Why（为什么）、Who（谁）、When（何时）、Where（何地）、How（如何）和 How much（多少）。5W2H 方法如图 3-9 所示。

使用 5W2H 方法进行问题分析的基本步骤如下：

1）What（什么）：明确问题的具体描述和本质。这有助于确保大家对问题的理解一致并准确。

2）Why（为什么）：分析问题发生的原因和根本原因。通过提问为什么问题发生，可以深入了解问题的背景和动因。

3）Who（谁）：确定问题的相关人员或相关方。这包括受影响的个人、团队、部门或利益相关者。

项目	思考方向及内容
Why	为何在这个时候、这个时间点出事？为何出事的当事人是这些人？为何必须在这个时间、日期才能解决问题？
What	什么是解决问题的必要条件？什么是解决问题的助力或者阻力？什么是解决问题的挑战？
Who	谁与此问题最相关？谁可能解决此问题？
When	问题发生的时间、时段、期限？解决问题的时间、时段、期限？
Where	问题发生在哪个地点？问题的范畴有多大？解决问题的着力点在何处？
How	事情发生的经过是如何？事情发生的频率？环境改变，事情本身如何变化？花多少时间才能解决问题？
How much	指标是多少？成本是多少？销售是多少？

图 3-9　5W2H 方法

4）When（何时）：确定问题发生的时间和持续时间。这有助于了解问题的时间范围和紧急程度。

5）Where（何地）：确定问题发生的地点或涉及的位置。这可以是具体的地理位置、部门或系统。

6）How（如何）：分析问题的具体表现和影响。这涉及问题的细节、模式、影响范围和方式。

7）How much（多少）：确定问题的规模、数量或程度。这可以是数量、百分比、成本等度量指标。

通过回答这些问题，团队可以全面了解问题，并为问题的解决提供更有针对性的方案。这有助于澄清问题的范围、原因和影响，为解决问题、制订计划和行动步骤提供指导。

5W2H 方法可以应用于各种问题，无论是在商业、管理、项目管理还是日常生活中。它提供了一种系统性的方法，可以帮助团队更好地理解和解决问题，确保问题得到全面的考虑和解决。

3.4.7　双重机器学习

双重机器学习（Double Machine Learning，DML）是一种机器学习技术，用于处理因果推断问题。它旨在解决传统机器学习方法在处理因果关系时可能遇到的问题，例如，对于预测问题中的因果效应，传统机器学习模型可能受到潜在的反事实偏差（counterfactual bias）的影响。

DML 的核心思想是通过两个独立的机器学习步骤来消除因果推断中的偏差。首先，它使用一个模型来估计处理（treatment）对结果的影响，然后使用第二个模型来校正任何由于潜在的反事实偏差而引入的估计误差。这个过程中，模型的训练和评估是通过交叉拟合（cross-fitting）来完成的，确保了模型的稳健性和泛化能力。

DML 的一个重要优势是它能够在不需要强大领域知识的情况下进行因果推断，因为它主要依赖于数据来学习因果关系。这使 DML 在实际应用中具有广泛的适用性，例如医疗保健、经济学、社会科学等领域中的政策评估和决策制定等方面。

在商业银行中，DML 可以应用于多个方面，主要集中在风险管理、客户关系管理和业务决策支持等领域。例如：

1）用风险评估：商业银行需要评估客户的信用风险，以确定是否授予贷款或信用额度。DML可以帮助银行建立更精确和稳健的模型来预测客户的违约概率。通过使用DML技术，银行可以更好地理解特定因素对违约风险的影响，从而提高风险评估的准确性和可靠性。

2）反欺诈：DML还可以用于识别和预防欺诈行为。通过分析客户的交易历史、行为模式和其他相关数据，银行可以使用DML技术来发现异常模式和可能的欺诈活动，从而及时采取措施保护客户和银行资产的安全。

3）客户细分和定价策略：DML可以帮助银行更好地理解客户群体，进行更精细化的客户细分，并制定针对不同客户群体的个性化定价策略。通过分析客户的行为、偏好和需求，银行可以使用DML技术来识别潜在的交叉销售机会，并为客户提供定制化的产品和服务。

4）营销和客户关系管理：DML可以帮助银行提高营销活动的效果，并加强与客户的关系。通过分析客户的历史交易数据和行为模式，银行可以使用DML技术来预测客户的未来需求和行为，并相应地制定个性化的营销策略，提高客户满意度和忠诚度。

3.4.8 因果树

因果树（causal tree）是一种机器学习方法，用于处理因果推断问题。它是在传统决策树方法的基础上发展而来的，旨在识别和利用因果关系来进行预测和决策。因果树因果效应分析如图3-10所示。

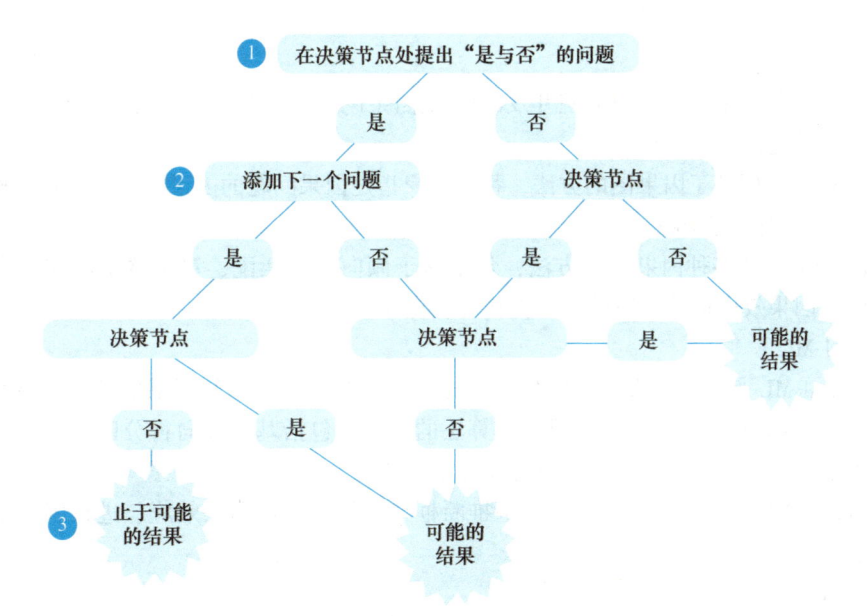

图3-10 因果树因果效应分析

因果树的核心思想是在决策树的每个节点上，不仅考虑特征变量与目标变量之间的关系，还考虑特征变量与因果处理之间的关系。因此，它能够在建模过程中更好地捕捉到因果效应，从而提高预测的准确性和因果推断的可靠性。

在因果树中，每个节点都会根据某个特征变量将数据集分割成子集，然后通过比较这些子集中因果处理的平均效应来确定分割点。这样，每个节点都会得到一个关于因果处理效应的估计值，从而使因果树可以用于预测不同因果处理情况下的结果，并进行因果推断。

因果树方法的优点包括：

1）因果推断能力强：因果树能够更好地理解和利用因果关系，从而提高了因果推断的准确性和可靠性。

2）解释性强：因果树类似于传统的决策树，具有很好的解释性，可以直观地展示特征变量对结果和因果处理的影响。

3）灵活性强：因果树可以与其他机器学习方法结合使用，例如 DML，从而进一步提高模型的预测性能和因果推断能力。

尽管因果树方法在因果推断问题上具有很多优势，但也存在一些挑战和限制，例如需要大量数据来训练复杂的模型，以及对因果关系的理解和建模需要领域知识等。因此，在使用因果树方法时，需要仔细考虑数据质量、模型复杂度和领域背景等因素，以确保模型的有效性和可靠性。

3.4.9 因果推断工具

因果推断是一个重要的统计学和机器学习领域，为了进行因果推断，有几种专门用于进行因果推断的工具集，它们提供了一系列的算法和工具，帮助研究人员和数据科学家处理因果推断问题，主要有以下几种：

（1）DoWhy

简介：DoWhy 是一个由微软研究院开发的因果推断工具，它提供了一个简单而强大的框架，用于估计因果效应并进行因果推断。

特点：DoWhy 使用基于因果图的方法，帮助用户指定因果问题的因果图，然后自动推导出相应的因果估计方法，并执行因果推断。

功能：DoWhy 支持多种因果估计方法，包括基于倾向得分匹配、双机器学习和断点回归等方法，同时提供了因果效应估计、稳健性检验和可视化等功能。

（2）Causal ML

简介：Causal ML 是一个由微软研究院开发的 Python 库，用于进行因果推断和因果学习。

特点：Causal ML 提供了一系列因果推断算法的实现，包括基于倾向得分匹配、双机器学习和断点回归等方法，并且支持灵活的模型组合和参数调整。

功能：Causal ML 提供了一个通用的因果推断框架，用于估计因果效应、进行因果推断和评估因果模型的性能。

（3）EconML

简介：EconML 是由微软研究院开发的 Python 库，专门用于经济学中的因果推断和因果学习。

特点：EconML 提供了一系列经济学中常用的因果推断算法的实现，包括双机器学习、断点回归和工具变量法等方法，并且针对经济学中的特点进行了优化和扩展。

功能：EconML 提供了经济学领域常见的因果推断工具和算法，用于处理因果推断问题，包括因果效应估计、因果推断和政策评估等应用。

(4) causalToolbox

简介：causalToolbox 是一个用于 MATLAB 的因果推断工具包，用于处理因果推断和因果模型的建立。

特点：causalToolbox 提供了一系列因果推断算法的实现，包括基于倾向得分匹配、双机器学习和工具变量法等方法，并且与 MATLAB 生态系统紧密集成。

功能：causalToolbox 提供了一套完整的因果推断工具，用于处理因果推断问题，包括因果效应估计、因果推断和模型诊断等功能。

这些工具包都提供了丰富的功能和算法，帮助用户在实际应用中进行因果推断和因果模型的建立，从而更好地理解和解释数据中的因果关系。

3.5 利用归因分析分析业务现状

【学习目标】

1）理解什么是归因分析。
2）理解首次互动模型。
3）理解末次互动模型。
4）理解时间衰减归因模型与线性归因模型及末次非直接点击互动模型。

归因分析可以帮助银行了解业务绩效的波动是由哪些因素引起的。通过分析各种因素对业绩的影响程度，银行可以确定哪些因素对业务表现的贡献最大，从而更好地理解业务的现状，帮助银行评估市场环境对业务绩效的影响；还可以帮助银行分析市场因素（如利率变动、竞争态势等）对业务表现的影响程度，以确定市场环境的变化如何影响业务的表现。

通过归因分析，银行可以确定哪些业务领域或产品线对整体业务绩效贡献最大，从而优化资源的配置，将资源重点投入到能够产生最大价值的业务领域，提高整体绩效。

3.5.1 首次互动模型

首次互动模型指的是根据用户首次互动建立的模型，通常用于描述用户在某个平台或产品上的首次互动行为，如图 3-11 所示。

在数据分析和机器学习领域，研究人员和数据科学家经常试图理解用户在平台上的行为，其中包括他们的首次互动。首次互动模型旨在预测或解释用户首次互动的因素和模式。

这种模型可能会考虑多种因素，例如用户的属性（如年龄、性别、地理位置等）、行为历史（例如以前的交互、点击、购买记录等）、平台特征（例如推荐系统的建议、界面设计等）等。

图 3-11 首次互动模型

首次互动模型可以采用多种机器学习方法来构建，例如逻辑回归、决策树、随机森林、神经网络等。通过分析大量的用户数据和行为数据，可以建立起准确的首次互动模型，从而帮助平台优化用户体验、改进产品设计和提高用户参与度。

该模型在银行全面进行全渠道运营中起到了关键作用。例如商业银行提供了多个渠道运营，包括电子 App 渠道、微信小程序、Web 网站门户等，用户可能会在多个触点产生痕迹，最终完成转化。当相关业务部门在分配业绩绩效与分析原因时，可以将第一个首次的触点作为绩效入口，分配相关业绩。

3.5.2 末次互动模型

末次互动模型也被称为末次归因模型，通常用于描述用户在某个平台或产品上的最后一次互动行为的模型，如图 3-12 所示。这个模型旨在预测或解释用户最后一次互动的因素和模式。

末次互动模型可能会考虑多种因素，包括用户的属性、行为历史、平台特征等。与首次互动模型类似，末次互动模型也可以采用多种机器学习方法来构建，例如逻辑回归、决策树、随机森林、神经网络等。

末次互动模型的应用场景包括用户流失预测、客户离网预测、用户购买意向预测等。通过分析用户的最后一次互动行为，平台可以更好地理解用户的行为模式和偏好，从而采取相应的措施来提高用户留存率、促进用户转化、改善用户体验等。

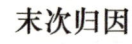

图 3-12 末次互动模型

3.5.3 时间衰减归因模型

时间衰减归因模型是一种分析时间序列数据的模型，通常用于对事件或行为进行归因，即确定不同因素对事件或行为的影响程度，并考虑到时间因素的衰减效应。距离转化时间越短的渠道分配越高的权重。时间衰减归因模型与其他归因模型的对比如图 3-13 所示。

归因类型	归因模型	各渠道归因占比				
		A	B	C	D	E
单渠道归因	末次点击归因					100%
	首次点击归因	100%				
多渠道归因	平均归因	20%	20%	20%	20%	100%
	时间衰减归因	10%	15%	20%	25%	30%
	离散归因	15%	22%	19%	26%	18%

图 3-13 时间衰减归因模型与其他归因模型的对比

在时间衰减归因模型中，通常会考虑以下几个要素：

1）时间因素：时间衰减归因模型会考虑到时间的影响，认识到过去的事件或行为对当前事件或行为的影响可能会随着时间的推移而减弱。这种衰减效应可以通过权重或函数来表示，通常表现为随着时间间隔的增加而减少的趋势。

2）因素权重：模型会对不同因素的影响进行权重分配，以确定它们对事件或行为的贡献程度。这些权重可能会随着时间的推移而变化，或者通过衰减函数进行调整。

3）历史数据：时间衰减归因模型通常依赖于历史数据来学习因素之间的关系和影响。通过分析过去的事件或行为数据，模型可以建立起对未来事件或行为的预测模型。

4）衰减函数：衰减函数用于描述时间因素对权重的影响。常见的衰减函数包括指数衰减函数、幂函数、对数衰减函数等，用户可以根据具体的问题和数据进行选择和调整。

时间衰减归因模型在许多领域都有应用，例如银行市场营销领域的广告效果归因、网络分析领域的信息传播分析等。通过考虑时间因素的影响和权重的衰减效应，这种模型能够更准确地对事件或行为进行归因，并提供有用的见解和决策支持。

3.5.4 线性归因模型

线性归因模型是一种统计分析方法，用于确定影响某个特定变量（通常是因变量）的各种因素（自变量）的相对重要性或影响程度。在商业银行领域，线性归因模型通常用于分析业务绩效的影响因素，帮助银行管理人员了解业务的现状、识别影响业务表现的主要因素，并制定相应的策略和决策。

线性归因模型通常假设因变量与自变量之间存在线性关系，并尝试通过线性回归等统计方法来建立这种关系。在商业银行的应用中，线性归因模型可能会考虑多个因素，如市场利率、竞争状况、营销活动、产品特性等，来分析它们对业务绩效的影响。

举例来说，银行可能想要了解某个产品线的收入与不同营销渠道的关系。他们可以使用线性归因模型来分析收入与各个营销渠道之间的线性关系，并确定哪些渠道对收入的贡献最大。这有助于银行更好地理解营销策略的效果，优化资源的配置，并制定更有效的市场营销策略。

总的来说，线性归因模型是商业银行分析业务现状和影响因素的重要工具之一，通过建立因变量与自变量之间的线性关系，帮助银行管理人员理解业务的表现和影响因素，并做出相应的战略和决策。

在线性归因模型中，通常假设因变量的线性组合，即

$$Y = \beta_0 + \beta_1 X_1 + \beta_2 X_2 + \cdots + \beta_n X_n + \varepsilon$$

其中，β_1 等相关数据为因变量，表示其与 Y 的关系，其值对 Y 值影响越大，代表相关性越强。

线性归因模型的参数可以通过最小化残差平方和（即最小二乘法）来估计，从而得到最优的参数估计值。通常使用统计软件或工具来进行参数估计和模型拟合。

3.5.5 末次非直接点击互动模型

末次非直接点击互动模型是一种用于分析用户在购买决策路径中的非直接点击行为的模型。在营销领域，用户决策路径通常不是直接的线性过程，而是包含多个非直接点击或间接影响的步骤。

末次非直接点击互动模型旨在理解和量化这些非直接点击互动对最终转化（例如购买、注册、订阅等）的影响。

这种模型通常涉及以下几个要素：

1）非直接点击互动：这些互动是指在用户最终进行转化之前的步骤，例如广告展示、社交分享、搜索点击等，这些步骤可能不直接导致转化，但对用户的决策产生了影响。

2）末次互动：末次互动是指用户在转化前的最后一次互动行为，通常是触发最终转化的行为，例如点击广告、访问特定页面等。

3）模型构建：末次非直接点击互动模型通常基于统计学或机器学习方法构建。这些模型会考虑用户的历史行为数据，包括非直接点击互动的数量、类型、时间间隔等，以及最终转化的发生与否。模型会尝试分析这些数据，以确定哪些非直接点击互动对最终转化的概率有重要影响，并量化它们的影响程度。

4）模型评估：对末次非直接点击互动模型进行评估是至关重要的，以确保其准确性和可靠性。通常使用交叉验证、A/B 测试等方法来评估模型的性能，并进行必要的调整和改进。

末次非直接点击互动模型的应用场景包括在线广告投放优化、社交媒体营销效果评估、电子商务网站流量分析等。通过理解用户在决策路径上的非直接点击互动，营销人员可以更好地优化营销策略和资源分配，提高转化率和投资回报率。

举例来说，一家商业银行进行了一场数字广告活动，吸引了大量点击和浏览，但实际上最终转化为客户开户的只有少数。通过末次非直接点击互动模型，银行可以追踪客户在广告活动之前的各种非直接点击互动，比如之前的社交媒体互动、电子邮件打开等，然后将客户开户行为归因给这些非直接点击互动，从而评估它们对广告活动的影响。

通过利用末次非直接点击互动模型，商业银行可以更好地了解数字营销活动的效果，找出哪些渠道和活动对业务转化具有较大影响，从而优化营销策略、提高转化率，进而促进业务增长。

3.6 基于数据分析报告总结业务原因

【学习目标】

1）理解数据分析报告的结构。
2）理解数据分析报告写作的核心方法。
3）理解数据分析报告中可视化方法的运用思路。
4）通过系统学习，培养利用数据分析报告总结业务原因的方法。

商业银行通过数据分析报告来深入了解业务原因。这些报告基于对客户行为、市场趋势和业务绩效的细致分析，揭示了业务增长、客户满意度、风险管理等方面的关键因素。从识别市场机会到调整产品策略，再到优化风险控制，银行通过数据分析报告的总结，有效地指导了业务决策，使银行能够更加灵活地应对市场变化，提升绩效，提供更优质的金融服务。

3.6.1 数据分析报告的结构

在整个商业银行的数据分析工作中，数据分析报告起到了决定性作用。数据分析报告与数据分析的关系如图 3-14 所示。

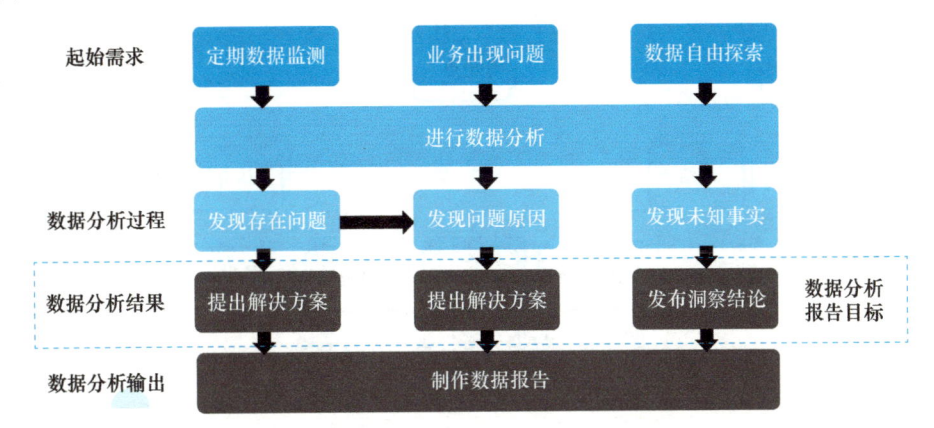

图 3-14 数据分析报告与数据分析的关系

由上图可知，数据分析结果需要由数据分析报告承载，在数据分析报告中，需要包括问题的解决方案与洞察结论，而这些结论应该与最初的数据分析目标相同。

由于数据分析报告的对象、内容、时间、方法等情况的不同，存在着不同数据分析报告类型。常用的几种数据分析报告类型有专题分析报告、综合分析报告、日常数据通报等。商业银行的专题分析报告、综合分析报告和日常数据通报是银行管理层和相关部门了解业务状况和做出决策的重要工具。这些报告各自具有不同的特点和用途：

1）专题分析报告：这种报告通常针对某个具体的主题或问题展开深入分析。比如，针对某一产品线的业绩、某一市场的竞争状况、某一风险事件的影响等进行详尽的分析。通过深入挖掘特定主题的数据和趋势，专题分析报告可以帮助银行管理层了解问题的本质、找出解决方案，并制定相应的业务策略。

2）综合分析报告：这种报告则是对多个方面的业务数据进行综合分析，以全面了解银行的业务状况和趋势。综合分析报告通常包括业务增长、客户满意度、风险管理、市场竞争等多个方面的数据和指标。通过对这些数据进行综合分析，银行管理层可以全面评估银行的整体绩效，发现问题并及时调整业务战略。

3）日常数据通报：这类报告是对银行业务日常运营情况进行简要汇报的工具。通常涵盖了每日或每周的关键业务指标、交易量、客户活动等数据。日常数据通报主要用于及时了解业务的运行情况，监控业务风险，及时采取必要的措施。这些报告通常由数据分析团队或相关部门负责编制，并向管理层和相关部门发送。

总分总结构适用于综合性分析报告：先叙述本次分析的背景和目的、思路，然后通过对各个部分业务和问题的分析，汇总结论和建议。数据分析报告总分总结构如图 3-15 所示。

在这个过程中，证明观点的论据是指数据分析结论以及数据。如果某报告的观点是工单增长，那么论据就是通过同比方法，判断工单较上年同期增长 539 张，如图 3-16 所示。

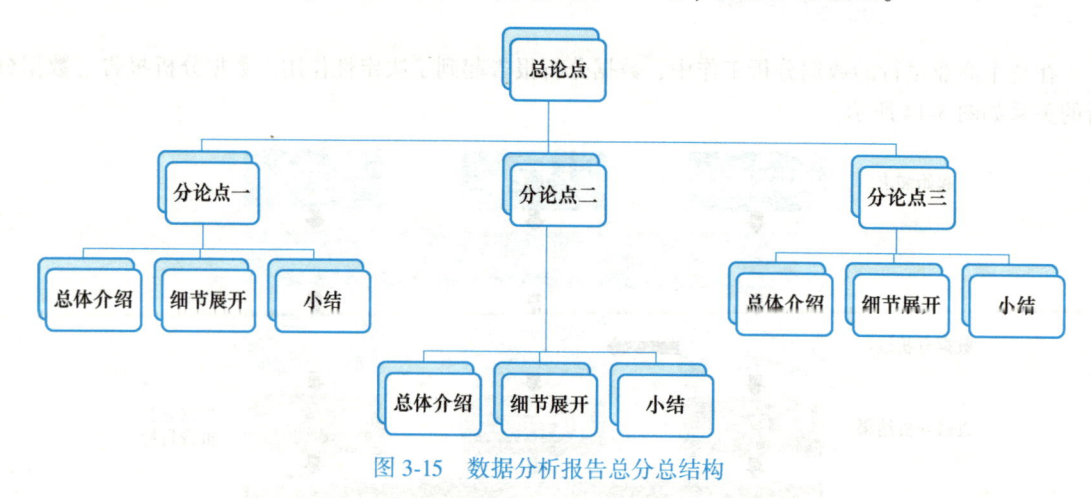

图 3-15　数据分析报告总分总结构

31日共计955单，平均每月80单，较上年同期增长539张。

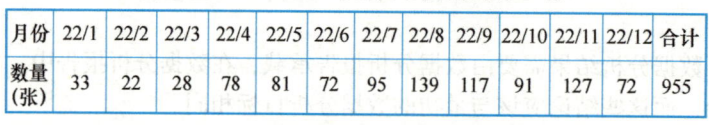

月份	22/1	22/2	22/3	22/4	22/5	22/6	22/7	22/8	22/9	22/10	22/11	22/12	合计
数量（张）	33	22	28	78	81	72	95	139	117	91	127	72	955

图 3-16　同比工单增长

3.6.2　数据分析报告写作的核心方法

通常情况下，数据分析报告的核心是解决相关问题，所以问题分析与解决是数据分析报告中核心。数据分析报告核心的写作方法如图 3-17 所示。

在数据分析报告的写作思路中，首先要确定我们的分析内容，如某银行 HR 部门分析影响流失率的因素，如何降低员工流失人数。然后，需要将分析内容，转化成分析公式，本例中流失人数 = 流失率×总人数。

因为我们的目标是降低流失人数，所以要罗列与流失率有关的因素，例如薪资水平等。然后使用数据分析方法，判断影响较大的因素，并进一步确认核心原因，然后撰写分析结论。

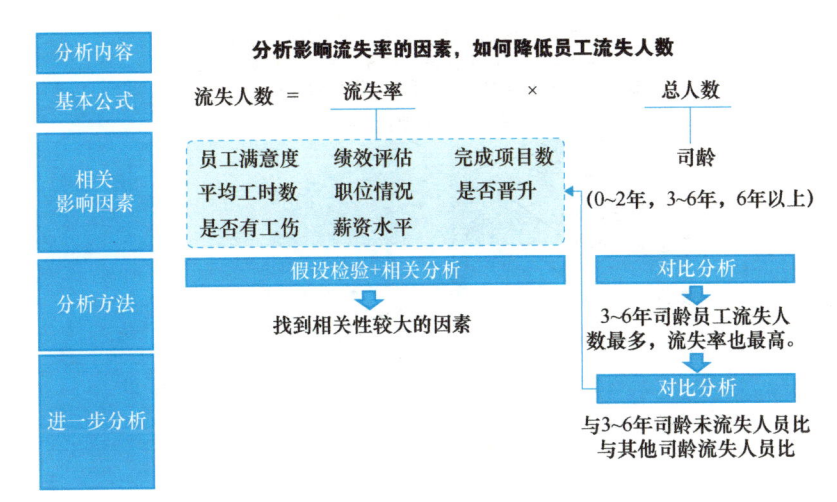

图 3-17　数据分析报告核心的写作方法

3.6.3　数据分析报告中可视化方法的运用

数据分析报告中的可视化方法是将数据以图表、图形等形式呈现，以更直观、清晰地传达数据的含义和趋势。数据分析报告可视化如图 3-18 所示。

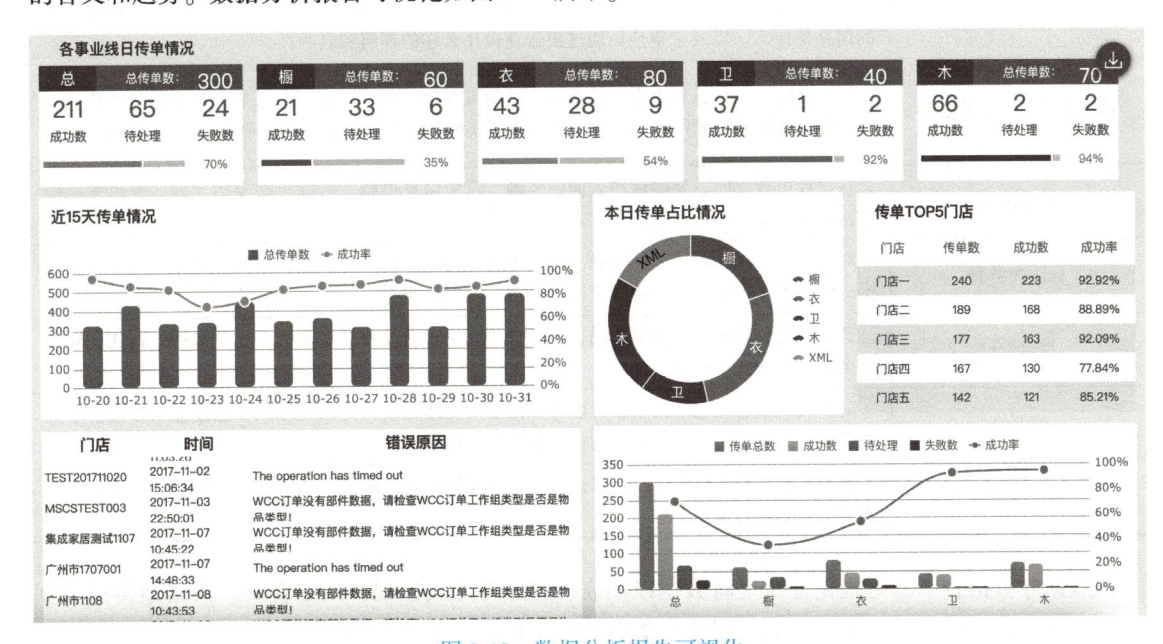

图 3-18　数据分析报告可视化

数据分析报告中使用可视化方法的主要目的是更清晰地表达论据，证明自己的观点。如图 3-19 所示的数据可视化案例，如果没有饼状图，仅靠文字，对信息传达的有效性就会下降，因为给用户的视觉冲击力不够。通过引入可视化方法，可以更有效地传达观点。

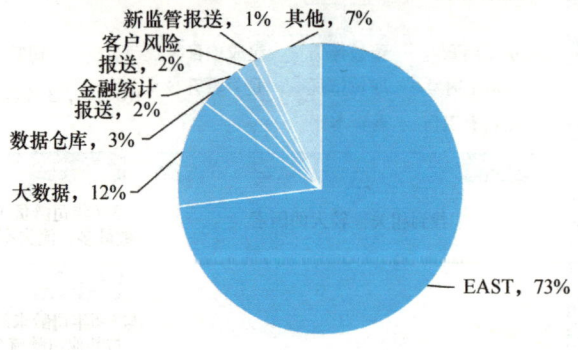

图 3-19 数据可视化案例

想要在数据分析报告中更好地利用可视化来表达观点，可以通过表 3-9 所示的方法对报告进行优化。

表 3-9 可视化表达的方法

方法	描述
明确目标	在开始设计报告之前，要先明确报告的目标和所要传达的主要观点。确定想要向读者传达的信息是什么，以及希望他们通过报告获得什么样的理解和启示
选择合适的可视化类型	根据要传达的信息和观点，选择最合适的可视化类型。比如，如果想要显示趋势变化，可以选择折线图或柱状图；如果想要比较不同类别之间的差异，可以选择柱状图或饼图等
简洁清晰	在设计可视化时，要确保图表简洁清晰，避免信息过载。去除不必要的元素，突出重点信息，使读者能够迅速理解
标注和解释	对于每个可视化图表，都要添加适当的标注和解释，以帮助读者理解图表中的含义和数据。标注可以包括数据标签、坐标轴说明、图例说明等
视觉设计	选择合适的颜色、字体和布局，使可视化更加吸引人和易于阅读。注意保持一致性，确保整个报告的视觉风格统一
交互性	对于在线报告或电子报告，可以考虑添加交互性元素，比如可缩放、悬停显示数据、单击查看详细信息等，以增强读者的参与感和理解程度
多角度分析	如果有多个观点或角度，可以设计多个可视化图表，从不同的角度展示数据，以便读者全面理解问题和趋势

数据分析报告中的可视化方法是将数据以图表、图形等形式呈现，以更直观、清晰地传达数据的含义和趋势。以下是一些常见的可视化方法在数据分析报告中的运用：

1）折线图：用于展示数据随时间变化的趋势，比如客户交易量的月度变化、产品销售额的年度变化等。

2）柱状图/条形图：用于比较不同类别或组的数据，比如不同产品线的销售额对比、不同地区的客户数量对比等。

3）饼图：用于显示数据的相对比例，比如不同产品线的市场份额、不同渠道的客户来源比例等。

4）散点图：用于显示两个变量之间的关系，比如客户年龄与账户余额之间的关系、客户收入与贷款额度之间的关系等。

5）热力图：用于显示数据的分布和密度，比如客户地理分布的热力图、某一指标在时间和地域上的热力图等。

6）雷达图：用于显示多个指标在不同维度上的对比，比如不同产品特征的综合评价对比、客户偏好的多维度对比等。

7）地图可视化：用于显示地理位置相关的数据，比如客户分布地图、分行网络覆盖情况地图等。

8）箱线图：用于显示数据的分布和离散程度，包括中位数、四分位数、异常值等。

这些可视化方法能够有效地帮助读者理解数据的含义、发现数据中的模式和趋势，从而更好地支持决策和业务分析。在数据分析报告中，合适的可视化方法能够使报告更具说服力和可读性，提升数据分析的效果。

3.7 本章小结

本章主要讲述了运用相关方法对业务现状进行分析，通过对相关方法的讲解，深入讲述了如何利用数据指标体系发现业务问题的方法。

本章重点学习了以下几个方面的知识：

1）运用指标系统发现业务中存在的异常。
2）运用对比分析了解业务的现状。
3）利用相关性分析了解业务现状。
4）利用因果分析与推断分析业务现状。
5）利用归因分析业务现状。
6）利用数据分析报告总结业务的相关原因。

通过本章的学习，我们深刻认识到了数据分析对业务现状诊断的重要性，同时也掌握了一些实践技巧和方法。

下一章的内容是基于数据进行科学决策，我们将在下一章中深入探讨数据赋能决策的相关知识，请继续保持学习的热情和动力，不断提升自己的知识和技能水平。

【学习效果评价】

复述本章的主要学习内容	
对本章的学习情况进行准确评价	
本章没有理解的内容是哪些	
如何解决没有理解的内容	

注：学习效果评价包括少部分理解、约一半理解、大部分理解和全部理解四个层次。请根据自身的学习情况进行准确的评价。

第 4 章
基于数据进行科学决策

4.1 科学决策的概念与理论

【学习目标】

1) 熟知科学决策的概念与流程。
2) 熟知基于经验进行决策的缺陷。
3) 熟知决策科学与数据科学。
4) 通过系统学习,培养专业精神、职业精神、工匠精神、创新精神和自强精神。

科学决策是指在制定决策时,借助科学方法和数据分析,以专业知识和经验为基础,以推理和证据为依据,达到最佳结果的决策过程。科学决策对商业银行具有重要价值,它可以帮助银行更加有效地管理风险、优化业务流程、提升客户满意度,并实现可持续的盈利。

商业银行基于数据进行科学决策,因为数据是客观、全面的信息来源,通过数据分析,银行能够精准洞察市场、客户和风险,优化业务流程、提升效率,制定更有效的营销策略,以及为决策提供有力支持,从而实现更加智能和有效的业务管理和发展。

4.1.1 科学决策的概念与流程

科学决策是一种基于科学原理和数据驱动的决策方法,它依赖于可靠的数据和经过验证的模型、方法和工具。它追求客观性、可重复性和可验证性,通过系统性的数据收集和分析,帮助决策者更好地理解问题、评估选项、预测结果,并制定出最佳决策方案。科学决策的流程如下:

1) 定义决策问题:明确需要做出决策的问题,并确定决策的目标和范围。
2) 收集数据:收集与决策问题相关的数据,可以通过实地调查、实验、观察、文献研究等方式获取数据。

3）数据预处理：对收集到的数据进行清洗、整理和转换，以确保数据的质量和一致性。

4）数据分析：应用适当的统计和分析方法对数据进行探索和分析，以发现数据中的模式、关联和趋势。

5）建立模型：基于数据分析的结果，构建适当的数学模型或统计模型，用于描述和预测决策问题的行为和结果。

6）评估决策选项：利用建立的模型和数据分析结果，评估各种决策选项的优劣，考虑不同的因素和约束条件。

7）做出决策：根据评估结果，选择最佳的决策选项，并制订详细的实施计划。

8）实施和监控：将决策方案付诸实施，并持续监测和评估决策的执行效果，及时调整和优化决策策略。

9）反馈和学习：根据实施和监控的结果，获取反馈信息，并将这些信息应用于未来决策的改进和优化。

科学决策的流程可以根据具体情况进行调整和扩展，但总体上强调数据驱动和系统性分析的原则。它有助于决策者更准确地理解问题、减少偏见和不确定性，并提供更可靠的决策依据。

假设一个商业银行面临是否向某个客户发放贷款的决策问题，那么其科学决策流程可能如下：

1）定义决策问题：商业银行需要决定是否向某个客户发放贷款，这涉及评估客户的信用风险和贷款的可行性。

2）收集数据：银行收集与客户相关的数据，包括个人信息（如年龄、收入、职业等）、信用历史、财务状况、债务情况等。

3）数据预处理：对收集到的数据进行清洗、整理和转换，确保数据的准确性和一致性。

4）数据分析：应用适当的统计和分析方法对数据进行探索和分析，例如计算客户的债务收入比、信用评分等。

5）建立模型：基于数据分析的结果，建立信用评估模型，可以使用机器学习算法如逻辑回归、随机森林等，以预测客户的违约概率。

6）评估决策选项：利用建立的模型和数据分析结果，评估客户的信用风险和贷款的可行性。根据银行的风险承受能力和贷款政策，确定是否发放贷款。

7）做出决策：根据评估结果和银行的决策规则，决定是否向该客户发放贷款。

8）实施和监控：如果决定发放贷款，银行将与客户协商贷款条件，并实施相应的合约和流程。在贷款期间，银行会持续监控客户的还款情况和信用状况。

9）反馈和学习：根据客户的还款表现和贷款结果，银行获取反馈信息，并将这些信息应用于未来决策的改进和优化。例如，如果发现某类客户具有较高的违约风险，银行可以调整贷款政策或采取其他风控措施。

这个例子展示了商业银行在贷款决策中应用科学决策的流程。通过收集和分析客户数据，建立信用评估模型，银行可以更准确地评估客户的信用风险，从而做出更明智的贷款决策，减少潜在的损失和风险。

4.1.2　基于经验进行决策的缺陷

基于经验进行决策是一种常见的决策方法，它依赖于决策者的个人经验、直觉和观察，而不依赖于系统性的数据分析和科学方法，常有如下缺陷：

1）主观性和偏见：经验决策容易受到个人主观性的影响。决策者可能受到自身的经验、态度和偏好的限制，导致决策结果受到个人喜好或偏见的影响，而不是基于客观的数据和事实。

2）有限信息：经验决策常常依赖于有限的信息和片面的观察。决策者可能只考虑到少数显著的因素，而忽视了其他重要的变量和数据。这种有限的信息可能导致决策结果的不准确和偏差。

3）受限的预测能力：经验决策通常基于过去的经验和观察，无法提供准确的预测能力。市场和环境的变化可能导致过去的经验不再适用，从而导致决策结果的不可靠。

4）难以复制和传承：经验是个人特定的，无法完全复制和传递给其他人。这意味着依赖于经验决策的组织可能无法从一个人到另一个人或从一个团队到另一个团队有效地传递和共享经验，限制了组织的学习和持续改进能力。

5）缺乏标准化和一致性：不同的决策者可能基于个人经验做出不同的决策，导致决策结果的不一致和不稳定，难以建立有效的决策规则和流程，从而影响组织的效率和绩效。

综上所述，尽管经验在某些情况下有其价值，但单纯依赖经验进行决策存在着缺陷和风险。为了提高决策的准确性和可靠性，通常需要结合科学方法和数据分析，以确保决策基于客观的事实和可靠的信息。

假设一个商业银行面临是否向某个客户发放房屋贷款的决策问题，基于经验的决策方法可能会导致以下缺陷：

1）主观性和偏见：银行贷款官员可能基于自己的经验和直觉来评估客户的信用风险和贷款可行性。这可能导致过于乐观或悲观的判断，偏离了客观的风险评估。

2）有限信息：贷款官员的经验可能只基于有限的客户资料和个别案例，无法提供全面的客户信用评估和还款能力分析。这样的决策可能忽视客户的潜在风险和还款能力。

3）受限的预测能力：过去的经验不能保证未来的结果。市场环境和客户状况可能发生变化，导致以往的经验和观察不再适用。依赖于经验的决策可能无法准确预测客户的还款表现和贷款风险。

4）缺乏一致性：不同的贷款官员可能基于个人经验和判断做出不同的贷款决策，缺乏一致性和标准化，这可能导致决策结果的不一致，使银行难以建立有效的贷款决策规则和流程。

为了弥补这些缺陷，商业银行通常会采用更科学和数据驱动的方法，例如建立信用评估模型，基于客户的个人信息、财务状况和信用历史等数据进行客户信用风险评估，这样可以提高决策的客观性、准确性和一致性，从而更好地管理风险和做出贷款决策。

4.1.3 决策科学与数据科学

决策科学和数据科学是两个相关但不完全相同的领域，它们在商业银行和其他组织中都扮演着重要角色。

决策科学（Decision Science）是研究和应用于决策过程的学科，旨在帮助决策者优化决策结果。它涉及使用定量和定性方法来分析问题、评估决策选项、制定决策规则和优化决策结果。决策科学依赖于数学、统计学、运筹学、经济学等学科的理论和方法，以提供系统性的决策支持。

数据科学（Data Science）是从大量数据中提取知识和洞见的跨学科领域。它包括数据收集、清洗、分析、建模和解释等过程，旨在发现数据中的模式、趋势和关联，并为决策提供基于数据的见解。数据科学依赖于统计学、机器学习、数据挖掘等技术和方法，以处理和分析大规模和复杂的数据集。

在商业银行中，决策科学和数据科学可以相互结合，以提供更好的决策支持和业务洞察力，两者之间的联系和作用如下：

1) 数据驱动决策：数据科学提供了收集、处理和分析大量客户数据的能力。通过应用数据科学技术，银行可以获取关于客户行为、信用风险、市场趋势等方面的宝贵信息。这些数据可以用于决策科学方法的应用，帮助银行制定更准确、基于数据的决策。

2) 预测和模型建立：数据科学技术如机器学习和预测建模可以为银行提供预测客户违约风险、市场需求和经济趋势的能力。这些预测模型可以成为决策科学的基础，帮助银行优化贷款决策、市场营销策略等。

3) 风险管理和反欺诈：数据科学在银行的风险管理和反欺诈方面起着重要作用。通过数据分析和建模，可以识别高风险客户和潜在的欺诈行为，并支持决策科学方法的应用，制定有效的风险管理策略和控制措施。

4) 个性化营销和客户关系管理：数据科学可以帮助银行理解客户需求和行为，实现个性化的营销和客户关系管理。数据分析和挖掘技术可以揭示客户的偏好、购买模式和生命周期价值，为银行提供有针对性的产品推荐和定制化的服务。

综上所述，决策科学和数据科学在商业银行中相互结合，可以提供更准确、基于数据的决策支持和业务洞察力。它们共同助力银行有效管理风险、优化业务决策和提升客户体验。

以市场营销板块为例，数据科学在银行的市场营销策略优化中发挥着重要作用，数据科学帮助银行进行市场营销策略优化的一些关键方面如下：

1) 客户细分：数据科学可以通过分析客户数据，识别和理解不同客户群体的特征、行为和需求。基于这些洞察，银行可以将客户划分为不同的细分群体，如高净值客户、潜在借贷客户、新客户等。这种细分可以帮助银行针对不同的客户群体开展个性化的市场营销活动，提供定制化的产品和服务。

2) 预测客户需求：数据科学技术如机器学习和预测建模可以分析历史数据，识别出客户需求的趋势和模式。通过这些预测模型，银行可以预测客户未来的需求和行为，例如购买倾向、产品偏好等。这样银行可以及时调整市场营销策略，提前满足客户需求，增加客户满意度和忠诚度。

3) 个性化营销：基于客户数据和预测模型，银行可以实施个性化的市场营销策略。通过数据科学技术，银行可以向不同的客户提供定制化的产品推荐、优惠和服务。这种个性化营销可以提高客户的参与度和响应率，有效提升市场推广的效果和回报率。

4) 营销渠道优化：数据科学可以帮助银行评估和优化不同营销渠道的效果。通过分析客户的渠道偏好和行为数据，银行可以确定哪些渠道对于不同客户群体最有效。这样银行可以优化资源分配，将更多的营销投入放在高效的渠道上，提高市场推广的效率和成果。

5) 竞争分析：数据科学可以帮助银行进行竞争分析，了解竞争对手的市场策略和表现。通过对竞争对手的数据进行挖掘和分析，银行可以发现竞争优势和机会，制定相应的市场营销策略来应对竞争挑战。

决策科学在银行的市场营销策略优化中发挥着重要作用。以下是决策科学如何帮助银行进行市场营销策略优化的一些关键方面：

1）数据分析与洞察力：决策科学利用数据分析技术，对市场营销相关数据进行深入挖掘和分析。通过数据的统计分析、数据挖掘和预测模型，银行可以获得洞察力，了解市场趋势、客户行为和营销活动的效果。这样可以为市场营销决策提供客观、准确的数据支持，帮助银行理解和应对市场变化。

2）可视化决策支持工具：决策科学可以开发和应用可视化决策支持工具，帮助银行管理者直观地理解市场营销数据和模型结果。通过可视化工具，银行可以更好地掌握市场趋势、客户分布、产品销售情况等信息，从而更好地制定市场营销策略。

3）风险评估与管理：决策科学可以应用风险评估模型，帮助银行评估市场营销活动的潜在风险，并制定相应的风险管理策略。通过风险评估，银行可以识别潜在的市场风险和不确定性，从而避免或减少不必要的风险，提高市场营销的效果和回报。

4）优化决策模型：决策科学可以建立优化决策模型，帮助银行优化市场营销决策。基于数学规划、运筹学和优化算法等技术，银行可以制定最优的市场营销策略。例如，通过优化模型确定最佳的资源分配、产品组合、价格策略等，以实现最大化的市场推广效果和回报。

5）实时决策支持系统：决策科学可以开发实时决策支持系统，帮助银行在快速变化的市场环境中做出实时的市场营销决策。这些系统基于实时数据和模型，利用算法和规则进行决策推荐和优化，帮助银行管理者及时做出决策并快速响应市场需求变化。

4.2 进行科学决策的步骤

【学习目标】

1）了解如何明确应用场景，理解管理者思维逻辑。
2）了解如何构建指标体系，明确运营状况的衡量尺度。
3）了解如何明确各类业务分析模型。
4）了解如何建立友好的功能设计，为决策者提供门户。
5）了解如何注重对外展示，整体规划展示大屏。

4.2.1 明确应用场景，理解管理者思维逻辑

进行科学决策的第一步就是要定义决策问题，即明确决策的目标和问题，并确保对问题的理解一致，这包括明确决策的背景、目标、限制条件和可行性。所以要明确应用场景，理解管理者思维逻辑。

假设一家银行计划推出一款新的信用卡产品，并希望通过优化市场营销策略来提高产品的推广效果和销售业绩。在这个场景下，管理者的思维逻辑可能如下：

1）目标设定：管理者首先需要明确目标，比如增加信用卡的申请量、提高客户使用率或者扩大目标市场份额等。设定明确的目标有助于指导后续的决策和优化过程。

2）数据分析：管理者会收集和分析与信用卡市场相关的数据，包括现有客户数据、竞争对手的市场数据、行业趋势等。通过数据分析，管理者可以了解客户的特征、行为和偏好，以及竞争对手的市场策略和表现。

3）客户细分：基于数据分析的结果，管理者可以将客户细分为不同的群体，如年龄、收入、职业等不同维度。通过客户细分，管理者可以识别出具有潜在需求和价值的目标客户群体，并有针对性地制定市场营销策略。

4）个性化营销：管理者可以利用数据科学技术，如机器学习和人工智能，构建个性化的营销模型。这些模型可以预测客户的需求、行为和偏好，从而实现个性化的产品推荐、定价策略和营销活动。

5）渠道选择：管理者需要评估不同的营销渠道，如线上渠道、线下渠道、社交媒体等，以确定最适合目标客户群体的渠道。通过数据分析和实验，管理者可以了解各个渠道的效果，并优化资源分配，以提高市场推广的效率和成果。

6）监测与调整：管理者会建立监测机制，跟踪市场推广活动的效果和业绩指标。通过监测结果，管理者可以评估市场策略的成效，并根据需要进行调整和优化。

在这个例子中，管理者的思维逻辑包括设定目标、数据分析、客户细分、个性化营销、渠道选择和监测与调整等关键步骤。通过这些步骤，管理者可以利用决策科学的方法和工具来优化市场营销策略，实现更好的市场推广效果和业绩增长。

4.2.2 构建指标体系，明确运营状况的衡量尺度

构建指标体系是为了明确运营状况的衡量尺度，以便监测和评估组织或业务的绩效和效果。构建指标体系的一般步骤见表4-1。

表4-1 构建指标体系的一般步骤

步　　骤	描　　述
确定目标	明确组织或业务的目标，这是指标体系的基础。目标可以是具体的，例如增加销售额、提高客户满意度；或者更宏观的，如实现可持续发展
确定关键绩效指标（KPI）	基于目标，确定关键绩效指标，这些指标将用于衡量和追踪绩效。关键绩效指标应与目标直接相关，并能够提供有关运营状况的关键信息。例如，对于销售目标，关键绩效指标可以包括销售额、销售增长率、客户转化率等
确定指标权重和目标值	为每个关键绩效指标分配相应的权重，以反映其对整体目标的重要性。权重可以根据目标的优先级、战略重点和业务需求来确定。此外，为每个指标设定目标值，可以是具体的数值目标或某种参考标准，以便在监测和评估过程中进行比较和分析
设计指标报告和监测机制	基于指标体系，设计适当的指标报告和监测机制，以确保及时收集、分析和传达指标数据。这可能涉及制定报告模板、设定数据收集和更新频率，以及确定负责汇报和分析指标的相关人员或团队
定期评估和调整	定期评估指标体系的有效性和适应性。根据评估结果，进行必要的调整和优化，以确保指标体系与组织的目标和战略保持一致

在构建指标体系时，需要注意以下几点：

1）简洁性和可理解性：指标体系应该简洁明了，易于理解和使用。过多的指标可能会导致信息过载，难以把握核心问题。

2）目标驱动：指标体系应紧密联系组织或业务的目标，以确保指标的衡量是有意义的，并能够指导决策和行动。

3）综合性和平衡性：指标体系应该考虑多个方面的绩效和效果，以确保全面评估运营状况。同时，应该平衡不同维度的指标，避免过度偏重某一方面而忽视其他重要指标。

4）持续改进：指标体系应该是一个持续改进的过程，随着组织或业务的变化和发展，需要不断评估和调整指标体系，以确保其与实际情况的契合度。

构建一个有效的指标体系需要深入理解组织或业务的特点和需求，并结合相关领域的最佳实践和指标标准。此外，与相关利益相关者进行沟通和协商，以确保指标体系的接受度和有效性。让我们以商业银行零售板块的存款为例来说明构建指标体系的过程。

1）确定目标：商业银行零售板块的存款目标可能包括增加存款总额、提高存款增长率、增加活期存款比例等。

2）确定关键绩效指标（KPI）：关键绩效指标可以包括存款总额、存款增长率和活期存款比例等。

3）确定指标权重和目标值：为每个关键绩效指标分配权重，例如，存款总额可能被视为更重要，因此可以分配更高的权重；为每个指标设定目标值，例如，存款增长率的目标可以是年增长 10%。

4）设计指标报告和监测机制：设计报告模板，其中包括存款相关指标的数据和趋势分析。确定数据收集和更新频率，例如，每月收集和更新指标数据。指定负责收集和分析指标数据的团队，例如，零售业务分析团队可以负责收集和分析存款相关指标，并向管理层提供定期的报告。

5）定期评估和调整：定期评估存款指标体系的有效性和适应性，例如，每季度或每年进行一次评估。根据评估结果，进行必要的调整和优化，例如，调整指标权重或目标值，以确保指标体系与银行零售板块的战略和目标保持一致。

在商业银行零售板块的存款指标体系中，可能还会涉及其他指标，如存款客户增长率、平均存款余额、储蓄存款比例等。这些指标可以帮助银行评估存款业务的规模、增长趋势和存款结构的稳定性。确保指标体系与行业标准和监管要求保持一致，以便进行行业比较和监测，并能够为银行管理层提供有关存款业务的关键信息。

4.2.3 明确各类业务分析模型

商业银行在进行业务分析时可以使用多种模型和方法。一些常见的业务分析模型有：

1）风险评估模型：商业银行需要评估贷款和投资业务的风险水平。风险评估模型可以包括信用评分模型、违约概率模型、市场风险模型等，用于量化和预测不同业务的风险水平。

2）客户细分模型：商业银行可以使用客户细分模型来将客户划分为不同的群体或细分市场，以便更好地理解和满足不同客户群体的需求。这些模型包括聚类分析、分类模型、推荐系统等。

3）收益模型：商业银行可以使用收益模型来评估不同产品和业务的收入潜力。这些模型可以包括利润预测模型、产品定价模型、交叉销售模型等，用于确定如何最大化收益和提高盈利能力。

4）客户流失预测模型：商业银行可以使用客户流失预测模型来识别潜在的流失客户并采取措施进行挽留。这些模型可以包括生存分析模型、回归模型、分类模型等，用于预测客户的流失概率和确定适当的挽留策略。

5）交叉销售模型：商业银行可以使用交叉销售模型来确定哪些产品或服务适合向现有客户推荐。这些模型可以基于关联规则、协同过滤、推荐算法等，用于提高交叉销售的效率和效果。

6）市场营销响应模型：商业银行可以使用市场营销响应模型来预测不同市场营销策略对客户的影响和响应程度。这些模型可以包括回归模型、时间序列模型、机器学习模型等，用于优化市场营销投资和改进客户体验。

以上是商业银行常用的一些业务分析模型，每个模型都有不同的应用场景和方法。商业银行可以根据具体的业务需求和数据特点选择适合的模型进行分析和决策支持。

4.2.4　友好的功能设计，为决策者提供门户

友好的功能设计对于为决策者提供门户至关重要。以下是一些友好的功能设计原则和建议：

1）简洁直观的界面：门户应具有简洁、直观的用户界面，使决策者能够轻松浏览和访问所需信息。使用清晰的导航和布局，以及易于理解和操作的控件。决策系统界面如图4-1所示。

图4-1　决策系统界面

2）个性化定制：允许决策者根据其需求和偏好进行个性化定制。这可以包括自定义仪表板、指标可视化、报告和警报设置等。个性化定制可以提高用户体验和工作效率。

3）关键指标概览：提供一个概览页面，显示关键指标的摘要信息和趋势图表。决策者可以一目了然地了解业务的关键表现，并快速识别任何异常或重要变化。

4）交互式数据可视化：使用交互式数据可视化工具，如图表、图形和地图，帮助决策者更好地理解和分析数据。这可以包括趋势分析、对比分析、地理分析等，以便更好地支持决策制定。

5）实时数据更新：确保门户的数据是实时更新的，以反映最新的业务情况和变化。这样决策者可以基于最新数据做出及时的决策，并及时调整策略和行动。

6）多维度分析：提供多维度的数据分析功能，允许决策者从不同角度和维度深入探索数据。这可以包括切片和钻取功能，以及交叉分析和过滤器，以便决策者可以获取更详细和全面的洞察。

7）即时报告和警报：提供即时的报告和警报功能，向决策者发送重要信息和关键指标的变化。这可以通过电子邮件、短信或内部通知等方式进行，确保决策者能够及时了解和回应重要事件。

8）移动设备适配：确保门户在不同设备上具有良好的响应性和适配性，包括桌面、平板和移动设备。这样决策者可以随时随地访问门户，并进行必要的决策和行动。

通过遵循这些友好的功能设计原则，商业银行可以为决策者提供一个友好、直观和有用的门户，帮助他们更好地理解业务情况、做出准确的决策并采取相应的行动。

4.2.5 注重对外展示，整体规划展示大屏

如果商业银行注重对外展示，可以使用决策大屏。国际银行贷款客户大屏，具备一定的视觉冲击力。

决策大屏在建设的过程中，主要考虑以下的一些内容，包括：

1）大屏布局设计：确定大屏的布局和结构，以便清晰地展示各项信息。可以考虑划分屏幕为多个区域，每个区域展示不同的内容，如关键指标、图表、新闻动态等，确保布局简洁明了，信息易于理解和浏览。

2）关键指标可视化：将关键指标以可视化的方式展示在大屏上，如图表、图形或仪表盘。这样可以使观众迅速获取关键信息，了解业务状况和趋势。确保图表和图形清晰易读，突出重要指标。

3）实时数据更新：确保大屏上展示的数据是实时更新的，以反映最新的业务情况和变化。这样观众可以看到最新的数据，帮助他们做出及时的决策和评估。

4）信息轮播和滚动：通过信息轮播和滚动的方式展示多个信息，以增加展示内容的丰富性和多样性。可以在大屏上循环播放各个区域的内容，确保观众能够看到全面的信息。

5）交互和触摸功能：可以考虑为大屏添加交互和触摸功能，使观众能够主动选择查看感兴趣的内容或进行更深入的分析，增加观众的参与度和互动性。

6）多媒体内容：除了数字数据和图表外，可以考虑添加多媒体内容，如图片、视频或动画，以增强展示效果，吸引观众的注意力，并更生动地展示业务信息。

7）品牌展示：在大屏展示中融入商业银行的品牌元素，如标志、颜色和字体，以增强品牌形象和识别度。确保展示内容与品牌形象一致，并传达出商业银行的专业和可信赖的形象。

8）监控和维护：确保大屏设备的正常运行和维护，包括定期检查设备状态、更新软件、处理故障等。保持大屏的可用性和稳定性，以确保展示信息的连续性。

综合考虑以上因素，商业银行可以制定整体规划，设计一个具有吸引力、信息丰富且易于理解的大屏展示，向外界展示其业务状况和成就。这样的大屏展示可以在银行分行、会议室、展览会等场合发挥重要作用，吸引观众的关注并提升企业形象。

4.3 本章小结

本章主要讲述了科学决策，我们深入了解了在决策中依赖数据的重要性与流程。

在本章中，我们重点学习了以下几个方面的知识：

1）科学决策的概念与流程。
2）基于经验进行决策的缺陷。
3）决策科学与数据科学的区别。

通过本章的学习，我们掌握了一些建立科学决策能力的实践技巧和方法。

下一章的内容是基于数据挖掘方法实现数智化运营，我们将在下一章中继续深入探讨了解数据挖掘分析方法的相关知识，希望大家能够继续保持学习的热情和动力，不断提升自己的知识和技能水平。

【学习效果评价】

复述本章的主要学习内容	
对本章的学习情况进行准确评价	
本章没有理解的内容是哪些	
如何解决没有理解的内容	

注：学习效果评价包括少部分理解、约一半理解、大部分理解和全部理解四个层次。请根据自身的学习情况进行准确的评价。

第 5 章
基于数据挖掘方法实现数智化运营

5.1 数据挖掘的概念与应用

【学习目标】

1) 熟知什么是数据挖掘。
2) 熟知数据挖掘及相关术语。
3) 熟知数据挖掘过程。
4) 熟知数据挖掘的核心方法——机器学习的概念与定义。
5) 熟知数据挖掘在银行经营中的应用场景。
6) 通过系统学习,培养专业精神、职业精神、工匠精神、创新精神和自强精神。

数据挖掘是银行业务中的关键分析手段,它可以帮助我们更好地了解银行的运营情况、客户需求和市场趋势。数据挖掘在银行业务中的营销、风险管理等方面,都发挥着较大的作用。

5.1.1 什么是数据挖掘

数据挖掘是一种通过发掘大规模数据集中的模式、关联和趋势来提取有用信息的过程。它涉及使用计算机科学、统计学和机器学习等技术,探索和分析大量的结构化和非结构化数据,以发现隐藏在数据中的潜在模式和知识。

数据挖掘的目标是从数据中提取出有意义和有用的信息,以支持决策制定、预测未来趋势、识别模式和规律,以及发现新的洞察和机会。它可以应用于各个领域,包括商业、金融、医疗、市场营销、社交媒体分析等。

对于商业银行,数据挖掘是指商业银行利用大数据和数据挖掘技术来分析和提取有关客户、风险、市场和运营等方面的有用信息。

数据挖掘在商业银行中具有广泛的应用，可以帮助银行更好地了解客户需求、管理风险、提高效率和推动创新。以下是商业银行数据挖掘的一些主要应用场景：

1) 客户洞察：通过数据挖掘，银行可以分析客户的交易记录、消费行为、产品偏好等信息，从而了解客户的需求和行为模式。这可以帮助银行个性化定制产品和服务，提升客户满意度和忠诚度。

2) 风险管理：数据挖掘在风险管理中起着重要作用。通过分析历史交易数据、信用评级、违约记录等，银行可以识别潜在的信用风险和违约风险，及时采取措施进行风险控制和预防。

3) 欺诈检测：数据挖掘可以帮助银行识别潜在的欺诈行为。通过分析交易模式、行为异常等特征，银行可以发现可疑交易和欺诈模式，并采取相应措施进行预防和打击。

4) 交叉销售和推荐：数据挖掘可以帮助银行发现潜在的交叉销售机会和进行产品推荐。通过分析客户的消费习惯、产品使用情况等信息，银行可以向客户提供个性化的推荐，提高交叉销售效果和客户参与度。

5) 市场营销策略制定：数据挖掘可以帮助银行制定更精准的市场营销策略。通过分析市场数据、客户行为数据等，银行可以进行市场细分、目标客户定位，并制定相应的营销计划和推广策略。

6) 运营效率优化：数据挖掘可以帮助银行提高运营效率。通过分析内部流程、业务数据等，银行可以发现运营中的瓶颈和改进点，优化流程，提高效率和降低成本。

商业银行数据挖掘的核心在于从海量数据中发现隐藏的模式和知识，以支持银行的决策制定和业务发展。通过合理应用数据挖掘技术，商业银行可以更好地理解客户需求、管理风险、提高效率，并在竞争激烈的市场中保持竞争优势。

5.1.2 数据挖掘相关术语

数据挖掘是一个广泛的领域，涉及许多相关术语和技术。对于希望使用数据挖掘技术进行数据分析的人员来讲，首先需要熟悉数据挖掘的相关术语。

1. 数据清洗

数据清洗（Data Cleaning）是指识别和纠正数据集中的错误、缺失、异常或重复数据的过程。商业银行进行数据分析时，可能会面临各种问题，例如银行的客户数据中存在缺失的电话号码字段，数据清洗时可以删除缺失电话号码的记录或通过其他途径填补缺失的数据。

此外，还可能存在错误的数据，如无效的账户余额或不合理的交易金额，通过数据清洗可以纠正这些错误。此外，重复数据也是常见问题之一，通过识别和删除重复记录，可以确保数据集的准确性和一致性，从而为后续的数据挖掘和分析提供可靠的数据基础。

2. 数据集成

数据集成（Data Integration）是指将来自不同数据源的数据合并为一个一致数据集的过程。商业银行在进行数据分析时，可能需要整合来自多个数据源的数据，以创建一个一致的数据集。举例来说，银行可能拥有不同系统中的客户信息，其中一个系统包含基本信息（如姓名和地址），另一个系统包含交易记录。数据集成时可以将这些数据源中的信息整合到一个统一的数据集中，以便更全面地了解客户的行为和偏好。通过数据集成，银行可以获得一个综合的客户视图，从而更好地进行客户分析和个性化营销。此外，数据集成还可以应用于风险管理领域，将来自不同系统的风险数据整合，以便进行全面的风险评估和监控。综上所述，商业银行的数据集成可以整合来自不同数据源的信息，为业务决策和客户管理提供更全面和准确的数据基础。

3. 数据转换

数据转换（Data Transformation）是指对数据进行规范化、标准化或归一化等处理，以便进行数据分析和挖掘。商业银行在进行数据转换时，可以对原始数据进行各种处理和转换，使其更适合数据挖掘和分析。例如，银行可能拥有客户的交易记录，其中的交易金额以货币符号和小数点形式（例如 $1,000.50）表示。然而，在进行数据挖掘时，这些数据的格式可能需要进行转换。

数据转换过程包括以下操作：
1）去除货币符号：将交易金额中的货币符号去除，使其成为纯数值形式。
2）去除千位分隔符：将交易金额中的千位分隔符去除，以便将其转换为数值类型。
3）标准化：对交易金额进行标准化处理，例如将其缩放到特定的范围或使用 z-score 标准化方法。

通过这些数据转换操作，银行可以将交易金额转换为适合数值计算和分析的格式，从而更好地理解客户的交易行为、进行趋势分析或构建预测模型。此外，数据转换还可以包括日期格式的转换、文本数据的编码转换或数据单位的转换等。

4. 特征工程

特征工程（Feature Engineering）是指根据领域知识和数据理解，选择、构建和转换特征，以提高模型的性能和预测能力。举例来说，银行可能在客户行为分析中使用特征工程来提取有意义的特征。

一个常见的特征工程示例是创建客户的交易统计特征。银行可以从客户的交易记录中提取各种统计信息，如交易总额、平均交易金额、交易频率等。这些统计特征可以提供关于客户的交易行为和偏好的信息，有助于银行更好地了解客户，并进行个性化的产品推荐或风险评估。

特征工程包括以下操作：
1）创建时间相关特征：从交易记录中提取时间信息，如交易时间的小时、星期几，或计算特定时间段内的交易数量。
2）文本特征提取：从客户描述或评论中提取情感特征、关键词特征或主题特征，以支持情感分析或文本分类任务。
3）组合特征：通过组合多个原始特征创建新的特征。例如，将账户余额和交易金额相除，创建交易金额相对于账户余额的比例特征。

通过特征工程，商业银行可以从原始数据中提取更具信息量的特征，为后续的数据挖掘和机器学习任务提供更好的输入。特征工程的目标是提高模型的预测能力、降低过拟合风险，并发现数据中的潜在模式和关联。

5. 数据可视化

数据可视化（Data Visualization）是指使用图表、图形和其他可视化方式，将数据以直观的形式展示，帮助用户理解数据的模式和趋势。

商业银行可以使用数据可视化来呈现和传达数据的洞察力，帮助决策者更好地理解和分析数据。举例来说，银行可以使用数据可视化来展示客户的贷款违约情况。

通过创建一个贷款违约率的柱状图或饼图，银行可以直观地展示不同贷款类别或客户群体的违约比例。这种数据可视化可以帮助银行识别潜在的风险因素，从而采取相应的风险管理措施。另外，银行还可以使用折线图或趋势图来跟踪贷款违约率的变化趋势，以便及时发现异常情况并采取适当的应对措施。

此外，数据可视化还可以用于展示客户行为和趋势。例如，银行可以创建一个交易金额的热力图，将不同金额范围的交易在时间和地理维度上进行可视化呈现。这种可视化可以揭示不同地区或时间段的高交易活动区域，帮助银行更好地了解客户的消费行为和偏好，并制定相应的市场策略。

6. 关联规则挖掘

关联规则挖掘（Association Rule Mining）是指发现数据集中频繁出现的项集之间的关联关系，例如购物篮分析中的商品关联。商业银行可以利用关联规则挖掘来发现客户之间的购买行为和关联性，从而提供个性化的产品和促进交叉销售。举例来说，银行可以应用关联规则挖掘技术来分析客户的交易数据，以发现频繁出现的关联购买模式。

假设银行发现在一段时间内，大量客户在申请贷款后也会购买房屋保险。通过关联规则挖掘，银行可以发现这两个产品之间的关联性。通过挖掘这种关联规则，银行可以采取相应的措施，例如在贷款申请过程中主动向客户推荐房屋保险，或者在购买房屋保险时提供特定的贷款优惠。

7. 聚类分析

聚类分析（Cluster Analysis）是指将数据对象分组为相似的类别或簇，以发现数据中的潜在模式和结构。商业银行可以利用聚类分析来识别和理解客户群体的特征和行为模式，以支持目标市场定位、客户细分和个性化营销策略的制定。举例来说，银行可以应用聚类分析技术来对客户进行分群，以发现相似的行为和特征。

假设银行希望了解其信用卡客户的不同行为模式。通过聚类分析，银行可以将客户划分为不同的群体，每个群体具有类似的信用卡使用行为，如消费金额、信用额度使用率、还款习惯等。通过这种分群，银行可以识别出高消费群体、保守还款群体或者潜在风险群体等。

通过聚类分析，银行可以更好地了解不同客户群体的需求和偏好，并有针对性地制定营销策略。例如，针对高消费群体，银行可以提供定制化的优惠活动或增加信用额度；对于保守还款群体，银行可以加强还款提醒服务或提供灵活的还款选项。这样，银行就能够更精准地满足客户需求，提升客户满意度和忠诚度。

8. 分类

分类（Classification）是指根据已知的数据标签或类别，构建分类模型来预测新数据的类别。商业银行可以利用分类技术对客户进行分类，以支持风险评估、信用评分和反欺诈等任务。举例来说，银行可以应用分类算法来预测客户的违约风险。

通过收集客户的个人信息、财务状况和历史交易数据，银行可以建立一个分类模型，将客户分为违约和非违约两个类别。模型可以学习和识别不同特征与违约风险之间的关联，如年龄、收入、负债比例等。基于这些特征，分类模型可以对新客户进行风险预测，并辅助银行在授信决策过程中做出明智的选择。

分类技术还可以应用于反欺诈领域。银行可以使用分类算法来识别潜在的欺诈行为。通过分析客户的交易模式、地理位置、购买行为等特征，银行可以构建一个欺诈检测模型。该模型可以通过学习欺诈和非欺诈交易之间的差异，自动识别异常交易，并发出警报或采取相应的反欺诈措施。

9. 异常检测

异常检测（Anomaly Detection）是指识别数据中的异常或罕见事件，以及与正常模式不符的数据点。商业银行可以利用异常检测技术来识别和检测异常交易、欺诈行为和异常操作，以提高风险管理水平和安全性。举例来说，银行可以应用异常检测算法来发现不符合正常交易模式的异常交易。

通过分析客户的交易模式、交易金额、交易地点和交易时间等特征，银行可以建立一个正常交易模型。该模型可以学习和识别正常交易的模式和行为。当出现与正常模式明显不符的交易时，系统会将其识别为异常交易并触发警报。例如，如果一个客户的交易金额突然大幅增加或在不常用的地点进行交易，系统会标记该交易为异常，并通知相关部门进行进一步的调查。

异常检测技术还可以应用于欺诈检测。银行可以通过监测客户的交易行为、登录模式和资金转移等，识别潜在的欺诈行为。例如，如果一个客户的账户在短时间内多次登录，且登录地点分布在不同的城市，系统可能会将其标记为异常操作，并采取相应的反欺诈措施。

10. 时间序列分析

时间序列分析（Time Series Analysis）是指对时间相关的数据进行建模和分析，以揭示其随时间变化的模式和趋势。商业银行可以利用时间序列分析技术来研究和预测金融市场的趋势、利率变动、汇率波动等重要指标。举例来说，银行可以应用时间序列分析来预测股票价格的未来走势。

通过收集历史股票价格数据，银行可以建立一个时间序列模型，分析价格的变动规律和趋势。基于这些数据，银行可以使用各种时间序列分析技术，如移动平均法、指数平滑法和 ARIMA 模型等，来预测未来股票价格的变化。这样，银行可以为客户提供投资建议或制定交易策略，以实现更好的投资回报。

时间序列分析还可以应用于利率预测。银行可以分析历史利率数据，并建立时间序列模型来预测未来的利率变动。这对于银行的贷款定价和风险管理非常重要。通过准确预测利率的上升或下降趋势，银行可以制定相应的贷款利率策略，以确保利润和风险的平衡。

11. 机器学习

机器学习（Machine Learning）是指利用算法和统计模型，使计算机能够从数据中学习并进行预测或决策。商业银行可以应用机器学习技术来改善客户服务、风险管理和业务决策等多个方面。

举例来说，银行可以利用机器学习来提高客户推荐系统的准确性和个性化程度。

通过收集客户的个人信息、交易历史和行为数据，银行可以建立一个客户画像，并应用机器学习算法来分析和理解客户的偏好和需求。基于这些数据，银行可以开发推荐系统，利用机器学习模型来预测客户可能感兴趣的产品或服务。通过个性化的推荐，银行可以提高客户满意度、促进交叉销售，并增加客户的忠诚度。

机器学习还可以应用于风险管理领域。银行可以利用机器学习算法来分析大量数据，识别和预测风险事件。例如，银行可以构建信用评分模型，利用机器学习算法分析客户的个人信息、财务状况和历史交易数据，以预测客户的违约概率。这样，银行可以更准确地评估风险，制定更有效的授信策略，并降低坏账风险。

5.1.3 数据挖掘过程概述

数据挖掘过程可能包括 CRISP-DM、SEMMA、DMAIC、AOSP-SM、5A 等多种模型，商业银行常用的模型为 CRISP-DM 与 SEMMA。

1. CRISP-DM 模型

CRISP-DM 是 CRossIndustry Standard Process for Data Mining（跨行业数据挖掘标准流程）的缩写。CRISP-DM 是由一家欧洲财团（时称 SIG 组织）在 20 世纪 90 年代中后期提出来的，是一套用于开放的数据挖掘项目的标准化方法，也是业内公认的数据挖掘与分析的通用方法论。CRISP-DM 模型的数据挖掘过程如图 5-1 所示。

假设一家商业银行希望改进其客户营销策略，以提高客户满意度和增加销售额。该银行可以运用 CRISP-DM 模型来指导其数据挖掘项目。CRISP-DM 模型的数据挖掘细分如图 5-2 所示。

图 5-1 CRISP-DM 模型的数据挖掘过程

1）商业理解阶段：银行团队与业务部门合作，明确项目目标。银行希望了解客户的购买行为和偏好，以便更好地定制营销活动。

2）数据理解阶段：银行收集和探索相关的客户数据，包括交易历史、产品使用情况、客户反馈等。银行分析数据质量、缺失值和异常值，并对数据进行初步的探索性分析。

3）数据准备阶段：在这个阶段，银行清洗和转换数据，处理缺失值和异常值。银行可能会选择特征工程技术，如创建购买频率、购买金额和产品偏好等特征。

4）建立模型阶段：银行使用机器学习算法构建预测模型，以预测客户的购买行为。银行可以尝试不同的算法，如决策树、逻辑回归或随机森林，来选择最合适的模型。

5）模型评估阶段：在这个阶段，银行会评估模型的性能和准确度。银行使用交叉验证、混淆矩阵、准确率和召回率等指标来评估模型的效果，并进行模型调优。

6）结果部署阶段：最后，银行将优化的模型部署到实际的营销活动中。银行可以利用模型的预测结果来制定个性化的营销策略，例如向特定客户推荐相关产品或提供定制化的优惠等。

图 5-2 CRISP-DM 模型的数据挖掘细分

通过 CRISP-DM 模型的指导，商业银行能够系统地进行数据挖掘项目，并从数据中提取有价值的洞察。这样，银行可以改进客户营销策略，提高客户满意度，增加销售额，并达到更好的业务效果。

2. SEMMA 模型

SEMMA 是抽样（Sample）、探索（Explore）、修订（Modify）、建模（Model）和评估（Assess）的英文首字母缩写，它是由 SAS 研究院开发的一种非常著名的数据挖掘与分析方法。SEMMA 的基本思想是从样本数据开始，通过统计分析与可视化技术，发现并转换最有价值的预测变量，根据变量构建模型，并检验模型的可用性和准确性。

商业银行可以运用 SEMMA 模型（见图 5-3）来指导数据分析项目。SEMMA 模型是一种常用的数据分析过程模型，它包括五个主要阶段，分别是抽样、探索、修订、建模和评估。

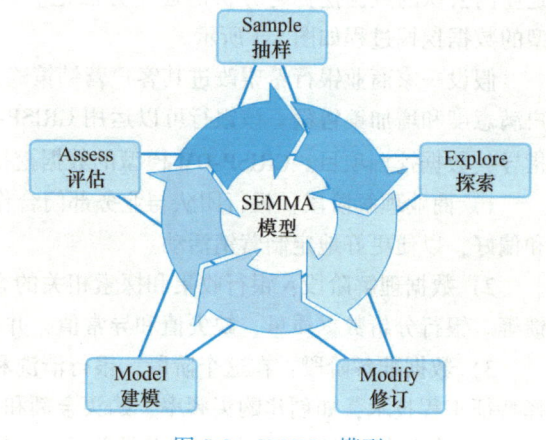

图 5-3 SEMMA 模型

假设一家商业银行希望分析客户信用风险，以制定更准确的信贷决策。它可以使用 SEMMA 模型来指导数据分析项目。

1）抽样阶段：银行从大量的客户数据中选择一个代表性的样本集。这个样本集应该能够代表整体客户群体，并包含相关的客户特征和信用风险指标。

2）探索阶段：在这个阶段，银行对样本数据进行探索性分析。银行可以使用可视化工具和统计方法来理解数据的分布、关联性和异常值，同时可能会发现一些与信用风险相关的特征或模式。

3）修订阶段：在这个阶段，银行可能需要对数据进行修改和准备，以便更好地支持建模过程。银行可能会进行特征工程，例如创建新的特征、处理缺失值或异常值，并将数据转换为适合建模的格式。

4）建模阶段：在这个阶段，银行使用建模技术来构建信用风险模型。银行可以尝试不同的算法，如逻辑回归、决策树或支持向量机，来预测客户的信用风险。银行可能会使用训练集和验证集进行模型的训练和调优。

5）评估阶段：在这个阶段，银行评估建立的信用风险模型的性能和准确度。银行使用评估指标如准确率、召回率、ROC 等来评估模型的效果，并进行模型的验证和改进。

通过 SEMMA 模型的指导，商业银行能够系统地进行数据分析项目，并从数据中提取有关客户信用风险的洞察。这有助于银行制定更准确的信贷决策，降低不良贷款风险，提高资产质量，并为银行的业务发展提供支持。

5.1.4 数据挖掘的核心方法——机器学习

机器学习是数据挖掘的核心方法之一，它通过构建和训练模型从数据中自动学习模式和规律。机器学习算法可以根据数据的特征和标签，自动调整模型的参数，从而使模型能够进行准确的预测、分类或聚类。数据挖掘中常用的机器学习算法如图 5-4 所示。

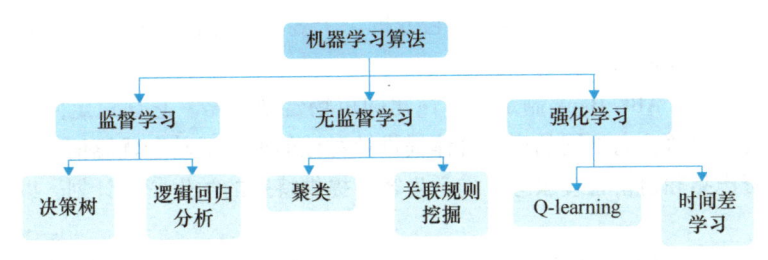

图 5-4　数据挖掘中常用的机器学习算法

1）监督学习：监督学习使用带有标签的训练数据来训练模型。通过分析已知输入和输出之间的关系，模型可以学习到从输入到输出的映射关系。常见的监督学习算法包括决策树、逻辑回归、支持向量机和神经网络等。

2）无监督学习：无监督学习使用未标记的数据进行学习，目的是发现数据中的模式、结构或关联性。无监督学习算法可以进行聚类分析、异常检测和降维等任务。常见的无监督学习算法包括 K 均值聚类、层次聚类、关联规则挖掘和主成分分析等。

3）强化学习：强化学习是一种通过与环境的交互学习来优化决策的方法。它基于奖励机制，通过试错和反馈来训练模型，以使模型能够做出最优的决策。

这些机器学习方法在数据挖掘中可以应用于各种任务，如预测分析、图像和语音识别、推荐系统、欺诈检测、文本挖掘等。通过机器学习方法，数据挖掘可以自动发现数据中的有用信息和模式，为决策和问题解决提供支持，并帮助企业发现隐藏在数据中的商机。

5.1.5 数据挖掘在银行经营中的应用场景

数据挖掘在银行经营中具有广泛的应用场景。通过分析客户的交易历史、行为模式和偏好，银行可以获取深入的客户洞察，从而制定个性化的营销策略、改进客户服务和增强客户关系。数据挖掘还可帮助银行进行风险管理，通过构建风险模型和识别潜在的风险因素，降低信用风险、市场风险和操作风险。同时，数据挖掘技术在信用评估和贷款决策中发挥着重要作用，帮助银行评估客户的信用风险和还款能力，以便更准确地决定是否批准贷款申请。此外，数据挖掘还可用于反欺诈和安全监测，帮助银行及时发现潜在的欺诈行为和安全威胁。通过市场营销和产品推荐，银行可以利用数据挖掘技术定位目标市场、制定精准的营销策略，并为客户提供个性化的产品和进行服务推荐，从而提高市场营销效果、增加交叉销售和提升客户满意度。

1. 市场营销和产品推荐

通过分析客户数据和市场趋势，银行可以使用数据挖掘技术来定位目标市场、制定精准的营销策略，并为客户提供个性化的产品和进行服务推荐。这有助于提高市场营销效果、增加交叉销售和提升客户满意度。

假设有一家商业银行名为 ABC Bank，它利用数据挖掘技术在市场营销和产品推荐方面取得成功。

ABC Bank 通过收集和分析客户的交易数据、个人信息和偏好，利用数据挖掘技术进行市场营销和产品推荐。首先，它使用数据挖掘算法对客户进行细分，将客户划分为不同的群体，如高净值客户、中等收入客户和学生客户等。然后，它分析每个客户群体的消费习惯、金融需求和生活阶段，以了解他们的特点和需求。

基于这些分析结果，ABC Bank 制定了个性化的市场营销策略。它通过定向广告、电子邮件营销和社交媒体宣传等渠道，向不同的客户群体提供针对性的推广活动和优惠信息。例如，向高净值客户推荐高端投资产品和财富管理服务，向学生客户提供特殊的学生贷款计划，以满足不同客户群体的需求。

此外，ABC Bank 还利用数据挖掘技术为客户提供个性化的产品。通过分析客户的交易历史、借贷行为和生活方式，它可以预测客户可能感兴趣的产品和服务。例如，如果一个客户经常在网上购物，它可能会推荐该客户使用信用卡并提供相关的在线购物优惠；如果一个客户有较高的存款余额，它可能会推荐该客户购买理财产品或高收益的存款产品。

通过市场营销和产品推荐的数据挖掘应用，ABC Bank 成功地提高了客户参与度和满意度。客户感受到银行对他们需求的理解，获得了更加个性化和定制化的金融服务，从而增加了忠诚度，银行业务也随之增长。

2. 客户洞察

通过数据挖掘技术，银行可以分析客户的交易历史、行为模式、偏好和其他相关数据，以获得深入的客户洞察。这可以帮助银行了解客户的需求、购买倾向和生命周期价值，从而制定个性化的营销策略、改进客户服务和增强客户关系。

假设有一家商业银行名为 ABC Bank，它成功地利用数据挖掘技术进行客户洞察。

ABC Bank 通过收集和分析客户的交易历史、行为模式和偏好等数据，利用数据挖掘技术来获得深入的客户洞察。首先，它整合和清洗大量的客户数据，包括交易记录、账户余额、产品使用情况等。然后，它应用数据挖掘算法，如聚类分析、关联规则挖掘和预测建模等，来揭示隐藏在数据中的模式和趋势。

通过这些分析，ABC Bank 能够了解客户的消费习惯、理财偏好和生命周期价值等信息。它可以识别出高价值客户、潜在客户和流失风险客户，并为每个客户群体制定相应的营销策略。例如，对于高价值客户，它可以提供更加个性化和定制化的服务，如专属理财顾问、高端投资产品和定制化贷款方案。对于潜在客户，它可以通过精准的营销活动吸引其关注并提供相关的产品。对于流失风险客户，它可以采取针对性的措施，如优惠促销、更好的客户体验等，以挽留这些客户。

此外，ABC Bank 还利用数据挖掘技术来预测客户的未来需求和行为。它可以建立预测模型，根据客户的历史行为和市场趋势，预测客户可能的购买意愿、产品偏好和生命周期变化，从而提前做好准备，提供适时的产品和服务，以满足客户的需求并增加交叉销售的机会。

通过客户洞察的数据挖掘应用，ABC Bank 能够更好地了解客户，提供个性化的金融解决方案，并改进其营销策略和客户服务。这有助于提高客户满意度、加强客户关系，并促进银行的业务增长和提升竞争力。

3. 风险管理

数据挖掘在银行的风险管理中发挥着重要作用。通过分析大量交易数据和历史风险数据，银行可以构建风险模型来识别潜在的风险因素和异常情况。这有助于银行及时发现和管理信用风险、市场风险和操作风险，从而减少损失和提高稳健性。

假设有一家商业银行名为 ABC Bank，它成功地利用数据挖掘技术进行风险管理。

ABC Bank 利用数据挖掘技术来分析和识别潜在的风险因素，并采取相应的措施来降低信用风险、市场风险和操作风险。

首先，它收集和整合大量数据，包括客户的财务信息、信用历史、交易数据、市场数据等。然后，它利用数据挖掘算法进行数据分析和建模，以发现隐藏在数据中的异常。

在信用风险管理方面，ABC Bank 可以利用数据挖掘来评估客户的信用风险和还款能力。它可以建立预测模型，根据客户的历史行为和财务状况，预测客户可能的违约风险，并及时采取措施，如调整授信额度、采取担保措施或限制贷款条件，以减少违约风险。

在市场风险管理方面，ABC Bank 可以利用数据挖掘来分析市场数据和交易数据，以预测市场趋势和价格波动。它可以建立模型来识别潜在的市场风险，如股票价格崩盘、货币汇率剧烈波动等，并及时调整投资组合和风险敞口，以减少市场风险带来的损失。

在操作风险管理方面，ABC Bank 可以利用数据挖掘来监测异常交易和欺诈行为。它可以建立模型来识别异常交易模式、非法操纵行为等，并采取相应的措施，如实施反欺诈策略、加强内部控制和监测机制，以减少操作风险的发生。

通过风险管理的数据挖掘应用，ABC Bank 能够更好地识别和管理潜在的风险，减少损失和不良资产的风险，保护银行的稳健经营。这有助于提高银行的风险控制能力、增强市场声誉，并为投资者和客户提供更安全和可靠的金融服务。

4. 信用评估和贷款决策

数据挖掘可以帮助银行评估客户的信用风险和还款能力，从而支持贷款决策。通过分析客户的个人信息、信用历史、收入状况和其他相关数据，银行可以建立预测模型来预测客户的违约概率和还款表现，以便更准确地决定是否批准贷款申请。

假设有一家商业银行名为 ABC Bank，它成功地利用数据挖掘技术进行信用评估和贷款决策。

ABC Bank 利用数据挖掘技术来分析客户的个人信息、财务状况、信用历史和其他相关数据，以评估客户的信用风险，并做出相应的贷款决策。

首先，它收集客户的各种数据，然后利用数据挖掘算法对这些数据进行分析和建模，以发现隐藏在数据中的规律。

在信用评估方面，ABC Bank 可以利用数据挖掘技术来建立信用评分模型。通过分析大量的历史信用数据，它可以识别出与客户信用风险相关的特征和因素，并将其纳入评分模型中。这样，当有新的客户申请贷款时，它可以根据客户的个人信息和历史数据，计算出一个信用评分，用于评估客户的信用风险水平。根据评分结果，ABC Bank 可以决定是否批准贷款申请，以及贷款金额、利率和还款期限等条件。

此外，ABC Bank 还可以利用数据挖掘技术来进行贷款违约预测。通过分析大量的贷款数据和违约历史，它可以建立预测模型，预测客户未来可能的违约概率。这有助于它在贷款决策过程中更准确地评估客户的违约风险，并采取相应的措施，如调整贷款条件、要求担保或拒绝贷款申请，以降低违约风险带来的损失。

通过信用评估和贷款决策的数据挖掘应用，ABC Bank 能够更加准确地评估客户的信用风险，降低不良贷款率，提高贷款决策的准确性和效率。这有助于提高银行的资产质量、贷款业务的盈利能力，并为客户提供更合适和负担得起的贷款产品。

5. 反欺诈和安全监测

数据挖掘技术可以帮助银行识别潜在的欺诈行为和安全威胁。通过分析交易数据、客户行为模式和其他关联信息，银行可以构建欺诈检测模型和安全监测系统，以及时发现可疑活动、异常交易和网络攻击。

假设有一家商业银行名为 ABC Bank，它成功地利用数据挖掘技术进行反欺诈和安全监测。

ABC Bank 利用数据挖掘技术来分析大量的交易数据、客户行为模式和其他相关信息，以识别潜在的欺诈行为和安全威胁，并采取相应的措施来保护客户和银行资产的安全。

首先，ABC Bank 收集和整合各种数据，包括交易记录、客户信息、设备指纹、IP 地址等，然后利用数据挖掘算法对这些数据进行分析，以发现与欺诈和安全威胁相关的异常。

在反欺诈方面，ABC Bank 可以利用数据挖掘技术来构建欺诈检测模型。通过分析历史交易数据和欺诈案例，它可以识别出与欺诈行为相关的特征和模式，并将其纳入模型中。当有新的交易发生时，它可以通过模型评估交易的风险水平，并触发警报或进一步的验证程序，以识别潜在的欺诈行为。例如，如果某笔交易涉及高金额、不寻常的交易地点或频繁的交易模式，系统可以自动触发风险评估和验证流程。

在安全监测方面，ABC Bank 可以利用数据挖掘技术来检测和预防安全威胁，如网络攻击、账户劫持或身份盗窃等。它可以分析网络流量数据、登录模式、异常设备指纹等信息，以识别潜在的安全风险。通过建立模型，它可以检测异常活动，并采取相应的措施，如阻止可疑的登录尝试、通知客户进行身份验证或自动锁定受威胁的账户。

通过反欺诈和安全监测的数据挖掘应用，ABC Bank 能够更好地保护客户和银行资产的安全，减少欺诈损失和安全风险。这有助于提高客户的信任度、增强银行的声誉，并确保持续的业务运营和合规性。

5.2 数据挖掘典型任务之数据分类

【学习目标】

1）熟悉数据分类任务的概念与典型应用场景。
2）熟悉分类任务的整体实施流程。
3）熟悉分类任务典型算法——决策树。
4）熟悉分类任务典型算法——神经网络。
5）熟悉分类任务典型算法——集成学习。

5.2.1 数据分类任务的概念与典型应用场景

数据分类是指将数据集中的样本按照其所属的类别进行划分和归类的任务。在数据分类任务中，我们通过分析样本的特征和属性，构建分类模型来预测新样本的类别。

典型的数据分类应用场景包括：

1）垃圾邮件过滤：在电子邮件系统中，利用数据分类技术可以对收到的邮件进行分类，将垃圾邮件自动过滤或移动到垃圾邮件文件夹，以提高用户体验和减少垃圾邮件的骚扰。

2）文本分类：在自然语言处理领域，数据分类被广泛应用于文本分类任务，如新闻分类、情感分析、垃圾评论检测等。通过对文本的特征进行提取和分析，可以将文本按照其所属的类别进行分类。

3）图像识别：在计算机视觉领域，数据分类被用于图像识别任务，如人脸识别、物体识别等。通过对图像的像素值和特征进行分析，可以将图像分为不同的类别，实现自动化的图像识别和分类。

4）金融欺诈检测：在金融领域，数据分类可以应用于欺诈检测任务。通过分析客户的交易记录、行为模式等数据，可以构建欺诈检测模型，识别潜在的欺诈交易和风险交易。

5）医学诊断：在医学领域，数据分类可以用于疾病诊断和预测。通过分析病人的医学数据、病历信息等，可以构建分类模型，将病人的病情分为不同的疾病类型或风险等级，辅助医生进行诊断和治疗。

5.2.2 分类任务的整体实施流程

分类任务的整体实施流程如下：

1）数据收集和准备：收集与分类任务相关的数据集。数据可以来自各种来源，如数据库、文件、API 等。确保数据集的质量和完整性，并进行必要的数据清洗和预处理，包括去除重复值、处理缺失数据、进行特征选择等。

2）特征工程：对数据进行特征提取、变换和选择，以提取有用的信息来描述样本。这包括选择合适的特征、进行特征缩放、处理类别特征等。特征工程的目标是提高分类模型的性能和准确性。

3）数据划分：将数据集划分为训练集、验证集和测试集。训练集用于模型的训练和参数调整，验证集用于选择最佳的模型和调整超参数，测试集用于评估最终模型的性能。

4）模型选择和训练：选择适合分类任务的算法模型，如决策树、支持向量机、逻辑回归、随机森林等。根据问题的特点和数据集的规模，选择合适的模型进行训练。使用训练集对模型进行训练，并根据验证集的性能进行模型调整和优化。

5）模型评估和调优：使用测试集对训练好的模型进行评估和验证。评估指标可以根据具体的分类任务而定，如准确率、精确率、召回率、F_1 分数等。根据评估结果，对模型进行调优和改进，如调整模型参数、采用集成学习方法等。

6）部署和应用：将训练好的模型部署到实际应用环境中，并进行实际的分类预测。在应用过程中，定期监测模型的性能和效果，并进行必要的更新和改进，以保持模型的准确性和适应性。

整体来说，分类算法的实施流程涉及数据收集和准备、特征工程、数据划分、模型选择和训练、模型评估和调优以及部署和应用。这些步骤通常是迭代和循环的，需要不断优化和改进，以获得更好的分类结果和性能。同时，还需要考虑模型的解释性、计算效率和可扩展性等，以满足实际应用的需求。

5.2.3　分类任务典型算法之决策树

决策树算法是一种基于树状结构进行分类和回归的机器学习算法。它通过对数据集进行递归划分，构建一棵由决策节点和叶节点组成的树，其中决策节点表示对样本特征进行判断的条件，叶节点表示最终的分类结果或回归值。举例来讲，某银行的贷款违约数据如图 5-5 所示，包括拥有房产，婚姻情况，年收入，无法偿还贷款四个字段。

ID	拥有房产（是/否）	婚姻情况（单身，已婚，离婚）	年收入（单位：千元）	无法偿还债务（是/否）
1	是	单身	125	否
2	否	已婚	100	否
3	否	单身	70	否
4	是	已婚	120	否
5	否	离婚	95	是
6	否	已婚	60	否
7	是	离婚	220	否
8	否	单身	85	是
9	否	已婚	75	否
10	否	单身	90	是

图 5-5　某银行贷款违约数据

决策树的训练数据往往就是这样的表格形式，表中的前三列（ID 不算）是数据样本的属性，最后一列是决策树需要给出的分类结果。通过该数据构建的贷款违约决策树如图 5-6 所示。

有了这棵"树"，我们就可以对新的用户数据进行是否可以偿还贷款的预测了。

决策树最重要的是其构造。所谓决策树的构造就是进行属性选择度量，确定各个特征属性之间的拓扑结构。构造决策树的关键步骤是分裂属性。所谓分裂属性就是在某个节点处按照某一特征属性的不同划分构造不同的分支，其目标是让各个分裂子集尽可能"纯"。尽可能"纯"就是尽量让一个分裂子集中的待分类项属于同一类别。分裂属性分为三种不同的情况：

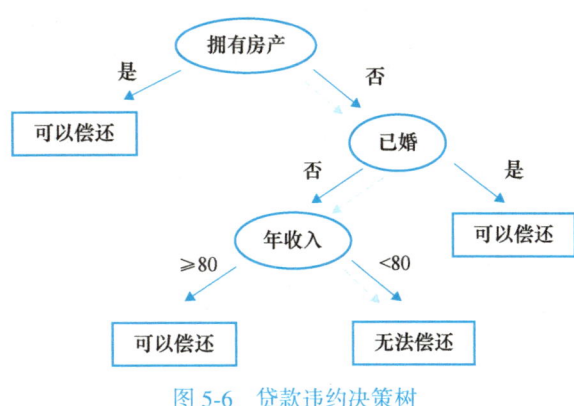

图 5-6 贷款违约决策树

1）属性是离散值且不要求生成二叉决策树。此时用属性的每一个划分作为一个分支。

2）属性是离散值且要求生成二叉决策树。此时使用属性划分的一个子集进行测试，按照"属于此子集"和"不属于此子集"分成两个分支。

3）属性是连续值。此时确定一个值 split_point 作为分裂点，按照 >split_point 和 ≤split_point 生成两个分支。

决策树的属性分裂选择是"贪心"算法，也就是没有回溯。对于决策树来讲，选择特征的方法主要包括 ID3 和 GINI。

1. ID3

ID3（Iterative Dichotomiser 3）是一种经典的决策树算法，由 Ross Quinlan 于 1986 年提出。它用于解决分类问题，并基于信息论的概念进行特征选择和决策树构建。

ID3 算法的主要思想是通过选择能够获得最大信息增益的特征来进行划分。信息增益衡量的是划分前后样本集合的熵（混乱度）减少的程度。信息熵的计算公式如下：

$$\text{Entropy}(S) \equiv \sum_{i=1}^{c}(-p_i \log_2 p_i)$$

式中，c 代表类别或属性的总数，p_i 代表属于第 i 类的样本所占的比例。

举例来说，我们有两个类别：红色（R）和蓝色（B）。第一个袋子里有 25 块红色巧克力。巧克力总数是 50，因此，$p_i = \dfrac{25}{50}$。蓝色类别也是这样处理。

把这些值代入熵方程，我们可以得到

$$\text{Entropy}(C) = -\frac{25}{50}\log_2\frac{25}{50} - \frac{25}{50}\log_2\frac{25}{50}$$

信息增益的计算公式为

$$\text{Gain}(S,A) \equiv \text{Entropy}(S) - \sum_{v \in \text{Values}(A)} \frac{|S_v|}{|S|} \text{Entropy}(S_v)$$

式中，S 代表整个样本集，A 代表我们想要分割的属性。$|S|$ 代表样本数量，$|S_v|$ 表示当前属性 A 值的样本数量。

信息增益表示得知属性 A 的信息而使样本集合不确定度减少的程度。

因此，决策树算法的关键环节就是特征选择。但当特征有多个时，应该按照什么标准来选择特征呢？

对于 ID3 算法来说，这个问题可以用信息增益来解决。

如果选择一个特征后，信息增益最大（信息不确定性减少的程度最大），那么我们就选取这个特征。

ID3 算法的优点是简单易懂、计算效率高、对缺失值不敏感等。然而，ID3 算法也存在一些限制，比如对连续型特征的处理相对困难，容易产生过拟合问题。

2. GINI

GINI（Gini impurity）是一种衡量不纯度的指标，常用于决策树算法中的特征选择和节点划分。它衡量的是从一个数据集中随机选择两个样本，这两个样本属于不同类别的概率。

在分类问题中，假设一个数据集 D 中包含 K 个类别，第 k 个类别的样本比例为 p_k。GINI 指数的计算公式为

$$\text{GINI}(S) = 1 - \sum_{i=1}^{k} p_i^2$$

GINI 指数的取值范围为 0 到 1，值越小表示数据集的纯度越高，不纯度越低。

在决策树算法中，特征选择的目标是找到能够使划分后的子集 GINI 指数最小的特征。具体而言，对于每个特征 A，计算划分后子集的 GINI 指数，并选择 GINI 指数最小的特征作为划分特征。

在决策树算法中使用 GINI 指数主要有两个优点：

1）计算高效：相比于以信息增益作为特征选择的准则，计算 GINI 指数的代价较低，不需要计算信息熵。

2）对连续特征的处理：与信息增益不同，GINI 指数可以直接应用于连续型特征，而不需要进行离散化处理。

需要注意的是，GINI 指数在特征选择时可能会偏向具有较多取值的特征，因为这些特征更容易产生更多的划分。这个问题可以通过引入正则化项或使用其他特征选择准则来解决。

5.2.4 分类任务典型算法之神经网络

神经网络是一种机器学习模型，受到人类神经系统的启发而设计。它由一系列称为神经元的基本单元组成，这些神经元通过连接权重来传递和处理信息。神经网络可以用于完成分类、回归、聚类等各种机器学习任务。

神经网络结构如图 5-7 所示。一个典型的神经网络由多个层组成，包括输入层、隐藏层和输出层。输入层接收原始数据作为输入，隐藏层根据输入层的结果进行一系列计算和变换，输出层生成最终的预测结果。

神经元结构如图 5-8 所示。神经网络的基本组成单元是神经元（或称为感知器），它接收多个

输入信号,并通过加权求和和激活函数的处理,产生一个输出信号。神经网络中的每个神经元都有一个相关的权重和偏差,这些参数用于调整输入信号的影响力和神经元的响应。

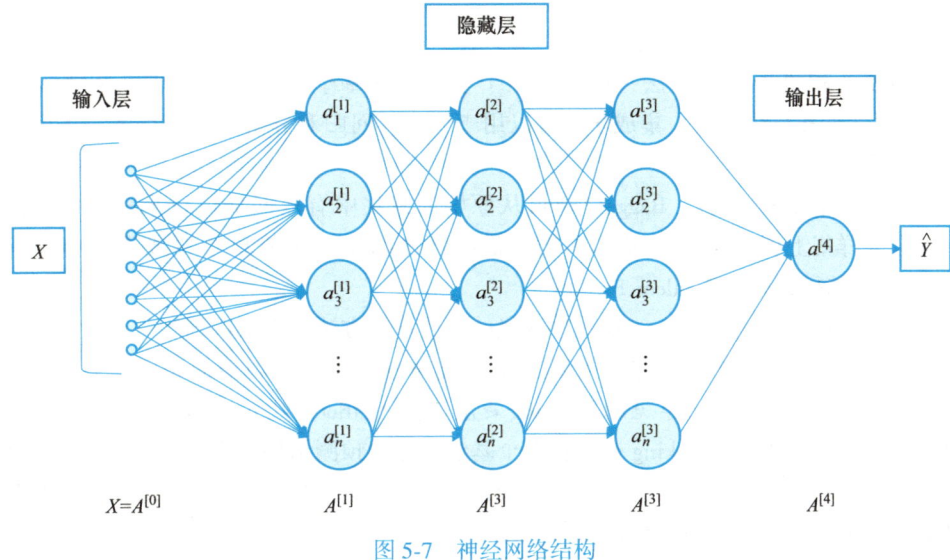

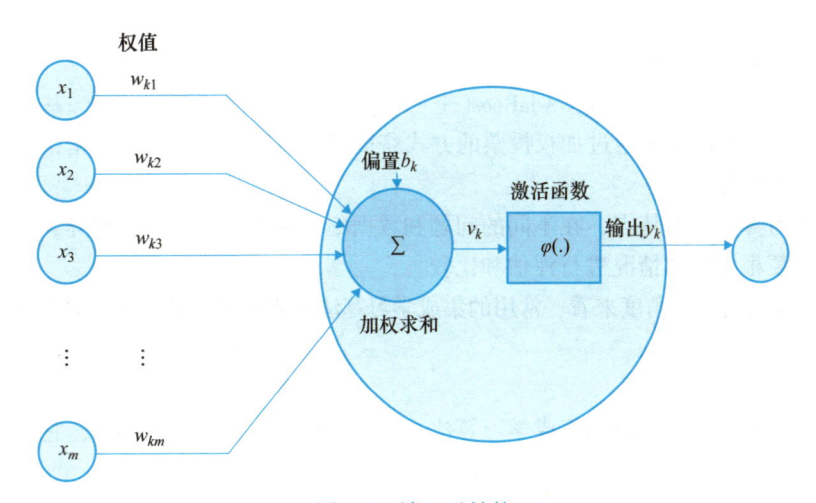

图 5-7 神经网络结构

图 5-8 神经元结构

神经网络的训练过程通常使用反向传播算法(Backpropagation)来调整网络中的权重和偏差,以使预测结果与实际结果之间的差距(损失函数)最小。反向传播通过计算损失函数对网络中的参数进行梯度下降优化,从而更新参数值。

神经网络的优点包括能够处理复杂的非线性关系、具有良好的泛化能力、适用于大规模数据集等。然而,神经网络也存在一些挑战,如需要大量数据进行训练、对计算资源要求较高、模型的解释性较弱等。

随着深度学习的快速发展，神经网络已成为机器学习和人工智能领域的重要技术，并在各种应用中取得了显著的效果。

5.2.5 分类任务典型算法之集成学习

集成学习是一种机器学习方法，通过将多个学习器（基学习器）组合成一个整体（集成模型），提高预测性能和泛化能力。集成学习可以用于分类、回归和异常检测等任务。下面是几种常见的集成学习算法：

1）Bagging（自助聚合法）：Bagging通过从原始训练集中有放回地进行采样，生成多个采样集，并在每个采样集上训练不同的基学习器。最终预测结果通过简单投票或平均得到。常见的Bagging算法包括随机森林（Random Forest）。

2）Boosting（提升法）：Boosting是一种迭代的集成学习方法，它依次训练一系列基学习器，每个基学习器都试图纠正前一个学习器的错误。Boosting算法根据基学习器的表现调整样本权重，使较难分类的样本得到更多关注。常见的Boosting算法包括AdaBoost和Gradient Boosting。

3）Stacking（堆叠法）：Stacking通过将多个基学习器的预测结果作为输入，再训练一个元学习器，用于最终的预测。Stacking可以通过交叉验证来选择最佳的基学习器组合，它具有很强的灵活性和表达能力，但也需要更多的计算资源和训练时间。

4）Voting（投票法）：Voting通过将多个基学习器的预测结果进行投票或平均来得到最终的预测结果。Voting可以分为硬投票（基于类别的多数投票）和软投票（基于概率的加权平均）。Voting适用于二分类和多分类问题。

5）AdaBoost（自适应提升法）：AdaBoost是一种Boosting算法，它迭代训练基学习器，根据错误率调整样本权重。AdaBoost通过加权投票的方式获得最终预测结果，对分类错误的样本给予更多关注，从而提高整体性能。

这些集成学习算法各有特点，在不同的问题和数据集上的表现可能会有差异。选择适合任务的集成学习算法需要根据具体情况进行评估和比较。

从商业银行平时的使用角度来看，常用的集成学习算法主要包括随机森林、XGBoost、LightGBM等。

1. 随机森林

随机森林是一种基于决策树的集成学习算法。随机森林结构如图5-9所示，它通过构建多个决策树，并通过投票或平均的方式来得到最终的预测结果。

以下是随机森林算法的关键要点：

1）决策树构建：随机森林中的每个决策树都是通过对原始训练集进行有放回的随机抽样得到的。这样每个决策树的训练集都由略微不同的样本组成，增加了多样性。

2）特征随机性：在每个决策树的节点划分时，随机森林只考虑一部分特征子集，而不是全部特征。这样可以减少特征之间的相关性，提高决策树之间的差异性。

3）多个决策树的集成：每个决策树都对样本进行预测，最终的预测结果由多个决策树的投票或平均得到。对于分类问题，采用投票方式选择最多票数的类别作为最终结果；对于回归问题，采用平均方式得到决策树预测结果的平均值。

图 5-9　随机森林结构

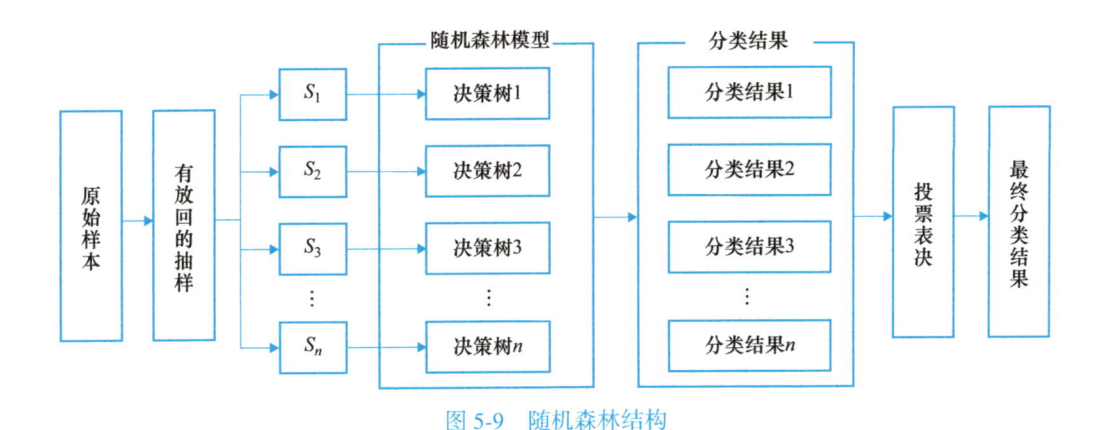

随机森林算法具有以下优点：

1）高准确性：随机森林通过组合多个决策树的预测结果，有效减少过拟合，并提高预测的准确性和泛化能力。

2）可处理大量特征和样本：随机森林对于高维数据和大规模数据集具有良好的扩展性，能够有效处理大量特征和样本。

3）鲁棒性：随机森林对于数据中的噪声和异常值相对较鲁棒，不容易受到个别样本的影响。

4）可解释性：相比于其他复杂的模型，随机森林的预测结果更易于解释，可以提供特征的重要性排序。

然而，随机森林也有一些注意事项：

1）训练时间较长：由于构建多个决策树，随机森林的训练时间通常比单个决策树的训练时间长。

2）参数调优：随机森林有一些参数需要调优，如决策树的数量、特征子集的大小等。合适的参数选择可以提高模型性能。

随机森林在实际中应用广泛，特别适用于分类和回归问题，以及特征选择和异常检测等任务。它在各种领域如医疗、金融、图像处理等都有成功的应用。

2. XGBoost

XGBoost（eXtreme Gradient Boosting）是一种基于梯度提升树（Gradient Boosting Tree）的集成学习算法，它在梯度提升树的基础上做了一些改进，以提高预测性能和训练效率。XGBoost 结构如图 5-10 所示。

XGBoost 算法的关键要点如下：

1）损失函数：XGBoost 算法采用了灵活的损失函数，可以根据任务类型进行选择。常见的损失函数包括平方损失函数（回归问题）、二分类逻辑损失函数（二分类问题）、多分类逻辑损失函数（多分类问题）等。

2）树的结构：XGBoost 算法使用决策树作为基学习器，但相比于传统的决策树算法，它的树结构更加复杂。XGBoost 算法的决策树采用了一种近似的贪婪算法,通过最大化损失函数的下降来选择最佳的分裂点。

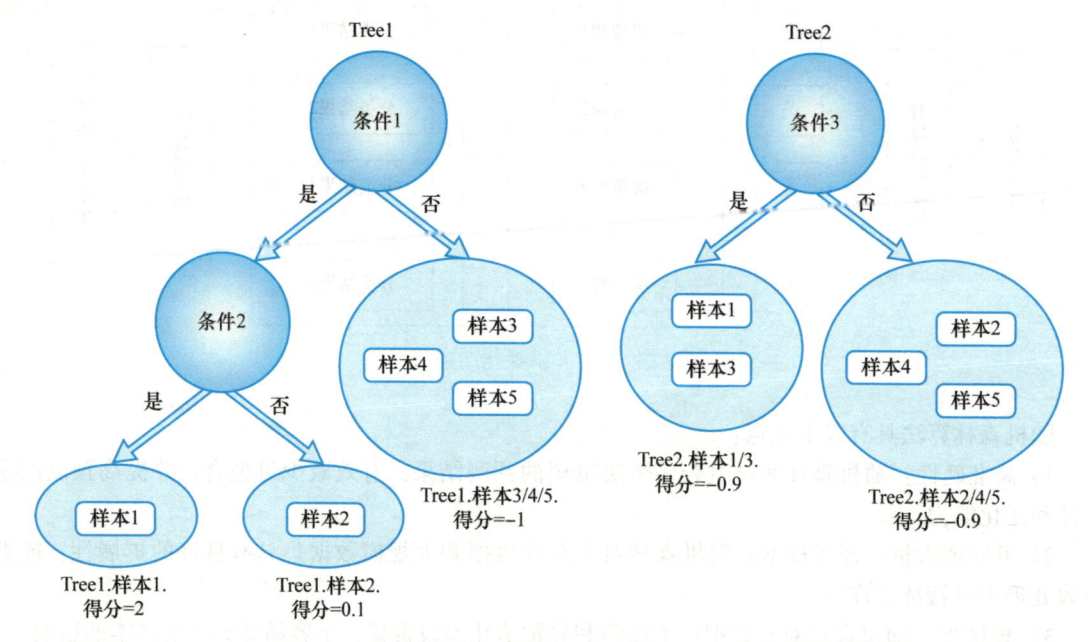

图 5-10 XGBoost 结构

3) 正则化:为了防止过拟合,XGBoost 算法引入了正则化项。它包括了树的复杂度惩罚项以及叶节点权重的 L1 和 L2 正则化。通过调节正则化参数,可以控制模型的复杂度和泛化能力。

4) 特征重要性评估:XGBoost 算法提供了一种方法来评估特征的重要性。它通过统计特征在所有决策树中被用作分裂点的次数或平均信息增益来衡量特征的重要性,有助于特征选择和特征工程。

5) 并行计算:XGBoost 算法支持并行计算,可以利用多核 CPU 进行训练和预测,提高算法的效率和速度。

XGBoost 算法的优势包括:

1) 高预测性能:XGBoost 算法在各种机器学习竞赛和实际应用中都表现出色,具有较高的预测准确性和泛化能力。

2) 快速训练和预测:XGBoost 算法通过并行计算和优化实现了高效的训练和预测过程,尤其适用于大规模数据集和高维特征。

3) 可解释性:与深度神经网络等黑盒模型相比,XGBoost 算法的模型结构相对简单,更易于解释和理解。

XGBoost 算法广泛应用于各种机器学习任务,包括分类问题、回归问题、排序问题等。它在数据挖掘、推荐系统、搜索引擎排名等领域取得了显著的成果,并成为机器学习领域的重要工具之一。

3. LightGBM

LightGBM（Light Gradient Boosting Machine）是一种基于梯度提升树的集成学习算法，它是由微软开发的快速、高效的梯度提升框架。

以下是 LightGBM 算法的关键要点：

1）基于梯度提升树：LightGBM 算法同样使用梯度提升树作为基学习器，通过迭代地训练多个决策树来逐步减小损失函数。但相比于传统的梯度提升树算法，LightGBM 算法采用了一些优化策略，提高了训练效率和模型性能。

2）垂直并行化：LightGBM 算法将特征的分裂计算按特征列进行并行化处理，而传统的梯度提升树算法是按行进行计算。这种垂直并行化的方式减少了内存消耗，加快了训练速度。

3）直方图优化：LightGBM 算法使用直方图来对特征进行离散化处理，将连续特征转换为离散的直方图。这种离散化可以减少数据的存储空间和计算成本，提高了算法的效率。

4）leaf-wise 生长策略：传统的梯度提升树算法采用的是 level-wise 生长策略，即按层级进行分裂。而 LightGBM 算法采用了 leaf-wise 生长策略，每次选择当前叶节点的最佳分裂点，从而减小了树的深度，提高了模型的复杂度和泛化能力。

5）优化目标函数：LightGBM 算法对目标函数进行了进一步优化，包括采用直方图梯度计算、带有加权的近似直线搜索等方法，提高了模型的准确性和收敛速度。

LightGBM 算法的优势包括：

1）高效性：由于采用了垂直并行化和直方图优化等方法，LightGBM 算法具有较快的训练速度和预测速度，特别适用于大规模数据集和高维特征。

2）低内存消耗：LightGBM 算法的直方图和特征并行化可以减少内存的使用，使算法能够处理大规模数据集，而不需要过多的内存资源。

3）准确性：LightGBM 算法通过 leaf-wise 生长策略和优化的目标函数，提高了模型的准确性和泛化能力。

4）可扩展性：LightGBM 算法支持并行计算和分布式训练，可以在多台机器上进行训练和预测，适用于大规模分布式计算环境。

LightGBM 算法在许多机器学习任务中表现出色，包括分类、回归、排序等。它被广泛应用于数据挖掘、推荐系统、广告点击率预测等领域，并在许多机器学习竞赛中取得了优异的成绩。

5.2.6 分类任务在银行经营中的应用场景

分类任务在银行经营中有许多应用场景。以下是一些常见的应用场景：

1）信用评分：银行可以使用分类模型来评估客户的信用风险。通过分析客户的个人信息、财务状况、历史交易记录等特征，建立信用评分模型，将客户分为不同的信用等级或风险类别，以便更好地决策贷款申请、信用卡发放等业务。

2）欺诈检测：银行可以使用分类模型来检测潜在的欺诈行为。通过分析客户的交易模式、地理位置、交易金额等特征，建立欺诈检测模型，对交易进行分类，标识出可能存在欺诈风险的交易，以便及时采取相应的措施，保护客户和银行的资产安全。

3）客户细分：银行可以利用分类模型对客户进行细分，以更好地了解客户的需求和行为模式。通过分析客户的收入、支出、投资偏好等特征，建立客户细分模型，将客户分为不同的群体或类型，从而为不同的客户提供个性化的产品和服务，提高客户满意度和忠诚度。

4）营销响应预测：银行可以使用分类模型来预测客户对营销活动的响应。通过分析客户的历史交易、产品持有情况、市场行为等特征，建立营销响应预测模型，将客户分为响应和非响应两类，以便更好地制定营销策略，提高市场推广效果。

5）客户流失预测：银行可以使用分类模型来预测客户的流失风险。通过分析客户的活跃度、交易频率、投诉记录等特征，建立客户流失预测模型，将客户分为流失和非流失两类，以便采取相应的措施，留住有流失风险的客户，提高客户保持率。

这些应用场景只是银行经营中分类任务的一部分，分类模型在银行业中还有许多其他的应用，可以帮助银行更好地理解客户、管理风险、提高效率和服务质量。

5.3 数据挖掘典型任务之数值预测

【学习目标】

1）熟悉数值预测任务的概念与典型应用场景。
2）熟悉回归分析算法原理，包括线性回归与非线性回归、时间序列、逻辑回归。
3）了解相关银行转型中应用回归分析的案例。

5.3.1 数值预测任务的概念与典型应用场景

数值预测任务是指基于已有的数据，使用机器学习或统计模型来预测未知的数值结果。在数值预测任务中，输入数据通常包含与目标变量相关的特征，而目标变量是要预测的数值结果。典型的数值预测任务包括：

1）房价预测：根据房屋的各种特征（如面积、地理位置、房间数量等），建立数值预测模型，预测房屋的市场价值。

2）销量预测：根据产品的历史销售数据、市场环境、促销活动等，建立数值预测模型，预测未来某个时间段内的产品销量。

3）股票价格预测：根据股票的历史交易数据、公司财务数据、市场指标等，建立数值预测模型，预测股票价格的走势。

4）交通流量预测：根据历史的交通流量数据、天气状况、节假日等，建立数值预测模型，预测未来某个时间段内的道路交通流量。

5）用户行为预测：根据用户的历史行为数据、个人特征、社交网络关系等，建立数值预测模型，预测用户的未来行为，如购买行为、点击率等。

6）能源需求预测：根据历史的能源消耗数据、天气数据、经济指标等，建立数值预测模型，预测未来某个时间段内的能源需求量。

在这些典型应用场景中，数值预测模型可以是回归模型（如线性回归、决策树回归、神经网络等），通过学习输入特征与目标变量之间的关系来进行数值预测。数值预测任务在许多领域中都有广泛的应用，帮助预测和规划未来的数值结果，支持决策和优化。

5.3.2 数值预测任务的整体实施流程

数值预测任务通常包括以下步骤：

1）数据收集与准备：收集与任务相关的数据，包括输入特征和目标变量的数据。确保数据的质量和完整性，进行数据清洗、缺失值和异常值处理等预处理步骤。将数据划分为训练集、验证集和测试集。

2）特征工程：对输入特征进行处理和转换，以提取更有用的信息。这可能包括特征选择、特征缩放、特征组合、特征编码等操作，以确保数据能够更好地反映问题的本质。

3）模型选择与训练：选择适当的数值预测模型，如线性回归、决策树回归、支持向量回归、神经网络等。根据训练集上的数据，训练模型并调整模型的超参数，以最大化模型的性能和泛化能力。可以使用交叉验证等技术来评估模型的性能。

4）模型评估与调优：使用验证集对训练好的模型进行评估，计算评估指标（如均方误差、平均绝对误差等）。根据评估结果进行模型调优，可以尝试不同的特征组合、算法参数等，以改进模型的性能。

5）模型预测与验证：使用最终调优的模型对测试集或新数据进行预测，生成数值预测结果。与实际观测值进行比较，计算预测误差和评估指标，评估模型的准确性和可靠性。

6）模型部署与监测：将训练好的数值预测模型部署到实际应用环境中，以进行实际预测。定期监测模型的性能和稳定性，如果需要，可以进行模型更新和重新训练。

在整个实施流程中，数据的质量和特征工程的处理对数值预测模型的性能至关重要。同时，模型的选择和调优也需要经验和实践，根据具体问题的特点进行选择，并通过不断迭代和优化来提高模型的性能。

5.3.3 回归分析经典算法之线性回归

线性回归是一种经典的回归分析算法，用于建立输入特征与数值型目标变量之间的线性关系模型。线性回归的目标是找到最佳拟合直线，以使预测值与实际观测值之间的残差平方和最小。线性回归分析模型如图 5-11 所示。

线性回归算法的基本思想是通过最小化平方误差来估计回归系数，使模型的预测值与实际观测值之间的差异最小。以下是线性回归的主要步骤：

1）模型表示：线性回归模型假设目标变量与输入特征之间存在线性关系。通常，线性回归模型可以表示为

$$Y = \beta_0 + \beta_1 X_1 + \beta_2 X_2 + \cdots + \beta_n X_n + \varepsilon$$

式中，Y 是目标变量；$X_1, X_2, \cdots, X_n$ 是输入特征；$\beta_0, \beta_1, \beta_2, \cdots, \beta_n$ 是回归系数；ε 是误差项。

2）模型训练：通过最小化残差平方和来估计回归系数。最常用的方法是最小二乘法，即通过最小化观测值与预测值之间的平方误差来估计回归系数的值。

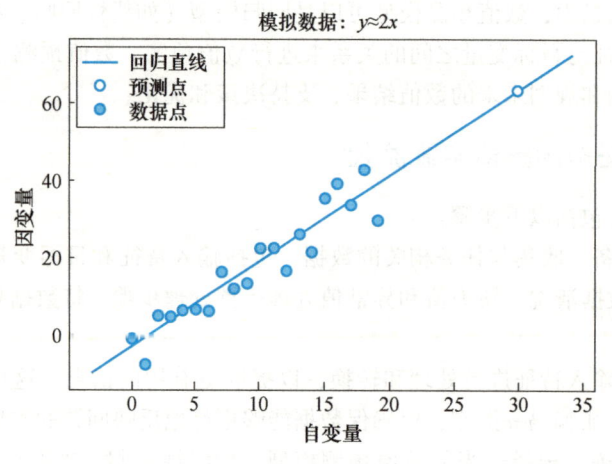

图 5-11　线性回归分析模型

3）模型评估：评估线性回归模型的性能和拟合优度。常用的评估指标包括均方误差（Mean Squared Error，MSE）、平均绝对误差（Mean Absolute Error，MAE）、决定系数（Coefficient of Determination，R^2）等。这些指标可以帮助评估模型的准确性和可解释性。

4）模型预测：使用训练好的线性回归模型对新的输入数据进行预测。根据输入特征的值，计算目标变量的预测值。

线性回归算法的优点包括简单、易解释和计算效率高。然而，线性回归模型假设输入特征与目标变量之间存在线性关系，对于非线性关系的建模效果较差。在实际应用中，可以通过特征工程、引入多项式特征、正则化等方法来改进线性回归模型的性能。

需要注意的是，线性回归算法对数据的假设前提较为严格，要求数据满足线性相关性、独立性、正态分布等假设条件。在应用线性回归算法时，需要对数据进行检验和满足前提条件的处理，以确保模型的可靠性和有效性。

5.3.4　回归分析经典算法之非线性回归

非线性回归是回归分析中的经典算法之一，用于建立输入特征与数值型目标变量之间的非线性关系模型。相比于线性回归，非线性回归允许目标变量与输入特征之间存在更为复杂的非线性关系。非线性回归算法的基本思想是通过拟合一个非线性函数来建立输入特征与目标变量之间的关系。以下是非线性回归的主要步骤：

1）模型表示：非线性回归模型假设目标变量与输入特征之间存在非线性函数的关系。常见的非线性回归模型包括多项式回归、指数回归、对数回归、幂函数回归等。

2）模型训练：选择适当的非线性函数形式，并使用最小化残差平方和或最大似然估计等方法来估计模型的参数。通常需要根据具体问题和数据特点来选择合适的模型和参数估计方法。

3）模型评估：评估非线性回归模型的性能和拟合优度。与线性回归类似，可以使用均方误差（MSE）、平均绝对误差（MAE）、决定系数（R^2）等指标来评估模型的准确性和可解释性。

4）模型预测：使用训练好的非线性回归模型对新的输入数据进行预测。根据输入特征的值，计算目标变量的预测值。

非线性回归算法的优点是可以更好地拟合复杂的数据关系，适用于实际问题中存在非线性关系的情况。然而，非线性回归模型的复杂性较高，通常需要更多的数据和计算资源来训练和评估模型。同时，非线性回归模型也容易存在过拟合的问题，需要注意模型的稳定性和泛化能力。常见的非线性回归算法包括以下几种：

1) 多项式回归（Polynomial Regression）：将输入特征的多项式函数作为预测模型的基础，可以拟合出更复杂的非线性关系。

2) 指数回归（Exponential Regression）：将目标变量与指数函数的关系建模，适用于目标变量呈现指数增长或衰减的情况。

3) 对数回归（Logarithmic Regression）：将目标变量与对数函数的关系建模，适用于目标变量与输入特征呈现对数关系的情况。

4) 幂函数回归（Power Regression）：将目标变量与幂函数的关系建模，适用于目标变量与输入特征呈现幂函数关系的情况。

5) 非线性支持向量回归（Nonlinear Support Vector Regression）：通过使用核函数将输入特征映射到高维空间，建立非线性回归模型。

6) 决策树回归（Decision Tree Regression）：通过构建决策树模型来拟合非线性关系，根据特征的阈值进行划分和预测。

7) 随机森林回归（Random Forest Regression）：将多个决策树模型组合成随机森林，用于建立非线性回归模型。

8) 神经网络回归（Neural Network Regression）：使用神经网络模型拟合非线性关系，通过多个神经元和隐藏层来学习复杂的非线性函数。

这些算法可以根据具体问题的特点和数据的分布选择适当的模型，并进行参数估计和调优，以获得较好的非线性回归分析结果。同时，还可以通过特征工程、正则化等方法来进一步优化模型的性能和泛化能力。接下来介绍一些常用的非线性回归方法。

1. **多项式回归**（Polynomial Regression）

多项式回归是一种非线性回归方法，它通过引入输入特征的多项式函数来建立输入特征与目标变量之间的关系。多项式回归可以拟合更复杂的非线性关系，因为它允许特征之间的相互作用和高阶项的存在。

多项式回归的模型表示如下：

$$Y = \beta_0 + \beta_1 X + \beta_2 X^2 + \cdots + \beta_n X^n + \varepsilon$$

式中，Y 是目标变量；X 是输入特征；$\beta_0, \beta_1, \beta_2, \cdots, \beta_n$ 是回归系数；ε 是误差项；n 表示多项式的阶数，决定了模型的复杂度。

多项式回归方法的应用步骤如下：

1) 数据准备：收集和准备输入特征和目标变量的数据。

2) 特征转换：对输入特征进行多项式转换，生成包含高阶项的特征矩阵。

3) 模型训练：使用最小二乘法或其他优化方法来估计回归系数，使观测值与预测值之间的残差平方和最小。

4）模型评估：使用评估指标（如均方误差、平均绝对误差、决定系数等）来评估模型的性能和拟合优度。

5）模型预测：使用训练好的多项式回归模型对新的输入数据进行预测。

在多项式回归中，选择合适的多项式阶数很重要。如果阶数过低，模型可能无法捕捉到数据的非线性特征；如果阶数过高，模型可能过拟合数据。因此，需要通过交叉验证等方法来选择最佳的多项式阶数，以达到平衡模型复杂度和拟合能力的目的。

多项式回归的优点是能够拟合复杂的非线性关系，同时保持线性回归的简单性和可解释性。然而，多项式回归也有一些限制，例如当特征维度较高时，多项式回归的计算复杂度会增加，容易出现过拟合问题。因此，在实际应用中，需要根据具体问题和数据特点来选择合适的回归模型。

2. 决策树回归（Decision Tree Regression）

决策树回归是一种非线性回归方法，它使用决策树模型来建立输入特征与目标变量之间的关系。与分类问题中的决策树类似，决策树回归通过对输入特征的阈值划分来预测连续型目标变量的值。

决策树回归的基本思想是根据输入特征的取值范围和目标变量的分布，选择最佳的特征和划分点，将数据集划分为尽可能纯净的子集。在每个子集上递归地建立子树，直到达到停止条件（如树的深度达到预设值或子集中的样本数量小于一定阈值）为止。

决策树回归方法的应用步骤如下：

1）数据准备：收集和准备输入特征和目标变量的数据。

2）模型构建：使用训练数据构建决策树模型，选择合适的特征和划分点来分割数据集。

3）模型评估：使用评估指标（如均方误差、平均绝对误差等）来评估模型的性能和拟合优度。

4）模型预测：使用训练好的决策树回归模型对新的输入数据进行预测。

决策树回归的优点包括易于理解和解释，能够处理非线性关系，并且对异常值和缺失值具有较好的鲁棒性。此外，决策树回归还可以处理离散和连续型特征。

然而，决策树回归也存在一些限制，例如容易出现过拟合问题，特别是当决策树的深度较大时。为了缓解过拟合问题，可以使用剪枝技术、限制树的最大深度、增加样本数量等方法。此外，决策树回归的预测能力可能受到输入特征的缩放和顺序的影响。

在实际应用中，决策树回归通常与集成学习方法（如随机森林）结合使用，以提高模型的性能和稳定性。同时，根据具体问题和数据的特点，还可以对决策树回归进行参数调优和特征选择，以获得更好的回归分析结果。

5.3.5 回归分析经典算法之时间序列

时间序列回归是一种针对时间序列数据进行回归分析的方法，旨在建立输入特征和目标变量之间的关系模型。

以下是一些经典的时间序列回归算法：

1）自回归移动平均（ARMA）模型：ARMA 模型是一种线性模型，结合了自回归（AR）和移动平均（MA）的概念。AR 部分表示当前值与过去值的线性关系，而 MA 部分表示当前值与随机误差项的线性关系。ARMA 模型通过拟合数据中的自相关和滞后平均相关来建立回归模型。

2）自回归积分移动平均（ARIMA）模型：ARIMA 模型扩展了 ARMA 模型，加入了时间序列的差分操作，用于处理非平稳时间序列。ARIMA 模型包括自回归（AR）、差分（I）和移动平均（MA）三个部分。通过对时间序列进行差分操作，使其转化为平稳序列，然后建立 ARMA 模型。

3）季节性自回归积分移动平均（SARIMA）模型：SARIMA 模型是对 ARIMA 模型的季节性扩展，适用于具有季节性变化的时间序列数据。SARIMA 模型通过引入季节性差分和季节性自回归、差分和移动平均部分，来建立季节性时间序列的回归模型。

4）季节性分解（Seasonal Decomposition of Time Series，STL）模型：STL 模型将时间序列分解为趋势、季节性和残差三个部分。该方法通过对时间序列进行分解，将季节性和趋势部分分别建模，并将残差作为随机噪声。

5）随机游走（Random Walk）模型：随机游走模型是一种简单的时间序列模型，假设未来的观测值与当前观测值之间存在随机性。随机游走模型常用于描述股票价格等随机变动的时间序列数据。

6）广义自回归条件异方差（Generalized Autoregressive Conditional Heteroskedasticity，GARCH）模型：GARCH 模型用于建模时间序列数据中的波动率变化，适用于具有异方差性（方差非恒定）的数据。GARCH 模型通过引入过去的波动率信息，建立条件异方差的回归模型。

这些算法在时间序列回归分析中具有广泛的应用，可以根据时间序列数据的特点和问题需求选择合适的模型。同时，还可以对模型进行参数估计和模型诊断，以评估模型的拟合优度和预测性能，并进行模型选择和优化。接下来介绍一些商业银行常用的算法。

1. 自回归移动平均模型（ARMA）

自回归移动平均模型（ARMA）是一种经典的时间序列分析方法，用于建立时间序列数据之间的回归关系。ARMA 模型结合了自回归（AR）和移动平均（MA）的概念。

ARMA 模型的核心思想是将当前观测值与过去的观测值和随机误差项之间的线性关系进行建模。模型的名称中的"AR"表示自回归，"MA"表示移动平均。

1）自回归部分（AR）：AR 模型建立了当前观测值与过去观测值之间的线性关系。AR(p)模型中的"p"表示自回归阶数，表示当前值与过去 p 个观测值的线性组合。

2）移动平均部分（MA）：MA 模型建立了当前观测值与随机误差项之间的线性关系。MA(q)模型中的"q"表示移动平均阶数，表示当前值与过去 q 个随机误差项的线性组合。

ARMA 模型的表示形式为 ARMA(p,q)，其中 p 和 q 分别表示自回归阶数和移动平均阶数。ARMA 模型的建模过程通常包括以下步骤：

1）数据准备：收集和准备时间序列数据。

2）模型识别：通过观察自相关图（ACF）和偏自相关图（PACF）等工具，确定合适的 AR 和 MA 阶数。

3）参数估计：使用最大似然估计或其他方法，估计 ARMA 模型的参数。

4）模型诊断：对估计的模型进行残差分析和模型诊断，检查模型的拟合优度。

5）模型预测：使用训练好的 ARMA 模型对未来的观测值进行预测。

ARMA 模型的优点包括较好的拟合性能和可解释性。它适用于一些具有平稳性和线性关系的时间序列数据。然而，ARMA 模型也有一些限制，例如对数据平稳性的假设和在处理长期依赖和非线性关系时可能表现不佳。

在实际应用中，可以使用自相关图、偏自相关图、信息准则（如 AIC、BIC）等方法来辅助选择 ARMA 模型的阶数。同时，还可以进行模型诊断和验证，以评估模型的拟合效果和预测能力，并进行模型调整和改进。

2. 自回归积分移动平均（ARIMA）模型

自回归积分移动平均（ARIMA）模型是一种经典的时间序列分析方法，用于建立时间序列数据之间的回归关系。ARIMA 模型是 ARMA 模型的扩展，加入了差分操作，用于处理非平稳时间序列。

ARIMA 模型由三个部分组成：自回归（AR）、差分（I）和移动平均（MA）。

1）自回归部分（AR）：自回归是指当前观测值与过去观测值之间的线性关系。AR(p) 模型中的"p"表示自回归阶数，表示当前值与过去 p 个观测值的线性组合。

2）差分部分（I）：差分操作用于处理非平稳时间序列，将其转化为平稳序列。差分阶数（d）表示对时间序列进行的差分次数，以使其趋于平稳。

3）移动平均部分（MA）：移动平均是指当前观测值与随机误差项之间的线性关系。MA(q) 模型中的"q"表示移动平均阶数，表示当前值与过去 q 个随机误差项的线性组合。

ARIMA 模型的表示形式为 ARIMA(p,d,q)，其中 p、d 和 q 分别表示自回归阶数、差分阶数和移动平均阶数。

ARIMA 模型的建模过程通常包括以下步骤：

1）数据准备：收集和准备时间序列数据。

2）差分操作：对非平稳时间序列进行差分操作，直到得到平稳序列。

3）模型识别：通过观察自相关图（ACF）和偏自相关图（PACF）等工具，确定合适的 AR、差分和 MA 阶数。

4）参数估计：使用最大似然估计或其他方法，估计 ARIMA 模型的参数。

5）模型诊断：对估计的模型进行残差分析和模型诊断，检查模型的拟合优度。

6）模型预测：使用训练好的 ARIMA 模型对未来的观测值进行预测。

ARIMA 模型的优点包括能够处理非平稳时间序列数据，具有较好的预测性能和可解释性。然而，ARIMA 模型也有一些限制，例如对数据的平稳性和线性关系的假设，并且在处理长期依赖和非线性关系时可能表现不佳。

在实际应用中，可以使用诸如自相关图、偏自相关图、信息准则（如 AIC、BIC）等方法来辅助选择 ARIMA 模型的阶数。同时，还可以结合模型诊断和验证方法来评估模型的拟合效果和预测能力，并进行模型调整和改进。

5.3.6 回归分析经典算法之逻辑回归

逻辑回归是一种经典的统计学习方法，用于建立分类问题的回归模型。它是回归分析中的一种特殊形式，广泛应用于二分类问题和多分类问题的建模和预测。逻辑回归的模型形式如下：

$$\text{logit}(p)=\ln\left(\frac{P}{1-P}\right)=\beta_0+\beta_1X_1+\beta_2X_2+\cdots+\beta_mX_m$$

或

$$p(y=1/x_1,x_2\cdots x_k)=\frac{1}{1+e^{-(\beta_0+\beta_1x_1+\cdots+\beta_kx_k)}}$$

1. 二分类问题

对于二分类问题，逻辑回归模型可以表示为

$$p(y=1\mid x)=\text{sigmoid}(\beta_0+\beta_1x_1+\beta_2x_2+\cdots+\beta_nx_n)$$

其中，$p(y=1\mid x)$ 表示样本属于类别 1 的概率，sigmoid 函数将线性组合的结果映射到 [0, 1] 之间，β_0, β_1, β_2, $\cdots$, β_n 为模型的参数，x_1, x_2, $\cdots$, x_n 为样本的特征值。

2. 多分类问题

对于多分类问题，逻辑回归可以使用一对多（One-vs-Rest）或一对一（One-vs-One）的策略进行建模。

（1）一对多策略　对于 K 个类别，建立 K 个二分类的逻辑回归模型，每个模型用于区分一个类别与其他所有类别的组合。

（2）一对一策略　对于 K 个类别，建立 K(K-1)/2 个二分类的逻辑回归模型，每个模型用于区分两个不同的类别。

逻辑回归的核心思想是通过将线性回归模型的输出映射到一个概率值，来进行分类。它使用逻辑函数（常用的是 sigmoid 函数）将线性回归的预测结果转化为一个在 0 和 1 之间的概率值，用于表示样本属于某一类别的可能性。

逻辑回归的参数估计通常使用最大似然估计方法，通过最大化似然函数来求解模型参数。常用的求解算法包括梯度下降法、牛顿法、拟牛顿法等。

逻辑回归模型在实际应用中具有一些优点，包括计算效率高、模型可解释性好、适用于大规模数据集等。然而，逻辑回归也有一些限制，例如对特征之间的线性关系敏感、容易受到异常值的影响等。

在使用逻辑回归模型时，需要对数据进行特征工程、模型选择和调优，并进行模型的评估和验证，以获得良好的分类性能。

5.3.7 数值预测任务在银行经营中的应用场景

数值预测任务在银行经营中有许多应用场景，以下是其中一些常见的应用场景：

1) 风险评估和信用评分：银行可以利用数值预测模型来评估借款人的信用风险。通过分析历史数据、个人信息和财务指标等，建立预测模型来预测借款人的违约概率或信用评分，帮助银行做出风险决策和信贷授信。

2）财务预测和预算规划：银行需要进行财务预测和预算规划，以支持业务发展和决策制定。数值预测模型可以用于预测银行的资金流入流出情况、贷款和存款增长趋势、利润和损益等，帮助银行制定合理的预算和规划经营策略。

3）销售和市场预测：银行可以使用数值预测模型来预测产品销售量、客户需求、市场趋势等。这有助于银行进行市场定位、产品定价、销售策略制定和资源分配，提高市场营销效果和使业务增长。

4）客户行为预测：通过数值预测分析，银行可以预测客户的行为，如存款和取款模式、购买金融产品的偏好、客户流失风险等。这有助于银行精细化客户管理，提供个性化的产品和服务，增强客户满意度和忠诚度。

5）交易欺诈检测：数值预测模型可以用于检测交易欺诈行为。通过分析交易数据、行为模式和异常指标等，建立预测模型来识别潜在的欺诈交易，帮助银行及时采取措施防止和减少欺诈风险。

6）需求预测和资源规划：银行需要根据客户需求和业务增长情况进行资源规划，如分行网络规划、ATM 分布优化、人员调配等。数值预测模型可以用于预测不同地区和时间段的服务需求，帮助银行合理规划和配置资源，提高效率和服务质量。

这些应用场景仅代表了数值预测在银行经营中的一部分应用，实际上，数值预测在银行业中有着广泛的应用，可以帮助银行实现风险管理、业务优化、决策支持和客户服务等方面的目标。

5.4 数据挖掘典型任务之资源分配

【学习目标】

1）熟悉资源分配任务的概念与典型应用场景。
2）学习资源分配任务在运筹优化方面的经典算法。
3）学习营销组合优化、排班优化、投资组合优化。

资源分配算法是一种计算方法，用于在有限的资源条件下，根据特定的目标和约束，合理地分配资源。这些算法可以帮助我们在各种领域，如物流、生产计划、项目管理等，决策如何最优地利用有限的资源，以达到最佳的效益或满足特定的需求。这些算法包括贪心算法、动态规划、线性规划、整数规划等，每种算法都有其适用的问题类型和解决思路，通过运用这些算法，可以实现资源的最优配置和决策的优化。

资源分配算法在商业银行中具有重要意义。商业银行作为金融机构，需要合理地分配有限的资源，以支持业务发展、提供优质的金融服务，并实现盈利和风险控制的平衡。

5.4.1 资源分配任务的概念与典型应用场景

资源分配任务是指根据特定的需求和约束条件，合理地分配有限资源以达到最佳效益或满足特定目标的过程。资源可以是时间、人力、资金、设备、物料等。典型的资源分配应用场景包括以下几种：

1）生产计划：在制造业中，资源分配任务涉及如何合理分配生产线、设备、原材料和人力资源，以满足产能要求、最小化生产成本，并确保按时交付产品。

2）项目管理：在项目管理中，资源分配任务涉及如何分配和调度项目团队成员、设备、资金和时间，以确保项目按时完成、达到质量标准，并最大限度地利用可用资源。

3）物流优化：在物流和供应链管理中，资源分配任务涉及如何合理分配运输车辆、仓库空间、订单处理人员等资源，以实现高效的货物配送、库存管理和供应链协调。

4）服务调度：在服务行业中，如客户支持中心、医院等，资源分配任务涉及如何合理分配客服人员、医生、设备和时间，以确保及时响应客户需求、提供优质服务。

5）能源管理：在能源领域，资源分配任务涉及如何合理分配能源供应、发电设备和能源储存设施，以满足能源需求、提高能源利用效率，并优化能源的成本和环境影响。

这些应用场景只是资源分配任务的一部分，实际上，资源分配任务在各个领域都有广泛的应用，旨在优化资源利用、提高效率和满足特定的需求或目标。

5.4.2　资源分配任务的整体实施流程

资源分配任务的实施流程可以分为以下几个关键步骤：

1）确定目标和需求：明确资源分配任务的目标和需求，例如提高效率、降低成本、满足特定的需求等。确保目标明确、可量化和可衡量。

2）收集资源信息：收集与资源分配任务相关的资源信息，包括可用资源的类型、数量、可用时间、成本等。这可能涉及收集和整理数据、与相关部门或团队进行沟通和协调。

3）建立资源模型：基于收集到的资源信息，建立资源模型，包括资源的属性、约束条件和优先级。这可以是一个数学模型、优化模型或规则模型，用于描述资源之间的关系和约束。

4）分析和优化：使用适当的分析方法和优化算法，对资源模型进行分析和优化。这可能涉及贪心算法、动态规划、线性规划、整数规划等方法，以找到最佳的资源分配方案。

5）制定分配策略：根据分析和优化的结果，制定资源分配策略。这包括确定资源分配的优先级、分配规则、时间安排和决策流程等。

6）实施和监控：根据制定的资源分配策略，开始实施资源分配任务。确保资源按照计划进行分配，并对分配过程进行监控和调整，以确保任务的顺利进行。

7）评估和改进：定期评估资源分配任务的效果和绩效，并根据评估结果进行改进和优化。这可以包括收集反馈意见、进行效果评估、调整资源分配策略等。

这个流程是一个迭代的过程，需要不断优化和调整，以适应变化的需求和环境。

5.4.3　资源分配任务在运筹优化方面的经典算法

资源分配任务在运筹优化领域有许多经典算法可以应用，以下是几个常用的算法：

1）线性规划（Linear Programming，LP）：线性规划是一种通过线性目标函数和线性约束条件来求解最优解的数学规划方法，它的目标是最大化或最小化一个线性函数，同时满足一组线性不等式或等式约束条件。

2）整数规划（Integer Programming，IP）：整数规划是线性规划的扩展，它要求变量的取值限制为整数。整数规划通常用于处理需要进行离散决策的问题，例如资源分配、任务调度、路线规划等。

3）非线性规划（Nonlinear Programming，NLP）：非线性规划是一类优化问题，其目标函数或约束条件包含非线性项。非线性规划算法可以处理更复杂的问题，其变量和约束条件之间的关系不是线性的。

4）整数线性规划（Integer Linear Programming，ILP）：整数线性规划结合了整数规划和线性规划的特点，既考虑了变量的整数限制，又具有线性目标函数和线性约束条件。整数线性规划在组合优化和离散优化等领域有广泛应用。

5）动态规划（Dynamic Programming，DP）：动态规划是一种通过将复杂问题分解为子问题并存储子问题的解来求最优解的方法。它通常用于具有重叠子问题和最优子结构性质的问题。

6）启发式算法（Heuristic Algorithms）：启发式算法是一类基于经验和启发式策略的优化算法。它们通过搜索和迭代的方式逐步优化解空间，尽管不能保证找到全局最优解，但通常能够在合理的时间内找到较好的近似解。常见的启发式算法包括遗传算法、模拟退火、禁忌搜索等。

以上只是一些常见的运筹优化算法，实际上还有很多其他算法和技术，如网络流算法、多目标规划、约束满足问题等，用于解决不同类型的优化问题。选择算法取决于问题的特性、约束条件、求解效率要求和可行性要求。

5.4.4 运筹优化典型场景之营销组合优化

运筹优化在营销组合优化中有广泛的应用。营销组合优化是指在有限的资源下，通过合理分配和组合不同的营销策略和渠道，以实现最佳的市场推广效果和ROI（投资回报率）。以下是一些典型的营销组合优化场景：

1）媒体投放优化：在有限的广告预算下，确定最佳的媒体投放组合，包括选择广告平台、广告类型、广告位、投放时间、定向人群等。运筹优化算法可以帮助确定哪些广告渠道和投放策略会带来最大的曝光和转化效果，以最大化广告投资的回报。

2）促销策略优化：在产品促销活动中，通过优化促销策略的组合，包括折扣力度、促销渠道、促销时机等，以最大化销售额、提高客户转化率和忠诚度。运筹优化算法可以帮助确定最佳的促销策略组合，以在有限的资源下获得最大的促销效果。

3）定价策略优化：在制定产品定价策略时，通过考虑成本、市场需求、竞争情况等因素，确定最佳的定价策略，以实现最大的利润或市场份额。运筹优化算法可以通过建立定价模型，并考虑不同的定价策略和市场反应，帮助找到最优的定价策略。

4）渠道管理优化：在多渠道营销环境中，通过优化渠道管理策略，包括渠道选择、库存管理、供应链协调等，以最大化销售和利润。运筹优化算法可以帮助确定最佳的渠道组合和资源分配方案，以实现整体渠道效能的最大化。

5）客户细分优化：在市场细分和目标客户选择中，通过优化客户细分策略和目标客户选择，以实现最大的市场覆盖和客户满意度。运筹优化算法可以帮助确定最佳的细分方法和目标客户群体，以实现最大限度的个性化营销和市场份额增长。

在这些场景中，运筹优化算法可以通过建立数学模型、定义目标函数和约束条件，并使用优化算法来搜索最优解。通过考虑不同的营销策略组合和资源分配方案，营销组合优化可以帮助企业更有效地利用有限的资源，提高市场推广效果和 ROI。

当涉及媒体投放优化时，运筹优化算法可以帮助确定最佳的广告投放策略，以在有限的广告预算下获得最大的曝光和转化效果。以下是一个示例：

假设一家商业银行希望通过在线广告投放来推广其最新理财产品，并有一个给定的广告预算。该公司可以在多个广告平台上投放广告，每个平台都有不同的广告类型、广告位、投放时间和定向人群等选项。公司的目标是最大化广告投资的回报，即最大化点击率或转化率。

在这种情况下，可以使用运筹优化算法来确定最佳的媒体投放组合具体步骤如下：

1) **定义决策变量**：首先，需要定义决策变量，例如每个广告平台的投放量或投放预算。这些变量将决定广告投放的规模和分配。

2) **建立目标函数**：根据公司的目标，可以建立一个目标函数，例如最大化点击率或转化率。这个目标函数将根据广告投放的规模和分配来计算预期的效果。

3) **确定约束条件**：为了满足实际情况和预算限制，需要定义一些约束条件。这些约束条件可能包括广告平台的预算限制、广告位的可用性、定向人群的限制等。

4) **构建数学模型**：将上述决策变量、目标函数和约束条件整合到一个数学模型中。这个模型可以是线性规划、整数规划或其他适当的优化模型。

5) **求解最优解**：使用运筹优化算法，如线性规划求解器或整数规划求解器，对建立的数学模型进行求解，以找到最佳的媒体投放组合。

通过这个算法，公司可以得到一个最优的广告投放方案，确定在每个广告平台上投放的广告数量或预算，以及广告类型、广告位、投放时间和定向人群等参数。这将帮助公司最大化广告投资的回报，并在有限的预算下获得最佳的曝光和转化效果。

需要注意的是，实际的媒体投放优化问题可能涉及更多的复杂因素和约束条件，例如竞价机制、广告排期、竞争对手分析等。因此，在实际应用中，需要根据具体情况进行问题建模和算法设计，以满足特定的需求和限制。

5.4.5　运筹优化典型场景之排班优化

排班优化是运筹优化在实际应用中的一个典型场景。无论是在制造业、医疗机构、交通运输还是客户服务等领域，排班优化都扮演着关键的角色。它涉及在特定约束条件下，合理安排员工的工作时间表，以满足需求、提高效率和员工满意度。举一个例子来说明运筹优化在排班优化中的应用：

假设一家商业银行拥有一个客服中心，负责处理客户的查询、投诉和服务请求。该客服中心需要合理安排客服代表的工作时间表，以确保在高峰期和非高峰期都有足够的客服代表提供服务。银行的目标是最大化客户满意度并尽量降低运营成本。

在这个例子中，可以使用运筹优化算法来确定最佳的客服代表排班计划，以下是算法的一般步骤：

1）定义决策变量：首先，需要定义决策变量，即每个客服代表在每个时间段的工作状态。例如，可以使用二进制变量表示某个代表是否工作。

2）建立目标函数：根据银行的目标，可以建立一个目标函数，例如最大化客户满意度或最小化运营成本。这个目标函数将根据排班计划的工作状态和对应的指标权重来计算总体效果。

3）确定约束条件：为了满足实际情况和工作时间限制，需要定义一些约束条件。这些约束条件可能包括每个时间段的客户需求、每个客服代表的最大工作时间、休息时间、技能匹配等。

4）构建数学模型：将上述决策变量、目标函数和约束条件整合到一个数学模型中。这个模型可以是整数规划、约束规划或其他适当的优化模型。

5）求解最优解。使用运筹优化算法，如整数规划求解器或约束规划求解器，对建立的数学模型进行求解，以找到最佳的客服代表排班计划。

通过这个算法，银行可以得到一个最优的客服代表排班计划，确定每个时间段每个客服代表的工作状态，以满足客户需求并优化运营效果。这将有助于提高客户满意度、减少客户等待时间，并优化客服代表的工作负荷和休息时间。

需要注意的是，实际的排班优化问题可能涉及更多的复杂因素和约束条件，如特殊需求、技能分级、休假安排等。因此，在实际应用中，需要根据具体情况进行问题建模和算法设计，以满足特定的需求和限制。

5.4.6 运筹优化典型场景之投资组合优化

对于商业银行，投资组合优化是一种重要的运筹优化应用，可以帮助银行最大化资产配置的回报并控制风险。以下是商业银行在投资组合优化方面的典型场景：

1）资产管理：商业银行通常需要管理大量的资金和资产，包括客户存款、投资组合和自有资本等。运筹优化可用于帮助银行决定如何将这些资金和资产分配到不同的投资工具中，如股票、债券、外汇和商品等，以最大化投资回报并控制风险。

2）投资组合优化：商业银行通常拥有多个投资组合，例如股票组合、债券组合和混合型组合。通过运筹优化技术，银行可以确定每个投资组合中的资产配置权重，以在风险和回报之间实现最佳平衡。这涉及考虑不同资产的预期收益、风险度量、关联性以及投资者的风险偏好。

3）风险管理：商业银行需要有效管理和控制投资组合的风险，以减少潜在的损失。运筹优化可以帮助银行构建风险模型，考虑各种风险因素，并生成最优的资产配置方案，以最大限度地减少风险暴露。

4）持仓再平衡：商业银行在投资组合管理中需要定期进行持仓再平衡，以确保资产配置与预设的目标权重保持一致。运筹优化可以帮助银行确定最佳的再平衡策略和时间点，以最小化交易成本并实现目标权重。

5）市场预测和策略优化：商业银行需要根据市场情况和预测进行投资决策。运筹优化可以与市场预测模型结合，帮助银行确定最佳的投资策略和交易执行计划，以最大化投资回报。

通过应用运筹优化技术，商业银行可以更好地管理投资组合，优化资产配置决策，并提供更好的投资回报和风险控制。这有助于满足客户需求，提高银行的绩效和竞争力。需要根据具体银行的情况和目标，结合市场条件和风险偏好，设计合适的模型和算法来解决投资组合优化问题。以下是一个具体的商业银行投资组合应用均值方差模型优化算法的例子：

假设一家商业银行希望优化其股票投资组合，以最大化预期收益并同时控制风险。该银行有一组可供选择的股票，每只股票都有预期收益率和风险度量（如方差或标准差）。

算法步骤如下：

1）数据收集：收集可供选择的股票的预期收益率和风险度量数据。

2）定义决策变量：定义每只股票在投资组合中的权重，表示为一个连续变量。这些权重表示银行投资于每只股票的比例。

3）建立目标函数：建立一个目标函数，通常是最大化投资组合的预期收益。这可以通过将每只股票的权重与其预期收益率相乘，并对所有股票求和来实现。

4）确定约束条件：为了控制风险和满足投资限制，需要添加一些约束条件。这些约束条件可能包括：

① 资产权重的范围限制：每只股票的权重必须在 0 到 1 之间，表示投资组合中的比例。

② 风险度量的限制：可以设置一个风险度量的阈值，如投资组合的方差或标准差，以控制投资组合的风险水平。

③ 投资约束：例如，可以要求投资组合中的股票权重总和等于 1，表示投资全部资金。

④ 构建数学模型：将决策变量、目标函数和约束条件整合到一个数学模型中。这个模型可以是一个二次规划问题，其中目标函数为最大化预期收益，同时考虑权重的限制和风险度量的限制。

⑤ 求解最优解：使用二次规划求解器或其他适当的优化算法对数学模型进行求解，以找到最佳的股票投资组合权重。

通过这个算法，商业银行可以得到一个最优的股票投资组合，确定每只股票在投资组合中的权重，以最大化预期收益并控制投资组合的风险。这将有助于优化投资组合的绩效，并提供更好的投资回报。

需要注意的是，实际的投资组合优化问题可能涉及更多的复杂因素和约束条件，如资产关联性、流动性约束、交易成本等。因此，根据具体情况和目标，可能需要调整模型和算法，以满足特定的需求和限制，并考虑市场变动和投资者的风险偏好。

5.4.7 资源分配任务在银行经营中的应用场景

资源分配任务在银行经营中有多个应用场景，以下是其中的一些例子：

1）资金分配：银行需要决定如何分配可用资金，以满足不同方面的需求。例如，银行需要分配资金给贷款部门，以支持贷款业务；分配资金给投资部门，以进行投资活动；分配资金给运营和支持部门，以支付员工薪水和运营费用等。资源分配任务可以帮助银行决定最佳的资金分配方案，以提高资金利用效率和回报。

2）人力资源分配：银行需要合理分配人力资源，以满足不同部门和业务线的需求。资源分配任务可以帮助银行确定每个部门或业务线所需的人员数量和技能组合，以达到最佳的人力资源利用和业务目标。

3）技术和系统资源分配：银行依赖各种技术和系统来支持其业务运营。资源分配任务可以帮助银行决定如何合理分配技术和系统资源，以满足不同业务部门的需求，并确保系统的稳定性和安全性。

4）风险管理资源分配：银行需要分配适当的资源来管理和控制各种风险，如信用风险、市场风险和操作风险等。资源分配任务可以帮助银行决定如何分配人力、技术和财务资源，以支持风险管理活动，并确保风险的有效识别、评估和监测。

5）市场营销资源分配：银行需要决定如何分配市场营销资源，以提高品牌知名度、吸引客户和推动业务增长。资源分配任务可以帮助银行确定最佳的市场营销策略和资源分配方案，以优化营销活动的效果和回报。

通过有效的资源分配，银行可以实现资源的最大化利用，提高运营效率，降低成本，并达到业务目标。资源分配任务通常需要综合考虑各种因素，如业务需求、市场条件、风险管理和战略目标等，并采用适当的方法和工具来支持决策过程。

5.5 数据挖掘典型任务之数据模式挖掘

【学习目标】

1）理解数据模式挖掘任务的概念与典型应用场景。
2）理解数据模式挖掘任务的整体实施流程。
3）理解数据模式挖掘任务典型算法之聚类。
4）理解数据模式挖掘任务典型算法之关联分析。
5）理解数据模式挖掘任务在银行经营中的应用场景。

数据模式挖掘（Data Pattern Mining）是一种数据分析技术，旨在发现数据集中的潜在模式、关联和规律。通过数据模式挖掘，可以从大量的结构化和非结构化数据中提取有用的信息，揭示数据背后的隐藏模式和趋势，为业务决策和预测提供支持。

5.5.1 数据模式挖掘任务的概念与典型应用场景

数据模式挖掘（Data Pattern Mining）是一种数据分析技术，旨在发现数据集中的潜在模式、关联和规律。通过数据模式挖掘，可以从大量的结构化和非结构化数据中提取有用的信息，揭示数据背后的隐藏模式和趋势，为业务决策和预测提供支持。

数据模式挖掘可以应用于各个领域，包括商业、金融、医疗、市场营销等。以下是数据模式挖掘的一些常见应用：

1）关联规则挖掘：通过分析数据集中的项集和项集之间的关联关系，发现频繁出现在一起的项集，从而揭示数据中的隐藏关联规律。关联规则挖掘在市场篮子分析、交叉销售推荐和消费者行为分析等领域具有广泛应用。

2）序列模式挖掘：用于发现数据序列中的频繁模式和趋势。序列模式挖掘可应用于Web日志分析、用户行为分析和时间序列数据分析等场景，帮助识别用户的行为模式和趋势。

3）簇分析：通过将数据分成不同的簇或群组，发现数据集中的相似模式和群体。簇分析在客户细分、市场细分和图像分析等领域有广泛应用。

4）异常检测：通过识别与正常模式不符的异常数据点或事件，帮助发现潜在的问题、欺诈行为或异常情况。异常检测在网络安全、金融欺诈检测和设备故障预测等方面具有重要意义。

5）时间序列分析：通过对时间序列数据进行建模和分析，揭示数据中的趋势、周期性和季节性模式。时间序列分析在股票市场预测、天气预测和销售预测等领域中被广泛使用。

数据模式挖掘涉及使用各种算法和技术，如关联规则算法、聚类算法、序列模式挖掘算法、时间序列分析法等。这些算法和方法的选择取决于数据的特点、问题的目标和所需的分析结果。

通过运用数据模式挖掘技术，组织可以从大数据中获得深入见解、优化业务流程、改进决策和预测，从而为企业创造更大的价值。

5.5.2 数据模式挖掘任务的整体实施流程

数据模式挖掘任务的整体实施流程如下：

1）定义问题和目标：明确数据模式挖掘任务的具体问题和目标。例如，确定要挖掘的模式类型（如关联规则、聚类、异常检测等）以及所需的分析结果。

2）数据收集和准备：收集相关的数据，并进行数据清洗和预处理。这包括处理缺失值、异常值和重复值，进行数据转换和标准化等，以确保数据质量和一致性。

3）特征选择和提取：根据具体任务，选择适当的特征变量，并进行特征提取或变换。这有助于减少数据维度、提高分析效率，并可能揭示隐藏的模式和趋势。

4）模型选择和算法应用：根据任务要求和数据特征，选择适当的数据模型和算法。常用的算法包括关联规则挖掘算法（如 Apriori 算法）、聚类算法（如 k-means 算法）、分类算法（如决策树、支持向量机等）等。

5）模式挖掘和模型训练：应用选择的算法和模型，对数据进行挖掘和训练。这涉及在数据集上运行算法，发现数据中的模式、关联和规律，并生成相应的模型或结果。

6）模式评估和解释：对挖掘到的模式和结果进行评估和解释。这包括评估模式的质量、准确性和可解释性，以及将结果与领域知识和业务目标进行解释。

7）结果应用和部署：将挖掘到的模式和结果应用于实际问题和业务场景。这可能涉及制定决策、制定策略、优化流程或改进业务等。

8）监控和更新：定期监控模型和结果的性能，并根据需要进行更新和优化。数据模式挖掘是一个迭代的过程，随着新数据的到来和业务需求的变化，需要不断调整和改进模型。

5.5.3 数据模式挖掘任务典型算法之聚类

在数据模式挖掘任务中，聚类是一种常用的算法，用于将数据集中的对象分成相似的组（簇），使同一组内的对象相似度高，而不同组之间的对象相似度较低。聚类算法可以帮助发现数据中的内在结构和模式，以及识别相似的数据点。

以下是几种常见的聚类算法：

1）k-means 聚类算法：k-means 是一种迭代的聚类算法，将数据集划分为 k 个簇，其中 k 是预先指定的簇的数量。算法的核心思想是通过最小化数据点与所属簇中心之间的距离来确定簇的边界。k-means 算法迭代地更新簇中心和数据点的分配，直到达到收敛条件。

2）层次聚类算法：层次聚类算法根据数据点之间的相似度或距离逐步构建聚类的层次结构。该算法有两种主要的方法——凝聚层次聚类和分裂层次聚类。凝聚层次聚类从每个数据点作为单个簇开始，然后逐步合并最相似的簇，形成层次结构。分裂层次聚类从所有数据点作为一个簇开始，然后逐步将簇分裂为更小的子簇。

3）密度聚类算法：密度聚类算法基于数据点的密度来确定簇的边界。其中一种常用的算法是 DBSCAN（Density-Based Spatial Clustering of Applications with Noise）。DBSCAN 通过定义数据点的邻域密度和密度可达性来识别核心对象和噪声对象，从而形成密度相连的数据点的簇。

4）均值漂移聚类算法：均值漂移聚类算法通过从数据点出发，沿着密度梯度方向移动，找到数据点密度最高的区域，从而确定聚类中心。算法通过估计数据点的密度梯度和局部密度来寻找聚类。

5）高斯混合模型聚类算法：高斯混合模型（Gaussian Mixture Model，GMM）聚类算法假设数据点是由多个高斯分布组成的混合模型生成的。算法通过最大似然估计来确定每个数据点属于每个高斯分布的概率，从而进行聚类。

在选择聚类算法时，需要考虑数据的特征、数据分布的性质、聚类结果的可解释性等因素。不同的聚类算法适用于不同类型的数据和问题，因此在实施时需要根据具体情况选择合适的算法。

5.5.4 数据模式挖掘任务典型算法之关联分析

在数据模式挖掘任务中，关联分析是一种常用的算法，用于发现数据集中项之间的频繁关联规则。关联规则表示项集之间的关联性和依赖性，可以帮助揭示数据中的隐藏模式和规律。关联分析算法通常用于市场篮子分析、交叉销售推荐和购物篮分析等领域。

以下是几种常见的关联分析算法：

1）Apriori 算法：Apriori 算法是一种经典的关联分析算法。它基于先验原理，通过逐步生成频繁项集来发现频繁关联规则。Apriori 算法使用候选项集的逐层扫描和剪枝策略来减少搜索空间，从而提高算法的效率。

2）FP-growth 算法：FP-growth（Frequent Pattern Growth）算法是一种基于频繁模式树的关联分析算法。它通过构建一种紧凑的数据结构，即 FP 树，来快速发现频繁项集。FP-growth 算法通过递归地生长 FP 树和挖掘条件模式基来发现频繁项集，避免了生成候选项集的过程，因此在某些情况下可以比 Apriori 算法更高效。

3）ECLAT 算法：ECLAT（Equivalence Class Transformation）算法也是一种常用的关联分析算法。它利用交易数据的垂直（纵向）表示形式，通过计算项集的交集来找到频繁项集。ECLAT 算法使用递归和逐层剪枝的策略，以高效地挖掘频繁项集。

4）关联规则评估：关联分析算法通常会生成大量的关联规则，但并非所有的规则都对业务有用。因此，关联规则评估是一个重要的环节，用于选择和筛选出具有实际意义的规则。常见的评估指标包括支持度、置信度、提升度等，用于衡量规则的频繁程度、可靠性和相关性。

在应用关联分析算法时，需要根据具体问题和数据特征选择合适的算法。同时，还需要注意数据预处理、参数设置和评估方法的选择，以确保关联分析算法的有效性和可解释性。

5.5.5 数据模式挖掘任务在银行经营中的应用场景

数据模式挖掘任务在银行经营中有许多应用场景。以下是一些常见的应用场景：

1) 客户分群：通过对客户数据进行聚类分析，将银行的客户划分为不同的群组。这有助于银行了解客户的需求、行为和偏好，从而能够提供更加个性化的产品和服务，并制定针对不同客户群体的市场营销策略。

2) 交易欺诈检测：通过分析大量的交易数据，银行可以使用关联分析和异常检测算法来识别潜在的交易欺诈行为。例如，发现与异常模式相对应的交易模式，或者识别与已知欺诈案例类似的交易模式。

3) 客户流失预测：通过分析客户的历史交易数据、行为数据和相关因素，银行可以应用预测模型进行客户流失预测。这有助于银行识别潜在的流失客户，并采取措施，如个性化服务、优惠券等，以减少客户流失。

4) 信用评分和风险管理：银行可以使用数据模式挖掘算法来分析客户的个人信息、财务状况和历史信用数据，以建立信用评分模型和风险模型。这有助于银行评估客户的信用风险，并做出相应的贷款决策和授信额度管理。

5) 交叉销售和推荐系统：通过分析客户的购买历史和行为数据，银行可以发现不同产品之间的关联模式，并基于这些模式进行交叉销售和推荐。例如，当客户购买某一产品时，系统可以推荐相关的产品或服务，从而实现交叉销售和提高客户满意度。

6) 市场营销优化：通过分析市场营销活动的历史数据和客户反馈数据，银行可以了解不同市场营销策略的效果，并找到与高回报率和客户响应相关的模式。这有助于银行优化市场营销策略，提高市场推广的效果和投资回报率。

这些应用场景只是银行业中数据模式挖掘任务的一部分。随着数据的不断积累和技术的发展，数据模式挖掘在银行经营中的应用将会越来越广泛，帮助银行提高运营效率、风险管理能力和客户满意度。

5.6 数据挖掘典型任务之非结构化数据挖掘

【学习目标】

1) 理解非结构化数据挖掘类型与整体实施流程。
2) 理解文本数据挖掘方法与应用场景。
3) 理解图像视频数据挖掘方法与应用场景。
4) 理解语音数据挖掘方法与应用场景。
5) 理解非结构化数据挖掘在银行经营中的应用场景。

非结构化数据挖掘是指从非结构化数据源中提取有用信息和模式的过程。非结构化数据指的是不遵循特定数据模型或格式的数据，例如文本文档、图像、音频、视频等。这些数据通常具有复杂的结构和语义，难以直接进行分析和挖掘。

5.6.1 非结构化数据挖掘类型与整体实施流程

非结构化数据挖掘可能涉及多种类型的任务，根据数据类型和挖掘目标的不同，可以进行以下几种类型的非结构化数据挖掘：

1）文本挖掘：从文本数据中提取有用信息和模式，包括文本分类、情感分析、实体识别、关键词提取、主题建模等。

2）图像和视觉数据挖掘：从图像和视频数据中提取有用信息和模式，包括图像分类、目标检测、图像分割、人脸识别等。

3）音频和语音数据挖掘：从音频数据中提取有用信息和模式，包括语音识别、语音情感分析、声音分类等。

4）社交媒体挖掘：从社交媒体平台中提取和分析用户生成的内容和行为，包括社交网络分析、舆情分析、用户推荐等。

整体实施流程如下：

1）数据收集与预处理：收集非结构化数据，如文本、图像、音频等，并进行数据清洗和预处理，包括去除噪声、标准化格式、处理缺失值等。

2）特征提取与表示：针对不同类型的非结构化数据，提取合适的特征或表示形式。例如，对于文本数据，可以使用词袋模型、TF-IDF、词嵌入等方法；对于图像数据，可以使用卷积神经网络（CNN）提取特征。

3）算法选择与建模：根据具体的挖掘任务和数据特点，选择合适的算法和模型。例如，对于文本挖掘可以使用朴素贝叶斯、支持向量机（SVM）、深度学习模型等；对于图像和视觉数据挖掘可以使用卷积神经网络（CNN）、循环神经网络（RNN）等。

4）模型训练与优化：使用标注数据对选定的模型进行训练，并进行模型参数调优和优化，以提高模型性能和准确度。这可能涉及交叉验证、正则化、超参数调整等技术。

5）模型评估与解释：对训练好的模型进行评估，使用合适的指标来衡量模型的性能和效果。同时，也需要解释模型的结果和推理过程，以确保结果的可解释性和可信度。

6）应用与部署：将训练好的模型应用于实际的非结构化数据中，进行预测、分类、推荐等任务。根据具体的应用场景，将模型部署到相应的系统或平台中，以实现实时或批量处理。

需要注意的是，非结构化数据挖掘的实施流程可能因具体任务和数据类型的不同而有所差异。因此，在实际应用中，根据具体情况进行适当的调整和定制，以获得最佳的挖掘结果。

5.6.2 文本数据挖掘方法与应用场景

文本数据挖掘是指从文本数据中提取有用信息和模式的过程。下面介绍一些常用的文本数据挖掘方法：

1）文本分类：文本分类是指将文本数据分为不同的预定义类别或标签的任务，常见的应用场景包括垃圾邮件过滤、新闻分类、情感分析等。

2）实体识别：实体识别是指从文本中抽取出具有特定意义的实体，例如人名、地名、组织机构等，在信息抽取、知识图谱构建等领域有广泛应用。

3）关键词提取：关键词提取是指从文本中自动抽取出最能代表文本主题的关键词或短语。在文本摘要、信息检索、主题建模等任务中非常有用。

4）情感分析：情感分析旨在判断文本中的情感倾向，即判断文本是正面的、负面的还是中性的，在社交媒体分析、品牌声誉管理等领域具有重要意义。

5）主题建模：主题建模是指从文本集合中发现并提取出潜在的主题或话题结构，有助于了解大规模文本数据的内容和结构，适用于新闻报道、社交媒体分析等。

6）文本聚类：文本聚类是指将文本数据根据相似性进行分组的任务，可以用于文本集合的自动组织、信息检索、新闻聚合等。

7）文本生成：文本生成是指利用机器学习和自然语言处理技术生成新的文本内容，可以应用于自动摘要、对话系统、文本创作等领域。

8）信息抽取：信息抽取是指从结构化和非结构化文本中提取结构化的信息，例如从新闻文章中提取出人物、时间、地点等关键信息，在知识图谱构建、数据集成等领域有广泛应用。

这些方法的实施通常涉及自然语言处理（NLP）、机器学习（ML）和深度学习（DL）等技术。具体的方法选择和应用场景取决于数据的特点和挖掘目标。随着深度学习的发展，使用预训练的语言模型（如 BERT、GPT）在文本数据挖掘中取得了显著的成果。

文本数据挖掘在商业银行的应用场景非常广泛，以下是一些常见的应用场景：

1）客户反馈分析：通过分析客户投诉、建议等文本数据，商业银行可以了解客户的需求和不满，从而改进产品和服务。

2）风险评估：通过对客户的交易历史、信用记录等文本数据进行挖掘，商业银行可以评估客户的信用风险，从而制定更加合理的信贷政策。

3）欺诈检测：通过分析客户的交易行为、交易对手等信息，商业银行可以检测出欺诈行为，从而保护银行和客户的资金安全。

4）竞争情报分析：通过对公开信息、竞争对手的宣传材料等文本数据进行挖掘，商业银行可以了解竞争对手的情况，从而制定更加合理的竞争策略。

5）内部沟通协作：通过文本数据挖掘技术，商业银行可以实现内部员工之间的信息共享和协作，从而提高工作效率和降低沟通成本。

6）客户关系管理：通过对客户的社交媒体、电子邮件等文本数据进行挖掘，商业银行可以了解客户的兴趣爱好和生活方式等信息，从而更好地满足客户需求，提高客户满意度和忠诚度。

7）监管合规：通过文本数据挖掘技术，商业银行可以自动化地检测和识别监管合规问题，从而更好地遵守监管规定并降低合规成本。

8）舆情分析：通过对互联网上的新闻报道、社交媒体评论等文本数据进行挖掘和分析，商业银行可以了解公众对银行及其产品的看法和态度等，从而制定更加合理的公关策略。

9）合规审计：通过文本数据挖掘技术，商业银行可以对内部文档、交易记录等数据进行自动化审计，从而更好地发现合规问题和风险点。

10）智能客服：通过文本数据挖掘技术，商业银行可以实现智能客服功能，从而更好地解答客户的问题和解决客户的问题，提高客户体验和服务质量。

以上都是银行日常运营中的典型场景，我们可以通过文本数据挖掘获得有价值的商业信息。

5.6.3　图像视频数据挖掘方法与应用场景

图像视频数据挖掘是指从图像和视频数据中提取有用信息和模式的过程。下面介绍一些常用的图像和视频数据挖掘方法：

1）图像分类：图像分类是指将图像数据分为不同的预定义类别或标签的任务，常见的应用场景有物体识别、图像检索、图像质量评估等。

2）目标检测：目标检测是指在图像或视频中定位和识别特定目标的任务，在自动驾驶、视频监控、物体跟踪等领域有广泛应用。

3）图像分割：图像分割是指将图像分割成不同的区域或像素的任务，在医学影像分析、图像编辑、虚拟现实等领域具有重要意义。

4）人脸识别：人脸识别是指从图像或视频中识别和验证人脸的任务，在安全认证、人脸考勤、社交媒体分析等方面有广泛应用。

5）图像生成：图像生成是指利用机器学习和深度学习技术生成新的图像内容，可以应用于图像增强、图像合成、图像风格转换等领域。

6）视频内容分析：视频内容分析是指从视频数据中提取出有关对象、动作、场景等信息，在视频监控、视频检索、行为分析等方面非常重要。

7）图像和视频推荐：图像和视频推荐是指根据用户的兴趣和行为提供个性化的图像和视频推荐的任务，在社交媒体平台、电子商务领域具有广泛应用。

8）图像处理和增强：图像处理和增强涉及应用各种算法和技术对图像进行增强、去噪、去模糊、色彩校正等操作，在图像编辑、医学影像处理等方面具有重要意义。

这些方法的实施通常涉及计算机视觉、深度学习和图像处理等技术。具体的方法选择和应用场景取决于数据的特点和挖掘目标。随着深度学习的发展，使用卷积神经网络（CNN）和循环神经网络（RNN）等模型在图像视频数据挖掘中取得了显著的成果。

图像视频数据挖掘在商业银行的应用主要包括以下方面：

1）反欺诈和反洗钱：通过分析客户的交易行为、交易对手等信息，商业银行可以检测出欺诈行为，防止非法交易，保护银行和客户的资金安全。同时，对于可疑的交易，银行可以通过图像视频数据的处理和分析，获取更多信息，进一步判断交易的真实性和合法性。

2）客户行为分析：通过分析视频中的客户行为，商业银行可以更好地了解客户需求、消费习惯等指标，进行有针对性的产品设计和营销策略制定，提高业绩和客户满意度。比如，银行可以通过分析客户的购买物品、行为轨迹等数据，找出客户的潜在需求和偏好，进行精准营销。

3）内部风险管理：银行可以利用图像视频数据挖掘技术，对内部业务流程进行全面监控和管理。比如，通过对网银、ATM等渠道的视频监控，可以及时发现异常操作和安全隐患，提高银行内部的风险防控能力。

4）合规审计：通过对图像视频数据的挖掘和分析，商业银行可以自动化地检测和识别监管合规问题，从而更好地遵守监管规定并降低合规成本。

需要注意的是，图像和视频数据挖掘技术在商业银行的应用仍处于初级阶段，需要结合具体业务场景进行深入研究和应用。同时，也需要关注数据隐私和安全问题，确保客户信息的安全和合规使用。

5.6.4 语音数据挖掘方法与应用场景

语音数据挖掘是从语音数据中提取有用信息和模式的过程。下面介绍一些常用的语音数据挖掘方法：

1）语音识别：语音识别是指将语音数据转换为文本或命令的任务，在语音助手、语音搜索、语音转写等方面有广泛应用。

2）语音情感分析：语音情感分析旨在识别语音中的情感状态，例如喜悦、悲伤、愤怒等，在情感识别、客户服务等领域具有重要意义。

3）说话人识别：说话人识别是指从语音中识别和验证说话人身份的任务，在语音身份认证、电话欺诈检测、语音指纹等方面有广泛应用。

4）语音合成：语音合成是指根据文本生成自然流畅的语音的任务，在语音助手、无障碍技术、媒体制作等方面具有重要作用。

5）语音指令识别：语音指令识别是指从语音中提取出特定指令或命令的任务，在智能家居、语音控制系统、自动驾驶等领域有广泛应用。

6）语音情感合成：语音情感合成是指根据情感标签和文本生成带有情感色彩的语音的任务，在电子媒体、虚拟助手等方面有应用潜力。

7）声音分类和识别：声音分类和识别是指从音频数据中识别和分类不同的声音类型，例如环境声音、动物声音、乐器声音等，它在声音识别、环境监测等方面具有重要意义。

8）语音分析和建模：语音分析和建模涉及对语音数据进行特征提取、模式识别和建模，以了解语音数据的特点和属性，它在语音研究、语音识别算法优化等领域有应用价值。

这些方法的实施通常涉及语音信号处理、机器学习和深度学习等技术。具体的方法选择和应用场景取决于数据的特点和挖掘目标。随着深度学习的发展，使用循环神经网络（RNN）和卷积神经网络（CNN）等模型在语音数据挖掘中取得了显著的成果。

语音数据挖掘在商业银行的应用主要包括以下方面：

1）客户沟通与反馈：通过语音数据挖掘，商业银行可以分析客户在电话客服、投诉处理等环节中的反馈和意见，了解客户的需求和不满，以便更好地改进产品和服务。

2）风险评估与欺诈检测：对大量的客服与客户的通话语音数据进行结构化处理和挖掘分析，可以评估客户的信用风险，识别欺诈行为，保护银行和客户的资金安全。

3）智能客服与自动回复：通过语音数据挖掘技术，商业银行可以实现智能客服功能，对客户的问题进行自动识别和回答，提高客户服务的效率和质量。同时，通过对语音数据的聚类和关联分析，可以挖掘出热点问题和服务短板，为后续服务提升提供参考。

4）内部培训与知识管理：通过对客服与客户的通话语音数据进行挖掘，可以分析出业务咨询热点问题，梳理生成知识问答库，作为后续培训和知识管理的参考依据。同时，通过对语音数据的情感分析，可以评估员工的服务质量，帮助银行提升内部培训和考核的效率。

需要注意的是，语音数据挖掘技术在商业银行的应用仍需结合具体业务场景进行深入研究和应用。同时，也需要关注数据隐私和安全问题，确保客户信息的安全和合规使用。

5.6.5 非结构化数据挖掘在银行经营中的应用场景

非结构化数据挖掘在银行经营中有多个应用场景，以下是其中一些常见的应用场景：

1）反欺诈和风险管理：银行可以利用非结构化数据挖掘技术来识别潜在的欺诈行为和风险因素。通过分析非结构化数据，如交易记录、客户聊天记录、社交媒体数据等，银行可以发现异常模式、识别欺诈行为，并采取相应的风险管理措施。

2）客户关系管理：非结构化数据挖掘可以帮助银行了解客户的偏好、行为和需求。通过分析客户反馈、社交媒体数据、客户服务记录等非结构化数据，银行可以更好地了解客户需求，提供个性化的产品和服务，并改进客户关系管理策略。

3）市场情报和竞争分析：银行可以利用非结构化数据挖掘来获取市场情报和竞争分析。通过分析新闻报道、社交媒体数据、行业报告等非结构化数据，银行可以了解市场趋势、竞争对手的策略，并做出相应的市场决策和调整。

4）品牌声誉管理：银行可以利用非结构化数据挖掘技术来监测和管理品牌声誉。通过分析客户评论、社交媒体数据、新闻报道等非结构化数据，银行可以了解公众对品牌的看法和反应，及时发现并回应负面事件，保护品牌声誉。

5）信贷评估和风险控制：银行可以利用非结构化数据挖掘来改进信贷评估和风险控制。通过分析客户的社交媒体数据、个人网页、消费行为等非结构化数据，银行可以获取更全面的客户信息，提高信贷评估的准确性，并更好地控制信贷风险。

6）市场营销和个性化推荐：非结构化数据挖掘可以帮助银行进行市场营销和个性化推荐。通过分析客户的社交媒体数据、购买历史、在线行为等非结构化数据，银行可以了解客户的兴趣和偏好，提供个性化的产品和服务，并进行精准的市场营销活动。

这些应用场景展示了非结构化数据挖掘在银行经营中的潜在价值。通过有效地利用非结构化数据，银行可以获得更深入的洞察和更好的决策支持，从而提高经营效益、降低风险并提升客户满意度。

5.7 本章小结

本章主要讲述了基于数据挖掘方法实现数智化运营，并深入了解了数据挖掘方法的重要性和使用方法。

在本章中，我们重点学习了以下几个方面的知识：

1）数据挖掘概念与应用。
2）数据挖掘典型任务之数据分类。
3）数据挖掘典型任务之数值预测。
4）数据挖掘典型任务之资源分配。
5）数据挖掘典型任务之数据模式挖掘。

6）数据挖掘典型任务之非结构化数据挖掘。

通过对本章内容的学习，可以深刻认识到数据挖掘对于商业银行业务经营的重要性和实现方式，掌握数据挖掘方法应用的实践技巧。

下一章的内容是客户经营中的数据分析，我们将在下一章中深入探讨客户经营中的数据分析应用方法与案例，希望大家能够继续保持学习的热情和动力，不断提升自己的知识和技能水平。

【学习效果评价】

复述本章的主要学习内容	
对本章的学习情况进行准确评价	
本章没有理解的内容是哪些	
如何解决没有理解的内容	

注：学习效果评价包括少部分理解、约一半理解、大部分理解和全部理解四个层次。请根据自身的学习情况进行准确的评价。

第 6 章
客户经营中的数据分析

6.1 客户经营的理论基础

【学习目标】

1) 熟知什么是客户关系管理。
2) 熟知消费者心理学。
3) 熟知客户生命周期运营。
4) 熟知销售漏斗理论。
5) 熟知客户画像理论与应用。

客户经营是银行业务中的关键场景，无论是大众客户、对公客户，数据分析为商业银行提供了宝贵的洞察力和决策支持，帮助银行更好地了解客户需求、行为和偏好。通过收集、整理和分析大量的客户数据，银行可以识别客户群体、理解他们的消费习惯和风险特征，并为客户提供个性化的产品和服务。数据分析还可以帮助银行评估客户价值、预测客户流失风险、推动市场营销活动、优化客户体验和改进风险管理等方面。因此，数据分析在商业银行客户经营中扮演着重要角色，帮助银行实现更高效的运营和更好的客户关系管理。

6.1.1 客户关系管理

商业银行的客户关系管理（Customer Relationship Management，CRM）是指银行通过有效识别、获取、整合并利用客户相关信息，建立长期友好关系，从而实现以客户为中心，最大限度地满足客户需求，获取客户价值最大化的过程。商业银行客户关系管理的意义见表 6-1。

表 6-1 商业银行客户关系管理的意义

阶　　段	工　作　任　务
深化客户理解	通过对客户信息和交易行为的采集和分析，银行能更深入全面地了解客户需求、偏好和价值，为精准营销和产品设计奠定基础
提高客户忠诚度	通过个性化服务、优质体验和增值服务，银行可以提升客户对银行的忠诚度和黏性，减少客户流失
挖掘客户价值	结合客户价值分析，银行可以有的放矢地针对高价值客户开展营销，提高营销投资回报率
实现服务差异化	不同类型客户有不同需求，通过客户细分和个性化服务策略，实现服务差异化和精准营销
提高经营绩效	通过持续优化客户体验和产品组合，提高客户满意度，从而获取更多交叉销售收入和客户资产，提升银行整体经营绩效

商业银行客户关系管理的主要内容包括：
1）客户识别与细分。
2）客户价值评估。
3）客户需求分析。
4）客户生命周期管理。
5）客户体验管理。
6）营销活动策划与执行。
7）客户服务与支持。

客户关系管理需要建立健全的战略规划、组织架构、流程设计、数据平台、营销系统等多个方面的支撑体系，才能高效运转并发挥其应有价值。

总之，完善的客户关系管理对于商业银行提高经营绩效、降低运营成本、增强竞争优势具有重要作用。未来随着金融科技的发展，客户关系管理也将向精细化、智能化和数字化方向转型升级。商业银行客户关系管理框架如图 6-1 所示。

假设有一家商业银行，他们使用数据分析来改进客户关系管理以减少客户流失。该银行首先收集了大量客户数据，包括交易记录、产品使用情况、客户反馈等。然后，他们应用数据分析方法来识别潜在的客户流失特征并制定相应的挽回策略。通过数据分析，银行发现了以下一种常见的客户流失特征：客户在过去几个月内的交易金额和频率呈下降趋势。

为了更好地理解这一现象，银行进行了以下分析方法的应用：

1）趋势分析：银行分析了客户的交易金额和频率的时间序列数据，发现了一个明显的下降趋势。进一步的分析表明，这种下降趋势主要集中在一组特定的客户中。

2）比较分析：银行将这组流失客户与其他非流失客户进行了比较。他们发现，这组流失客户在过去几个月内持有的存款余额也呈下降趋势，而其他非流失客户的存款余额保持稳定或有所增长。

3）预测建模：银行使用机器学习算法建立了一个客户流失预测模型。该模型基于客户的交易历史、存款情况和其他相关因素，可以预测哪些客户更有可能流失。

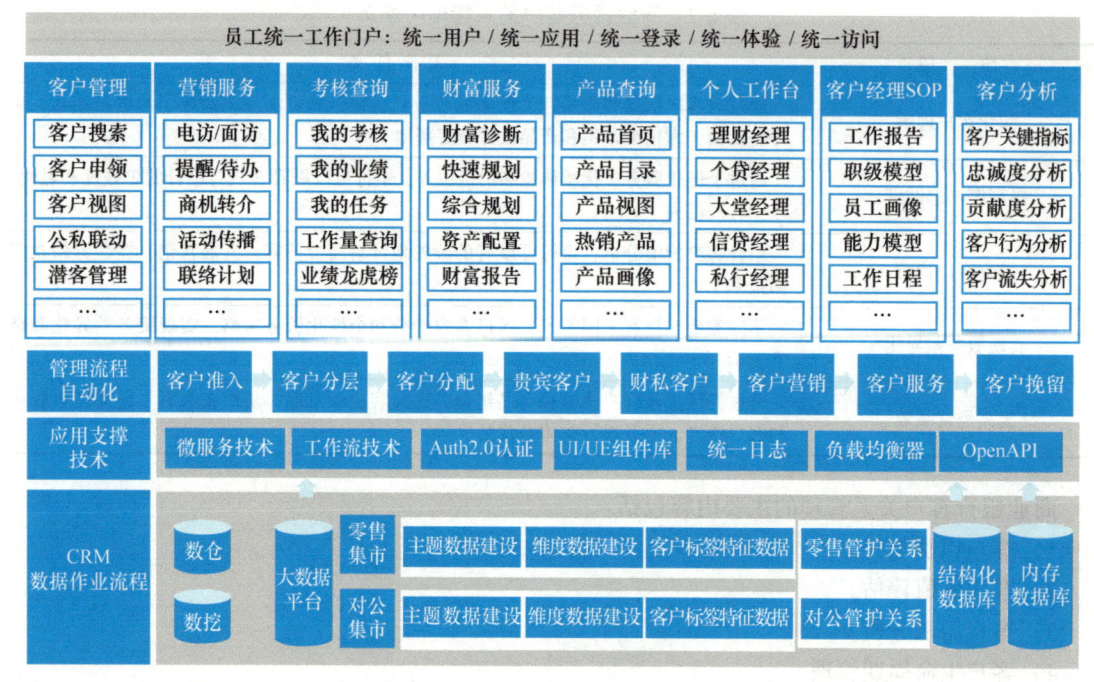

图 6-1 商业银行客户关系管理框架

基于上述分析结果，该银行采取了以下客户关系管理措施：

1）个性化的挽回策略：针对被预测为有高流失风险的客户，银行制定了个性化的挽回计划。这可能包括提供定制化的产品或服务优惠、个性化的营销活动以及更加关注客户的需求和问题。

2）客户沟通和关怀：银行加强与潜在流失客户的沟通，并提供更加个性化和贴心的服务。他们通过定期发送个性化的电子邮件、短信或电话联系客户，了解客户的问题和需求，并及时解决。

3）产品改进和优化：银行根据客户反馈和数据分析结果，对产品进行改进和优化。他们关注客户对产品的不满意之处，并努力提供更好的产品体验，以增加客户的忠诚度和留存率。

通过数据分析和客户关系管理的改进措施，这家银行成功地降低了客户的流失率。他们能够更好地理解客户的需求和行为，提供个性化的解决方案，并持续改进产品和服务，从而增强客户的忠诚度和满意度。

6.1.2 消费者心理学

消费者心理学是研究消费者行为的心理学分支。它研究消费者的动机、态度和行为，以及这些因素如何影响消费者的购买决策。消费者心理学的研究成果可以帮助企业更好地了解消费者，并根据消费者的需求来设计产品和服务。消费者心理学的研究成果还可以帮助企业制定更有效的营销策略。

消费者心理学的主要研究领域包括：

1）消费者动机：消费者购买产品或服务的动机是什么？
2）消费者态度：消费者对产品或服务的看法和感受是什么？
3）消费者行为：消费者在购买产品或服务时会做出哪些行为？

消费者心理学的研究成果可以帮助企业更好地了解消费者，并根据消费者的需求来设计产品和服务。消费者心理学的研究成果还可以帮助企业制定更有效的营销策略。

商业银行客户经营与消费者心理学密切相关，了解消费者心理学可以帮助银行更好地理解客户需求、提供个性化的产品和服务，并建立积极的客户关系。假设一家商业银行希望设计一张新的信用卡，吸引更多的消费者使用并增加卡片的持有率。他们利用消费者心理学的原理设计了以下产品特点：

1）奖励机制：银行了解到消费者对于获得奖励和回报的渴望。因此，他们设计了一个具有吸引力的奖励计划，让持卡人在每次使用信用卡消费时获得积分或奖励点数。
2）社会认同：银行利用消费者对社会认同的需求，设计了一系列特殊的会员权益和特权，例如高级会员活动、尊贵服务、独家活动等，使持卡人感到特别和受到重视。
3）个性化体验：银行提供了个性化的奖励和优惠，根据持卡人的消费偏好和行为习惯，定制特定商户的折扣、返现或积分加倍等优惠活动，以增加持卡人的参与度和忠诚度。
4）便利性：银行注重提供简单、快捷和便利的信用卡使用体验。他们通过手机应用程序提供轻松的账户管理、交易查询和支付功能，使持卡人可以随时随地轻松管理和控制自己的信用卡。

通过结合消费者心理学的原理，设计出具有奖励机制、社会认同、个性化体验和便利性的信用卡产品，商业银行可以吸引更多消费者申请和持有该信用卡，并促使消费者频繁使用信用卡进行消费，从而实现增加卡片的持有率和交易量的目标。

6.1.3 客户生命周期运营

客户生命周期运营（Customer Lifecycle Management，CLM）是指企业通过各种手段和方法，在客户生命周期的不同阶段，为客户提供不同的产品和服务，以提高客户满意度、增加客户忠诚度和提高企业利润。

客户生命周期通常分为以下几个阶段：
1）引入期：企业通过各种营销手段吸引潜在客户，并将其转化为实际客户。
2）成长期：企业通过各种方法激活新客户，使其成为活跃客户。
3）成熟期：企业通过各种方法培养客户忠诚度，并使客户成为高价值客户。
4）挽留期：企业通过各种方法挽留流失客户，并将其重新转化为活跃客户。
5）睡眠期：企业通过各种方法，对没有账户沉默的客户进行激活，使其账户重新活跃。

商业银行客户生命周期框架如图 6-2 所示。

一般来讲，商业银行客户生命周期运营的主要目标如下：
1）提高客户满意度：通过为客户提供优质的产品和服务，提高客户满意度。
2）增加客户忠诚度：通过各种方法培养客户忠诚度，并使客户成为高价值客户。
3）提高企业利润：通过提高客户满意度和客户忠诚度，提高企业利润。

商业银行客户生命周期运营是指银行在客户关系的各个阶段中采取的运营策略和措施，旨在吸引、发展和维护客户，并最大化客户价值。商业银行客户生命周期运营策略见表 6-2。

图 6-2 商业银行客户生命周期框架

生命周期划分：

- **引入期 Acquisition — 获客活客**
  - 根据信用卡/ETC/社保等客户基础数据，洞察客户偏好，鼓励客户养成与我行接触使用习惯，留存更多客户接触数据，提升客户价值和满意度

- **成长期 Build-up — 潜客提升**
  - 高潜在价值：做好客户关怀，提升满意度和忠诚度
  - 低潜在价值：通过向上销售、交叉销售等方式提高客户价值和满意度

- **成熟期 Climax — 熟客维稳**
  - 高潜在价值：深入了解客户画像，洞察客户喜好，提供个性化、差异化服务
  - 低潜在价值：通过向上销售、交叉销售等方式提高客户价值和满意度，延长客户成熟期时间跨度，提高产品功能，提高客户黏性和忠诚度

- **挽留期 Decline — 老客留存**
  - 高潜在价值：根据客户衰退的原因制定不同营销策略：急救策略、应对策略、完善策略
  - 低潜在价值：营销成本有限的情况下，可选择放弃策略

- **睡眠期 Exit — 睡客激活**
  - 针对潜在价值较高的客户，挖掘客户睡眠的原因，"对症下药"激活客户

细分客群：
- 蜜月新客客群
- 大众基础客群／大众价值客群
- 代发客群、年长客群、有车一族
- 实质流失客群／疑似流失客群
- 低黏性睡眠客群／黏性睡眠客群

细分模型：
- 产品推荐模型
- 贷款意向度模型
- 理财意向度模型
- 存款意向度模型
- 低价值客户提升模型
- 价值预测模型
- 流失预警模型

图 6-2　商业银行客户生命周期框架

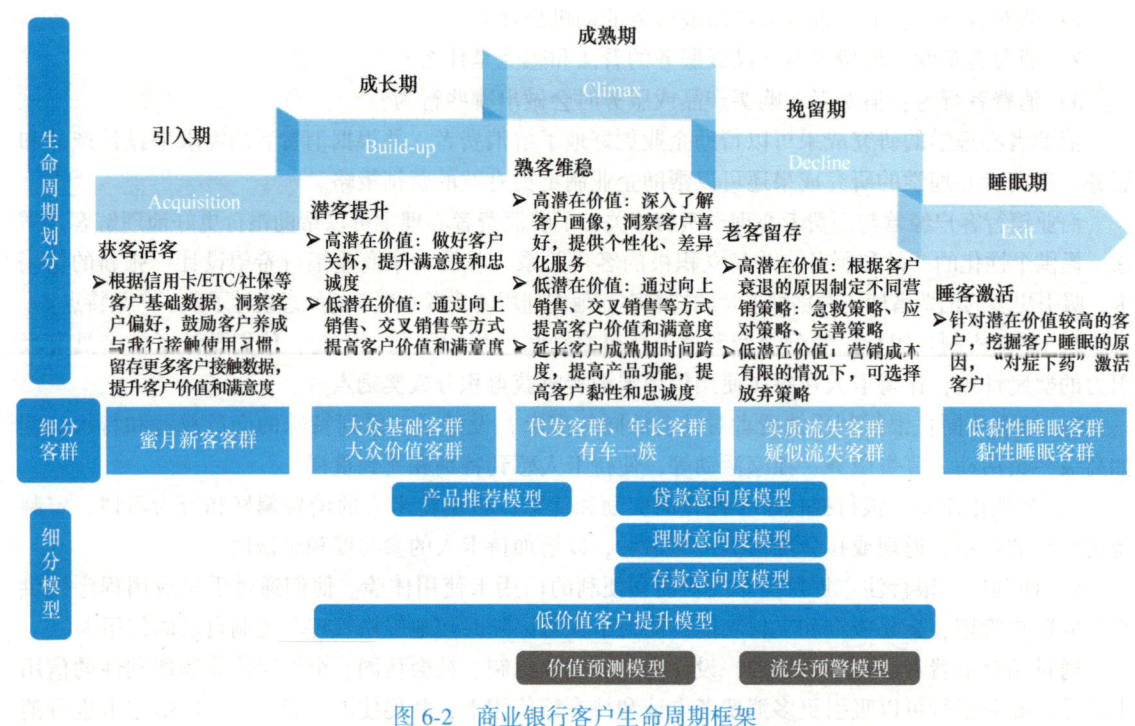

表 6-2　商业银行客户生命周期运营策略

周　　期	工　作　任　务
引入期	1) **市场定位和目标客户群体确定**：银行确定自身的市场定位，并明确目标客户的特征和需求。 2) **市场推广和品牌宣传**：银行通过广告、宣传活动、社交媒体等方式提高品牌知名度和吸引目标客户的注意力。 3) **销售渠道建设**：银行建立多样化的销售渠道，包括线下网点、在线渠道、移动应用等，以便客户方便地接触和了解银行产品和服务。
成长期	1) **潜在客户识别和筛选**：银行通过市场调研、线上线下活动等方式，识别潜在客户，并对其进行筛选和分析，以确定最有潜力的目标客户。 2) **客户注册和开户**：银行简化和优化开户流程，提供便捷的注册和开户方式，以促使潜在客户成为正式客户。 3) **产品交叉销售**：银行在客户注册和开户过程中，通过分析客户需求和画像，提供适合的产品和服务，并鼓励客户购买和使用其他相关产品。
成熟期	1) **客户关系管理**：银行建立客户关系管理系统，跟踪客户的交易和互动行为，了解客户需求并提供个性化的服务。 2) **客户满意度管理**：银行通过调查和反馈机制，了解客户对产品和服务的满意度，并及时处理投诉和问题，提升客户体验。 3) **交叉销售和增值服务**：银行根据客户需求和画像，主动推荐适合的产品和服务，提供增值服务，以增加客户价值和黏性。

(续)

周期	工作任务
挽留期	1）定期沟通和互动：银行与客户保持定期的沟通和互动，通过短信、电子邮件、电话等方式提供有用的信息和建议，保持与客户的联系。 2）个性化营销和定制化服务：银行根据客户的交易和行为数据，进行个性化的营销活动和定制化的服务，满足客户的特定需求。 3）客户关怀和特权计划：银行提供客户关怀计划和特权服务，如生日礼品、专属客户经理等，以增强客户对银行的忠诚度和满意度。
睡眠期	1）流失预警和分析：银行通过监测客户活动和行为，识别潜在的流失客户，并进行分析和预警，以尽早采取措施挽留客户。 2）客户挽回策略：银行制订客户挽回计划，包括个性化的优惠、增值服务、定制化解决方案等，以重新吸引流失客户。

商业银行客户生命周期运营旨在长期建立与客户的良好关系，提高客户满意度和忠诚度，促进业务增长和持续发展。通过全面了解客户需求、提供个性化的服务、建立有效的沟通和互动，银行可以与客户建立紧密的合作关系，并不断创新和改进以适应变化的市场需求。

6.1.4 销售漏斗理论

销售漏斗（Sales Funnel）理论是一种可视化模型，用于描述潜在客户从最初了解产品或服务到最终购买的整个过程。销售漏斗理论将潜在客户划分为不同的阶段，每个阶段代表着潜在客户在购买过程中的不同状态。销售漏斗模型如图6-3所示。

图6-3 销售漏斗模型

销售漏斗理论可以应用于以下几个方面：

1）分析销售业绩：企业可以通过销售漏斗理论来分析销售业绩，找出销售过程中的问题和瓶颈。

2）制定营销策略：企业可以通过销售漏斗理论来制定营销策略，针对不同阶段的潜在客户采取不同的营销手段。

3）提高销售效率：企业可以通过销售漏斗理论来提高销售效率，缩短销售周期，增加销售额。

商业银行销售漏斗理论是指商业银行将潜在客户从最初了解银行产品或服务到最终购买银行产品或服务的整个过程划分为不同的阶段，并根据不同阶段的潜在客户采取不同的营销和销售策略。商业银行销售漏斗理论的典型阶段包括：

1）意识：潜在客户第一次了解银行的产品或服务。
2）兴趣：潜在客户对银行的产品或服务表现出兴趣，并开始收集更多信息。
3）考虑：潜在客户将银行的产品或服务与其他银行的产品或服务进行比较，并开始考虑购买。
4）购买：潜在客户决定购买银行的产品或服务。
5）忠诚：客户对银行的产品或服务感到满意，并成为回头客。

商业银行销售漏斗理论可以应用于以下几个方面：

1）分析销售业绩：商业银行可以通过销售漏斗理论来分析销售业绩，找出销售过程中的问题和瓶颈。
2）制定营销策略：商业银行可以通过销售漏斗理论来制定营销策略，针对不同阶段的潜在客户采取不同的营销手段。
3）提高销售效率：商业银行可以通过销售漏斗理论来提高销售效率，缩短销售周期，增加销售额。

6.1.5 客户画像理论与应用

客户画像（见图6-4）是指通过对客户数据和特征进行分析和整合，以建立客户画像，并将其应用于市场营销、产品定制、客户服务和业务决策等领域。客户画像能够帮助企业更好地了解客户，提供个性化的产品和服务，增强客户体验和满意度，提高市场竞争力和业务效益。通过深入挖掘和分析客户数据，企业可以实现精准营销、定制化产品、优化客户关系和提升决策能力，从而实

图6-4 客户画像

现可持续发展。

客户画像计算是指根据客户数据分析，总结出的客户群体特征，包括：
1）人口统计特征：年龄、性别、收入、教育程度、职业、婚姻状况等。
2）行为特征：消费习惯、理财习惯、投资风格、风险偏好、生活方式等。
3）心理特征：价值观、兴趣爱好、生活目标、情感诉求等。
4）社会属性：家庭结构、社会地位、人际关系等。

以下是一些常见的商业银行客户画像类型：
1）高级白领客群：高学历、高收入、追求高效和私人定制服务。
2）退休老人客群：固定退休收入、风险偏好较低、对健康和医疗需求较高。
3）财富临界客群：资产规模处于一定临界区间、投资理财需求较强。
4）职场新人客群：学历较高、收入水平相对较低、关注自我发展。
5）家庭主妇客群：未外出就业、关注家庭财务规划和子女教育。
6）发薪客群：固定工薪收入、求富意愿较强、对产品实用性和性价比要求较高。

除了这些常见的类型，还可以根据具体的业务场景和目标客户群体，进行更加细致的客户画像分析。以下是生成客户画像的步骤：
1）收集数据：收集客户的各种数据，包括人口统计数据、行为数据、心理数据和社会属性数据等。
2）数据清洗和处理：对收集到的数据进行清洗和处理，剔除无效数据和错误数据，并进行标准化处理。
3）数据分析：对数据进行分析，提取出客户群体特征，并进行聚类分析，将客户群体划分为不同的细分市场。
4）画像生成：根据分析结果，生成客户画像，包括客户群体特征、行为模式、心理特征和社会属性等。
5）画像应用：将客户画像应用于营销策略制定、产品设计、服务优化等方面，提升企业经营效率和客户满意度。

商业银行将客户画像应用于多个领域，可以使其更精准地定位目标客户，制定更有效的营销策略，提供更个性化的服务，提升客户满意度和忠诚度，提高企业经营效率和效益。

同时，客户画像是一个持续迭代的过程，需要不断收集新的数据，进行分析和更新，才能保持其准确性和有效性。

6.2 客户分群经营

【学习目标】

1）理解客群划分的维度与意义。
2）理解客户分群经营的业务流程。
3）理解基于聚类算法的客群划分方法。

4）理解基于属性标签的客群划分方法。
5）理解基于用客户画像进行标签化。
6）了解零售银行职业女性客群经营案例。

6.2.1　客群划分的维度与意义

商业银行在进行客群划分时，可以根据不同维度来划分客户群体。这些维度可以帮助银行更好地理解客户、提供个性化的产品和服务，以及有效地管理客户关系。商业银行客群划分的一些常见维度及其意义见表6-3。

表6-3　商业银行客群划分维度及其意义

阶　　段	工　作　任　务
人口统计特征	年龄：不同年龄段的客户对金融的需求和风险承受能力有所差异，银行可以根据不同年龄段的客户提供相应的产品和服务。 性别：男性和女性在金融需求和偏好上可能存在差异，银行可以根据性别特点定制有针对性的产品和营销策略。 地理位置：客户所处的地理位置也会影响其金融需求和行为，银行可以根据地域特点提供适合当地客户的产品和服务
收入水平	收入水平：客户的收入水平直接关系到其消费能力和理财需求，银行可以针对不同收入水平的客户提供不同档次的产品和服务。 财富规模：客户的财富规模是银行判断其投资能力和金融需求的重要指标，可用于提供个性化的财富管理服务
行为特征	消费习惯：客户的消费习惯和购买偏好可以反映其金融需求和风险承受能力，银行可以根据客户消费习惯提供相关的贷款、投资和信用产品。 银行关系：客户与银行的互动和关系也是一个重要的划分维度，例如新客户、忠诚客户、高价值客户等，可以针对不同类型的客户提供不同级别的服务和待遇
金融需求	存款需求：客户的存款需求可以分为活期存款、定期存款、储蓄存款等，银行可以根据客户的存款偏好提供相应的产品和利率。 贷款需求：客户的贷款需求可以涵盖个人消费贷款、房屋贷款、企业贷款等，银行可以根据不同贷款需求提供适合的产品和利率

通过对客户群体进行细分和划分，商业银行可以更好地了解客户的需求和特点，针对不同客户群体提供个性化的产品和服务，提高客户满意度和忠诚度，增强竞争优势。同时，客群划分也有助于银行进行精准的市场定位和营销策略制定，提高市场占有率和盈利能力。

6.2.2　客户分群经营的业务流程

客户分群经营是指商业银行为了更好地管理客户关系和提供个性化的服务，将客户按照一定的标准和特征进行分类和分群，并针对不同客户群体制定相应经营策略的经营方式。商业银行客户分群经营的业务流程见表6-4。

表6-4 商业银行客户分群经营的业务流程

阶　　段	工　作　任　务
数据收集与准备	银行首先需要收集和整理客户相关的数据，包括个人信息、交易记录、产品使用情况、投资偏好等。这些数据可以来自内部系统、市场调研、客户调查等渠道。对于新客户，银行可以在注册流程或开户过程中收集相关信息。银行还可以通过数据清洗和整合，确保数据的准确性和完整性
客户分群标准的确定	银行需要定义客户分群的标准和维度。这些标准可以包括年龄、收入水平、财务状况、消费行为、产品偏好等。银行可以根据业务需求和市场情况，选择适合的分群标准，并结合统计分析和专业知识进行确定
客户分群模型的建立	基于客户数据和分群标准，银行可以利用数据挖掘、统计分析等方法建立客户分群模型，可以是聚类分析、决策树、分类模型等。分群模型的目标是将客户划分为具有相似特征和需求的群体，以便后续经营策略的制定
客户分群结果的验证和调整	完成客户分群模型后，银行需要对分群结果进行验证和评估，确保分群的准确性和有效性。如果发现分群结果与预期不符或需要进一步优化，银行可以进行模型调整和改进
经营策略的制定	基于客户分群结果，银行可以制定相应的经营策略，包括产品定制、定价策略、营销推广、服务水平等方面。银行可以为每个客户群体制定具体的产品组合，针对其需求和偏好提供个性化的服务。同时，银行还可以制定相应的市场推广和客户沟通策略，提高客户的满意度和忠诚度
经营执行和监测	银行需要将制定的经营策略付诸实施，并进行监测和评估，包括跟踪客户的反馈和行为，对经营效果进行分析和调整等。银行可以利用客户数据和绩效指标，评估不同客户群体的业务表现，并根据需要进行战略调整和优化

客户分群经营的业务流程是一个循环迭代的过程，需要不断地收集数据、分析客户特征、制定经营策略，并进行执行和监测。通过客户分群经营，银行可以更好地满足不同客户群体的需求，提高客户体验和忠诚度，实现可持续的业务增长。

6.2.3 基于聚类算法的客群划分方法

基于聚类算法的客群划分方法是一种常见的客户分群技术，它可以根据客户的相似性将其划分为不同的群体。商业银行基于聚类算法的客群划分方法的一般步骤见表6-5。

表6-5 商业银行基于聚类算法的客群划分方法的一般步骤

阶　　段	工　作　任　务
数据准备	收集和整理客户相关数据，包括个人信息、交易记录、产品使用情况、消费行为等，确保数据的准确性和完整性
特征选择与数据预处理	从收集到的客户相关数据中选择适合的特征，例如年龄、收入、消费金额等。根据业务需求和分析目标，选择具有代表性和区分度的特征。对数据进行预处理，包括缺失值处理、异常值处理、数据标准化、数据归一化等，确保数据的可靠性和可比性
聚类算法的选择	根据业务需求和数据特点，选择适合的聚类算法。常见的聚类算法包括k均值聚类、层次聚类、DBSCAN等，每种算法都有其适用的场景和特点

(续)

阶　　段	工 作 任 务
聚类模型的建立	基于选择的聚类算法，使用客户数据建立聚类模型。根据选定的特征，对客户进行聚类，将相似的客户划分到同一个群组中
客群特征分析与命名	分析每个客群的特征和行为模式，理解不同客群的特点和需求。可以使用统计分析、可视化工具等进行分析和展示。为每个客群命名，以便后续的经营策略制定和沟通
经营策略制定与实施	基于客群划分的结果，制定相应的经营策略和个性化的营销方案。根据不同客群的需求和特点，提供定制化的产品和服务。银行可以针对不同客群进行市场推广、产品定价、服务水平等方面的差异化策略，以提高客户满意度和忠诚度

基于聚类算法的客群划分方法可以帮助银行更好地理解客户群体，提供个性化的产品和服务，提高客户满意度和业务效益。需要注意的是，聚类算法只是客群划分的一种方法，在实际应用中需要结合业务需求和数据特点选择合适的算法，并进行合理的模型评估和优化。

6.2.4　基于属性标签的客群划分方法

基于属性标签的客群划分方法是一种基于客户属性或特征标签的分析技术，通过将客户按照其属性标签的相似性进行划分，来实现客户群体的个性化管理和定制化服务。商业银行基于属性标签的客群划分步骤见表6-6。

表 6-6　商业银行基于属性标签的客群划分步骤

阶　　段	工 作 任 务
属性标签定义	定义一组代表客户特征或属性的标签。这些标签可以包括年龄段、收入水平、教育程度、购买偏好、兴趣爱好等。属性标签的选择应该与业务需求和分析目标相匹配，能够刻画客户群体的关键特征
数据准备	收集和整理客户相关的数据，包括个人信息、交易记录、产品使用情况、消费行为等。将客户数据与定义的属性标签关联起来，确保每个客户都具有相应的属性标签
客群划分规则的制定	根据业务需求和数据特点，选择适合的聚类算法。常见的聚类算法包括 k 均值聚类、层次聚类、DBSCAN 等。每种算法都有其适用的场景和特点
客群特征分析	分析每个客群的特征和行为模式，理解不同客群的特点和需求。可以使用统计分析、可视化工具等进行分析和展示，了解每个客群的消费习惯、购买偏好、产品需求等信息，以便后续的经营策略制定和沟通
经营策略制定与实施	基于客群划分的结果，制定相应的经营策略和个性化的营销方案。根据不同客群的需求和特点，提供定制化的产品和服务，针对每个客群制定差异化的市场推广、产品定价、服务水平等策略，以提高客户满意度和忠诚度

基于属性标签的客群划分方法可以帮助银行更好地理解客户群体，提供个性化的产品和服务，提高客户满意度和业务效益。这种方法相对简单直观，但需要确保属性标签的准确性和有效性，并结合其他分析方法进行深入的客户洞察和策略制定。

6.2.5　基于客户画像进行标签化

基于客户画像进行标签化是一种基于客户的行为、特征和偏好等信息，对客户进行标签化的方法。通过对客户画像进行标签化，可以更好地理解客户需求、预测客户行为，并提供个性化的产品和服务。商业银行可以利用客户画像进行标签化，以更好地理解客户需求、提供个性化服务和优化市场营销策略。商业银行客户画像标签常见的应用见表6-7。

表6-7 商业银行客户画像标签的常见应用

应 用	工 作 任 务
个性化产品推荐	商业银行可以利用客户画像来推荐个性化的金融产品。例如，根据客户的收入水平、投资偏好和风险承受能力，向客户推荐适合其需求的理财产品、投资组合或贷款方案。这样可以提高客户的满意度，同时增加银行的销售额
客户细分与定制服务	通过客户画像，商业银行可以将客户细分为不同的群体，并为每个群体提供定制化的服务。例如，将高净值客户与普通零售客户区分开来，为高净值客户提供更加专业和个性化的财富管理服务，同时为普通零售客户提供更加便捷和实用的银行服务
营销策略优化	商业银行可以利用客户画像来优化市场营销策略。通过分析客户画像数据，银行可以了解客户的偏好、购买行为和生活习惯，从而制定更加有针对性的广告、促销和推广活动。例如，向具有创业倾向的客户提供贷款和创业指导服务，向经常旅行的客户推荐旅行信用卡或外币兑换服务等
风险管理和欺诈检测	客户画像可以帮助商业银行进行风险管理和欺诈检测。通过分析客户画像数据，银行可以识别出潜在的风险客户或异常交易模式，并采取相应的控制措施。例如，如果某位客户的账户活动与其平时的行为模式不符，银行可以及时发出警报并采取措施以保护客户和银行的资产安全
客户服务改进	商业银行可以利用客户画像来改进客户服务。通过了解客户的偏好、沟通渠道和服务需求，银行可以提供更加个性化和高效的客户服务体验。例如，如果某位客户更喜欢通过手机应用程序进行银行操作，银行可以提供更加智能和便捷的移动银行服务，以满足客户的需求

以下是基于客户画像进行标签化的一般步骤：

1）**客户数据收集**：收集与客户相关的数据，包括个人信息、交易记录、产品使用情况、消费行为、社交媒体数据等。数据可以来自内部数据库、第三方数据提供商、在线调查、社交媒体监测等渠道。

2）**客户画像构建**：基于客户数据，构建客户画像。客户画像是对客户的综合描述，包括客户的基本信息、兴趣爱好、购买行为、消费偏好、生活方式等方面的特征。使用数据挖掘、机器学习等技术，对客户数据进行分析和建模，从而提取客户的关键特征和行为模式。

3）**特征选择与提取**：从客户画像中选择适合的特征进行标签化。特征可以包括客户的年龄、性别、地理位置、消费水平、购买偏好、兴趣爱好等。根据业务需求和分析目标，选择具有区分度和预测能力的特征。可以使用特征工程的方法，对原始特征进行加工和转换，以获得更有意义的特征。

4）**标签化规则制定**：基于选定的特征，制定标签化规则。标签化规则可以是单一特征的判断，也可以是多个特征的组合条件。例如，给予年龄在25~35岁、地理位置在城市A、购买偏好为高端消费的客户"高收入城市精英"标签。

5）**标签应用与分析**：将标签应用于客户群体，对客户进行分类和分析。通过标签化，可以将客户划分为不同的群体，深入了解每个群体的特点和需求。分析不同标签组合下的客户行为模式、消费习惯等，为制定个性化的营销策略和服务方案提供依据。

6）经营策略制定与实施：基于标签化结果，制定相应的经营策略和个性化的营销方案。针对每个客户标签群体，提供定制化的产品推荐、营销活动、服务支持等。通过精准的营销和服务，提高客户满意度、忠诚度，并实现业务增长和竞争优势。

需要注意的是，标签化是一个动态的过程，需要根据客户数据的更新和变化进行持续调整和优化。同时，保护客户数据的隐私和安全也是非常重要的，应遵守相关的数据保护法规和道德准则。

6.2.6　案例：零售银行职业女性客群经营

1. 项目背景介绍

某银行希望更好地开发职业女性这一重要客群，深入了解她们的理财需求和行为特征，从而为她们提供更加贴心和个性化的金融产品与服务。因此，该银行决定对现有的职业女性客户数据进行深入分析，发现潜在商机。

2. 项目分析过程

职业女性客群数据分析流程如图 6-5 所示。

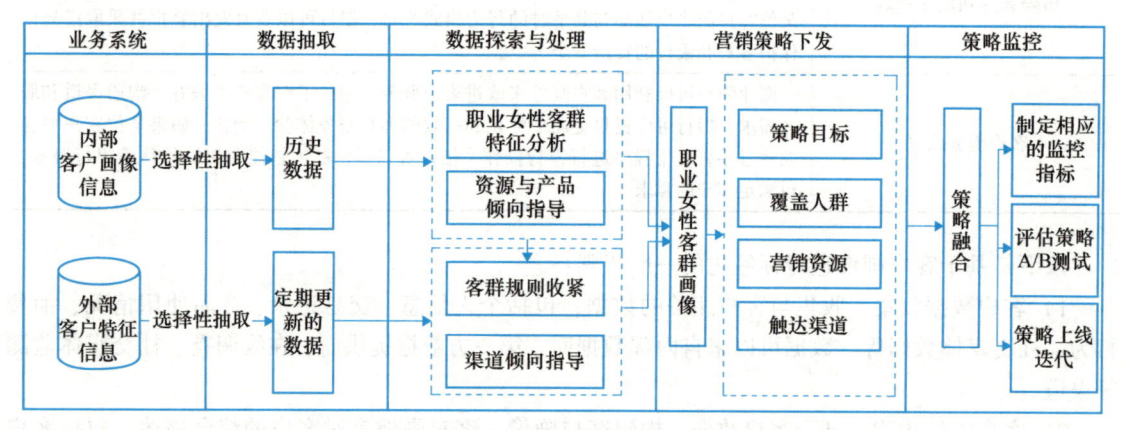

图 6-5　职业女性客群数据分析流程

运营职业女性客群首先需要深入了解该客群，进行细致分层。按照不同的客户属性和行为特征，对职业女性客户进行分群。除了常规的人口统计学和职业等维度外，还需要结合客户的生活方式、消费习惯、理财需求等事件数据，划分出更加专属和精细化的客群。

接下来，通过多维度的数据洞察，深入剖析每个客群的基本特征和关键行为。包括客户的资产状况、金融产品使用情况、交易习惯等，从中挖掘出有价值的客户见解，为后续的营销策略制定指明方向。

基于数据洞察，形成职业女性客群的客户画像。客户画像不仅包括客群的静态属性特征，还包括其动态行为模式。形成客户画像后，我们可以结合业务需求，为每个客群量身定制营销策略和服务方案。

制定完营销策略后，需要密切监控策略的执行效果，建立数据监测体系。该监测体系应当涵盖营销全流程的关键节点，如人群覆盖率、产品权益推广效果、营销渠道转化情况等，并设置合理的效果评估指标。

在策略执行过程中，持续收集监控数据，并对照不同策略的表现进行对比分析。基于数据分析结果，我们可以对原有策略进行优化迭代，完善营销手段和内容方式，提高整体营销效率。同时，对于新的营销创意和优化思路，我们也可以先通过 A/B 测试的方式进行小规模验证，获得有效数据支持后再规模化执行。

通过不断的数据分析、策略监控和优化迭代，可以形成一个高效的职业女性客群营销闭环。在此过程中，数据分析发挥着至关重要的作用，为策略制定提供方向指导，为效果评估提供依据支持，并为后续优化提供可行方案，助力银行更好地开拓和服务职业女性这一重要客群。

3. 项目分析方法

本项目采用客户细分，利用聚类分析、无监督学习以及特征规则方法对客户进行细分，同时结合行为分析对各类客户的理财行为和交易模式进行关联规则挖掘，配合数据分析结果和业务经验，制定精细化客户经营策略。对于客户特征，本案例中选择如下：

1）客户基本信息：年龄、教育程度、职业、收入水平等。
2）银行账户信息：账户类型、资产状况、交易记录等。
3）金融产品使用情况：贷款、投资、理财、保险等。
4）客户画像标签：如"高净值""理财型"等。

4. 职业女性营销策略的制定案例

在本案例中，针对不同的职业女性客群，采用不同的策略。白领女性客群 VIP 提升策略见表 6-8。

表 6-8　白领女性客群 VIP 提升策略

属　　性	说　　明
策略名称	白领女性客群 VIP 提升
人群选择	1. 白领女性客群全量客户 2. 上月月末 AUM 余额大于等于 20W 3. 疑似他行有资产评估模型前 80%
产品与权益	1. 本月入账金额超过 20W，下月可兑换专属礼物，兑换相关产品权益 2. 本月购买理财 30 万，下月可兑换专属礼物，兑换相关产品权益
触达渠道	App 弹窗针对 App 活跃客户； 短信针对 App 非活跃客户， 企业微信针对企业微信联系客户； 客户经理外呼作为 App 与短信后的全面触达手段
触达时间	App 弹窗选择策略推送后有效期间内登录后弹出，1 日内弹窗弹出次数不超过 2 次。 企业微信、短信触达时间选择上午 8:30 至 10:00 和 12:00 至 14:00。客户经理外呼时间：建议周二至周五
触达内容	App 弹窗：活动营销海报。企业微信：活动营销海报+活动参与文字说明。短信：简要活动介绍+短链。客户经理：话术引导

在具体到策略落地的过程中,有很多的细节需要关注,比如人群圈选的细致规则、配置什么样的产品和权益、触达的渠道怎么选择组合、触达的时间和内容文案等。

5. 职业女性营销策略的效果监控

在策略落地时,每一个策略都应该有一个个性化的效果评估指标体系,对策略进行数据监控。对比不同策略在不同环节中的转化效果,并根据监控所得的数据,对运营策略进行迭代优化。迭代方向的假设,同样可以通过 A/B 测试的方式,经测试之后再去进行有效的上线。

在本项目中,针对白领女性客群 VIP 提升策略,设定了包括策略评估体系,与效果分析两个层面的内容。

(1) 策略评估体系　白领女性客群 VIP 提升策略评估指标见表 6-9。

表 6-9　白领女性客群 VIP 提升策略评估指标

指　　标	说　　明
策略覆盖人数	预期策略覆盖的人数
实际执行人数	实际策略执行到多少人
策略触达率	策略触达用户与实际执行人数占比
营销 VIP 升级率	营销后,白领女性客群 VIP 提升比例
未营销 VIP 升级率	未被营销,白领女性客群 VIP 提升比例
礼品兑换率	策略中发放的礼品有多少人兑换了
礼品领取率	策略中发放的礼品有多少人领取了
App 渠道转化率	App 渠道白领女性客群 VIP 提升比例
短信渠道转化率	短信渠道白领女性客群 VIP 提升比例
企业微信渠道转化率	企业微信渠道白领女性客群 VIP 提升比例
客户经理转化率	客户经理渠道白领女性客群 VIP 提升比例

(2) 策略效果分析体系　通过策略评估体系,可以监控策略执行后的效果。一些常见的分析思路如下:

1) 策略转化率高于自然转化率,说明策略有效。

2) 对比不同渠道转化率,可以分析每个渠道的效果,例如 App 渠道转化率大于短信渠道转化率,可以进一步分析短信渠道转化率低的原因。

3) 分析礼品的兑换情况,可以分析策略中设置的礼品是否可以,如果无效,可以更换产品策略。

本案例通过客户分群数据分析方法,完成针对职业女性客户运营分析的方法,同时以白领女性客群 VIP 提升策略为案例,分析策略的设计执行与效果监控方法。通过案例我们可知客群分析最大的优势在于海量的用户中挖掘价值。这种方法的好处是,补充了人工经验的不足,进一步挖掘了客户的潜力。

6.3 数据分析驱动商业银行客户营销

【学习目标】

1) 学习银行客户营销与拉新的定义。
2) 学习客户营销业务流程。
3) 学习基于数据指标监控营销业务流程。
4) 学习基于因果分析方法分析活动原因。
5) 学习基于数据建模方法预测客户偏好。
6) 了解商业银行财富客户营销活动案例。

6.3.1 银行客户营销与拉新的定义

银行客户营销与拉新是指银行通过各种策略和活动，吸引新客户并扩大客户基础。

银行客户营销是指银行利用市场营销手段和工具，通过有效的推广、宣传和沟通方式，向潜在客户传递银行产品和服务的价值，吸引他们成为银行的客户。这涉及市场调研、客户分析、定位策略、品牌建设、推广活动等一系列营销活动，旨在引起潜在客户的兴趣并促使他们选择银行作为他们的金融合作伙伴。

而拉新则是指银行为了吸引新客户，采取一系列措施和活动来吸引并获得新客户的行为。这包括但不限于推出优惠利率、开展营销活动、提供定制化产品、加强数字化渠道等手段，以吸引潜在客户转化为实际客户并建立长期的合作关系。

银行客户营销与拉新的目标是增加银行的客户规模，并提升客户价值和忠诚度。通过有效的客户营销和拉新策略，银行能够吸引更多新客户，增加市场份额，提升业务规模和盈利能力，并通过满足客户需求和提供优质的金融服务，建立良好的客户关系和口碑。

6.3.2 客户营销业务流程

商业银行客户营销业务流程是指商业银行为吸引、服务和维护客户而采取的一系列活动和流程。新一代银行的客户营销流程如图 6-6 所示。

在客户营销中，一切业务和创新都必须以客户为中心，然而，传统银行在"以客户为中心"的转型过程中，往往面临着诸多挑战：

1) 客户洞察不清晰：传统银行对客户的了解不够深入，无法准确把握客户的需求和痛点。
2) 客户旅程待优化：传统银行的客户旅程往往存在断点和痛点，客户在办理业务时容易遇到各种问题。
3) 个性化互动待加强：传统银行的营销和服务往往千篇一律，无法为客户提供个性化的体验。

许多银行通过线上、线下和远程渠道三轮驱动战略，推进渠道间的系统融合、数据共享、流程贯通和体验同质，提升跨渠道协同效应。并融合互联网思维打造智能营销闭环，从线下到线上形成端对端闭环的对客服务优势，更好推动银行新兴和传统优势结合。在营销思路方面，商业银行进一步从"产品驱动"向"客户驱动"转变，从客户视角重新梳理和定义核心客户旅程，并持续推动敏捷、快速、端到端的数字化流程再造。

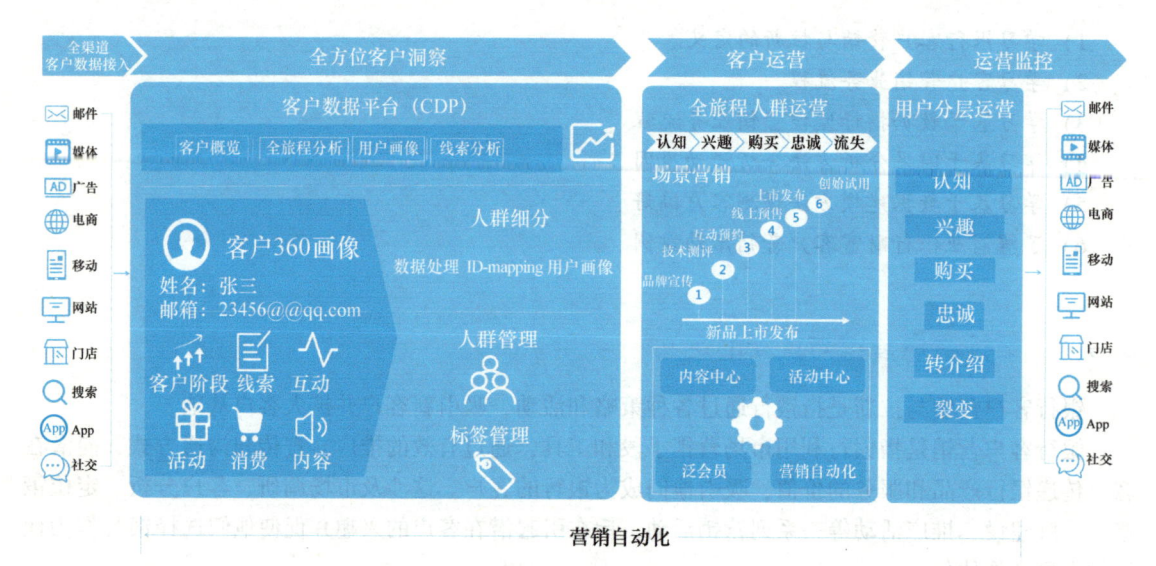

图 6-6 新一代银行的客户营销流程

6.3.3 基于数据指标监控营销业务流程

基于数据指标监控营销业务流程是指通过收集、分析和监控相关数据指标，对营销业务流程进行实时跟踪和评估的一种方法。基于数据指标监控营销业务流程的关键内容见表 6-10。

表 6-10 基于数据指标监控营销业务流程的关键内容

流程节点	说明
设定关键指标	确定关键的数据指标，这些指标应与营销目标和策略相一致。例如，可以选择客户增长率、转化率、客户满意度、销售额、市场份额等指标
数据收集和分析	收集相关的数据，可以通过内部系统、市场调研、客户反馈等方式进行。收集到的数据可以包括营销活动的执行情况、客户反馈、销售数据等。然后，通过数据分析的方法，对数据进行整理和解读，以获取有价值的见解
指标监控和比较	建立一套监控体系，定期追踪和监测关键指标的变化。这可以通过仪表板、报表和数据可视化工具来实现。同时，与之前设定的目标进行比较，以评估营销策略的效果和进展
发现问题和机会	通过监控指标，可以发现潜在的问题和机会。例如，如果客户增长率低于预期，可能需要重新评估目标客户群体或调整营销活动的定位；如果某个营销渠道表现出较高的转化率，可以进一步加大投入和推广

(续)

流程节点	说　　明
优化策略和执行	通过监控指标,可以发现潜在的问题和机会。例如,如果客户增长率低于预期,可能需要重新评估目标客户群体或调整营销活动的定位;如果某个营销渠道表现出较高的转化率,可以进一步加大投入和推广
反馈和改进	建立一个反馈机制,收集客户和员工的反馈意见。这可以通过客户满意度调查、市场研究、员工反馈会议等方式进行。根据反馈意见,银行可以进行相应的改进和调整,以进一步提升营销策略的效果

通常,项目中使用可视化大屏等方法展示业务营销情况,如图 6-7 所示。

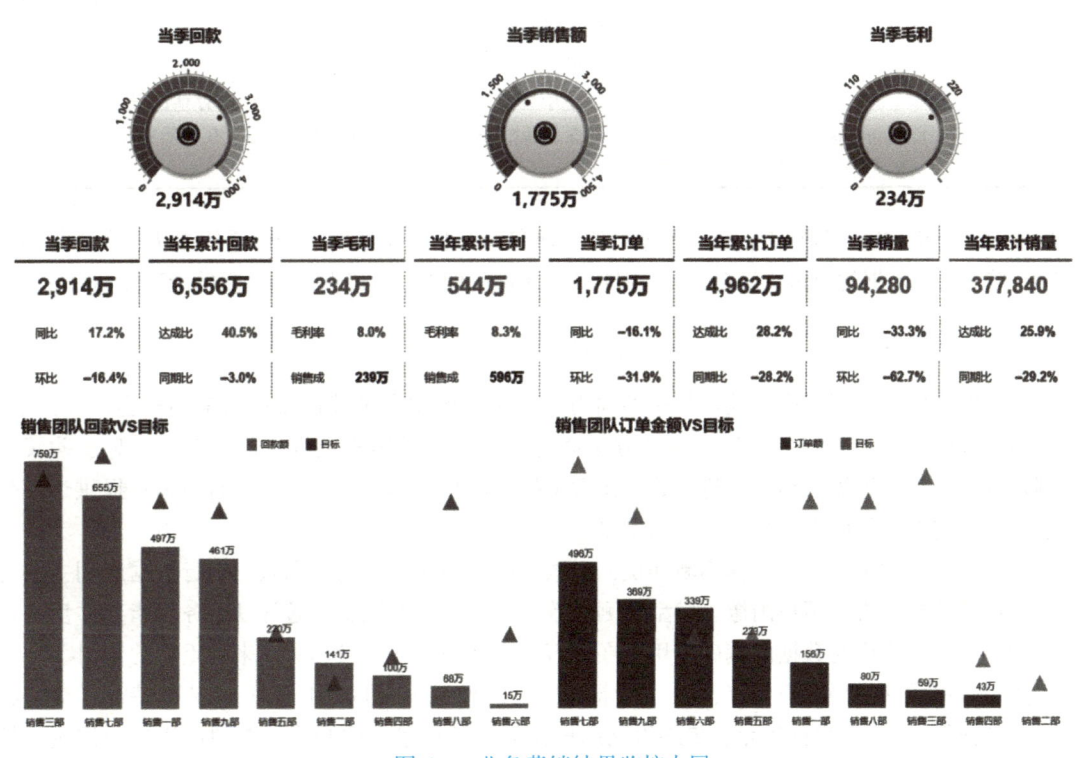

图 6-7　业务营销结果监控大屏

通过以上数字化系统,企业建立了数据结构模型,以监控数据异动,及时从数据的异动原因中找出产品优化方案"着力点",并且能预测优化结果的综合能力,辅助营销流程的改进。

6.3.4　基于因果分析方法分析活动原因

商业银行开展客户营销会构建大量活动,为此分析活动的好坏原因及相关因素,是营销活动复盘必备的条件,通常情况下,我们可以使用因果分析方法研究原因。一些常用的因果分析方法见表 6-11。

表 6-11 常用的因果分析方法

方　　法	说　　明
因果图（Causal Diagrams）	因果图是一种图形化表示因果关系的方法。它通过使用箭头表示因果关系，帮助识别和可视化各个因素之间的关联性。因果图有助于理解和分析复杂的因果链条
实验设计（Experimental Design）	实验设计是通过对实验条件进行控制来确定因果关系的方法。在实验中，通过对不同组别或条件施加不同的处理，观察结果的变化。通过对比不同组别的结果，可以确定因果关系
相关性分析（Correlation Analysis）	相关性分析用于确定两个变量之间的相关性。尽管相关性并不一定表示因果关系，但它可以提供初步的线索。通过分析变量之间的相关性，可以发现潜在的因果关系，并进行进一步的探索
回归分析（Regression Analysis）	回归分析用于评估一个或多个自变量对因变量的影响程度。通过建立回归模型，可量化因变量与自变量之间的关系，并判断是否存在因果关系。回归分析可以控制其他潜在的影响因素，提供更准确的因果推断
自然实验（Natural Experiments）	自然实验是在现实环境中观察到的自然事件或情境，提供了评估因果关系的机会。通过观察自然实验中的变化和结果，可以推断因果关系，尽管在自然实验中无法对处理进行直接控制

这些因果分析方法各具特点，可以根据具体的研究问题和可用数据选择合适的方法。在进行因果分析时，需要注意数据的质量、潜在的混杂因素以及可能的偏差，以确保因果推断的准确性和可靠性。

6.3.5 基于数据建模方法预测客户偏好

基于数据建模方法预测客户偏好是一种利用客户相关数据和统计建模技术来预测客户在产品、服务或内容方面偏好和喜好的方法。这种方法通过分析大量的客户数据，包括个人信息、购买历史、浏览行为、社交媒体活动等，建立数学模型来推断客户的偏好和兴趣，从而为客户提供个性化的产品推荐、定制化的服务或精准的营销策略。

近年来，银行数字化转型进程不断加快，对数据应用的探索也愈加深入。银行数据应用主要有五大类，包括数据分析、用户画像、模型预测、效果分析、风险控制，通常以业务为指导并反哺业务。其中，用户画像作为数据的基础应用，在银行主要业务板块中发挥着越来越重要的作用。

为了更好地了解预测客户偏好，银行通常利用行内外数据提取用户特征（基础特征、交易特征、行为特征等），将用户标签化，最终得到用户在某业务场景下的画像，并利用用户画像进行精准营销，提升各板块业务指标。用户画像维度如图 6-8 所示。

图 6-8 用户画像维度

用户偏好特征数据结合流程如图 6-9 所示。外部数据是指在合规基础上接入的第三方数据合作商数据，通常包括用户应用列表、设备信息等；内部数据是指行内交易数据，包括 MCC 商户类别码、交易描述等。

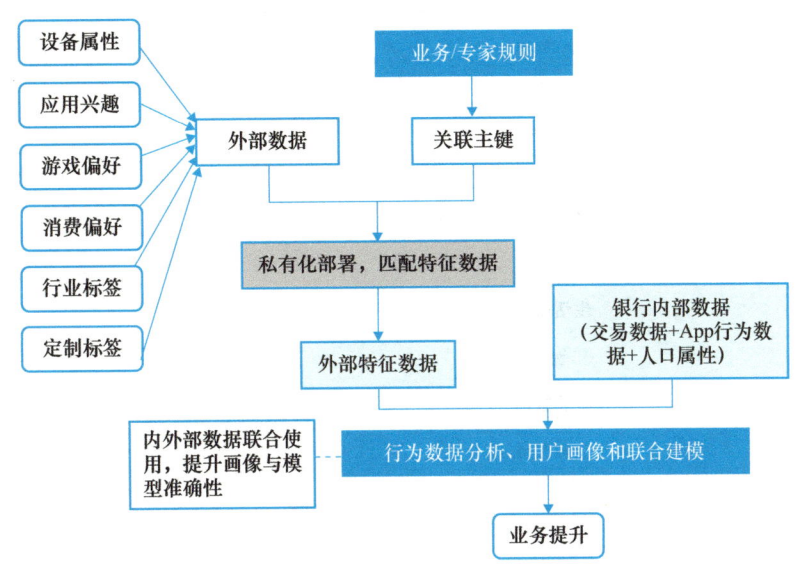

图 6-9 用户偏好特征数据结合流程

而目前对于数据建模来讲，既可以基于用户画像，也可以基于用户非结构化数据。

用户交易数据文本如图 6-10 所示。结合短文本分析研究与实践经验，可以对用户交易数据进行分析，分析客户交易偏好，预测客户特征。

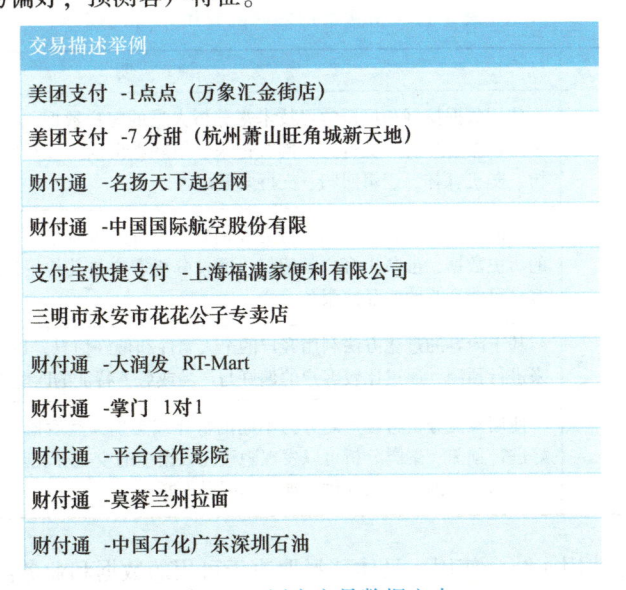

交易描述举例
美团支付 -1点点（万象汇金街店）
美团支付 -7分甜（杭州萧山旺角城新天地）
财付通 -名扬天下起名网
财付通 -中国国际航空股份有限
支付宝快捷支付 -上海福满家便利有限公司
三明市永安市花花公子专卖店
财付通 -大润发 RT-Mart
财付通 -掌门 1对1
财付通 -平台合作影院
财付通 -莫蓉兰州拉面
财付通 -中国石化广东深圳石油

图 6-10 用户交易数据文本

根据历史业务需求以及数据情况,将所有交易归为九种交易类型,如图6-11所示。在具体实践中还会进行扩展。

交易类型	交易类型代码
其他	0
餐饮	1
商旅出行	2
日用百货	3
家居装潢	4
生活服务	5
五金建材	6
服装服饰	7
金融服务	8

图 6-11　用户交易类型

根据文本挖掘,可以为用户叠加相关的兴趣标签,丰富用户的画像,完成用户特征维度的丰富与落地。

在具备了完整的用户画像数据后,就可以开展客户的偏好预测了。预测客户的偏好可以使用多种方法和技术,一些常用的方法见表6-12。

表 6-12　预测客户偏好的常用方法

方　　法	说　　明
数据挖掘和机器学习	使用数据挖掘和机器学习技术来分析大量的客户数据,并构建预测模型。这些模型可以根据客户的历史行为、购买记录、偏好做出预测。常用的机器学习算法包括决策树、随机森林、逻辑回归、支持向量机等
协同过滤	协同过滤是一种基于用户行为和偏好的推荐系统技术。它利用相似用户或相似商品的历史数据,推断出客户的偏好。通过分析客户与其他用户之间的行为相似性,预测客户可能喜欢的产品或服务
基于内容的过滤	基于内容的过滤方法利用客户的个人属性和偏好信息,以及产品或服务的特征信息,来进行预测。通过比较客户的偏好与产品或服务特征的匹配程度,推断客户的偏好
聚类分析	使用聚类分析将客户划分为不同的群体或类别,然后根据每个群体的共同特征和偏好进行预测。聚类分析可以发现隐藏在数据中的模式和相似性,从而预测客户的偏好、潜在的影响因素,以提供更准确的因果推断

以上方法可以单独使用或结合使用,具体选择取决于可用的数据和业务需求。重要的是,为了获得准确的预测结果,需要使用高质量的数据,并进行适当的数据预处理和特征工程。

6.3.6 案例：商业银行财富客户营销活动

1. 项目背景

随着银行各业务的精细化运营，经营活动从批量式逐步向互动式、个性化、场景化方式转变，越来越多的银行都在运用数据来构建自己的精准营销渠道和场景。某银行零售事业部在此潮流之下希望能够尽快突破现状，建立数字化的解决方案来应对竞争和客户流失。

财富客户作为银行关键的 VIP 客户群体，其对银行的收益影响较大。为此业务部门希望借助数据分析技术提升财富客户营销的效果。

经过深度调研，了解到当前的主要业务困境是：客群挖掘深度不足，单客群的营销效率有待提高。

2. 项目分析过程

财富客户营销数据分析流程如图 6-12 所示。本项目主要包括数据抽取、数据探索与处理、财富客户营销建模、营销执行四大步骤。

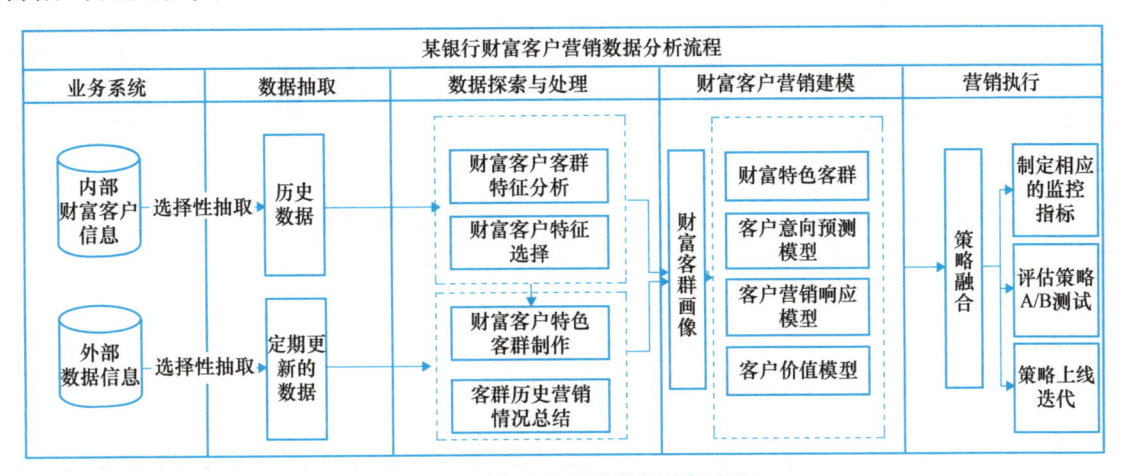

图 6-12 财富客户营销数据分析流程

其中，在数据探索与处理中，主要进行财富客户客群特征分析，财富客户特征选择，财富客户特色客群制作，客群历史营销情况总结。

在财富客户营销建模中，主要分析财富特色客群，建立客户意向预测模型，客户营销响应模型，客户价值分析，分析客户营销机会。

在营销执行阶段，采用 A/B 测试等方法，配置营销策略，完成策略落地，进一步提升客群挖掘深度，以及单客群的营销响应率。

3. 财富客户客群探索

在本案例中，我们从性别、账龄、资产、资产配置偏好、产品偏好等多维度分客群特征。相关分析结果如图 6-13 ~ 图 6-15 所示。

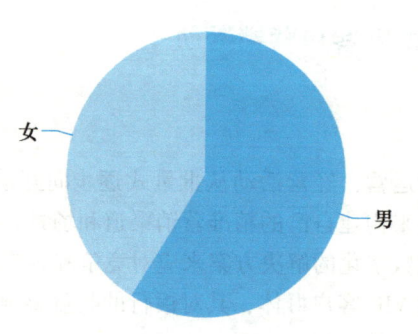

图 6-13　财富客户性别分布特征展示

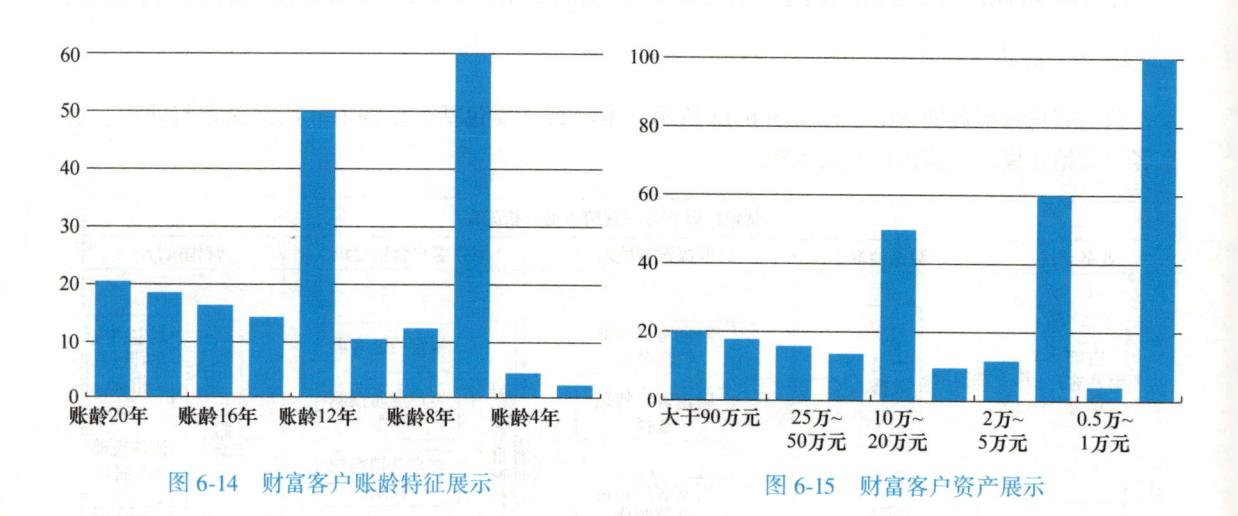

图 6-14　财富客户账龄特征展示

图 6-15　财富客户资产展示

进而总结出财富客户的最佳画像特征,见表 6-13。

表 6-13　财富客户的最佳画像特征

特　征	特　征　解　读
有需求	持有银行相关产品,年龄在 30 岁以上,普遍持有产品数量超过 2 个以上,最近有一定的咨询行为
感兴趣	客户通过手机银行访问过相关产品,并且对产品产生过咨询行为
资金足	客户平均资产超过 20 万元以上,持有理财产品累积收益大于 1 万元
有渠道	客户安装手机银行,手机银行活跃,并且部分已经添加企业微信,微信渠道活跃

4. 财富客户特色客群

在此基础上,在项目中进一步完成特色客群的规划设计。具体财富客户特色客群规划见表 6-14。

表 6-14　财富客户特色客群规划

客　群	特　征　解　读
高级白领客群	1) 高学历背景，职位级别较高 2) 收入水平较高，拥有可投资理财的资金 3) 工作压力大，生活节奏快，追求高效和私人定制服务 4) 有较好的理财教育经历，对金融产品要求较高 5) 重视职业发展和权威影响力，喜欢体面的会员制服务
退休老人客群	1) 固定退休收入，收入水平一般 2) 资产以存款和储蓄为主，风险偏好较低 3) 对健康、医疗等养老需求较高 4) 对高科技产品接受度较低，更注重线下服务体验 5) 重视家庭和代际传承，对子孙教育有较高需求
财富临界客群	1) 收入水平较高，但仍处于职业发展的上升期 2) 资产结构相对单一，但有较强的投资理财需求 3) 对保本增值类及中风险投资产品较为青睐 4) 对新兴金融科技产品和服务有较强接受度 5) 追求个性化的理财服务和资产配置建议
职场新人客群	1) 学历层次较高，大专及以上教育背景 2) 收入水平相对较低，消费能力有限 3) 对移动互联网和新兴科技运用能力较强 4) 关注自我发展，对提升技能的投资需求较高 5) 缺乏完善的理财规划意识，对个人理财知识储备不足
家庭主妇客群	1) 收入主要来源于配偶，在家料理家务 2) 投资理财意识有待提高，对金融产品认知有限 3) 关注家庭财务规划和子女教育等家庭理财需求 4) 社交活动以线下为主，重视人际关系网络 5) 对个性化服务和私人顾问服务有较高需求
发薪客群	1) 工资收入水平一般，灵活可支配收入有限 2) 主要金融需求为记账存款、小额贷款等基础服务 3) 求富意愿较强，对投资理财产品有一定需求 4) 互联网和移动智能设备使用较为普及 5) 关注产品的实用性和性价比，对线上服务便利性要求较高

在以上特色客群的基础上，项目中叠加了更多的特色客群，用来提高客群的挖掘深度。

5. 财富客户营销模型

建立客群后，为了进一步提高客群的响应效率，项目中采用聚类分析技术，将不同的客群按相似度，完成聚类，进而判断哪些客户具备营销潜力。如果 A 客户与家庭主妇客群较相似，那么可以使用家庭主妇客群的营销策略为其推荐理财产品。家庭主妇客群聚类效果如图 6-16。

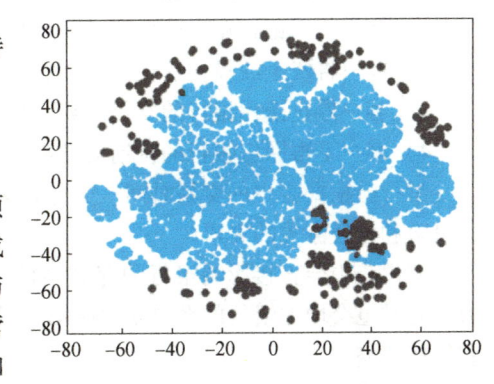

图 6-16　家庭主妇客群聚类效果

本案例通过客群聚类、客户画像数据分析方法，完成针对财富客户深度运营，提升了客群挖掘效果，同时以家庭主妇客群聚类为例，分析聚类算法的设计执行与效果监控方法。通过案例我们可知客群挖掘中结合特色客群+客群营销模型是一种较好的分析方法。这种方法的好处是补充了人工经验的不足，可以进一步提升财务客群营销效果。

6.4 客户流失挽回

【学习目标】

1) 学习银行客户流失挽回的定义。
2) 学习银行客户流失挽回流程。
3) 学习银行客户流失实时报表监控体系。
4) 学习银行客户流失原因分析。
5) 学习基于机器学习的流失建模与归因方案。
6) 学习银行公积金贷款客户流失预警与挽回案例。

客户流失挽回是指采取一系列措施，试图重新吸引曾经流失的客户回归并重新建立他们忠诚度的过程。

商业银行客户流失挽回是指采取一系列措施和策略，通过了解客户离开原因、建立个性化沟通、优化产品和服务等方式，努力挽回已经流失或即将流失的客户。这旨在保持客户忠诚度、提高客户满意度，并促使客户重新选择银行，以实现业务增长和长期盈利。

6.4.1 银行客户流失的定义

银行客户流失是指客户主动终止与银行的业务关系行为。银行客户流失是指客户在一定时间内（通常为 6~12 个月）没有在该银行发生任何交易，并且转而选择其他银行提供的金融产品和服务，从而导致与原银行的业务关系中断或终止。

客户流失的标志通常包括：

1) 客户关闭银行账户或取消银行产品和服务。
2) 客户将资金或投资从银行转移到其他金融机构。
3) 客户停止使用银行的支付结算、贷款、理财等服务。
4) 客户不再回应银行的营销活动和客户关系维护。

银行会根据客户的交易时间、交易频率降低、资产残余等指标，通过数据分析模型识别出有流失风险和已经流失的客户。

客户流失会直接影响银行的存款余额、贷款余额、中间业务收入等，进而影响银行的盈利能力，同时也会增加银行的客户获取成本。因此，银行非常重视客户流失管理，制定相应的客户留存和挽回策略。

客户流失代表着客户与银行之间业务关系的终止，需要银行通过有效措施来预防和挽回，维系优质客户资源。

6.4.2 银行客户流失挽回流程

商业银行客户流失挽回是指银行通过分析客户流失的原因，制定有针对性的营销策略和服务方案，努力挽留即将流失或已流失的优质客户，维系客户关系，提高客户的忠诚度和整体客户生命周期价值。商业银行客户流失挽回流程见表6-15。

表6-15 商业银行客户流失挽回流程

阶　　段	工 作 任 务
识别流失风险客户和已流失客户	通过数据分析模型，预测和识别哪些客户有较高的流失风险，以及哪些客户已经流失
深入分析客户流失原因	运用客户调研、数据挖掘等方式，全面分析客户流失的关键驱动因素，如服务质量、产品价格、网点布局等
制定客户挽留策略	根据流失原因，制定差异化的营销策略和服务改善方案，包括优惠活动、增值服务、个性化产品组合等
客户关系维系和再营销	通过多渠道沟通方式，主动与流失风险客户和已流失客户进行互动，施行挽留策略，努力修复和重建客户关系
效果评估与持续优化	持续评估挽留策略的执行效果，并根据反馈调整优化策略，形成客户关系生命周期管理的闭环

通过以上流程，商业银行可以积极应对客户流失风险，并努力挽回流失客户，以提高客户保留率和业务稳定性。在商业银行客户流失挽回的过程中，数据分析起到以下几个方面的作用：

1）流失原因分析：通过对客户数据的分析，可以确定导致客户流失的主要原因。数据分析可以揭示客户的行为模式、使用趋势和关键转折点，帮助银行了解客户的需求、痛点和不满意之处，从而更好地制定挽回策略。

2）挽回策略制定：数据分析提供了对流失客户的深入洞察，帮助银行制定个性化的挽回策略。通过分析客户的交易历史、产品使用情况、投诉记录等数据，可以确定最具吸引力的挽回措施和适合客户的个性化方案。

3）客户分群和优先级排序：通过数据分析，可以将流失客户划分为不同的群组或段位，根据客户价值、流失概率和挽回成本等指标，确定优先挽回的客户。这有助于银行有效分配资源，集中精力和资源在最有希望挽回的客户上，提高挽回成功率。

4）挽回效果评估：数据分析可以跟踪和评估挽回措施的效果。通过监测客户的行为变化、再次购买或使用的频率、留存率等指标，可以对挽回策略的成功程度进行量化评估，并为未来的挽回策略提供反馈和改进方向。

5）挽回策略优化：基于数据分析的结果和反馈，银行可以不断改进和优化挽回策略。通过分析不同挽回措施的效果和客户反馈，调整和优化策略，提高客户挽回的效果和效率。

总之数据分析在商业银行客户流失挽回过程中扮演着关键角色，它帮助银行深入了解客户的需求和行为，并基于数据驱动的洞察制定有效的挽回策略，提高客户挽回的成功率和效果。

6.4.3 银行客户流失实时报表监控体系

银行客户流失实时报表监控体系是用于监测和分析银行客户流失情况的一种系统。它通过实时收集、处理和分析客户数据，提供有关客户流失的关键指标和报表，以帮助银行及时发现潜在的客户流失风险，并采取相应的预防和挽留措施。商业银行客户流失实时报表监控体系见表6-16。

表6-16 商业银行客户流失实时报表监控体系

阶 段	工作任务
数据采集	银行首先需要收集客户相关的数据，包括个人信息、交易记录、服务使用情况等。这些数据可以来自银行的核心系统、客户关系管理（CRM）系统、交易数据库等。数据采集可以通过自动化的方式进行，确保实时性和准确性
数据清洗和整合	采集到的数据可能存在格式不一致、缺失值或噪声等问题，因此需要进行数据清洗和整合。这包括数据清洗、去重、填充缺失值、处理异常值等步骤，以确保数据的质量和一致性
客户流失指标定义	银行需要定义客户流失的指标和标准。这些指标可以包括客户流失率、客户活跃度、最近一次交易时间等。根据业务需求，银行可以制定不同的指标，并为每个指标设定阈值或基准值
实时监控和报表生成	在客户数据清洗和指标定义完成后，银行可以建立实时监控系统。该系统能够对客户数据进行实时监测和分析，并生成相应的报表和指标。报表可以包括客户流失趋势、流失原因分析、重要客户流失等信息，以帮助银行了解客户流失的情况和趋势
预警和挽留措施	实时监控系统可以根据预设的指标阈值或基准值，触发预警机制。当客户流失风险超过设定的阈值时，系统可以自动发送警报给相关人员，并启动相应的挽留措施。这可以包括向潜在流失客户发送个性化优惠、提供定制化服务、进行客户回访等
反馈和优化	银行应该定期评估和优化客户流失实时监控体系的效果。通过分析挽留措施的效果和客户反馈，银行可以不断改进和优化监控体系，提高客户流失预警的准确性和挽留效果

这样的实时报表监控体系能够帮助银行及时识别和应对客户流失风险，提高客户保留率，增强客户满意度，并为业务决策提供数据支持。客户流失概率监控报表如图6-17所示。

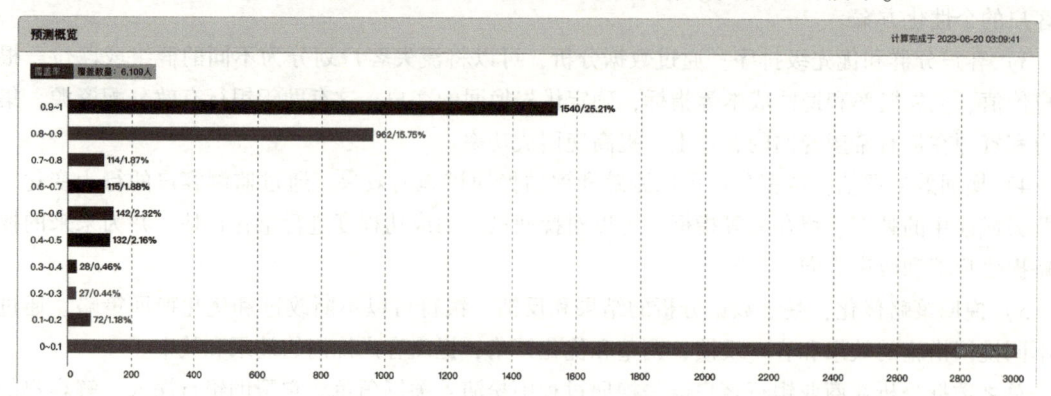

图6-17 客户流失概率监控报表

6.4.4 银行客户流失原因分析

商业银行客户流失原因见表 6-17。

表 6-17 商业银行客户流失原因

流失原因	原因解读
服务不满意	客户对银行的服务质量不满意是导致客户流失的重要原因之一。这包括长时间等待、办理手续烦琐、客户经理不专业或不友好等问题，使客户感到不被重视或无法得到满意的服务体验
利率和费用问题	客户可能会因为银行的利率不具竞争力或收取高额的费用而选择离开。如果其他银行提供更有吸引力的利率或更低的费用，客户可能会转移资金或贷款到其他机构
缺乏个性化关怀	银行在与客户互动中缺乏个性化关怀，无法满足客户的特定需求。客户希望得到个性化的建议、定制化的产品和优惠，而如果银行未能提供这样的服务，客户可能会流失
竞争对手的吸引力	竞争激烈的银行业市场，其他银行可能会通过提供更好的产品、更优惠的利率、更便捷的服务等方式吸引客户。客户可能会因为其他银行的吸引力而选择离开现有银行
变更生活情况	客户个人或家庭生活情况的变化也可能导致客户流失。例如，搬迁到其他地区、财务状况变化、就业变动等都可能影响客户与银行的关系

银行需要通过分析客户流失原因，采取相应的措施来挽回客户流失。这包括提升服务质量、个性化关怀、竞争力的定价策略、定期与客户保持联系等。同时，银行还应关注客户反馈，并不断改进和优化产品和服务，以提高客户满意度和忠诚度。在商业银行客户流失原因分析中，可以采用以下数据分析方法和技术：

1) 描述性统计分析：通过对客户数据进行描述性统计，如平均值、中位数、标准差等，了解客户的基本特征和行为模式，帮助确定客户流失的整体趋势和变化。

2) 比较分析：将流失客户与非流失客户进行比较，揭示两者之间的差异。比较分析可以包括对关键指标的对比，如交易金额、交易频率、产品使用情况等。通过比较分析，可以发现流失客户与非流失客户之间的显著差异，找到可能导致客户流失的因素。

3) 趋势分析：通过时间序列分析，观察客户流失率的变化趋势。这可以帮助银行了解客户流失的季节性或周期性模式，从而采取相应的措施预防或挽回流失。

4) 关联性分析：通过关联规则挖掘或进行相关性分析，探索客户流失与其他因素之间的关系。例如，使用关联规则挖掘技术可以发现哪些产品或服务的使用组合与客户流失之间存在关联。相关性分析可以通过计算相关系数或使用机器学习算法来确定客户流失与不同变量之间的相关性。

5) 预测建模：使用机器学习算法和预测模型，如逻辑回归、决策树、随机森林等，建立客户流失的预测模型。通过分析客户的特征和行为数据，预测哪些客户更有可能流失，以便采取相应的挽回措施。

6) 文本分析：对客户的文本数据进行情感分析和主题建模，了解客户的意见、反馈和投诉。这可以帮助银行发现潜在的不满意因素和问题，从而改进产品、服务和客户体验。

7）客户细分分析：通过聚类分析或分类算法，将客户划分为不同的细分群体。这可以帮助银行理解不同细分群体的流失特征和行为模式，为制定个性化的挽回策略提供依据。

以上方法和技术的选择取决于可用的数据、问题的复杂性和分析目标。通过综合运用这些数据分析方法，商业银行可以全面了解客户流失的原因，为挽回客户提供有针对性的解决方案。

6.4.5 基于机器学习的流失建模与归因方案

传统的客户流失预警属于客户关系管理领域，主要是基于人工经验建立一些简单规则来判断客户是否即将流失。这类方法主要存在两个问题：一是由于识别方法仅仅是基于人工经验建立的简单规则，所以这类方法的精度不高，对流失客户的识别效果可能不够好；二是由于简单的人工经验容易存在误差，所以这类方法难以获知客户流失的真正原因，制定的挽留措施没有针对性，挽留效果也不够好。

为弥补传统流失预警方法的不足，学术界和工业界做出了很多探索与研究。其中，统计学家将数据挖掘算法引入这一业务场景极大地改进了传统方法的缺点。这些数据挖掘算法包括：逻辑回归、生存分析、时间序列等传统统计学模型；也包括聚类、支持向量机、集成模型、神经网络等机器学习算法；还包括 SHAP、lime 等可解释算法。

其中，传统的统计学模型理论完备，解释性好，但是精度一般；机器学习算法精度很高，但是解释性差，可能更适合现在的高维大数据；可解释算法可以帮助我们对模型进行解释，在流失预警的业务场景中可以给出导致客户流失的原因。

在这种情况下，可以先使用机器学习算法建立流失预警模型识别有流失信号的客户；再使用可解释算法进行流失归因，流失归因可以具体分析每个流失客户发生流失的原因，针对其流失原因再制定相应的挽留措施，这能提高营销效果。客户流失机器学习模型开发流程如图 6-18 所示。

图 6-18 客户流失机器学习模型开发流程

目前业内主流的流失预警的建模方案主要是基于机器学习模型搭建的，可以使用 SHAP（SHapley Additive exPlanation）完成模型解释功能。

SHAP 是一种事后可解释算法，最早起源于加州大学洛杉矶分校的 Lloyd Shapley 教授（2012 年诺贝尔经济学奖获得者）在博弈论领域提出的 Shapley Value 的思想，后续的一些学者基于这一思想提出了适用于机器学习领域的事后可解释算法 SHAP。SHAP 的核心思想是计算特征对模型输出的边际贡献，再从全局和局部两个层面对"黑盒模型"进行解释，SHAP 理论完备，表达直观，还能展示特征间的交互作用，下面我们以举例的方式简要说明 SHAP 的基本原理。

例如，对于某项任务，现在共有 3 人（X、Y、Z）可以被安排完成该任务，且已知：

1）将该项任务单独或以任意组合的形式分配给这 3 人时，各种情况下的产出 C（Contribution）：

① 将工作单独分配给 1 人时，单个人的产出 C(X)= 20，C(Y)= 10，C(Z)= 20；

② 将工作分配给 2 人合作时，任意 2 人的合作产出 C(X,Y)= 30，C(X,Z)= 50，C(Y,Z)= 60；

③ 将工作分配给 3 人合作完成时，3 人合作的产出是 C(X,Y,Z)= 100。

2）当 3 人的合作顺序为 X→Y→Z 时，可以计算此合作顺序中 3 人的边际贡献 MC（Marginal Contribution）：

① MC(X)= C(X)= 20；

② MC(Y)= C(X,Y)-C(X)= 30-20= 10；

③ MC(Z)= C(X,Y,Z)-C(X,Y)= 100-30= 70。

3）X、Y、Z 这 3 人的合作顺序共有 6 种，X→Y→Z 只是其中的一种，我们按照同样的方法计算所有顺序下 3 人各自的边际贡献及其平均值。SHAP 原理解释如图 6-19 所示。

合作顺序	边际贡献		
	MC(X)	MC(Y)	MC(Z)
X→Y→Z	20	10	70
X→Z→Y	20	50	30
Y→Z→X	40	10	50
Y→X→Z	20	10	70
Z→X→Y	30	50	20
Z→Y→X	40	40	20
边际贡献平均值（SHAP 值）	28.3	28.3	43.3

图 6-19　SHAP 原理解释

我们可以按照上述案例的思路来简单理解 SHAP 的基本原理：①可以将案例中的参与者 X、Y、Z 视作建模用到的特征；②将参与者的合作视作一次建模；③将参与者合作的产出视作模型的输出值；④每个参与者的边际贡献平均值就是每项特征对应的 SHAP 值。并且可以从总体和局部两个层面计算每项特征的 SHAP 值：总体层面得到的 SHAP 值类似于"树模型"中的特征重要性，这可以用于衡量特征在该模型的重要程度；局部层面得到的 SHAP 值可以对每个样本计算每项特征对模型输出的影响，这可以用于解释每个样本预测结果是由哪些特征如何导致的。

流失归因的目标是分析每个被预测为流失的客户为什么会流失，可解释算法 SHAP 的局部解释可以解释每个样本的预测结果是由哪些特征导致的，所以我们可以先使用 SHAP 分析每个客户被预测为流失时各个特征的影响程度。流失归因解读如图 6-20 所示，结合模型对客群流失的特征（SHAP 值）分析，对客户流失的贡献度较高的特征为：存款金额少、存款产品少、AUM 低、年龄较小等。综合原因可能为产品缺乏竞争力、活动较少、未重视年轻客群等。建议可以采取相关的措施，如加强客户关系维系、差异营销、扩大销售、更多营销活动等。

图 6-20　流失归因解读

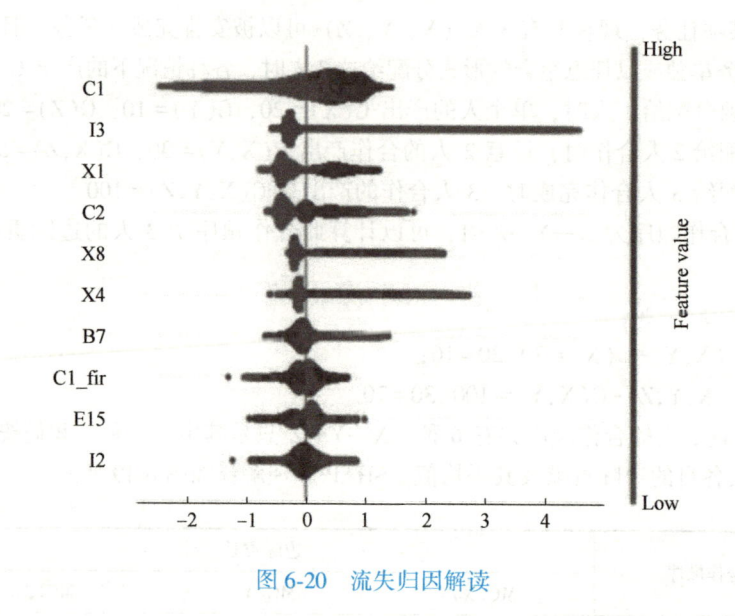

6.4.6　案例：银行公积金贷款客户流失预警与挽回

1. 项目背景

银行作为提供公积金贷款服务的金融机构，面临着客户流失的挑战。客户流失可能导致贷款余额减少、利润下降以及竞争力的损失。因此，银行希望通过预警和挽回项目，及时识别有可能流失的客户，并采取措施留住他们。

2. 项目目标

1）预警潜在的贷款客户流失：通过建立客户流失预警模型，对公积金贷款客户进行风险评估，识别潜在的流失风险客户。预警模型可以基于历史数据和客户行为特征，结合机器学习和数据挖掘技术，预测客户的流失概率。

2）实施挽回措施：一旦识别到有可能流失的客户，银行将采取一系列挽回措施，以留住这些客户并提升客户满意度。挽回措施可能包括个性化的营销活动、优惠利率、增值服务、定期沟通等，以维护客户关系并增加客户忠诚度。

3. 项目分析过程

某银行公积金贷款客户流失预测分析流程如图 6-21 所示。

在数据探索与处理中，主要进行财富客户客群特征分析，筛选公积金贷款流失特征历史流失情况分析。

在贷款流失客户建模中，主要包括公积金贷款流失客户预测，公积金贷款价值预测，国央企公积金贷款流失价值，民营企业公积金贷款流失预测等模型。

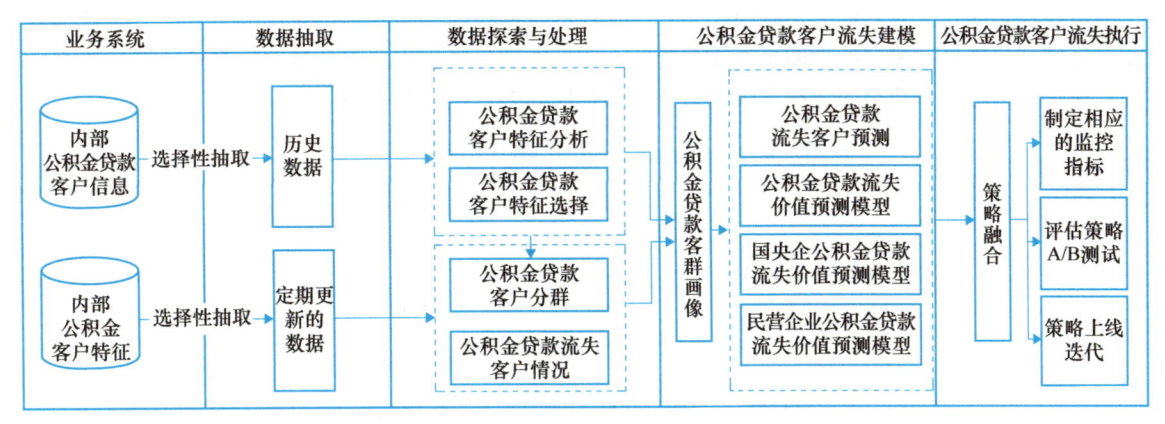

图 6-21 某银行公积金贷款客户流失预测分析流程

在流失挽留执行阶段，采用 A/B 测试等方法，配置完挽留策略，评估方法等。

4. 基于机器学习建模预测企业公积金贷款客户流失

本项目中，采用多种数据分析方法，预测客户流失。对于企业公积金贷款客户，主要采用机器学习的方法完成对客户流失的预测，主要流程见表 6-18。

表 6-18　企业公积金贷款客户流失预测主要流程

流　程	内　容
数据收集和准备	收集与公积金贷款客户相关的数据，包括客户基本信息、贷款申请记录、还款历史、交易行为等。确保数据的完整性和准确性，并针对建模任务进行必要的数据清洗和预处理，如处理缺失值、处理异常值、特征编码等
特征选择和工程	根据业务理解和领域知识，选择与流失预测相关的特征。可能的特征包括客户的个人信息（如年龄、性别、婚姻状况）、贷款相关信息（如贷款金额、贷款利率、贷款用途）、还款历史（如逾期情况、还款频率）、交易行为（如存款金额、交易频率）等。还可以创建新的特征，如贷款偿还能力指标、客户忠诚度评分等
数据划分	将数据集划分为训练集和测试集。训练集用于模型的训练和参数调优，测试集用于评估模型的性能和泛化能力
模型选择和训练	选择适合流失预测的机器学习算法，如逻辑回归、支持向量机、随机森林、梯度提升树。使用训练集对模型进行训练，并根据评估指标（如准确率、召回率、F_1 分数等）进行模型调优
模型评估	使用测试集评估模型的性能。可以计算模型的准确率、召回率、F_1 分数等指标，也可以绘制 ROC 曲线和计算 AUC（曲线下面积）值来评估模型的预测能力
模型应用和流失预测	使用训练好的模型对新的未知数据进行流失预测。根据模型的输出概率或分类结果，识别潜在的流失风险客户
挽回策略和措施	根据流失预测结果，制定挽回策略和措施，采取个性化的行动来挽留潜在流失客户。这可能包括定制化的营销活动、提供优惠措施、改善客户体验等
持续监测和优化	持续监测模型的性能和挽回效果，并根据实际情况进行调整和优化。定期更新模型，使用新的数据进行训练，以保持模型的准确性和适应性

需要注意的是，建立流失预测模型是一个迭代的过程，需要不断地优化和改进。同时，数据的质量和特征的选择对模型的性能也有重要影响，因此在建模过程中要保证数据的质量和特征的有效性。例如本次案例中使用的特征与训练效果分别如图6-22、图6-23所示。

列序	属性名	描述
1	RowNumber	行号
2	CustomerId	客户ID
3	Surname	姓氏
4	CreditScore	信用评分
5	Geography	地理位置
6	Gender	性别
7	Age	年龄
8	Tenure	任期
9	Balance	余额
10	NumOfProducts	产品数量
11	HasCrCard	是否拥有信用卡
12	IsActiveMember	是否为活跃用户
13	EstimatedSalary	估计收入
14	Exited	是否流失
15	Complain	投诉
16	Satisfaction Score	满意度
17	Card Type	卡类型
18	Point Earned	赚取的积分

图 6-22　企业公积金贷款客户流失特征

	precision	recall	f1-score	support
0	0.83	0.97	0.89	5557
1	0.64	0.23	0.34	1443
accuracy			0.81	7000
macro avg	0.73	0.60	0.62	7000
weighted avg	0.79	0.81	0.78	7000

图 6-23　模型训练预测效果

本案例通过数据挖掘与机器学习数据分析方法，完成针对公积金贷款流失客户的预测，提升了客户流失预测效果，同时以企业公积金贷款客户流失为案例，分析流失预测算法的设计执行与效果监控方法。通过该方式，可以大幅度提高公积金违约客户的发现数量，降低银行的商业损失。

6.5　在线客户支持与服务

【学习目标】

1）理解银行在线客户支持与服务定义。
2）理解银行在线客户支持与服务业务流程。
3）理解基于运筹优化算法优化客服排班流程。

4）理解基于非结构化数据挖掘构建智能问答服务。
5）理解商业银行智能在线智能客服案例。

银行的在线客户支持与服务主要包括：网上银行和手机银行、在线客服、远程银行服务、网上营销与销售等板块。数据分析作为最重要的技术手段，在在线客户服务中拥有广泛的应用场景，是银行提升在线服务质量的关键。

6.5.1 银行在线客户支持与服务的定义

银行在线客户支持与服务是指银行通过互联网、移动应用程序等数字化渠道，为客户提供各种账户管理、交易处理、咨询解答等无需到柜面即可完成的服务，主要包括以下几个方面：

1）账户查询与管理：客户可以在线查询账户余额、交易明细、电子账单等信息，并进行账户设置、转账汇款、信用卡还款等账户管理操作。

2）在线金融交易：客户可以在线进行基金、理财、贷款、外汇等各类金融产品的申购、赎回、还款等交易，实现足不出户的投资理财。

3）信息咨询服务：银行通过网站、App、在线客服等渠道，为客户提供金融市场行情、产品介绍、政策法规等各类资讯和咨询服务。

4）智能客服系统：利用人工智能等技术，构建自动问答机器人、语音识别系统等智能化客服系统，7×24小时在线解答客户各类咨询。

5）远程身份认证：运用人脸识别、生物特征等技术，实现客户远程身份核验，为在线开户、办理业务等提供便利。

6）个性化推荐与营销：根据用户画像和行为偏好，为客户推荐合适的产品与优惠活动，提升用户体验和营销转化率。

7）在线智能投顾：基于大数据分析，为客户量身定制投资策略与组合，提供人工智能投资顾问服务。

银行在线支持服务的最终目标是为客户带来优质的全方位数字金融体验，提高服务效率和用户黏性，并降低运营成本，实现线上线下服务融合发展。

6.5.2 银行在线客户支持与服务业务流程

银行在线客户支持与服务业务流程可以根据具体的银行和服务范围而有所不同。如表6-19所示，银行典型的在线客户支持与服务业务流程见表6-19。

表6-19　银行典型在线客户支持与服务业务流程

流　　程	内　　容
客户接入	客户通过银行的在线渠道（网站、手机应用等）访问在线客户支持与服务平台
身份验证	在客户接入后，银行会进行身份验证以确保客户的安全和隐私。这可以包括使用用户名和密码、双因素身份验证、指纹识别等方式
查询和问题解答	客户可以提交查询、问题或寻求帮助。这些问题可以涉及账户余额、交易记录、产品信息等。银行的客服人员或智能机器人系统会尽快回复并提供解答

(续)

流程	内容
交易和服务请求处理	客户可以通过在线渠道提交各种交易和服务请求，如转账、支付账单、贷款申请、更改账户信息等。银行会对这些请求进行处理，验证信息并执行相应的操作
产品和服务推荐/技术支持/投诉处理	如果客户遇到在线渠道或技术方面的问题，银行会提供技术支持，帮助客户解决问题，如重置密码、解决登录问题等 如果客户有投诉，银行在线客户支持与服务团队会接收和记录投诉，并启动相应的投诉处理流程。银行会尽快回应客户的投诉，并采取适当的措施解决问题 基于客户的需求和偏好，银行可以通过在线客户支持与服务平台向客户推荐适合的产品和服务，如信用卡、投资产品等
客户满意度调查	为了评估客户对在线客户支持与服务的满意度，银行可能会定期进行客户满意度调查，以收集反馈和改进服务质量

银行在线客户服务的页面展示如图 6-24 所示。

图 6-24 银行在线客户服务页面展示

在银行的在线客户支持与服务中，可以使用以下数据分析技术来提供更好的服务和支持：

1) 自然语言处理（NLP）：NLP 技术可以用于理解和处理客户提交的文本查询和问题。它可以帮助银行识别关键词、实体提取、情感分析等，从而更准确地理解客户需求并提供相应的响应。

2) 机器学习：机器学习算法可以用于构建智能客服系统，通过学习历史数据和客户交互的模式，预测客户需求，提供个性化的建议和解决方案。

3) 文本挖掘：通过文本挖掘技术，银行可以从大量的客户查询和反馈中提取有价值的信息，例如发现常见问题、识别趋势和模式，以便改进服务和解决潜在问题。

4) 情感分析：通过情感分析技术，银行可以识别客户在交互过程中所表达的情绪和情感状态。这有助于银行更好地分析客户的体验，并及时采取措施来解决问题或提供额外的支持。

5) 数据可视化：数据可视化技术可用于将大量的数据以图表、图形和仪表板等形式呈现，帮助银行人员更好地理解和分析客户查询、投诉、满意度等数据，从而更好地了解客户需求。

6) 预测分析：通过预测分析技术，银行可以根据历史数据和客户行为模式，预测客户未来的需求和行动，以及时推荐适合的产品和服务，提前识别潜在的问题等。

7) 客户细分和个性化推荐：通过客户细分和个性化推荐技术，银行可以将客户划分为不同的群体，并为每个客户提供个性化的推荐和服务建议，以满足其特定的需求和偏好。

这些数据分析技术可以帮助银行在线客户支持与服务团队更好地理解客户需求、提供个性化的服务、改进客户体验，并根据数据洞察进行战略决策和持续改进。

6.5.3 基于运筹优化算法优化客服排班流程

客户服务部门是银行以服务质量赢得客户信赖的基石，其拥有上万名一线的客服，每天进线量巨大；且伴随着业务量的起伏，每一周甚至每一天的不同时段都有需求量上的巨大变化。

排班问题，实际上就是一个带大量软硬约束的超大规模最优化问题。这是一个整数规划问题。遇到问题，首先要找类似的问题来参考。我们使用了一个有一些相似的护士排班问题（Nurse Rostering Problem，NRP），NRP 可以很好地帮助我们理解银行排班问题。

护士排班问题是指在给定的时间内为特定的一组护士安排班次，并使该排班方案满足各种硬性约束条件，同时尽量满足各种软性约束条件。为了方便后续理解，这里以 the International Nurse Rostering Competition 2010 的规则为例，这部分规则约束十分核心。

1. NRP 的核心约束分软硬两类

（1）硬约束

1) 班次全部分配：每个班次都需要分配给一名员工。
2) 班次不能冲突：员工每天只能轮班一次。

（2）软约束　这些约束实际情况中经常违反，因此这里决定将这些约束定义为软约束。

2. 工作感受约束

1) 班次分配范围分配：每位员工需要工作超过 a 个班次且少于 b 个班次（取决于合同或约定）。
2) 连续工作天数：每位员工需要连续工作 c 至 d 天（取决于合同或约定）。
3) 连续休息天数：每位员工需能连续休息 e 到 f 天（取决于合同或约定）。
4) 连续工作周末数：每位员工可以连续工作的周末数，一般在 g 到 h 之间（取决于合同或约定）。
5) 尽量保持周末完整：员工如果需要在周末上班，那就周末两天都值班，放休就要尽量两天都放休。
6) 周末上班班次一致：同一个员工在周末两天都上班的情况下，周末班次尽量保持一致。
7) 人性化的排班模式：尽量避免前后班次间隔时间太短，或连续上太辛苦的班次。例如第一天上晚班，第二天接着上早班；或者连续上 3 天早晚班。

3. 员工对班次的一些临时期望

1) 要求安排班次：某位员工想在指定的一天进行工作，尽量不要放休。
2) 希望放休：某位员工指定某一天希望能给其放休，不要安排班次。

3）希望指定班次：员工希望能分配给其特定的班次。

4）希望避免班次：员工不希望被分配到特定的班次。

4. 技能要求：尽量安排上班的护士已熟练掌握该班次所需的技能

看完约束，NRP 的描述就很明了了。即在数值化定义好各个约束的重要性后，在尽量平衡所有约束的情况下，不停调整班表，以获得最好的排班。

一个最为简单的调整示例如图 6-25 所示。

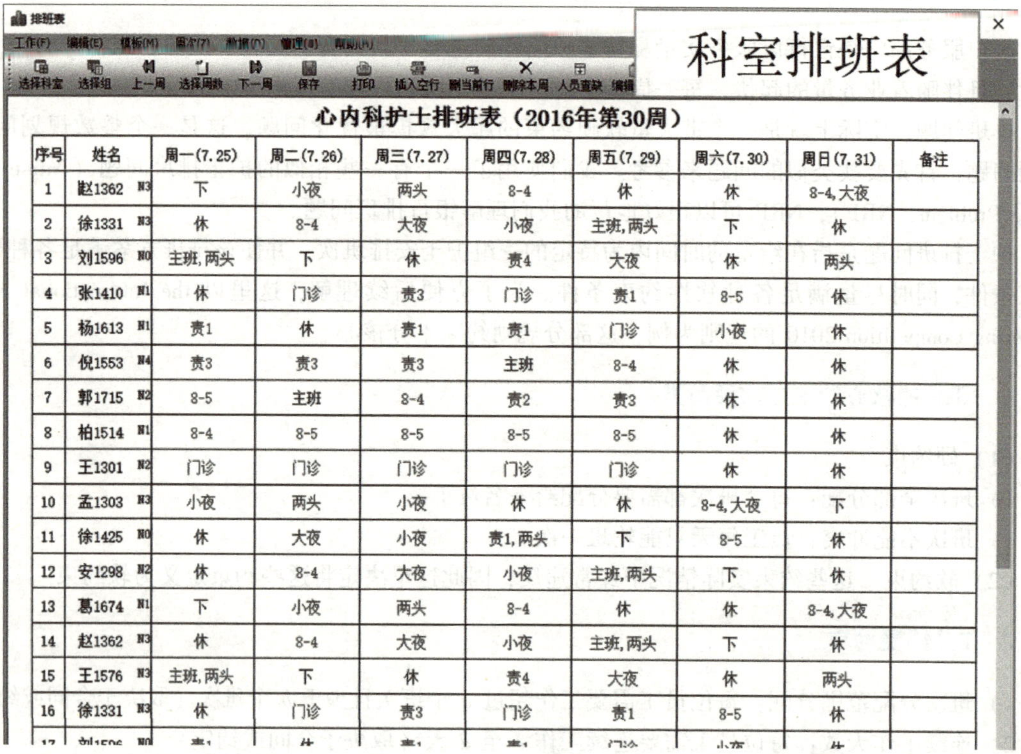

序号	姓名	周一(7.25)	周二(7.26)	周三(7.27)	周四(7.28)	周五(7.29)	周六(7.30)	周日(7.31)	备注
1	赵1362 N3	下	小夜	两头	8-4	休	休	8-4,大夜	
2	徐1331 N3	休	8-4	大夜	小夜	主班,两头	下	休	
3	刘1596 N0	主班,两头	下	休	责4	大夜	休	两头	
4	张1410 N1	休	门诊	责3	门诊	责1	8-5	休	
5	杨1613 N1	责1	休	责1	责1	门诊	小夜	休	
6	倪1553 N4	责3	责3	责3	主班	8-4	休	休	
7	郭1715 N2	8-5	主班	8-4	责2	责3	休	休	
8	柏1514 N1	8-4	8-5	8-5	8-5	8-5	休	休	
9	王1301 N2	门诊	门诊	门诊	门诊	门诊	休	休	
10	孟1303 N3	小夜	两头	小夜	休	休	8-4,大夜	下	
11	徐1425 N0	休	大夜	小夜	责1,两头	下	8-5	休	
12	安1298 N2	休	8-4	大夜	小夜	主班,两头	下	休	
13	葛1674 N1	下	小夜	两头	8-4	休	休	8-4,大夜	
14	赵1362 N3	休	8-4	大夜	小夜	主班,两头	下	休	
15	王1576 N3	主班,两头	下	休	责4	大夜	休	两头	
16	徐1331 N3	休	门诊	责3	门诊	责1	8-5	休	

图 6-25 护士排班示例

NRP 最终的目的是得到一份合理的班表，用来表示所有护士每天的班次安排。同时，要注意在 NRP 中，调整的最小颗粒度是班次，这里将引出客服排班问题和 NRP 的最大不同。

银行的业务量每天都有着巨大的变化，加之对用户电话进线等待时间按秒计算，为了保证服务质量，对业务的控制需要细化到 15 分钟的级别，才能保证服务质量，给用户带来最好的客服体验。

因此我们无法像 NRP 将排班简化为一天 3 个班次，而是细化到每天 96 个时段。由于整体安排的颗粒度细化到分钟级，就不能仅仅安排班次，而是需要提高一个维度，额外计算员工的会议、休息、加班、放休等对每分钟业务量和应答量的影响。这导致整个问题的复杂程度呈指数级上升。

而且现实中的核心约束远比 NRP 复杂地多，总共近百条各种规则约束，对约束设计也提出了更高的挑战。

约束设计需要数值化，但是数十上百的约束，两两之间的比例关系要恰当。这就要求数千的比例关系都要经详细论证并且恰当，才能得到最终合适的班表，如若不然，很容易导致约束失衡，最终导致班表的不可用。比如，如果我们设计不合理，可能不仅业务量无法得到满足，部分员工也会超时加班，这将导致这部分员工的工作体验较差；或者在不需要的情况下，安排员工进行意义很小的加班，导致人员的浪费。

客服排班实际上就是安排员工在每个时间段的工作状态，以及每个时段员工所做的技能工种。

因此，我们先抽象出一个最基础的模型，包含三个维度：人员、工种以及时间，这样就形成了一个三维度的空间如图 6-26 所示。

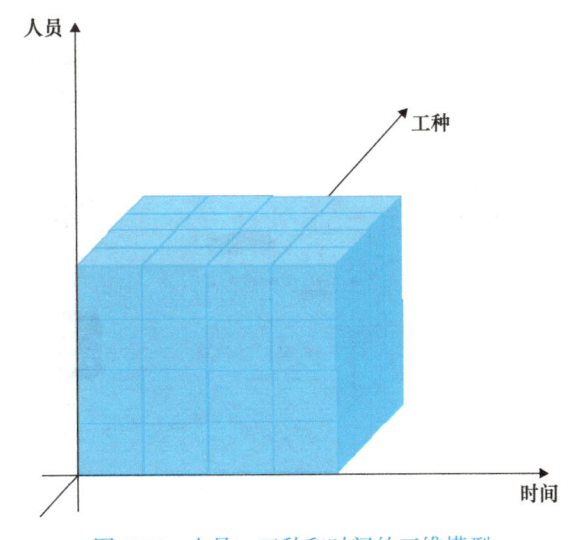

图 6-26 人员、工种和时间的三维模型

在这个模型下我们的目标就是填满整个空间，在尽量满足约束条件的情况下，给每个最小单元安排上工作状态（工作、下班、休息等），这样就获得了班表。

按照基本结构直接进行排班是否可行呢？答案是肯定的。只需要通过算法调整每个最小单元的状态，在这三种状态中选择一个，然后设定合理的约束条件就能开始跑起来了，理论上也可以得到我们想要的结果。

不过设定好一切你会发现，根本得不到一个优秀的解，甚至一个合法的解都很难得到。这是因为按照这个模型去启发式搜索，搜索空间太广。我们可以简单算一下，设排班人数为 100 人，有 2 种不同的工种可以安排，安排一周的班次，时间颗粒度为 30 分钟。

围棋一共个 19×19 = 361 点，每个点由 3 种状态（黑，白，空），而真实情况远比这假设要复杂得多，整个问题的复杂度也是指数上升，无法算出合适的结果。

因此需要在基础结构上做一些优化，加一层结构。首先，变量由每个最小时间单元改为工作区间，设上班时间都是整点，那一天最多 24 个班次，加上本休不上班，一共 25 种可能。休息开会等可以抽象为上班时间内的整点"中断"，这样整体复杂度可以下降为

$$25^{100 \times 7} \times 8^{100 \times 7}$$

6.5.4 基于非结构化数据挖掘构建智能问答服务

基于非结构化数据挖掘构建智能问答服务是一种强大的技术应用,可以帮助用户从大量的非结构化文本数据中提取有用的信息并回答用户的问题。智能问答逻辑如图 6-27 所示。

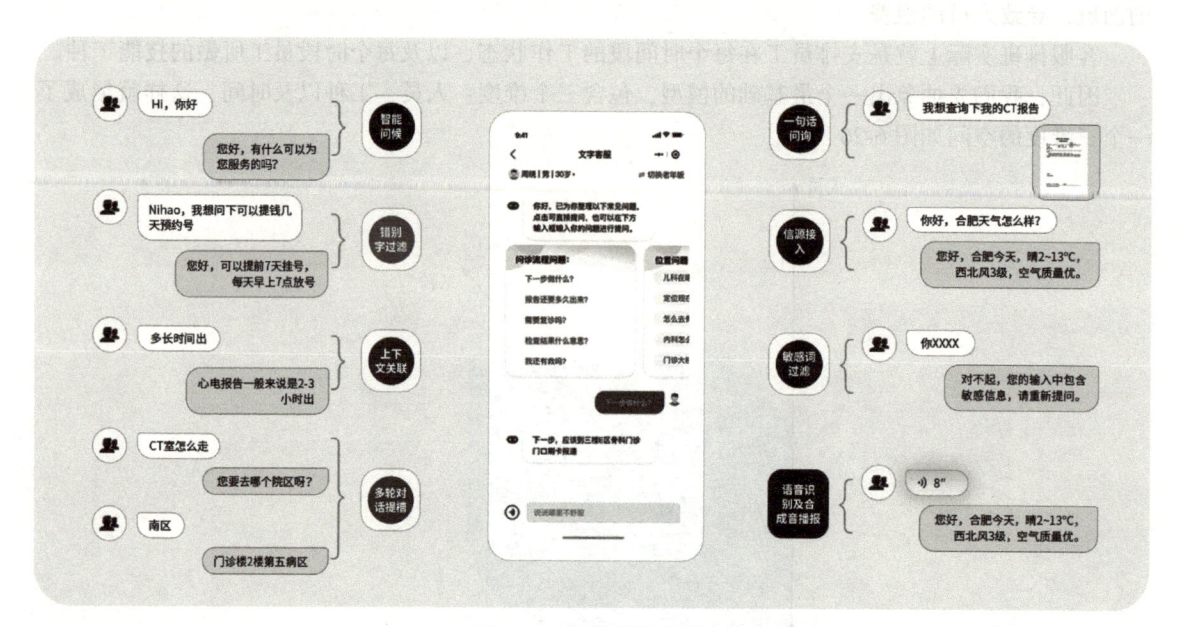

图 6-27 智能问答逻辑

通常情况下,智能问答服务,主要是在银行的电子渠道、呼叫中心、客服中心等处发挥作用,可以大大降低这些服务业务成本,提升效率。这里面主要包括的技术,如表 6-20 所示。

表 6-20 智能问答包括的技术

技术板块	技术说明
自然语言处理(Natural Language Processing,NLP)	NLP 技术用于处理和理解人类语言。它包括词法分析、句法分析、语义分析、语言生成等技术。NLP 技术可以帮助将用户的问题进行解析和理解,以及将答案生成为自然语言形式
信息检索(Information Retrieval)	信息检索技术用于从大量文本数据中快速检索出与用户问题相关的信息。常见的技术包括倒排索引、向量空间模型、文本相似度计算等。这些技术可以帮助定位可能包含答案的文档或文本片段
机器学习(Machine Learning)	机器学习技术用于从已标注的数据集中学习模式和规律,以便对新的问题进行预测和分类。在智能问答服务中,机器学习可以用于训练问答模型,包括分类模型、序列模型、深度学习模型等
文本表示与嵌入(Text Representation and Embedding)	文本表示技术将文本数据转换为计算机可处理的向量。常见的技术包括词袋模型(Bag-of-Words)、词嵌入(Word Embedding)如 Word2Vec、GloVe 等。这些技术可以帮助模型理解单词和句子之间的语义关系,从而提高问答的准确性

(续)

技术板块	技术说明
知识图谱（Knowledge Graph）	知识图谱是一种结构化的知识表示形式，用于存储实体、属性和它们之间的关系。在智能问答服务中，知识图谱可以用于存储和查询领域知识，帮助回答问题。常见的知识图谱包括 WordNet、DBpedia、Freebase 等
问答匹配（Question Answering Matching）	问答匹配技术用于将用户的问题与已有的问题进行匹配，以找到相似或相关的问题及其答案。常见的问答匹配技术包括基于相似度计算的方法、基于语义匹配的方法、基于深度学习的方法等
对话系统（Dialogue System）	对话系统技术用于模拟人与人之间的对话交流，实现更自然和交互性的问答体验。常见的技术包括基于规则的对话管理、基于统计的对话生成、基于强化学习的对话策略等

在智能问答服务中，主要挖掘的数据即为非结构化数据，包括文本、图片、语音等。因此，分析非结构化数据即为该种类型分析任务核心。常见的非结构化数据分析方法见表6-21。

表 6-21　常见的非结构化数据分析方法

技术板块	技术说明
文本数据分析方法	1）文本分类：将文本数据分为不同的预定义类别或标签。 2）文本聚类：将文本数据分组为具有相似特征的簇。 3）情感分析：分析文本中的情感倾向，如情绪、态度和情感极性。 4）命名实体识别：识别文本中的特定实体，如人名、地名、组织名等。 5）关键词提取：从文本中提取出关键词或短语，表示文本的主题或重要信息。 6）主题建模：通过发现文本数据中的潜在主题，对文本进行建模和分析。 7）文本生成：基于给定的上下文或语义，生成新的文本
图片数据分析方法	1）物体检测与识别：识别图像中的物体并进行分类和定位。 2）图像分割：将图像分成不同的区域或对象。 3）图像特征提取：提取图像中的特征向量，如边缘、纹理、颜色等。 4）图像分类：将图像分为不同的类别或标签。 5）目标跟踪：在图像序列中跟踪特定目标的位置和运动。 6）图像生成：基于给定的条件或语义，在图像空间中生成新的图像
语音数据分析方法	1）语音识别：将语音信号转换为文本或指令。 2）语音情感识别：分析语音中的情感状态，如高兴、悲伤、愤怒等。 3）说话人识别：识别和区分不同的说话人。 4）语音合成：将文本转换为自然流畅的语音信号。 5）语音分类：将语音数据按照不同的类别进行分类。 6）语音转换：改变语音信号的特征，使其听起来像其他说话人或语音风格

基于以上方法，一般情况下对于一个客户提问，主要使用问题推荐，问题理解，问题解决等三个板块的内容。以某企业客服服务为例，最终的智能回答服务效果如图 6-28 所示。

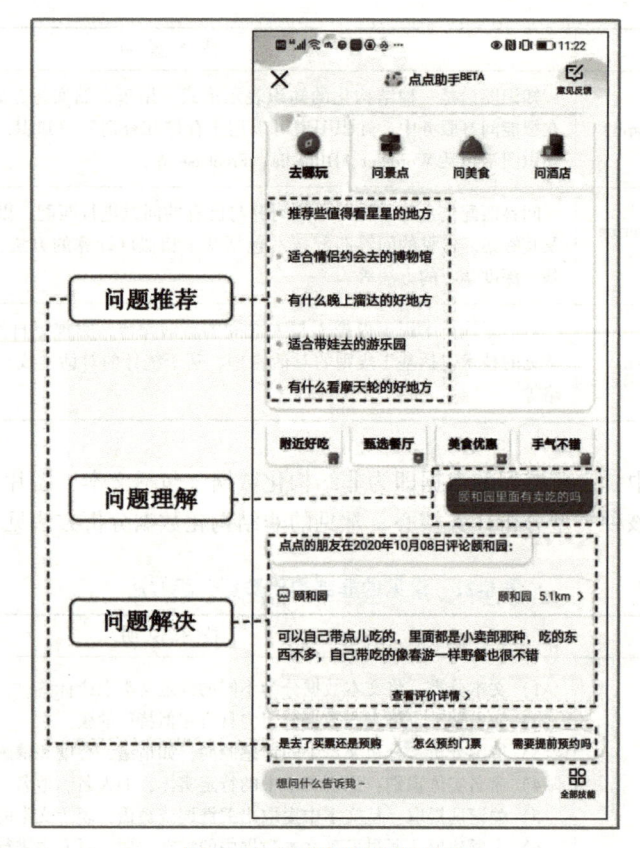

图 6-28 智能回答服务效果

6.5.5 案例：商业银行智能客服

1. 项目背景

　　某银行是一家从业人员超过 5 万人的金融机构，拥有众多营业网点，覆盖范围广泛。在过去十多年的创新发展中，该银行一直致力于不断丰富服务客户的渠道和方式，并扩展了广泛的应用和服务场景。随着新业务的创新，该银行迅速吸引了大量客户，业务量呈直线增长，因此各种与业务相关的咨询、办理和消费等服务需求也随之而来。客户对于在线渠道提供的服务有着越来越高的期望，对问题响应的时效要求也越来越严格。然而，当时该银行的客户服务支持主要依赖于座席电话，这作为整体服务的对外窗口，扮演着连接外部客户和内部服务的关键角色。

　　为了更好地支撑业务发展，某银行量身打造了新一代由 AI 技术支撑的智能服务机器人平台，并布局门户、网上银行、手机银行、微信银行等多个在线渠道应用，结合在线座席和呼叫中心系统升级，形成更加立体、综合化的服务网络。此外也引入知识库与微信智能客服系统，有效提升客服人员的服务效率、服务质量并节约成本，满足客服中心高效快捷、高质量的要求。

2. 项目场景

本案例涉及三大应用场景：

1）服务转营销分析：分析用户偏好，提高营销转化率。通过大数据技术分析历史营销情况，找出营销机会点，构建综合方案推荐模型，将合适的产品用合适的话术推荐给合适的客户，捕捉营销提升的机会。

2）通话过程分析：从业务维度，情绪倾向，营销情况、客户反馈等维度对座席通话过程进行分析，利用自然语言处理技术以及深度学习，实现对通话文本的结构化，在此基础上实现对通话过程中某一业务时长的分析，精细化静音分析等。一方面精准识别热线用户进线意图，寻找优化机会点以提升客户满意度，同时捕捉客户声音，推动服务/产品优化；另一方面挖掘通话过程中业务处理问题点，进而准确定位，确立业务流程、人员技能、产品、系统等维度的优化提升措施，实现服务标准化体系的持续优化。

3）专题分析及可视化：建立专题分析模板，快速输出分析报告：通过模型数据产出集合，建立分析思维模板，将传统分析转化为管理技术，记录分析思路与探索轨迹，将业务分析从个人的思维式行为转化为体系化可管理行为，从而提升业务、产品、服务的分析效率，定期、快速输出关注项报告及改善方案。

3. 应用技术与实施过程

本案例中以业务为导向，通过大规模机器学习、深度学习、NLP 等先进的大数据分析技术，利用大数据交互探索工具，为本案例银行客户开展深度数据挖掘分析和应用建设，助力其向数字化新客服转型。

本案例的技术实现主要包括三大部分：

1）对话文本的结构化。主要使用自然语言处理技术，通过机器学习，深度学习算法，将非结构化的对话文本数据结构化。

2）将结构化后的对话数据与客户信息相结合。针对具体的业务场景，通过机器学习算法和统计分析，建立对应的业务模型，支撑各业务场景的应用。

3）通过大数据交互探索工具提供给业务人员快捷方案的业务分析工具以及业务分析模板化能力。

其中智能对话分析引擎是本案例中客服文本数据进行处理的核心模块，其需要将非结构化的文本数据从产品、服务、情感等多个维度进行切分，分解成最小不可分的对话片段，并根据对话内容打上相应维度的标签。这一模块主要使用自然语言处理技术，通过机器学习，深度学习算法，从词语、句法、篇章三个层级对文本进行处理，形成多维分类、意图识别、话术提炼、情感分类等一系列模型，最终将非结构化的对话文本转化为最小不可分的对话片段以及具有相应维度标签的结构化形式，提供给场景化的业务分析使用。

智能对话引擎的处理过程如下：

1）数据预备与预处理。数据预备与预处理是一项复杂的工作，首先需要将语音通话的内容按照分析要求转化，然后再进行文本预处理。文本预处理包括文本分句、文本清洗、文本分词以及文本去噪等主要步骤。经文本预处理后，通话文本内容将保留与业务领域或挖掘方向相关的关键信息。

2) 对文本进行抽象。预处理后的文本，得到由多个特征词组成的文档。为了让计算机能够更好地理解，需要把这些文字信息转变成一个计算机可识别的形式。将从文本中抽取出的特征词通过特征工程的方式进行向量化来表示文本信息，即对文本进行科学的抽象，建立它的数学模型，用以描述和代替文本，最终转化成计算机可以识别处理的特征。特征工程可将连续、冗长的通话文本内容转换为简洁、直观的业务特征信息。此案例综合使用了词袋模型和词嵌入模型。

3) 对化分析引擎。提取有客户反馈声音的信息，用于定位客户声音的具体业务。因为对话内容涉及不同业务，因此需要对业务进行有效分析，建立业务分类模型。由于样本量有限，而业务分类多达几百个，为了解决部分分类样本量稀少的问题，使用迁移学习来进行训练，这主要包括两方面：一个是预训练模型，一个是多任务学习。如图 6-29 所示，预训练模型是使用 BERT 方案去训练句向量模型作为预训练模型的。多任务学习将预训练模型、情感分类、客户拒绝模型、营销开口模型采用共享底层网络的方式一起训练。

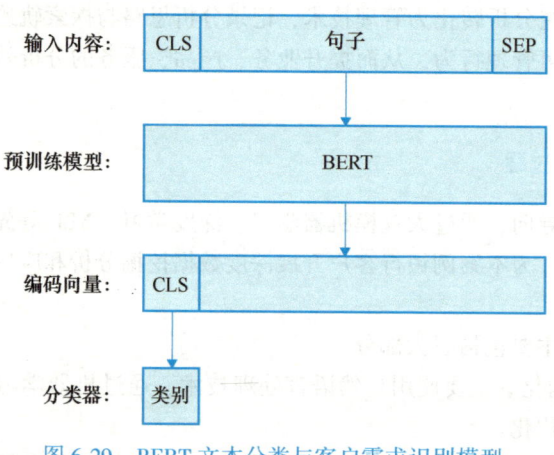

图 6-29 BERT 文本分类与客户需求识别模型

综合了对话文本中捕捉的业务领域、用户行为用意和情感分析等多个维度标签，全方面分析用户进线需求，通过意图识别模型分析推理用户行为动作演变过程，力求较为真实地还原动态场景中的交互过程。通过综合多个模型结果，将不同属性维度结合进行叠加操作，深入挖掘用户真实来电意图，定位分析用户潜在需求，为提高用户来电服务满意度和提高业务产品营销成功率提供决策支撑。

本案例以业务为导向，通过大规模机器学习、深度学习、NLP 等先进的大数据分析技术，对某银行海量的结构化和非结构化的数据进行深度处理、分析和挖掘，解析提炼出文本信息业务关注的重要元素，形成业务标签（如业务分类、情绪、客户反馈声音等），让业务人员可以从更细粒度对会话进行分析；通过建立模型寻求问题的解决方案，将会话解构的成果，应用于多个服务能力、服务效果评估的场景，如业务时长分析、静音分析、情感分析等，协助银行呼叫中心开展更加精细化的运营管理，有效提升了客服中心的数智化服务水平，帮助银行提高服务质量，改善客户体验，并且从服务中实现了营销有效增长，产生千万级的营销效益，助力其向数智驱动、全程洞察、管理升级的数字化新客服转型。

6.6 本章小结

本章主要讲述了基于数据分析方法实现客户数智化运营，通过对数据分析方法的讲解，深入了解了数据分析方法的重要性和使用方法。

在本章中，我们重点学习了以下几个方面的知识：

1) 客户分群经营的理论与数据分析方法。
2) 客户营销的理论与数据分析方法。
3) 客户流失挽回理论与数据分析方法。
4) 在线客户支持与服务的数据分析理论与方法。

通过对本章内容的学习，可以深刻认识到数据分析对于商业银行业务客户经营的重要性和实现方式，同时也掌握相关方法应用的实践技巧。

下一章的内容是零售银行风控管理中的数据分析，我们将继续深入探讨风险领域中的数据分析应用方法与案例，希望大家能够继续保持学习的热情和动力，不断提升自己的知识水平和技能水平。

【学习效果评价】

复述本章的主要学习内容	
对本章的学习情况进行准确评价	
本章没有理解的内容是哪些	
如何解决没有理解的内容	

注：学习效果评价包括少部分理解、约一半理解、大部分理解和全部理解四个层次。请根据自身的学习情况进行准确的评价。

第 7 章
商业银行零售业务风控管理中的数据分析

7.1 商业银行数智化风险管理基础理论

【学习目标】

1）熟知商业银行数智化风控发展背景。
2）熟知商业银行数智化风控总体架构。
3）熟知商业银行数智化风控中的核心数据技术。
4）数智化风控对人才技能的要求。

商业银行数智化风险管理是指运用先进的信息技术和数据分析方法来评估、监测和管理银行面临的各类风险，以提高风险管理的准确性、效率和及时性。通过结合大数据分析、人工智能和机器学习等技术，商业银行能够更好地理解和应对市场风险、信用风险、操作风险等各种潜在威胁。

在数智化风险管理中，商业银行可以利用大数据分析来识别和预测风险事件，通过对大量的交易数据、客户数据和市场数据进行综合分析，发现潜在的风险因素和异常情况。同时，商业银行还可以借助人工智能和机器学习算法，构建智能模型和预测模型，用于风险评估和决策支持，从而提高对风险的识别、测量和管理能力。

数智化风险管理使商业银行能够更加精确地量化风险，预测风险的概率和影响，从而制定相应的风险控制策略。通过实时监测和预警系统，商业银行能够及时发现并应对潜在的风险事件，降低风险损失和业务中断的可能性，提升整体风险管理效果。

7.1.1 商业银行数智化风控发展背景

商业银行数智化风控的发展背景主要是由于数据爆炸、技术进步、风险环境的复杂性以及金融监管的提升。借助先进的技术和数据分析手段，商业银行能够更好地应对风险挑战，提升风险管理能力和业务竞争力。具体的发展背景如下：

1）数据爆炸和技术进步：随着数字化时代的到来，商业银行面临着大量的数据产生和积累。同时，信息技术的迅速发展使商业银行能够更好地处理和分析这些海量数据，从中获取有价值的洞察。

2）风险环境的复杂性：全球金融市场的不断演变和金融产品的创新使商业银行面临着更为复杂和多样化的风险。传统的风险管理方法已经难以应对新兴风险，因此商业银行需要采用更加智能和敏捷的风险管理方式。

3）金融监管的提升：金融监管机构对商业银行的风险管理要求越来越高，要求其具备更为准确、全面和及时的风险评估和报告能力。数智化风控能够提供更为精确和可靠的风险数据和报告，有助于满足监管的要求。

4）机器学习和人工智能技术的应用：机器学习和人工智能的快速发展为商业银行提供了更强大的工具和技术，可以在海量数据中自动发现模式和规律，从而提高风险识别和管理的准确性和效率。

一个具体的例子是商业银行利用机器学习和大数据分析来应对信用风险。传统上，商业银行在评估客户的信用风险时主要依靠经验判断和传统的评分模型。然而，这些方法可能无法充分利用大量的客户数据和多样化的信息来源。

通过数智化风控，商业银行可以利用机器学习算法对大量的客户数据进行分析，以发现客户的行为模式和信用特征。银行可以构建预测模型来预测客户的违约概率，基于历史数据和实时数据进行风险评估和决策支持。

例如，商业银行可以收集客户的个人信息、财务数据、交易记录、社交媒体活动等多种数据源。然后，利用机器学习算法对这些数据进行分析和建模，以确定与客户信用相关的关键因素和模式。通过对大规模数据集的训练，机器学习模型可以学习到更为精确和准确的信用评估方法，提供更可靠的风险预测。

数智化风控还可以提供实时的监测和预警系统，通过对客户行为和市场变化的实时监控，及时发现潜在的信用风险。商业银行可以建立智能决策系统，根据机器学习模型的输出和风险阈值，自动触发风险控制措施，如调整信贷额度、调整利率或要求额外的担保措施。

这种数智化风控的应用可以提高商业银行对信用风险的识别和管理能力，减少违约风险，提高贷款组合的质量和盈利能力。同时，客户也能从更精确和个性化的信贷决策中受益，获得更好的金融服务体验。

7.1.2　商业银行数智化风控总体架构

商业银行在数智化转型过程中，构建完善的数智化风险管理架构是确保银行业务持续健康运营的关键。商业银行数智化风控的总体架构见表7-1，包括风险管理战略层、风险管理政策层、风险管理架构层、风险管理方法论层、风险管理工具层、风险管理基础设施层、风险文化与合规层，共七层。

表7-1　商业银行数智化风控的总体架构

层　　次	工　作　任　务
风险管理战略层	1）制定数智化风险管理战略与原则。 2）明确风险偏好、风险容忍度和风险文化。 3）确立风险管理目标、职责和问责机制

(续)

层　　次	工作任务
风险管理政策层	1）制定数智化风险管理政策和标准。 2）数据治理政策：数据质量、安全、隐私等。 3）人工智能风险管理政策：模型可解释性、公平性、伦理等。 4）关键风险指标（KRI）和风险限额设置
风险管理架构层	1）完善三道防线风险管理架构。 2）建立数智化风控组织机构和岗位。 3）明确风控流程和职责分工
风险管理方法论层	1）风险识别、计量、监控、缓释、报告方法。 2）压力测试、情景分析、风险模型构建方法。 3）新技术应用：大数据、AI、区块链等
风险管理工具层	1）智能风控平台和决策支持系统。 2）自动化风险监控和报告工具。 3）风险数据集市和可视化仪表板
风险管理基础设施层	1）可靠的信息技术架构和基础设施。 2）云计算、大数据平台和AI平台等。 3）网络和系统安全防护体系
风险文化与合规层	1）完善风险培训和风险文化教育。 2）内控合规管理和持续监控机制。 3）内外部审计和检查制度

该架构涵盖了商业银行数智化风控的战略、政策、架构、方法论、工具、基础设施和文化等全方位内容。在这一总体框架下，各具体风险领域如信用风险、市场风险、操作风险等都需要制定具体的管控措施和实施方案。通过完善的架构体系，银行可以全面应对数智化带来的新风险，确保业务运营稳健有序。

7.1.3　商业银行数智化风控中的核心数据技术

商业银行数智化风控中的核心数据技术包括大数据分析、机器学习、自然语言处理、数据挖掘、实时数据处理五类，见表7-2。

表7-2　商业银行数智化风控中的核心数据

数据技术	工作任务
大数据分析	商业银行需要处理大规模的数据集，包括客户数据、交易数据、市场数据等。大数据分析技术可以帮助银行有效地存储、管理和分析这些海量数据，从中提取有价值的信息和洞察
机器学习	机器学习是数智化风控的重要技术之一。通过机器学习算法，商业银行可以让计算机自动学习和识别数据中的模式和规律，从而进行风险评估、预测和决策支持。常用的机器学习算法包括决策树、逻辑回归、支持向量机、随机森林等
自然语言处理（NLP）	NLP技术可以帮助商业银行处理和分析大量的文本数据，如合同文件、信贷申请、新闻报道等。通过NLP技术，银行可以自动提取和理解文本中的关键信息，用于风险评估和决策制定

(续)

数据技术	工作任务
数据挖掘	数据挖掘技术可以挖掘数据中的隐藏模式和关联规则,帮助银行发现潜在的风险因素和异常情况。数据挖掘可以用于客户行为分析、欺诈检测、异常交易监测等方面
实时数据处理	数智化风控需要银行能够对实时数据进行快速处理和分析。实时数据处理技术可以帮助银行实时监测市场变化、客户行为和交易活动,及时发现和应对潜在的风险

这些核心数据技术的应用能够使商业银行更好地处理和分析大数据,从中获取有价值的信息和洞察。通过结合这些技术,商业银行能够提高风险管理的准确性、效率和及时性,更好地应对市场风险、信用风险、操作风险等各类风险挑战。

7.1.4 数智化风控对人才技能的要求

商业银行数智化转型对风险管理人员的技能要求提出了新的挑战,需要风控人才具备各种综合能力,见表7-3。

表7-3 商业银行数智化对风控人才能力的要求

能力项	描述
数据分析能力	1) 掌握数据分析、数据挖掘和大数据处理技能。 2) 能够从海量数据中发现风险信号和模式。 3) 熟悉SQL、Python、R等数据分析编程语言
量化建模能力	1) 掌握统计学、计量经济学等量化分析方法。 2) 能够构建风险计量模型,如信用评分卡模型。 3) 熟悉模型评估、校准和监控的最新方法
机器学习和人工智能技能	1) 掌握机器学习算法的原理及应用。 2) 能够开发AI风险模型,如反欺诈模型。 3) 熟悉深度学习、自然语言处理等前沿技术
金融风险管理专业知识	1) 扎实的金融风险理论基础。 2) 对信用风险、市场风险、操作风险等有深入理解。 3) 熟悉监管要求和最新风控实践
系统架构和技术应用能力	1) 了解风控系统架构设计原理。 2) 能够集成新技术如大数据、AI、区块链等。 3) 熟悉云计算、微服务等新兴技术应用
创新思维和学习能力	1) 具备前瞻性思维,预判新风险。 2) 保持学习热情,跟上新技术发展趋势。 3) 勇于创新,提出数智化风控新方法
沟通协作和领导能力	1) 良好的团队协作和沟通表达能力。 2) 能够整合跨部门资源,推动数智化风控落地。 3) 具备一定的领导统筹和执行力

总的来说,数智化时代的银行风控人才需要具有复合型技能,兼备金融、数据科学、技术应用等多方面专长,才能适应不断变化的数字环境,发挥风控的防火墙作用。

7.2 商业银行零售业务数智化风控体系建设

【学习目标】

1）了解商业银行零售业务风控面临的挑战。
2）了解零售风控大数据平台。
3）了解个人客户画像信用体系。
4）通过系统学习，熟悉借款人全流程管控方法。

7.2.1 商业银行零售业务风控面临的挑战

商业银行在零售业务风控方面面临巨大挑战，总的来说包括大规模业务、信息不对称、新型欺诈、模型管理、新业态、人才短缺和监管合规等因素，见表7-4。

表7-4 零售业务风控方面面临的主要挑战

挑　战	描　述
大规模业务量带来的风险管理难度加大	1）零售贷款客户数量巨大，风险事件频发。 2）传统人工审查模式效率低下，难以应对
信息不对称和数据质量问题	1）借款人信息不完整、不准确，存在隐瞒行为。 2）缺乏有效的多维度数据支持风险识别
新型欺诈风险的防控压力	1）伪造身份证、工作证明等欺诈手段层出不穷。 2）银行需快速适应新型欺诈模式
风控模型的可解释性和一致性挑战	1）机器学习模型缺乏透明度，存在"黑箱"问题。 2）不同模型结果存在差异，影响决策一致性
新业务和新技术带来新风险	1）互联网贷款、场景金融等新业态快速发展。 2）区块链、AI等新技术应用给风控带来挑战
管理架构和人才队伍建设压力大	1）需要统一协调的三道防线风险管理架构。 2）人才短缺，缺乏复合型数智化风控人才
监管合规要求不断提高	1）监管机构对零售贷款业务的风控要求日益严格。 2）需持续优化内控流程以满足监管要求

商业银行针对零售业务风控面临的挑战，通常会采用数字化升级、数据治理、反欺诈能力建设、模型管理能力建设、研发创新、优化风控管理架构、风控人才队伍建设、优化合规管理等多种模式并举的策略，具体见表7-5。

表7-5 零售业务风控方面加强策略

措　施	描　述
构建数字化风控体系	1）大力推进风控流程和系统的数字化转型。 2）建设智能风控决策系统，提高风控自动化和智能化水平。 3）应用大数据、人工智能等新兴技术提升风控能力

(续)

措　施	描　述
优化数据治理和供给	1）建立统一的客户数据中台，整合内外部数据。 2）加强数据质量管控，提高数据的完整性和准确性。 3）扩充非结构化数据采集渠道，丰富风控数据来源
加强反欺诈能力建设	1）建立反欺诈数据库和案例库，持续优化反欺诈模型。 2）加大反欺诈系统的投入，提高线上线下联动能力。 3）加强人工辅助审查，防范复杂欺诈
建立模型管理和解释机制	1）制定模型开发、监控和更新的标准化流程。 2）建立模型库和模型工厂，实现模型复用。 3）加强对黑箱模型的可解释性研究
研发创新支持新业务	1）对新业务及时开展风险评估，制定差异化风控策略。 2）研究新技术在风控领域的应用场景和路径。 3）建立专门的创新研究部门，与科技公司合作
优化风控管理架构	1）建立风控垂直管理模式，加强风控独立性。 2）引入先进的三道防线风险管理模式。 3）推进风控数字化转型，提升整体管控能力
加强风控人才队伍建设	1）大力引进复合型数智化风控人才。 2）加大员工培训力度，提升员工数字化技能。 3）建立风控人员职业发展通道
持续优化合规管理	1）及时更新内控制度，确保符合监管要求。 2）建立全流程合规管理机制。 3）加强合规文化建设，增强合规意识

总之，商业银行需要不断地创新升级，才能应对越来越复杂的商业环境与挑战，持续降低银行业务经营风险。

7.2.2 零售风控大数据平台

零售风控大数据平台是商业银行应对零售业务风控挑战的重要技术支撑。大数据平台集数据采集、处理、建模、应用于一体，实现了风控全流程的数字化和智能化。平台可为银行提供更精准的风险识别、更快速的决策响应、更高效的风控管理，是银行数字化转型的重要抓手。该平台的主要功能见表7-6。

表7-6　零售风控大数据平台主要功能

主要功能	描　述
数据采集与存储	1）采集零售贷款客户的申请数据、行为数据、外部数据等。 2）构建统一的数据湖，实现结构化、非结构化数据的集中存储
数据质量管理	1）建立数据标准体系和数据质量规则。 2）通过数据清洗、校验、补全等步骤，提升数据质量。 3）实现数据全生命周期的质量监控和治理

(续)

主要功能	描述
数据集成和标准化	1) 对内外部异构数据进行ETL加工。 2) 建立统一的数据模型和编码标准。 3) 实现多源数据的融合整合
风控模型研发和应用	1) 提供算力资源和建模工具。 2) 支持在平台上直接开发、评估和部署风控模型。 3) 提供在线实时风险评估服务
风险监控和报告	1) 实时监控客户风险暴露情况。 2) 自动化生成风险报告和预警。 3) 开发交互式的风控数据可视化应用
安全合规管理	1) 建立数据安全管控机制，防止数据泄露。 2) 满足监管机构对风险模型可解释性的要求

从平台的结构来看，大数据平台是解决商业银行在零售风险数智化转型过程中，应对信贷业务领域面临的困难与挑战，建立的一整套基于互联网架构，充分运用大数据、人工智能、生物识别、云计算等技术搭建的先进的、智能的整套零售信贷业务平台。以数据为基础、以决策为驱动，注重精细化集中运营管理的全自动化、全流程化、全数字化的智慧零售风险管理解决方案。大数据平台与风险相关业务关系如图7-1所示。

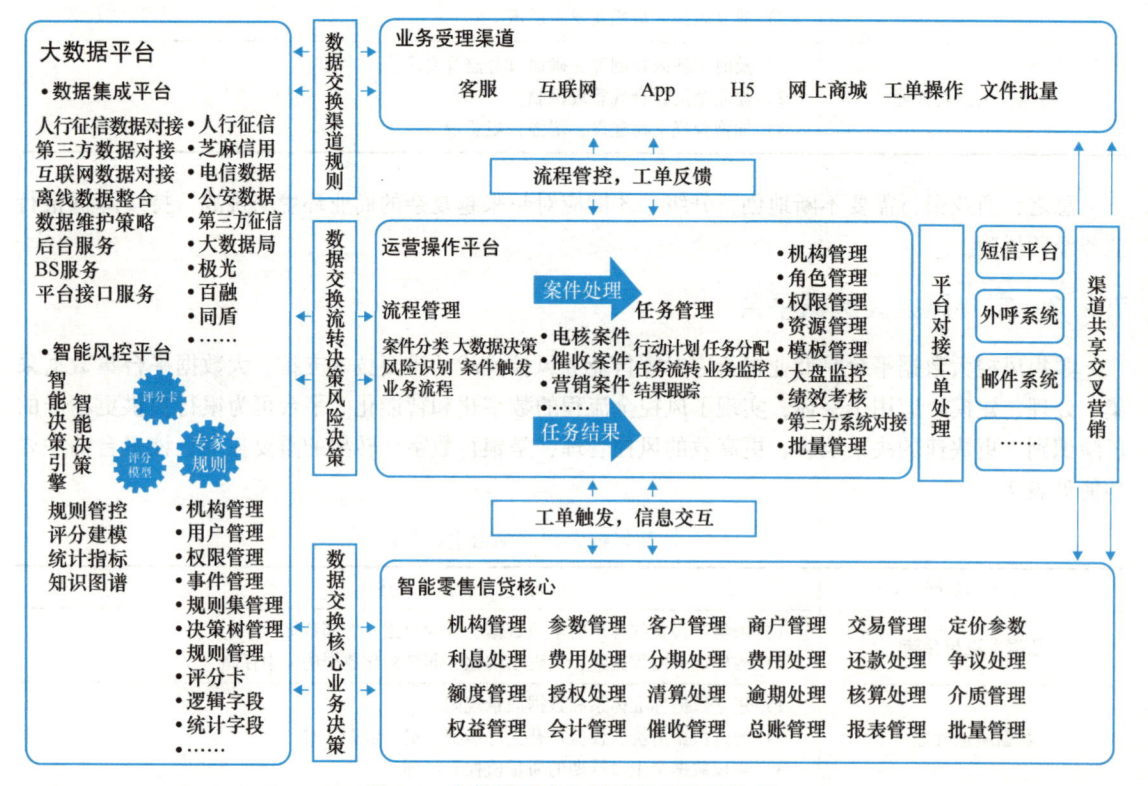

图7-1 大数据平台与风险相关业务关系

大数据平台支持智慧零售信贷核心，运营操作平台，业务受理渠道等多业务板块，为其提供数据集成、数据处理工具、数据应用服务、模型服务等。

7.2.3 个人客户画像信用体系

客户画像最早在互联网电商中应用，在刻画目标群体时，数据分析师会将用户数据进行分析并形成合适的客户画像标签，涉及常见字段包括有姓名、性别、年龄、收货地址、手机号、银行卡、身份证号、邮箱等基础属性信息，还有浏览分类、点击偏好、购买习惯、登录设备类型等特殊属性。然后通过分析总结这类信息，了解目标用户的需求。

客户画像是客群划分最基础的一个方法。客群划分是区分出具有某种共性的群体，使同一客户群体内具有最大的同质性和相似性，不同客户群体间具有最大的差异性。做客户画像的最终目的是为不同客群定制化营销策略或风险规则策略。

客户画像可以将用户人群进行分类，最终目的是为客户打上各类标签，如为客户打上诸如高收入人群、多头借贷受众等标签，之后风控人员可以对各类标签客户提供精准营销和风险拦截。在风控领域中构建用户画像的目的是给好坏客群的画像打上不同的画像标签，提炼出有效的风险策略。个人客户信用体系数据见表7-7。

表7-7 个人客户信用体系数据

类别	描述
客户信息	证件号、手机号、银行卡、性别、年龄、学历、婚姻状况、有无子女、居住状况、工作性质、工作单位、工作职务、收入水平、资产水平、居住地址、家乡地址、工作地址、身份（党员/团员/群众）、家庭情况（家庭人数）、目前手机号使用时长、兴趣爱好等
征信信息	多平台借贷情况、历史征信借贷记录、历史还款履约行为、多头借贷倾向、贷款或贷记卡的使用情况及负债
其他客户信息	运营商数据、公安数据、人行征信数据、百行征信数据、公积金信息、设备信息、社保信息（金保信）、工作信息、司法诉讼信息、设备指纹数据、黑名单数据（网贷机构黑名单、暴力催收、欠费逾期、多头借贷、恶意骗贷、偷税漏税等）、银联数据、电商消费数据（京东、淘宝、拼多多等）、交通出行数据（12306、航空出行、打车记录）、餐饮消费数据（美团、饿了么）、生活水电缴费数据、工作信息、旅游数据（携程、飞猪等）、学历信息（学信网）、社交数据（QQ/微信）等

根据上述信息，对个人客户信用进行综合评估见表7-8。

表7-8 个人客户信用综合评估

类别	描述
个人资质评估	客户消费水平、收入水平、资产水平、职业等信息，对用户消费等级、消费偏好、收入稳定性、职业稳定性等信息进行评估
稳定性评估	收入稳定性、家庭稳定性、位置稳定性等
综合信用评估	查询用户消费、收入、资产、职业等信息，对用户消费等级、消费偏好、收入稳定性、职业等信息进行评估

基于此，我们可以构建风控客群画像标签，具体见表7-9。

表7-9 商业银行风控客群画像标签

类 别	描 述
人口属性	性别、年龄、职业、学历、收入、房车等；人生阶段：在校、工作、备婚、备孕等
家庭属性	农业或非农业户口、五保户、低保户、复员退伍军人、独生子女家庭、特困户、企改下岗人员
位置属性	常驻地址、家乡地址、工作地址、地点偏好、差旅目的地等
社会属性	党员/团员/群众
资产属性	有无车标识、有无房产等
消费属性	消费水平、消费品级、购买方式、购物行为、消费偏好等
行为属性	生活行为、金融行为、旅游行为、社交行为等
兴趣属性	金融偏好、上网目的等
工作属性	白领/蓝领/其他
行业属性	金融行业、教育行业、教育培训、旅游行业、汽车行业等
设备属性	设备类型、设备价格、应用偏好，设备安装、卸载、打开、活跃，设备价格、关联手机号个数等
身份信息画像	身份证、银行卡、手机卡、学历、职业、社会身份（党员、群众、团员）、工作及性质
资产负债收入画像	资产信息（车、房、手机）、负债信息（征信贷款等）、收入信息（社保、公积金）
工作学历画像	简历信息、社保、公积金、学信网信息
家庭关系画像	家庭成员信息
借贷行为画像	注册信息、申请信息、多头共债信息、历史及当前逾期信息
消费行为画像	POS刷卡消费、保险消费、各大电商消费、各大外卖平台消费
兴趣行为画像	App使用偏好、浏览偏好、消费类型偏好
出行信息	常出没区域（工作地址、户籍地址、居住地址）、航旅出行、铁路出行、滴滴出行等
公检法画像	失信被执行、曝光台、限制高消费、被执行人、涉诉、在逃、黄赌毒
黑名单风险画像	航空铁路黑名单、支付欺诈、恶意骗贷、不良骗贷名单
设备指纹风险画像	GPS信息、通讯录、通话记录、短信记录、安装App列表、设备号、IP地址、操作系统、设备类型、设备型号、openUDID、是否"越狱"、是否root；设备标签、设备品牌、设备类型、Android ID、设备序列号、IMEI、IMSI、设备MAC地址、设备硬件名称、设备主机地址、设备固件版本号、蓝牙MAC地址等
朋友圈风险画像	微信好友、QQ好友情况及数量等

由客户基本信息、征信报告信息、外部数据信息等表构成客户属性标签，由客群属性字段标签来构建客户风险画像，客户画像可以应用在反欺诈、信用风险评估和风险定价阶段。

7.2.4 借款人全流程管控

个人信贷业务场景覆盖生活的各个方面，贷款全流程具体如图7-2所示。

第 7 章 商业银行零售业务风控管理中的数据分析

产品设计	营销获客	业务申请	风险审批	放、还款	账务处理	催收保全	监控
• 产品定义 • 产品定价 • 业绩核算 • 定价策略 • 产品营销	• 渠道接入 • 渠道管理 • 获客分析 • 多种来源信息搜集 • 精准营销 • 用户画像分析	• 业务准入 • 客户实名认证 • 客户身份认证 • 客户开户建档 • 反欺诈 • 进件分配	• 信用记录检查 • 申请评分 • 风险定价 • 风险决策 • 自动风险审批 • 人工风险审批 • 自动调额审批	• 合同签订 • 合同审核 • 合同归档 • 放款条件查询 • 放款、还款 • 额度扣减 • 自动调额	• 账户开立 • 账户管理 • 放款记账 • 还款记账 • 额度扣减记账 • 额度归还记账 • 账务清分结算 • 对账 • 调账	• 预测式催收 • 智能催收模型 • 委外催收 • 催收案件管理 • 减免处理 • 坏账认定 • 催收质检 • 人工催收	• 关键人监控 • 账户监控 • 高危交易监控 • 经营风险监控 • 风险预警 • 风险缓释处理

图 7-2　贷款全流程

在各业务场景下衍生出循环现金贷、消费分期等贷款产品。而基于以上业务场景，常见的个人信贷流程是：线上注册（获取客户基础信息）→线上实名认证（获取客户身份信息）→绑定银行卡→线上申请（获取授权信息和征信数据）→风控决策判断（基于实时数据、内外部数据、特征数据、征信数据等）→定额定价→电子签约→放款出账（开立贷款账户）→还款→贷后管理（预警、催收、核销等）。简单来讲，信贷全流程包括三个阶段：贷前、贷中、贷后。

基于机器学习的贷款审批流程如图 7-3 所示。贷前主要是针对客户的贷前申请，完成初审调查、信用评估以及额度授信。

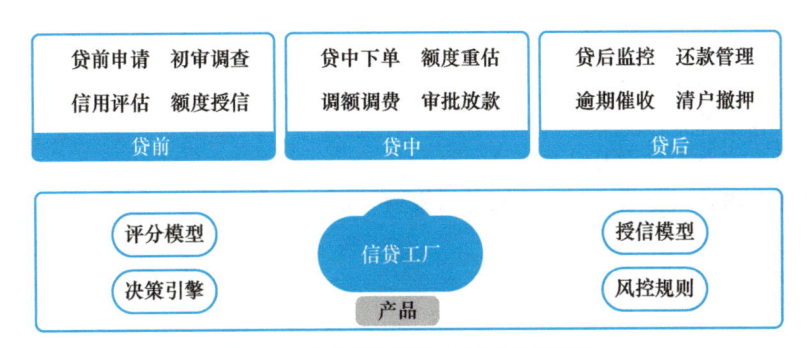

贷前申请　初审调查 信用评估　额度授信	贷中下单　额度重估 调额调费　审批放款	贷后监控　还款管理 逾期催收　清户撤押
贷前	贷中	贷后

评分模型　　　信贷工厂　　　授信模型
决策引擎　　　　产品　　　　风控规则

图 7-3　基于机器学习的贷款审批流程

商业银行应对贷中客户进行观察，定期对客户进行风控预警策略跑批，通过对内部数据（账户是否冻结）、外部数据（多头数据是否增加、外部名单等）、征信数据等各类数据，对客户进行预警，若预警显示客户存在某些风险，可及时对客户进行降额、冻结额度处理并后续进行提前催还等；同时也可对优质较好的客户进行提额营销。

贷后管理是信贷管理的最终环节，对于贷款安全和案件防控具有至关重要的作用，同时是控制风险、防止不良贷款发生的重要一环。还款日到期前会对客户进行还款提醒，若客户仍未按时还款则进入逾期案件池；逾期后的案件则需要进行标准的催收管理。

催收路径大致如下：短信→IVR→AI→电话催收→委外催收→法催。若经历完整催收步骤的客户仍未还款或任意催收节点确定客户无法还款，则进入到最后一步——核销。

贷后管理中的催收决策流程如图 7-4 所示。

图 7-4 贷后管理中的催收决策流程

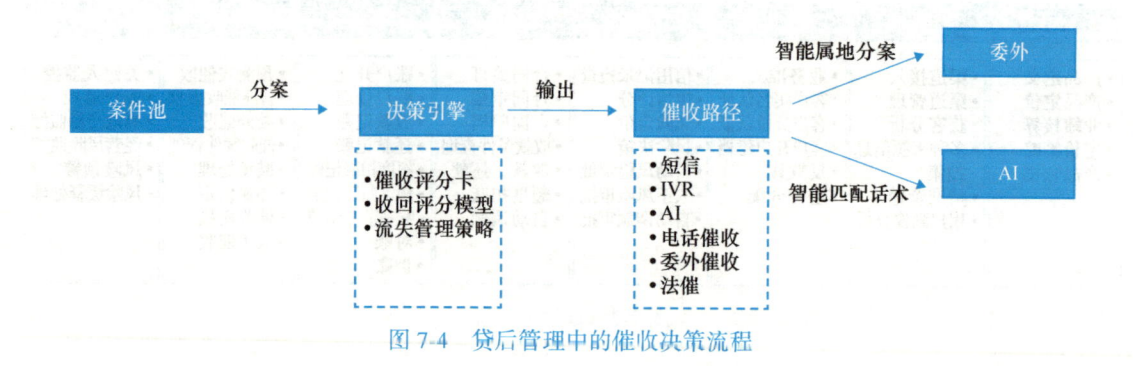

以上内容主要以个人客户贷款场景为主展开描述，描述了贷前—贷中—贷后的流程。那么针对小微企业会涉及增多的是开户流程，主要流程是：法人身份核验→企业信息验证→征信授权签署→增信数据授权→预授信模型→预约开户→尽调开户→审批确认→申请放款→贷后管理。

7.3　商业银行零售业务数智化风控之贷前

【学习目标】

1) 学习贷前客户画像体系。
2) 学习贷前客户数据的监控与补充。
3) 学习贷前客户个人建模与风险预测。
4) 学习基于数据建模贷前客户风险预警的案例。

7.3.1　贷前客户画像体系

贷前客户画像体系是指银行在向客户发放贷款之前，通过数据分析和建模，全面描绘客户的风险特征和信用状况，从而支持风险评估和决策。商业银行零售贷款客户画像构建过程见表 7-10。

表 7-10　商业银行零售贷款客户画像构建过程

环节内容	说　　明
数据采集与整合	1) 收集客户基本信息、财务状况、行业背景等结构化数据。 2) 获取客户网络行为、社交媒体等非结构化数据。 3) 整合内部数据和外部数据源
客户信息标准化	1) 建立统一的客户基础数据标准。 2) 消除数据重复、错误和缺失值。 3) 实现数据的清洗、校正和持久化
客户分层和分群	1) 根据行业、规模、收入等标签对客户分层。 2) 基于行为偏好、风险习性等对客户分群

(续)

环节内容	说　　明
特征工程与模型构建	1）从客户数据中提取关键风险特征。 2）使用机器学习算法构建评分模型和预测模型。 3）模型评估、调优和模型风险管控
合规风险评估	企业关联关系分析可以帮助企业评估合规风险。通过分析企业与关联企业的法律、道德和商业关系，可以识别潜在的合规风险，例如关联企业的不当行为、违法活动或声誉风险。这有助于企业制定合规策略和措施，减少法律和声誉方面的风险

通过贷前客户画像体系，银行能够全面把握客户风险状况，加强风险管理的精准性和前瞻性，从而提高贷款资产质量。商业银行零售贷前客户画像要素体系见表 7-11。

表 7-11　商业银行零售贷前客户画像要素体系

画像平台	说　　明
个人基本信息	包括客户的姓名、性别、年龄、教育程度、婚姻状况、职业等基本信息，以便了解客户的基本背景和特征
收入和财务状况	了解客户的收入来源、工作稳定性、月收入水平以及其他资产和负债情况，包括房产、车辆、贷款等，以评估客户的还款能力和财务状况
信用历史	收集客户的信用记录和信用报告，包括过去的贷款记录、信用卡使用情况、逾期情况等，以评估客户的信用风险
社交媒体和在线行为	分析客户在社交媒体平台上的活动、兴趣爱好、网络购物行为等，以了解客户的生活方式和消费习惯，从而更好地定制产品和服务
风险偏好和投资需求	了解客户的风险承受能力、投资目标和需求，以便为客户提供合适的投资建议和产品选择
地理位置和居住环境	了解客户的居住地点、居住环境、人口密度等信息，以便进行市场分析和定位策略
客户互动和反馈	记录客户与银行的互动情况，包括客户的查询、投诉、建议等，以便提供更好的客户服务和关系管理

这些要素可以通过多种渠道收集和整合，包括客户填写的申请表、面谈、在线调查、社交媒体数据、第三方数据等。通过综合分析以上要素，商业银行可以建立客户画像，深入了解客户的需求和风险特征，从而更好地制定产品策略、定价策略和风险管理策略，提供个性化的金融产品和服务，增强客户满意度和忠诚度。

贷前风险客户维度画像举例如图 7-5 所示。在贷前环节，我们有很多进件渠道，主要是白名单企业员工、线上 App 渠道、三方渠道等，同时我们合作的银行对接了政府类的数据，比如信用中心社保公积金数据，以及对接了 fico 分等效果较好的三方数据，那么结合行内、行外数据我们做用户分群，当前主要可分为三组：白金卡、金卡群组、普通卡群组、分期卡群组。

贷前风险客户标签汇聚逻辑如图 7-6 所示。由于现有的用户标签散落在 CRM、大数据平台等多个系统数据库中，而外部白名单标签则存放于文件中，开发人员每次都是依照传统的导数模式将外部标签数据导入 CRM 中，整个流程比较烦琐，标签管理难度大，急需提高效率以更好地满足业务迅速发展的需要。因此，为了将不同业务系统中的标签用起来，需要将各业务系统打通，对全行各类标签进行整合汇聚。

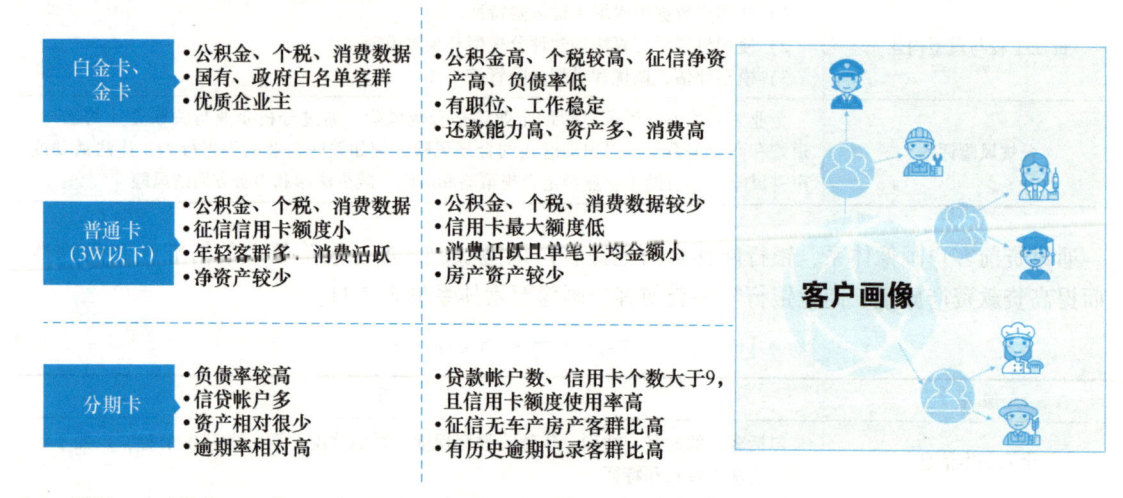

图 7-5 贷前风险客户维度画像举例

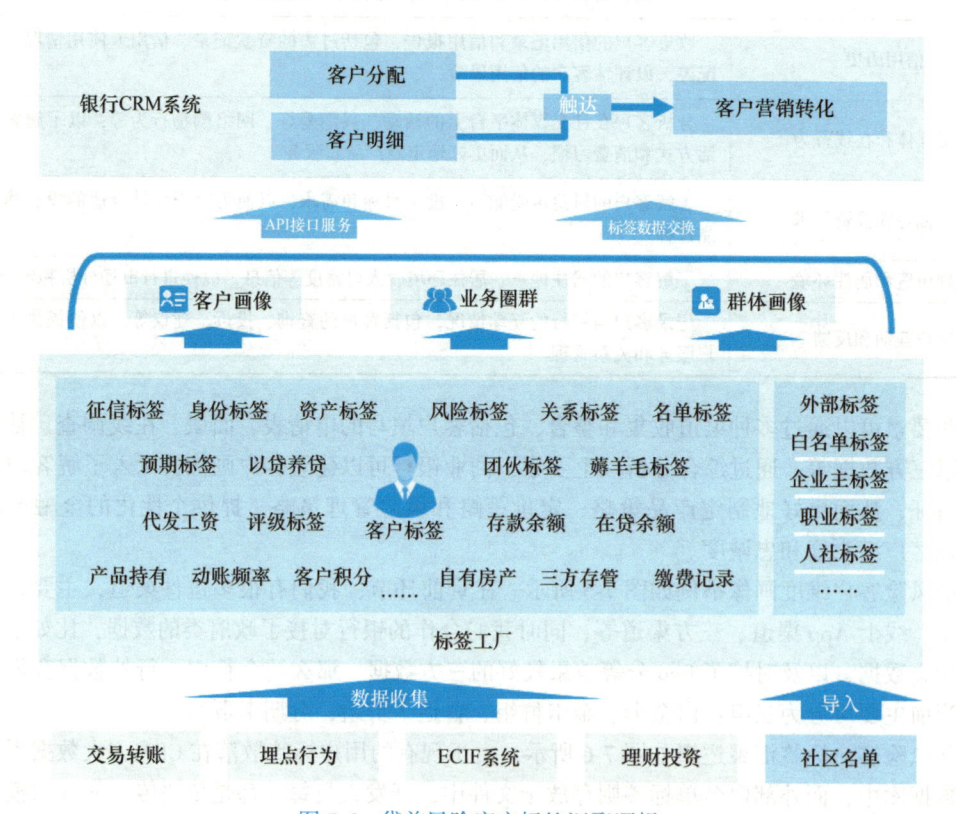

图 7-6 贷前风险客户标签汇聚逻辑

首先结合同业实践经验与业务需求形成自有的客户标签体系，统一标签标准与规范，再通过智能标签平台落地标签体系。依据最新的标签体系，智能标签平台将各业务系统数据打通，汇聚历史标签数据，覆盖标签与客群创建、标签分析与管理、标签输出与应用、标签下线等标签全生命周期，为行方客户管理精细化打下了基础。

另外，智能标签平台也支持自定义标签的数据同步。客户经理在客户营销管理的过程中会进行客户性质标签定义，方便对管辖客户进行精准分组管理。智能标签平台实现第三方系统、小程序等对接，对自定义标签进行实时同步创建，客户经理可直接引用回流标签进行衍生标签构建或客群创建/筛选。

7.3.2 贷前客户数据的监控与补充

贷前客户数据监控与补充是商业银行在贷款申请阶段对客户数据进行实时监控和必要的补充的过程。这个过程旨在确保客户提供的信息准确、完整，并且能够及时获取最新的数据以支持风险评估和决策制定。一些常见的数据监控与补充方法见表7-12。

表7-12 常见的数据监控与补充方法

方　　法	说　　明
数据验证	商业银行可以通过公共数据库、第三方数据提供商或数据验证工具来验证客户提供的基本信息，例如身份证号码验证、手机号码验证、地址验证等。通过验证数据的准确性，银行可以排除虚假信息和欺诈风险
数据补充	在客户申请贷款时，银行可以要求客户提供额外的支持文件或信息来补充其申请资料。例如，银行可以要求客户提供最近的工资单、银行对账单、税单等，以验证客户的收入状况和财务状况
数据监控	商业银行可以通过建立实时数据监控系统来跟踪客户的数据变化。这可以包括监控客户的信用报告、银行账户活动、贷款还款记录等。如果出现异常或风险信号，银行可以及时采取措施进行调查和处理
自动化流程	商业银行可以利用自动化流程和技术来监控和补充客户数据。例如，通过使用机器学习和自然语言处理技术，银行可以自动分析客户的社交媒体活动、在线行为等数据，以获取更全面的客户信息
合规审核	在进行数据监控和补充时，商业银行需要确保符合相关的合规要求和法律法规。银行应遵循隐私保护原则，并获得客户的授权和同意，确保合规性和数据安全

通过监控和补充客户数据，商业银行可以保证客户数据的准确性和完整性，降低欺诈风险，提高风险评估的准确性和决策的可靠性。同时，及时更新和补充数据也有助于提供更好的客户体验和个性化的金融服务。商业银行贷前客户数据监控与补充的实际应用见表7-13。

表7-13 商业银行贷前客户数据监控与补充的实际应用

方　　法	说　　明
实时信用报告监控	商业银行可以与信用报告机构建立实时数据接口，监控客户的信用报告变化。如果客户的信用评分发生显著变化或出现逾期记录，银行可以及时采取行动，例如重新评估贷款风险或要求客户提供额外的财务证明文件

(续)

方　　法	说　　明
银行账户活动监控	商业银行可以监控客户的银行账户活动，包括存款、取款、转账等。如果发现异常活动，如大额转账、频繁的资金进出等，银行可以主动联系客户核实情况，并采取必要的措施，例如要求客户提供资金来源证明
社交媒体数据分析	商业银行可以利用社交媒体数据分析工具，监测客户在社交媒体平台上的活动。通过分析客户的帖子、评论、兴趣爱好等信息，银行可以了解客户的消费偏好、生活方式等，从而更好地定制产品和服务，并发现潜在的欺诈风险
收入验证与更新	商业银行可以要求客户提供最新的工资单、税单或银行对账单，以验证客户的收入状况。银行可以建立自动化流程，定期向客户发送收入验证的提醒，并提供在线提交或上传文件的渠道，以确保客户提供的收入信息准确和时效性
地址验证和居住环境监控	商业银行可以利用地址验证工具或联系客户所在地的相关部门，验证客户提供的居住地址的真实性；还可以通过地理信息系统分析客户所在地的人口密度、住房状况等信息，以更全面地了解客户的居住环境和相关风险

这些例子展示了商业银行在贷前客户数据监控与补充方面的具体应用。通过实时监控和及时补充客户数据，银行可以降低风险、提高决策的准确性，并为客户提供更好的个性化服务和支持。

7.3.3　贷前客户个人建模与风险预测

贷前客户个人建模与风险预测是指商业银行在贷款申请阶段利用客户数据和统计模型来评估客户的信用风险和违约概率。通过个人建模和风险预测，银行可以更准确地评估客户的还款能力和信用状况，从而做出相应的贷前决策。贷前建模过程见表7-14。

表7-14　贷前建模过程

阶　　段	说　　明
数据收集和准备	首先收集客户的个人信息、财务数据、信用记录等。这些数据可以包括客户的年龄、收入、就业状况、负债情况、过往贷款记录、信用卡使用情况等
特征工程	在数据收集后，银行进行特征工程，即根据收集到的数据构建有意义的特征。这可以包括计算客户的债务收入比、收入稳定性指标、信用分数等，或者创建更复杂的特征，如支付能力指标或消费习惯特征
模型选择与训练	选择适合的统计模型建立个人风险预测模型。常用的模型包括逻辑回归、决策树、随机森林、支持向量机等。银行使用历史数据对选定的模型进行训练和调优，以使其能够准确预测客户的违约风险
模型评估与验证	在模型训练完成后，商业银行使用验证数据集对模型进行评估和验证。常见的评估指标包括准确率、召回率、精确率、F_1分数等。银行根据模型的表现进行调整和改进，以确保其对客户风险的预测能力
风险预测与决策	一旦模型经过验证并得到认可，商业银行可以使用该模型对新申请的客户进行风险预测。通过输入客户的个人信息和财务数据，模型会生成一个风险评分或违约概率，用于决策制定。根据风险评估结果，银行可以决定是否批准贷款申请、贷款金额以及利率等贷款条款

(续)

阶　　段	说　　明
监控和更新模型	商业银行需要定期监控模型的性能和准确性，并根据新的数据和情况进行模型的更新和改进。客户的还款行为和信用状况的变化可以用于重新训练模型，以提高预测的准确性

商业银行在零售贷前风险评估中使用的模型可以因机构而异，针对零售客户，商业银行常用的贷前风险模型主要包括以下几种：

1）个人信用评分模型：主要基于借款人的个人信息、财务状况、信用记录等数据，通过机器学习算法构建评分模型，评估借款人违约概率。

2）行为评分模型：该模型分析借款人过去的消费行为、还款记录、网络行为等数据，预测借款人未来违约或逾期可能性。

3）现金流分析模型：该模型分析借款人的收入、支出、负债等数据，评估借款人偿还贷款的能力。

4）专家审核模型：该模型由经验丰富的信贷人员根据借款人的资料和面谈情况进行人工评估，判断其是否符合贷款条件。

除了以上模型，银行还会根据自身情况和业务需求，开发一些其他类型的贷前风险模型，例如欺诈风险模型、反洗钱模型等。在项目中，通常是多个模型配合。一个典型的贷前风险预测模型体系结构如图 7-7 所示。

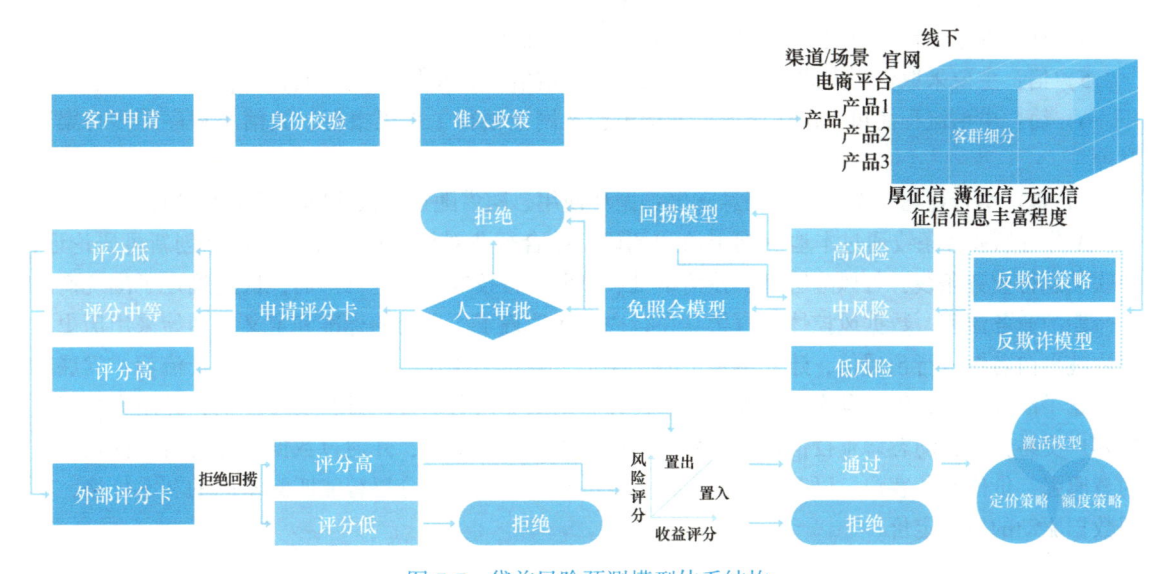

图 7-7　贷前风险预测模型体系结构

1）客群细分：根据征信信息丰富度不同的人群、不同渠道/场景的客群的风险及行为偏好等特征，设计客户分群整体方案，并建议与其客群特点相匹配的审批决策流程。

2）申请反欺诈模型及策略：结合客户反欺诈体系的成熟度，设计针对性方案，包括设计反欺诈策略体系，开发反欺诈模型，并结合实际业务所面临的欺诈率上升、通过率低于预期、人工审批工作量大等特定问题来提供解决方案。

3）申请评分模型及应用策略：从风险防控、数据成本、决策效率、系统落地等多方面的综合考虑，设计场景化的决策流程以及开发兼具业务解释与模型效果的模型。

4）外部评分模型及拒绝回捞策略：在对客户自有数据充足挖掘的前提下，给出恰当的外部评分模型建议，并通过自有申请评分卡和外部评分模型的交叉使用，定制个性化回捞策略。

5）定额定价策略：考虑客户基本属性、欺诈和信用风险水平、价格敏感度、收入及还款能力，竞争对手定额定价策略等多方因素，设计体系化的定额定价管理框架和测试方案。

6）收益模型及置入置出策略：构搭建智能化的新户收益管理体系、开发收益评分模型，与风险评分模型用交叉矩阵、决策树等方法定制科学合理、精准有效的置入置出策略。

7.3.4 案例：基于数据建模贷前客户风险预警

1. 项目背景介绍

某大型银行 A 分行依托互联网大数据技术，专门为本地药业商圈经营的个人小商户设计了一款涵盖便捷收单、多级账簿、极速贷款一揽子服务的金融产品。与传统贷款产品相比，其特色如下：

1）融：嵌入特色商圈经营结算场景，提供不局限于贷款的一揽子服务。
2）新：运用互联网大数据分析技术，采取人机结合的方式办理贷款。
3）快：系统自动审查审批，贷款快速到账。
4）准：批量化精准对接贷款需求，准确定位客户群体。
5）信：主要采取信用方式发放贷款，支持外部增信、法人保证、抵质押等补充担保方式。
6）简：申请流程简单，操作便捷，支持柜台及网上银行、手机银行、微信小程序等多种渠道办理。
7）惠：实行优惠利率，节约利息支出；循环使用、随借随还，按实际使用天数计息。

A 分行的业务条线通过本地商圈走访和调研，结合行业对标分析，完成了产品创新可研论证，并联动总行业务条线，与风险管理、授信审批、计财、科技等部门进行沟通，快速确定了围绕产品生命期的业务流程、数据风控体系框架。在行内首次明确了冷启动的标准和定义，初始采用历史数据清洗出白名单进行预授信，建立涵盖产品、渠道、客户、风控、审批、贷后的便捷流程；发展期则放宽了准入门槛，以反欺诈结合准入策略、评分卡对非白名单客户进行实时授信，并用大数据监控客户交易行为，动态调整授信额度；稳定期则在本地全面推开，并通过数据埋点分析，挖掘出履约意愿强、价值高的客户，以及风险高、价值低的客户，按客户分层智能匹配不同的利率价格，实现数据驱动的风险定价。

2. 项目体系

客户风险数据分析框架如图 7-8 所示。本项目中聚焦特色客群，以数据授信的产品创新合作，A 分行一方面打通了本地机构与政府系统的数据通路，另一方面将产品融入了本地特色商圈经营场景中，形成了竞争壁垒和良性循环，给 A 分行本地化经营带来了较好的经济效益和社会效益。

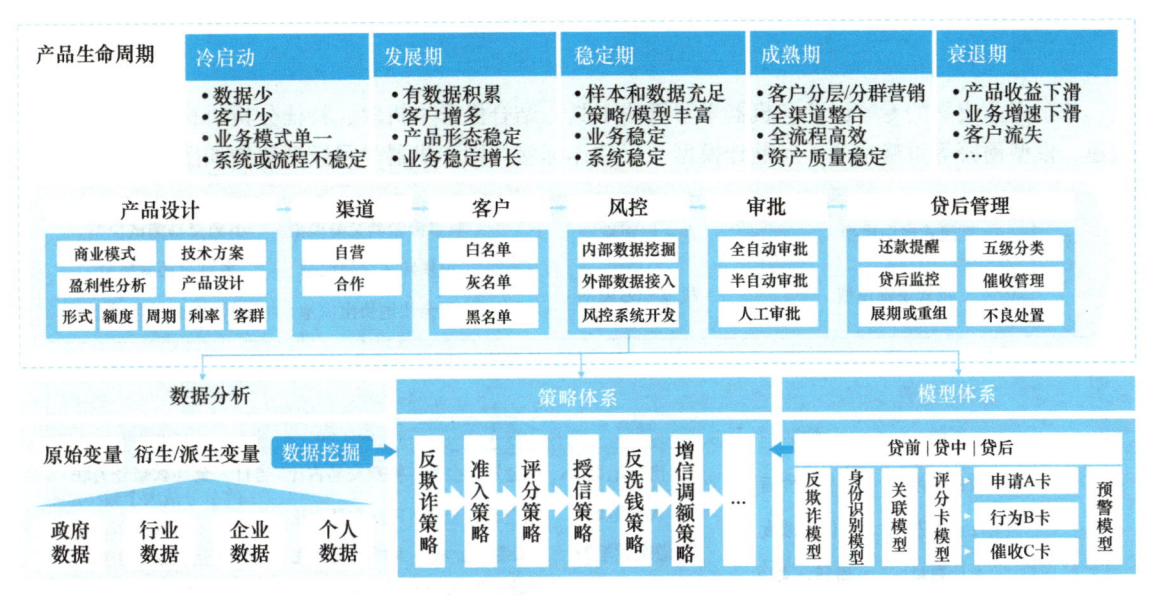

图 7-8 客户风险数据分析框架

每个主流程包括：反欺诈策略、准入策略、评分策略、授信策略、反洗钱策略、增信调额策略。同时将贷前模型分为：反欺诈模型、身份识别模型、关联模型、捞回模型、评分卡模型等。

3. 项目分析过程

客户风险数据分析过程如图 7-9 所示。客户风险数据分析流程主要包含以下步骤：

1）从数据源中选择性抽取历史数据与每天定时抽取数据。
2）对抽取的数据进行数据清洗、数据变换、特征选择等操作后，形成建模数据。
3）采用反欺诈模型、身份识别模型、评分卡模型对建模数据进行模型构建，利用模型分析客户风险、贷款额度等。
4）应用效果评估数据，融合策略后，输出客户贷款风险评分、贷款额度预测结果。

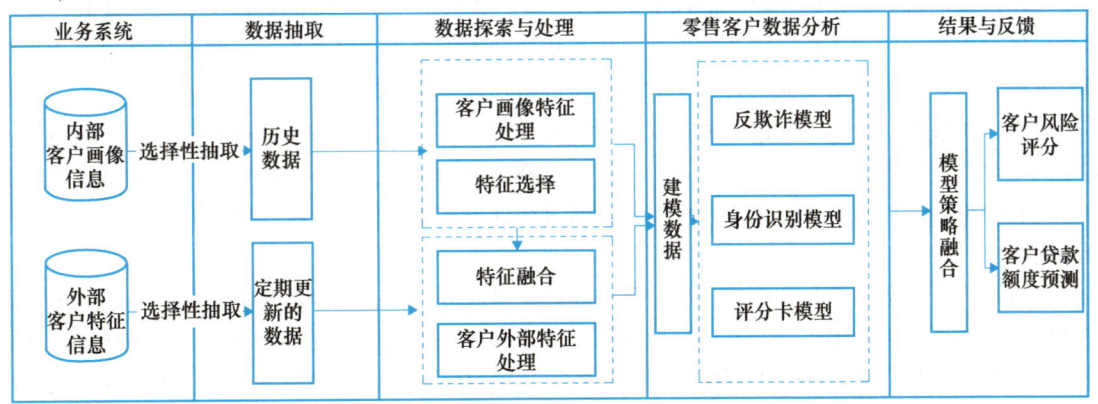

图 7-9 客户风险数据分析过程

4. 反欺诈模型

基于行业成熟的专家经验和机器学习算法工具，结合黑样本析取、特征分析、标签定义、模型构建、模型预警等策略构建了反欺诈模型、反欺诈标签规则和机器学习模型架构如图7-10所示。

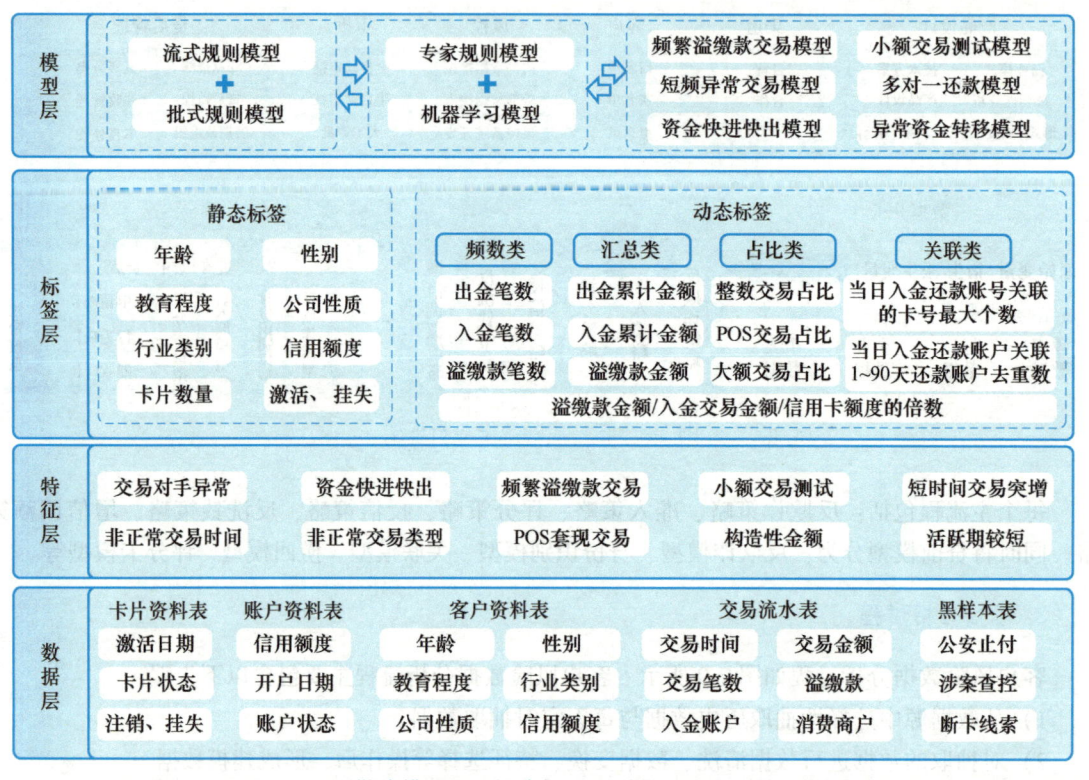

模型层	流式规则模型 + 批式规则模型	专家规则模型 + 机器学习模型	频繁溢缴款交易模型 / 短频异常交易模型 / 资金快进快出模型	小额交易测试模型 / 多对一还款模型 / 异常资金转移模型

标签层	静态标签：年龄、性别、教育程度、公司性质、行业类别、信用额度、卡片数量、激活、挂失	动态标签			
		频数类：出金笔数、入金笔数、溢缴款笔数	汇总类：出金累计金额、入金累计金额、溢缴款金额	占比类：整数交易占比、POS交易占比、大额交易占比	关联类：当日入金还款账号关联的卡号最大个数、当日入金还款账户关联1~90天还款账户去重数
		溢缴款金额/入金交易金额/信用卡额度的倍数			

特征层	交易对手异常 / 非正常交易时间	资金快进快出 / 非正常交易类型	频繁溢缴款交易 / POS套现交易	小额交易测试 / 构造性金额	短时间交易突增 / 活跃期较短

数据层	卡片资料表：激活日期、卡片状态、注销、挂失	账户资料表：信用额度、开户日期、账户状态	客户资料表：年龄、教育程度、公司性质		交易流水表：交易时间、交易笔数、入金账户		黑样本表：公安止付、涉案查控、断卡线索
				性别、行业类别、信用额度		交易金额、溢缴款、消费商户	

图 7-10 反欺诈模型、反欺诈标签规则和机器学习模型架构

在模型构建前，银行需要收集一定数量、一定时间跨度、不同特点的黑样本数据（经过调查、分析等手段能明确账户是电诈账户的样本数据）。源头数据将用于后续的分析、验证、优化，直接影响后续产出数据的准确性，因此其来源是模型构建的重中之重。经考量，反欺诈模型最终选取的黑样本账户以国家反诈中心向银行推送的已认定的电诈涉案账户为主，以银行端监测、倒查、调查产出的电诈高危账户为辅。通过对黑样本账户的电诈涉案模式与手法进行分析发现，电诈涉案的上游账户主要负责赃款分散流入，中游账户主要负责资金迂回转移，而下游账户主要负责资金洗白流出。比较常见的涉诈作案手法主要是电诈资金通过还款方式转入信用卡账户后，通过消费的方式将资金转出。

通过对黑样本案例进行全面的分析，反欺诈模型可以进一步提炼涉诈异常特征。信用卡电诈账户比较常见的特征包括多对一还款、交易间隔短、交易金额超信用额度等。例如，在黑样本案例中发现不少电诈账户当天在多个不同账户转账还款后，短时间内通过消费的方式将入账的款项全部消费完，消费金额远高于账户的信用额度。

根据黑样本特征定义具体标签,如通过某黑样本案例特征定义标签为当天进行多笔还款、当天还款后立即交易、交易金额与还款金额相近;通过某黑样本案例特征定义标签为当天还款后出现大额溢缴款、当天还款后立即交易。不同的黑样本案例可能具有共同的特征和标签,上述两个黑样本案例具有相同的标签,即当天还款后立即交易。

结合专家经验和黑样本数据分析结果,系统共设计涉案风险标签 500 余个,用于反欺诈模型的开发和训练。反欺诈模型的开发与训练模式运行机制如图 7-11 所示。

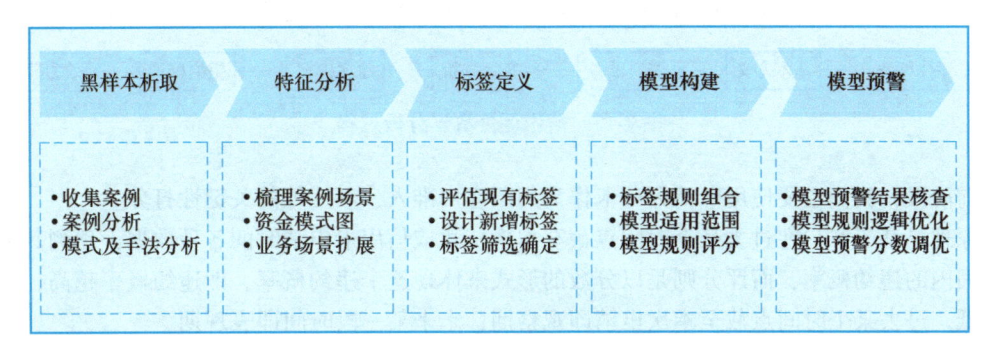

图 7-11 反欺诈模型的开发与训练模式运行机制

反欺诈模型是标签规则库与机器学习模型的结合,既有基于专家经验的规则库,也有基于机器学习算法的模型。其中,人工智能和机器学习技术的应用,可以使模型自动学习数据中的规律和特征,从而更准确地预测未来事件的发生概率。反诈模型采用了基于决策树的 XGBoost 算法,该算法可以对数据进行分析和建模,通过多次迭代和加权训练,得到一个高精度的预测模型。在模型评估方面,反诈模型使用 AUC 值、KS 值、精确率和召回率等指标进行评价和优化。反欺诈模型机器学习建模流程如图 7-12 所示。

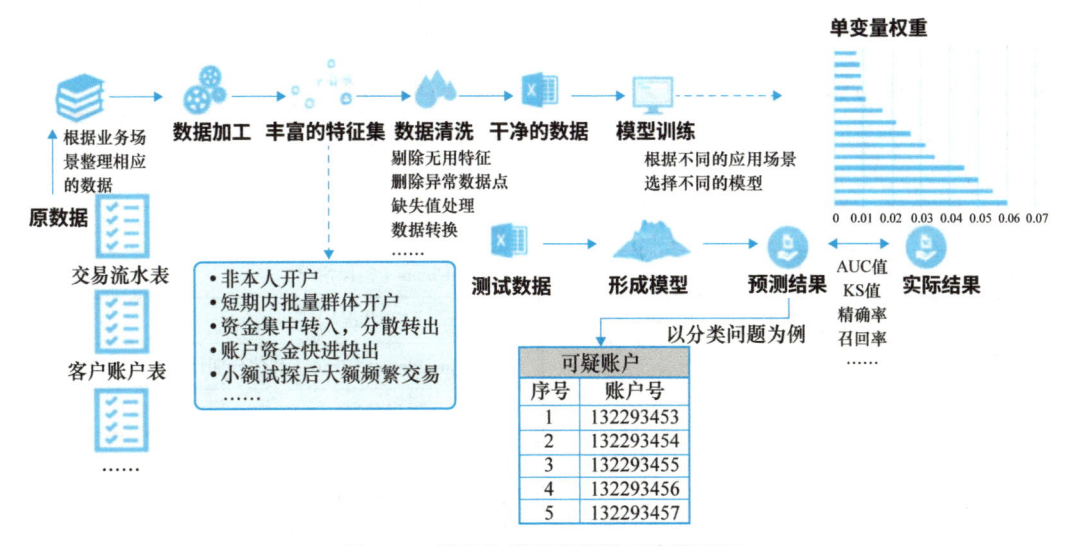

图 7-12 反欺诈模型机器学习建模流程

反欺诈模型输出预警名单后,系统将对名单进行调查确认并统计模型效果指标,通过新增标签和参数调整的方式持续优化反欺诈模型。经过多轮调优,反欺诈模型在企业级数字化智能反欺诈平台上线,通过不断完善常态化监测机制,进一步防范涉诈风险。

5. 评分卡模型

根据使用时机,可以将信用评分卡分为三类:申请评分(Application Score)、行为评分(Behavior Score)、催收评分(Collection Score)。信用评分数据分析过程如图 7-13 所示。

确定评分目的 → 基本定义 → 资料准备 → 变量分析 → 建立模型 → 拒绝推论 → 效力验证

图 7-13 信用评分数据分析过程

贷前阶段,我们主要使用申请评分卡作为判断客户准入、额度等的关键性打分。

其原理是基于客户在过去某个时间点截至本次贷款或信用卡申请时的各项数据,预测其未来某一段时间内的违约概率,而评分则是以分数的形式来体现这个违约概率,即违约概率越高,对应的评分越低。过去某个时间点截至本次申请即观察期,未来某一段时间即表现期。

客户特征示例见表 7-15。数据准备和数据预处理是整个信用风险模型开发过程中最重要也是最耗时的工作。通常情况下,数据准备和数据预处理阶段消耗的时间占整个模型开发时间的 80% 以上,该阶段主要的工作包括数据获取、探索性数据分析、缺失值处理、数据校准、数据抽样、数据转换,还包括离散变量的降维、连续变量的优先分段等工作。本次项目中的每个样本包括了 21 个变量(属性),其中包括 1 个违约状态变量"credit_risk",剩余 20 个变量包括了所有的定量和定性指标。

表 7-15 客户特征示例

定 量 指 标	定 性 指 标
duration(续存期)	status(状态)
amount(借款额)	credit_history(信用历史)
installment_rate(分期利率)	purpose(资金用途)
present_residence(现居住时间)	savings(储蓄情况)
age(年龄)	employment_duration(工作年限)
number_credits(信用卡数量)	personal_status_sex(婚姻状况)
people_liable(法定责任人数量)	other_debtors(担保情况)
违约状况指标	property(财产状况)
credit_risk(是否发生了违约)	other_installment_plants(其他分期计划)
	housing(住房状况)
	job(工作状况)
	telephone(是否有电话)
	foreign_worker(是否外籍工作者)

需要特别说明的是，在实际的样本搜集和数据预处理中，我们应该首先对个人客户的违约做出定义，并根据对违约的定义对搜集的样本进行必要的校准。一般情况下，搜集的数据为非标准化的数据，见表 7-16，该表中假设搜集的是前 10 个客户在两年内的历史违约情况。

表 7-16 客户违约情况

客户	\multicolumn{12}{c	}{2015 年}	\multicolumn{12}{c	}{2016 年}	状态
	1	2	3	4	5	6	7	8	9	10	11	12	1	2	3	4	5	6	7	8	9	10	11	12	
1	√	√	√	√	√	√	√	√	√	√	√	√	√	√	√	√	√	√	√	√	√	√	√	√	正常
2	√	√	√	√	√	√	√	√	√	√	√	√	√	√	√	√	√	√	√	√	√	√	√	√	
3	√	√	√	√	√	√	√	√	√	√	√	√	√	√	√	√	√	√	√	√	√	√	√	√	
4	√	√	√	√	√	√	√	√	√	√	√	√	√	√	√	√	√	√	√	√	√	√	√	√	
5	√	√	√	√	√	√	√	√	√	√	√	√	√	√	√	√	√	√	√	√	√	√	√	√	
6	√	√	√	√	√	√	√	√	√	√	√	√	√	√	※	※	※	※	※	※	※	※	※	※	逾期
7	√	√	√	√	√	√	√	√	√	√	√	√	√	√	√	√	√	√	※	※	※	※	※	※	
8	√	√	√	√	√	√	√	√	√	√	√	√	√	√	√	√	√	√	√	※	※	※	※	※	
9	√	√	√	√	√	√	√	√	√	√	√	√	√	√	※	※	※	√	√	√	√	√	√	√	
10	√	√	√	√	√	√	√	√	√	√	√	√	√	√	√	√	√	√	√	※	※	※	√	√	

注：√表示正常；※表示出现了逾期。

如果我们假设连续出现三个月逾期可被定义为违约，则客户 6 至客户 9 可被确认为违约。然而，为了明确违约的概念，我们还需要确定基准时间和观察时间窗口。如果当前时间是 2016 年 7 月月末，则只有 6 和 7 两个客户为违约，其他客户均属于正常客户，如果当前时间是 2016 年 9 月月末，则只有 6、7、8 三个客户为违约，客户 9 已经自愈，变回正常客户。

结合上述分析，在明确评分卡要解决的实际问题时，还应该确定表现时间窗口和观察时间窗口，而这两个窗口需要根据我们搜集的数据来具体确定。他们的确定方法分别如下：在确定变现时间窗口的长度时，通常需要客户从开始开立融资类业务时到最近时间点（或至少两年以上的历史逾期情况）的逾期表现，如图 7-14 所示。

按照图 7-14 所示的表现时间窗口的定义方法，对样本总体进行统计分析。将逾期 90 天定义为违约，会得出如图 7-15 所示的统计结果。

图 7-14 窗口期示意

图 7-15 中 8 月最后一列的数据 3.48% 表示，在 2 月 1 日开立的所有账户中，8 个月后出现逾期 90 天以上的账户占样本的比重为 3.48%。我们通过这样统计方法，并绘制样本总体的违约状态变化曲线，即可得到如图 7-16 所示的曲线。从图 7-16 所示的曲线中我们可以看出，在账户开立第 11 个月到第 13 个月时，客户的违约状态达到稳定，曲线变得非常平稳。此时，我们可以确定评分卡的表现时间窗口为 11 个月到 13 个月，即我们将违约状态变得稳定的时间段确定为表现时间窗口。这种

方法可使我们开发的评分卡模型的区分能力和预测能力准确性均达到最优稳定状态。

| 逾期超90天为违约 |
开立时间	1月（%）	2月（%）	3月（%）	4月（%）	5月（%）	6月（%）	7月（%）	8月（%）	9月（%）
1月1日	0.00	0.34	0.65	1.35	2.24	2.93	3.36	3.96	4.05
2月1日	0.00	0.45	0.69	1.54	1.98	2.58	3.18	3.48	
3月1日	0.00	0.41	1.04	1.97	2.39	3.00	3.67		
4月1日	0.00	0.52	1.20	1.93	2.96	3.12			
5月1日	0.00	0.65	0.98	1.79	2.23				
6月1日	0.00	0.12	1.23	1.55					
7月1日	0.00	0.18	0.92						
8月1日	0.00	0.15							
9月1日	0.00								

图 7-15　统计结果

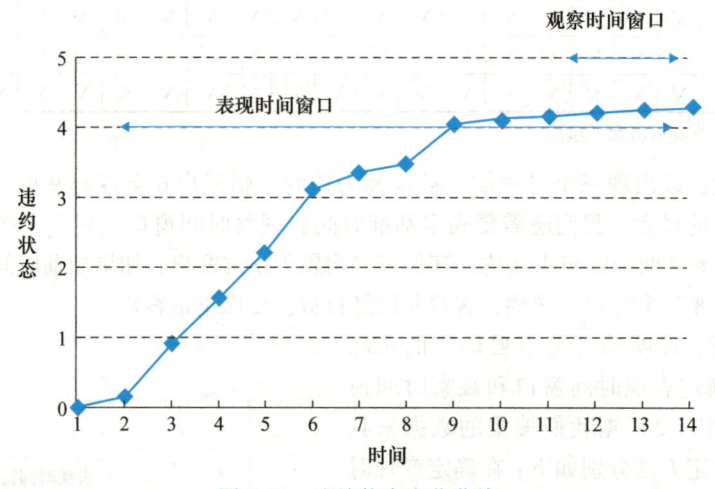

图 7-16　违约状态变化曲线

由图 7-16 的曲线可以看出，客户开立融资类业务的账户的起始阶段发生违约的频率是不断增加的，但随着时间的推移，发生违约的客户的占比将处于稳定状态。那么，我们在开发信用风险评分卡模型时，需要选择客户违约处于稳定状态的时间点来作为最优表现时间窗口，这样既可以最大限度地降低模型的不稳定性，也可以避免低估最终的违约样本的比率。例如，当我们选择表现时间窗口为 6 个月时，样本总体中的违约样本占比仅为 3% 左右，而实际违约样本占比约为 4.5%。

在上例中，将观察时间窗口确定为 90 天，当然也可以是 60 天或 30 天，但当观察时间窗口确定为 30 天时，客户的违约状态将会更快地达到稳定状态。如果我们按照某个监管协议（如巴塞尔协议）的要求开发信用风险评分卡模型，则观察时间窗口也要按照监管协议的要求确定。除此之外，观察时间窗口的确定要根据样本总体和证券公司的风险偏好综合考虑确定。但在个人信用风险评级模型开发领域，大多数将逾期 90 天及以上定义为个人客户的违约状态。

以上讲的都是开发申请者评分卡模型时表现时间窗口的确定方法，在开发个人客户的行为评分卡和催收评分卡模型时，表现时间窗口的确定方法也算是类似的。但开发这两类模型时，表现时间窗口的长度却跟申请者评分模型有较大不同，如催收评分卡模型的表现时间窗口通常设定为2周，甚至更短的时间。因为在实际业务开展过程中，通常客户逾期超过2周，就要启动催收程序了。

个人客户的信用风险评级模型开发进行至此时，我们已经得到了没有缺失值和异常值的样本总体，确定了违约的定义，也确定了表现时间窗口和观察时间窗口。接下来，我们将进入评分卡模型开发的数据集准备阶段了。

在缺失值和异常值处理完成后，我们就得到了可用作信用风险评级模型开发的样本总体。通常为了验证评级模型的区分能力和预测准确性，我们将样本总体分为样本集和测试集。

从收集的所有指标中筛选出对违约状态影响最大的指标，作为入模指标来开发模型。入模指标见表7-17。

表7-17　入模指标

序　号	定量指标	定性指标
1	Duration	Status
2	Amount	Credit_history
3	Installment_rate	Savings
4	age	Purpose
5		Property

本次项目中，我们选择逻辑回归作为评分卡的构建模型。

根据逻辑回归的基本原理，将客户违约的概率表示为p，则正常的概率为$1-p$。由此可以得到

$$p = \frac{\text{Odds}}{1+\text{Odds}}$$

评分卡设定的分值刻度可以通过将分值表示为比率对数的线性表达式来定义，即

$$\text{Score} = A - B\log(\text{Odds})$$

式中，A和B是常数。

式中的负号可以使违约概率越低，得分越高。通常情况下，这是分值的理想变动方向，即高分值代表低风险，低分值代表高风险。逻辑回归模型计算公式为

$$\log(\text{Odds}) = \beta_0 + \beta_1 x_1 + \cdots + \beta_n x_n$$

用建模参数拟合模型可以得到模型参数值β_0，β_1，$\cdots$，β_n。式中的常数A、B的值可以通过将两个已知或假设的分值带入计算得到。

通常情况下，需要设定两个假设：

1）给某个特定的比率设定特定的预期分值。

2）确定比率翻番的分数（PDO）。根据以上分析，我们首先假设比率为x的特定点的分值为P。则比率为$2x$的点的分值应该为$P-\text{PDO}$。代入式中，可以得到两个等式

$$P = A - B\log(x)$$

$$P - \text{PDO} = A - B\log(2x)$$

设定评分卡刻度使比率为1∶20（违约正常比）时的分值为50分，PDO为10分，代入式中求

得 $B=14.43$，$A=6.78$ 则分值的计算公式可表示为
$$Score = 6.78 - 14.43\log(Odds)$$

评分卡刻度参数 A 和 B 确定以后，就可以计算比率和违约概率，以及对应的分值了。通常将常数 A 称为补偿，常数 B 称为刻度。评分卡的分值可表达为
$$Score = A - B(\beta_0 + \beta_1 x_1 + \cdots + \beta_n x_n)$$

式中，变量 $x_1, \cdots, x_n$ 是出现在最终模型中的自变量，即入模指标。由于此时所有变量都用 WOE 转换进行了转换，可以将这些自变量中的每一个都写作 $(\beta_i \omega_{ij})\delta_{ij}$ 的形式，最终得到如图 7-17 所示的得分表。

		Score
Basepoint	Basepoint basepoint	20
Duration	<= 33	1
	<= 8	14
	>33	-7
Amount	<= 3913	3
	<= 9283	-5
	>9283	-14
Age	> 34	3
	<= 34	-2
Installment_rate	4	-6
	1	2
	2	5
	3	-1
Status	no checking account	14
	... >= 200 DM / salary for at least 1 year	5
	... < 100 DM	-10
	0<=...<200DM	-5
Credit_history	critical account/other credits existing	8
	existing credits paid back duly till now	-1
	all credits at this bank paid back duly	-10
	delay in paying off in the past	0
	no credits taken/all credits paid back duly	-16
Savings	... < 100 DM	-3
	...>= 1000 DM	13
	500 <=...< 1000 DM	9
	unknown/no savings account	9
	100<=...<500DM	-2

图 7-17 得分表计算结果

6. 额度模型

在整个信贷业务流程开发中，额度管理与额度模型的设计都是重要的流程节点，特别是在整体信贷环节竞争白热化的当下，千人千价，差异化的额度授信策略，就是在众多金融机构中脱颖而出的制胜点。

本项目中的信贷产品可分为循环贷和非循环贷，循环贷的额度用户能多次支用，可以存在多笔订单在贷的情况，用户支用及归还贷款，额度都会相应地减少和增加。而非循环贷的额度用户只能支用一次，例如给你5000元的额度，支用时就一次性把5000元全取出来，很多机构的非循环贷产品是单笔在贷的模式，即当前借款的订单全部还清后才能重新授信借下一笔，所以可以看出提降额场景的更适用循环贷产品。

授信额度是给用户的最大借款额度，授信额度作用在贷前授信阶段的尾部，授信对象即为没有命中贷前策略的用户，有些场景下授信额度还要做人工复核。

授信额度的设计有以下几步：
1）确定额度的上下限，即额度范围。
2）在额度范围内做差异化定额。
3）在差异化额度基础上再加增信额度、人工额度等补充。

额度范围的设定要考虑三个因素：一是产品的定位，例如小额产品额度一般定在1000元~1万元之间，中等额度产品在1万元~10万元之间；二是目标客群的风险及还款能力，例如产品面向的是比较下沉的蓝领、农民群体，额度的上限会跟他们的平均收入相关，额度可能会给得比较低；三是同行竞争对手的参考，比如A公司给予的平均额度在8000元左右，那B公司在设计同类产品的额度时，也会参照A公司的额度，如果额度比A公司低很多，用户可能就偏向选择A公司的产品造成B公司的用户流失。额度范围也可以做差异化，例如对高、中、低三类不同风险的用户，设置不同的额度范围，计算公式如下：

1）授信额度 = min[max(基础额度×风险系数，额度下限)+增信额度，额度上限]，若有人工额度，则以人工额度为最终生效额度，风险系数用规则或模型来定。

2）授信额度 = min[max(交叉矩阵定额，额度下限)+增信额度，额度上限]，若有人工额度，则以人工额度为最终生效额度，交叉矩阵可以用规则+模型，或者用双模型。

3）授信额度 = min[max(单模型差异化定额，额度下限) +增信额度，额度上限]，若有人工额度，则以人工额度为最终生效额度。

本项目中，最终的授信额度见表7-18。

表7-18 授信额度

授信模型分	低收入（元）	中收入（元）	高收入（元）
(500,550]	3000	3500	4000
(550,580]	3500	4000	4500
(580,620]	4000	4500	5000
(620,680]	4500	5000	5500

本案例通过机器学习数据分析方法，完成针对贷前客户风险与授信的审批。通过案例我们可知，机器学习最大的优势在于在海量的特征中挖掘价值，进而完成分析。这种方法的好处是，补充了人工规则数据分析的不足，进一步提升了零售客户风险发现的可能性，进一步降低了银行的损失。

7.4 商业银行零售业务数智化风控之贷中

【学习目标】

1）学习贷中信用评分模型应用。
2）学习贷中实时反欺诈应用。
3）学习贷中风险客群管理。
4）学习基于数据建模贷中风险实时管理。

7.4.1 贷中信用评分模型应用

贷中信用评分模型是在客户已获得贷款后，用于监测和评估其信用状况和还款能力的模型。它可以帮助银行在贷款期间及时发现潜在风险，采取适当的措施来管理和减轻风险。贷中信用评分模型的应用场景见表7-19。

表7-19 贷中信用评分模型的应用场景

场　　景	描　　述
监测客户的还款表现	贷中信用评分模型可用于监测客户在贷款期间的还款表现，包括还款频率、还款金额和还款延迟情况等。通过监测客户的还款行为，银行可以及时识别潜在的违约风险，并采取适当的措施，如提醒客户、调整还款计划或采取逾期催收措施
动态调整信用额度	贷中信用评分模型还可以用于动态调整客户的信用额度。通过分析客户的贷款表现和其他相关因素，银行可以评估客户的信用状况和偿债能力，从而决定是否增加或减少客户的信用额度
个性化服务和建议	贷中信用评分模型可以为银行提供客户信用风险的详细洞察，从而支持个性化的服务和建议。基于客户的信用评分和风险特征，银行可以向客户提供定制化的产品推荐、贷款优惠或金融规划建议，以满足客户的需求并降低风险
反欺诈措施	贷中信用评分模型可以用于检测潜在的欺诈行为。通过分析客户的行为模式、交易活动和其他风险指标，银行可以识别可能存在的欺诈风险，并采取相应的反欺诈措施，如额外的验证程序或风险警示
管理风险暴露	贷中信用评分模型可以帮助银行管理自身的风险暴露。通过监测客户的信用状况和风险特征，银行可以及时调整自身的风险管理策略和资产配置，以降低不良资产的风险和损失

贷中信用评分模型的应用可以帮助银行更好地了解客户的信用风险和还款能力，从而实时监控和管理风险，提供个性化的服务，并优化风险管理策略。这有助于银行维护良好的资产质量，并提

7.4.2 贷中实时反欺诈应用

贷中实时反欺诈应用是指在借款申请过程中，通过实时监测和分析借款人的信息和行为，识别潜在的欺诈行为并采取相应措施的应用。贷中实时反欺诈应用场景见表 7-20。

表 7-20 贷中实时反欺诈应用场景

场　　景	描　　述
实时数据验证	贷中实时反欺诈应用会对借款人提供的信息进行实时验证。这包括验证个人身份信息、联系方式、收入情况等。通过与多个数据源进行比对和验证，可以发现虚假信息或不一致之处，从而识别潜在的欺诈行为
行为分析和模式识别	实时反欺诈应用会对借款人的行为进行分析，包括其网上活动、交易模式、历史申请记录等。通过建立模式和规则，可以识别出异常行为或与欺诈相关的模式。例如，频繁更换身份信息、多次申请相同类型贷款等行为可能提示欺诈风险
设备和位置验证	实时反欺诈应用可以通过设备和位置验证来判断风险。通过分析设备信息、IP 地址、GPS 定位等，可以确认借款人所使用的设备和位置是否与其常规行为一致。如果发现异常的设备切换或跨地理位置的操作，可能暗示着潜在的欺诈行为
人工智能和机器学习	实时反欺诈应用通常利用人工智能和机器学习算法来进行模式识别和预测。通过对大量历史数据进行训练和学习，系统可以不断优化和改进对欺诈行为的识别能力，并实时更新模型以适应新的欺诈手段和模式
实时警示和决策支持	当实时反欺诈应用检测到潜在的欺诈风险时，它会立即生成警示并提供给风控团队。这样，银行可以及时采取行动，如进一步核实信息、要求额外的验证步骤或拒绝申请。实时警示和决策支持有助于防止欺诈行为对银行造成损失

通过贷中实时反欺诈应用，银行可以及时识别和应对潜在的欺诈风险，保护自身利益并提供安全的借款环境。这种应用可以减少欺诈交易的发生，降低不良贷款的风险，并提高整体的风险管理能力。

7.4.3 贷中风险客群管理

贷中风险客群管理是指在贷款期间对不同风险客户进行有效监测、控制和管理的过程。贷中风险客群管理场景见表 7-21。

表 7-21 贷中风险客群管理场景

场　　景	描　　述
风险分类和分级	首先，银行需要对贷款客户进行风险分类和分级。这可以基于客户的信用评分、还款历史、负债情况、收入水平等指标进行评估。通过将客户分为不同的风险等级，银行可以更好地识别高风险客户，并采取相应的管理措施
监测还款表现	贷中风险客群管理包括实时监测客户的还款表现。银行可以跟踪客户的还款频率、还款延迟情况、逾期金额等指标，以及时发现潜在的违约风险。通过建立有效的监测机制，银行可以快速识别出存在风险的客户，并采取适当的措施

(续)

场景	描述
风险预警和提醒	当银行发现客户存在潜在的风险时，贷中风险客群管理可以通过风险预警和提醒来引起注意，包括向客户发送提醒通知、电话催收或电子邮件通知等方式，以确保客户了解其还款义务并采取相应的行动
个性化管理和措施	不同风险客户可能需要采取不同的管理和措施。对于高风险客户，银行可以采取更积极的措施，如加强催收、调整还款计划、提供贷后咨询等，以降低违约风险。对于低风险客户，银行可以提供更灵活的服务和产品，以增强客户的忠诚度和满意度
风险策略优化	贷中风险客群管理还包括持续优化风险策略。银行可以根据贷中风险客户的表现和市场情况，不断评估和调整风险管理策略。这可能涉及调整风险容忍度、更新评估模型、改进预测分析等，以提高风险管理的准确性和效果

通过贷中风险客群管理，银行能够更好地控制和管理贷款期间的风险，降低违约和损失的风险，同时提供个性化的服务和支持，以增强客户关系和业务绩效。

7.4.4　案例：基于数据建模贷中风险实时管理

1. 项目背景介绍

某家银行在经营的过程会面临许多风险，信用风险是其中的主要风险。信用风险的含义是：因为债务人未能按合约执行义务，或信用质量改变，给债权人带来损失的可能性。信用风险会给银行带来直接或间接的经济损耗、增加管理成本、降低资金利用率。因此，业务部门希望IT团队，建立风险预测模型，根据客户数据信息，预测是否可能违约，有助于银行控制风险、减少损失、保证收益。

2. 数据概述

本文所分析的数据是来自某家商业银行的客户信息，共包含80000条数据，986个变量，其中数值型变量944个，字符型变量42个。数值型变量经整理后，可根据含义划分为17组，见表7-22。

表7-22　整理后的数据字段情况

变量名称	变量个数	变量具体情况
个人业务基本情况	110	77个连续型，32个离散型，1个取值常数
存款及本外币持有额	91	55个连续型，21个离散型，15个取值常数
柜台业务	112	65个连续型，41个离散型，6个取值常数
网银业务	88	46个连续型，30个离散型，12个取值常数
电话业务	71	24个连续型，25个离散型，22个取值常数
手机银行业务	60	34个连续型，26个离散型
网络银行业务	20	14个连续型，6个离散型
自助设备业务	68	40个连续型，16个离散型，12个取值常数
乐收银POS机业务	48	30个连续型，14个离散型，4个取值常数

数值型变量解释见表 7-23。

表 7-23 数值型变量解释

变 量 名 称	变量个数	变量具体情况
客户号	1	8 位字符
开户机构	1	4 位编码
证件类型	1	4 位编码
性别	1	取值 1、2
客户价值等级	1	取值 A、B、C
职业	1	取值 1~5
是否型变量	21	包括是否有欧元账户、是否有澳元账户、是否薪资理财等
持有标志型变量	15	包括持有活期产品标志、持有定期存款标志、个贷标识等

3. 数据预处理

944 个数值型变量，删除所有取值为常数的变量后，还剩 832 个，按照变量含义可分为 17 组，使用 proc princomp 对每组变量分别进行分组主成分分析，保证累积方差贡献率在 70% 左右，最终总共从原始变量中挑选出 123 个主成分，作为后续预测模型的指标。数据预处理变量名称见表 7-24。

表 7-24 数据预处理变量名称

变量类别	原始变量个数（已删除常数取值变量）	选取主成分个数	累计方差贡献率
个人业务基本情况	109	17	70.55%
存款及本外币持有额	76	7	66.21%
柜台业务	106	17	68.77%
网银业务	76	8	67.82%
电话业务	49	5	70.38%
手机银行业务	60	6	70.00%
网络银行业务	20	4	66.39%
自助设备业务	56	7	68.27%
乐收银 POS 机业务	44	5	68.91%
本行 POS 机业务	35	4	68.31%
它行 POS 机业务	37	6	66.37%
其他业务	22	4	66.71%
大额业务	8	2	94.27%
信用卡业务	20	4	65.10%
定期存款业务	20	8	67.08%
理财产品业务	33	6	71.97%
基金业务	61	13	68.24%

42个字符型变量,经过以下处理,最终整合选取19个。

1) 删除6个:取值唯一的4个,包括2个是否型变量、2个持有标志型变量;人为判断影响不大的2个,包括开户机构、证件类型。

2) 选择性保留20个:部分重要变量直接保留,包括客户号、性别等;取值相同、含义包含的变量,持有国债标志和持有凭证式国债标志,仅保留一个;使用 prop freq 做卡方检验,含义相近、不相互独立的变量,3个持有钱生钱理财产品标志的变量、4个持有基金标志的变量,分别仅保留一个。

3) 整合重编码16个:把16个原始的持有卡种信息变量转变为5个自定义变量。原始变量包括表7-25中的15种卡,以及"最高卡级别"变量,自定义变量分别为是否借记卡、是否信用卡、是否国际卡、是否国内卡、信用卡等级。前四个自定义变量取值为0或1,即1为是,0为不是,信用卡等级是按照卡种额度赋予的排序值,见表7-25,信用卡等级标准见表7-26。

表7-25 信用卡等级编码

原始变量 卡种	自定义变量				
	借记	信用	国际	国内	信用卡等级
欧元卡	1	0	1	0	0
澳元卡	1	0	1	0	0
美元卡	1	0	1	0	0
薪资理财卡	1	0	0	1	0
商务卡	1	0	0	1	0
国际普卡	0	1	1	0	1
国际银卡	0	1	1	0	2
国际金卡	0	1	1	0	4
国际钻石卡	0	1	1	0	5
金普卡	0	1	0	1	2
标准白金卡	0	1	0	1	3
豪华白金卡	0	1	0	1	4
白金理财卡	0	1	0	1	3
钻石卡	0	1	0	1	5
无限卡	0	1	0	1	6

表7-26 信用卡等级标准

信用卡	等级	额度(元)
借记卡	0	0
普卡/国际普卡	1	[5000,10000)
金卡/国际银卡	2	[10000,50000)
普通白金卡	3	[50000,100000)

(续)

信用卡	等级	额度(元)
豪华白金卡/国际金卡	4	[100000, 300000)
钻石卡/国际钻石卡	5	[300000, 1000000)
无限卡	6	[1000000, +∞)

4. 建模方法与效果评估

信用风险预测模型一直被持续而广泛地研究，信用风险预测研究的主要候选模型见表7-27。

表7-27 信用风险预测研究的主要候选模型

广义线性模型	非线性模型	
	机器学习模型	非参数模型
线性判别分析模型 (Linear Discriminant Analysis, LDA)	神经网络模型 (Neural Networks, NN)	样条回归模型 (Spline Regression Models)
Probit 回归模型 (Probit Regression)	支持向量机模型 (Support Vector Machine, SVM)	核回归 (Kernel Regression)
Logistic 回归模型 (Logistic Regression)	决策树模型 (Decision Tree)	局部多项式回归 (Local Polynomial Regression)
	随机森林模型 (Random Forest)	

经过经验与初步对比，在本次项目中，选择决策树、随机森林与 Logistic 回归模型作为候选模型并且比较效果，最终效果如图7-18所示。

			训练集		测试集	
			真实值		真实值	
			不会违约	可能违约	不会违约	可能违约
Logistic回归模型	预测值	不会违约	9980	1734	43060	820
		可能违约	3003	5283(75.29%)	13606	2514(75.39%)
随机森林模型	预测值	不会违约	38628	813	12844	267
		可能违约	15342	5217(86.52%)	5382	1507(84.95%)
决策树模型	预测值	不会违约	36742	1239	13453	394
		可能违约	17228	4791(79.45%)	4773	1380(77.79%)

图7-18 最终效果图

决策树模型和 Logistic 回归模型的混淆矩阵如图7-19所示。

Logistic 回归模型方法简单、训练高效、预测能力较强，由变量系数即可知变量的影响程度。但不可否认，Logistic 回归也存在以下不足：预测结果对变量间的共线性敏感；需要设置很多哑变量，增加了变量维数和计算复杂度；逐步回归选择变量时，数据规模需有所控制，否则在有限的计算机内存下可能不收敛；对于银行的信用评估业务，如果拒绝贷款申请，需要给出一个准确的理由，让客户知道被拒绝的具体原因，虽然 Logistic 回归的系数有一定意义，但被拒绝或被接受的理由仍然不明确。而随机森林作为一种集成思想的机器学习模型，不受变量间共线性的影响，无须设置哑变量，在特征选择标准方法为 GINI 系数时，对字符型变量和数值型变量都可以分析。最重要的是，树方法流程图的形式可以为客户提供直观易懂的理由说明。

本项目建立了 Logistic 回归预测模型和随机森林预测模型，比较了两种模型对银行信用风险的预测效果。结果显示，Logistic 回归模型 AUC = 0.847，预测准确率为 75%；随机森林模型 AUC = 0.848，预测准确率为 85%。随机森林预测模型的曲线下面积略优于 Logistic 回归预测模型，二者区别不大，而其预测准确率明显更优。

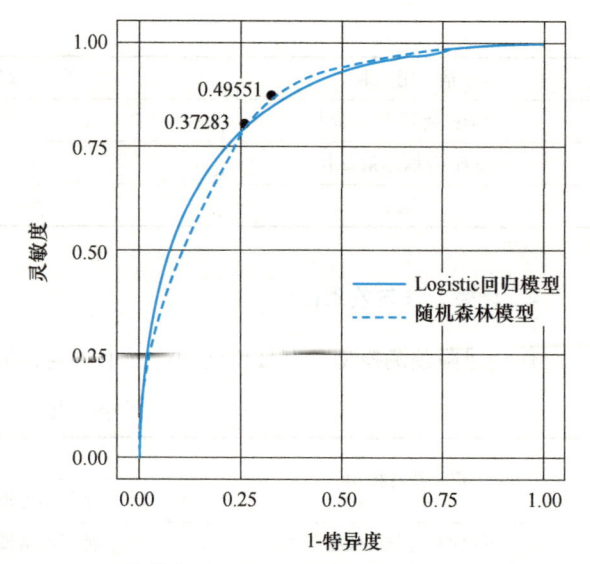

图 7-19　决策树模型和 Logistic 回归模型的混淆矩阵

Logistic 回归模型的输出结果显示，对预测概率正向影响最大的变量依次为高信用卡级别、职业取值 3/5、客户价值等级 B、个人业务基本情况、存款及本外币持有额，对预测概率负向影响最大的变量依次为低信用卡级别、客户价值等级 AC、职业取值 1/2/4、信用卡业务。在随机森林模型变量重要性分析中，排名前五的变量依次为个人业务基本情况、客户价值等级、存款及本外币持有额、大额业务、柜台业务。两种模型的分析结果相似，说明模型较稳定，预测结果可靠。结果提示，客户的信用卡级别、职业、客户价值等级、个人业务基本情况、存款及本外币持有额对违约风险影响较大。

综上所述，随机森林模型对信用风险的预测效果较好，在实际应用中，可以作为 Logistic 回归模型的有益补充，充分发挥两种模型的优越性。银行在预测信用风险时，在众多基本信息及交易信息中，应该着重注意信用卡级别、职业、客户价值等级、个人业务基本情况、存款及本外币持有额的状况，如发现这些指标异常，应尽早采取相应的干预措施，规避信用违约可能带来的损失。

7.5　商业银行零售业务数智化风控之贷后

【学习目标】

1）学习贷后数智化风控体系。
2）学习贷后预警监控系统。
3）学习贷后催收智能化。
4）学习基于数据建模贷后管理案例。

7.5.1 贷后数智化风控体系

贷后风险管理是指客户已经逾期，利用短信、电话、上门催收，甚至司法诉讼等各种方式进行催收，降低信贷损失。贷后数智化，是指利用数据和智能技术进行全面分析和管理的一套系统和流程。该体系旨在提高贷后管理效率、降低风险，并为贷后决策提供科学依据。贷后数智化体系的关键要素见表7-28。

表7-28 贷后数智化体系的关键要素

场 景	描 述
数据收集和整合	贷后数智化体系依赖于全面、准确的数据。银行需要收集和整合借款人在贷款期间的还款记录、信用评分、财务状况等数据，以及其他与还款能力和风险相关的信息。这些数据可以来自银行内部系统、第三方数据源以及借款人提供的信息
数据分析和挖掘	贷后数智化体系利用数据分析和挖掘技术，对收集到的数据进行深入分析。通过应用机器学习、人工智能和大数据分析等方法，可以发现数据中的模式、趋势和异常，识别出潜在的风险和机会。例如，可以分析还款行为模式，检测异常还款行为或违约风险
风险评估和预测	贷后数智化体系通过分析借款人的还款表现、财务状况等数据，进行风险评估和预测。基于历史数据和建立的模型，系统可以计算借款人的违约概率、风险等级等指标。这有助于银行及时发现潜在的违约风险，并采取适当的措施，如提供催收建议、调整还款计划等
自动化决策和控制	贷后数智化体系通过自动化决策和控制，提高决策的效率和准确性。根据预设的规则和模型，系统可以自动判断借款人的还款能力、调整还款计划、提供个性化建议等。这有助于减少人工干预和主观判断的风险，提高决策的一致性和效率
实时监控和预警	贷后数智化体系通过实时监控和预警，及时发现潜在的风险情况。系统可以对还款情况、借款人的财务状况等指标进行实时追踪，并生成预警信号。这使银行能够及时采取行动，减少违约和损失的风险
数据可视化和报告	贷后数智化体系提供数据可视化和报告功能，将复杂的数据和分析结果以直观的图表和报告形式展示。这有助于决策者快速理解和把握风险状况，做出相应的战略和操作决策。同时，数据可视化也可以帮助银行与借款人进行沟通，共同了解贷后情况

通过贷后数智化体系，银行可以更好地管理贷后风险，提高决策效率和准确性。同时，通过数据分析和智能技术的应用，还可以提供更加个性化和定制化的客户服务，提升客户满意度和忠诚度。

7.5.2 贷后预警监控系统

贷后预警监控系统是金融机构用来监测贷款逾期情况并提前采取行动的工具。当贷款出现逾期或者其他风险情况时，系统会自动发出预警，提醒相关工作人员及时处理，以降低损失和风险。这种系统通常会结合数据分析、风险评估模型等技术手段，能够实时监测贷款账户的还款情况，并根据设定的规则和标准进行预警。

预警内容通常包括贷款逾期的程度、时间、客户的还款历史等信息，以及针对不同情况的建议或处理措施。这些预警能够帮助金融机构及时发现潜在的风险，采取针对性的措施，比如联系客户催收、重新安排还款计划等，以减少逾期损失并保护金融机构的利益。

贷后预警监控系统的预警功能对于金融机构管理贷款风险和维护资产质量非常重要，能够有效提高贷后管理效率和风险控制能力。贷后预警监控系统预警的类型主要包括以下几种：

1) 信用风险预警：是指针对借款人可能出现信用状况恶化的情况发出的预警，例如借款人逾期还款、失联、被列入黑名单等。

2) 经营风险预警：是指针对借款人可能出现经营困难的情况发出的预警，例如借款人盈利能力下降、资产负债率上升、现金流恶化等。

3) 担保风险预警：是指针对借款人提供的担保可能出现价值减损的情况发出的预警，例如担保物被查封、拍卖、抵押权被解除等。

4) 其他风险预警：是指针对借款人可能出现的其他风险情况发出的预警，例如借款人变更经营范围、地址、法人等。

贷后预警监控系统预警的触发条件可以根据金融机构的具体风险管理策略进行设置。常见的触发条件包括：

1) 关键指标超标：例如借款人的逾期率、不良贷款率、拨备率等指标超出了预警阈值。

2) 异常交易行为：例如借款人频繁大额转账、提现、消费等。

3) 负面新闻报道：例如借款人卷入诉讼、被立案调查等。

4) 监管机构提示：例如监管机构对借款人下发监管函、窗口指导等。

贷后预警监控系统预警发出后，金融机构应及时核实预警信息，并根据核实情况采取相应的措施，例如：

1) 加强对借款人的贷后监管：例如增加贷后检查频率、提高贷款利率、缩短贷款期限等。

2) 催收逾期贷款：例如通过电话、短信、上门拜访等方式催收贷款。

3) 处置不良贷款：例如诉讼、拍卖、重组等。

贷后预警监控系统是金融机构风险管理的重要组成部分，可以帮助金融机构及时发现和防范贷款风险，降低信贷资产损失。

以下是一些关于贷后预警监控系统预警的案例：

1) 案例1：某银行的贷后预警监控系统发现某借款人的逾期率上升，并多次触发预警。经核实，该借款人由于经营不善，出现了严重的财务困难。银行及时采取措施，对该借款人进行了催收，并最终成功化解了风险。

2) 案例2：某银行的贷后预警监控系统发现某借款人的账户上出现了一笔大额转账交易。经核实，该笔交易系借款人为偿还高利贷而进行。银行认为该借款人存在信用风险，遂采取措施提高了对该借款人的贷款利率。

3) 案例3：某银行的贷后预警监控系统发现某借款人被列入法院失信被执行人名单。经核实，该借款人因拖欠货款被法院强制执行。银行认为该借款人存在严重失信行为，遂决定终止向该借款人发放贷款。

贷后预警监控系统在金融风险管理中发挥着重要作用，但其效果也受到多种因素的影响，例如预警模型的准确性、预警信息的及时性、金融机构的风险管理能力等。因此，金融机构应不断完善贷后预警监控系统，提高预警的准确性和有效性，以更好地防范贷款风险。

7.5.3 贷后催收智能化

贷后催收智能化是指利用智能技术和数据分析来提升贷后催收效率和效果的一种方式。通过应用人工智能、机器学习和大数据等技术，银行或金融机构可以实现智能化催收，具体应用场景见表7-29。

表7-29 贷后催收智能化具体应用场景

场 景	描 述
自动化催收系统	建立自动化催收系统，通过机器学习算法和规则引擎，对逾期借款人进行分析和分类，制定个性化的催收策略。系统可以根据借款人的还款历史、财务状况和其他相关数据，自动发送催收通知、提醒还款，并根据借款人的回应和行为调整催收方式和频率
预测模型和评分系统	利用历史催收数据和借款人的特征信息，建立预测模型和评分系统来预测借款人的违约概率和还款意愿。这些模型和系统可以帮助催收人员优先处理高风险的逾期案件，并制定相应的催收计划和策略
外部数据整合	整合外部数据源，如征信数据、法院公告等，对逾期借款人进行更全面的信息收集和风险评估。这些数据可以帮助催收人员更好地了解借款人的财务状况、还款能力和其他债务情况，以便制定更有效的催收方案
自动化电话和语音识别	利用自动化电话系统和语音识别技术，对催收电话进行自动拨打和识别。系统可以根据预设的规则和模型，自动识别逾期借款人的情况并提供相应的催收脚本，减少人工操作和提高催收效率
数据可视化和实时监控	通过数据可视化和实时监控仪表板，催收人员和管理层可以实时了解催收业绩、逾期情况和还款回款情况等关键指标。这可以帮助催收团队优化工作流程、调整策略，并及时采取措施应对风险

贷后催收智能化的目标是提高催收效率、降低成本，并更好地理解和应对借款人的还款行为和需求。这为银行提供了更有效的催收手段，减少了人为因素的干预，提升了整体的催收质量和客户满意度。以下是一些关于贷后预警监控系统预警的案例：

1）案例1：某银行自主研发的智能催收系统，通过语音交互、大数据分析、机器学习等技术，实现了对逾期客户的智能化识别、分层管理和个性化催收。该系统上线后，催收效率提升了30%，催收成本下降了20%。

2）案例2：某银行开发的智能催收机器人，可以7×24小时对逾期客户进行语音外呼、短信提醒、微信催收等，并根据客户的反应进行实时调整催收策略。该机器人上线后，催收成功率提升了15%，催收成本下降了10%。

3）案例3：某银行的智能催收系统，利用大数据平台，对逾期客户进行精准画像，并根据画像结果制定个性化的催收方案。该系统上线后，催收成功率提升了20%，催收成本下降了15%。

贷后催收智能化是金融机构提升催收效率、降低催收成本的重要手段。随着人工智能技术的不断发展，贷后催收智能化将得到更加广泛的应用。

7.5.4 案例：基于数据建模贷后管理

1. 项目背景介绍

在整个风控体系中，一般分为贷前、贷中和贷后，贷前一般包括反欺诈和 A 卡，贷中一般使用 B 卡，贷后一般使用 C 卡。随着监管越来越严格，催收的合规性越来越重要，所以各持牌金融机构越来越重视催收团队的建设。

在贷后催收过程中，除了催收评分卡模型（C 卡）以外，还包括缓催模型、还款率模型、账龄滚动模型及失联模型，利用客户逾期信息及历史催收记录、客户联系人信息等催收信息，预测逾期账户未来还款的可能性，从而采取相应的催收措施。

在本次项目中，业务部门希望数据团队构建缓催模型，协助团队调整催收策略，进一步提高催收效率，降低催收成本。

2. 项目现状

原有的贷后催收是无差别的，逾期 3 天以内的进行 IVR 催收，逾期三天以上是进行电话催收。分析数据发现 3~7 天有些用户即使没有接通 IVR 也会还款，而且占比很大。通过分析建立缓催模型，将逾期 7 天以内的部分用户进行 IVR 催收，其余的进行人工催收，这样可以集中催收力量在逾期初期加大力度对"不容易"催收的用户进行催收，对比较容易"自愈"的用户进行缓催。

整体方案的目标为：验证新的催收方案在 30 天内的收回率比老的催收方案高。
1) 原始催收策略：客户逾期 3 天及以上进行无差别的电话催收。
2) 新的催收策略：在客户逾期两天后进行缓催模型打分，分数较高的一部分不进行人工催收，只进行 IVR 催收，分数较低的部分直接进行人工催收，到第 7 天开始全部未还款客户进行人工催收。

3. 策略对照实验设计

A/B 测试是这样一种比较手段：通过分析同一总体下，由于某些不同的策略导致样本数据表现出的差异，来推断实验组某些策略/设计的效果是否优于对照组。A/B 测试效果如图 7-20 所示。

在金融领域 A/B 用途不像在营销领域这么广泛，但是在贷前、贷中、贷后的很多策略中也是必不可少的一个环节。比如说贷前的准入策略，通常会在保持通过率的情况下降低逾期率，以及在保持逾期率的情况下提升通过率；在贷后通常尝试不同的催收手段和手势；如何验证我们这些新的策略是有效的，除了离线验证外，我们通常也会线上进行 A/B 来检验新的策略是不是显著的

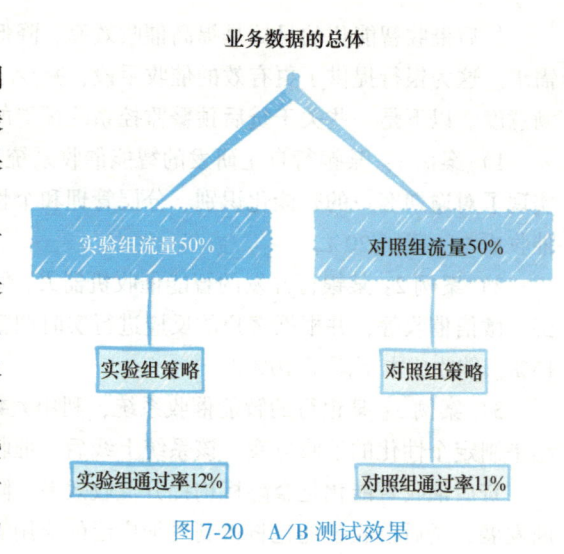

图 7-20　A/B 测试效果

有效。本次对于风险策略的验证即采用 A/B 测试方法。

使用 A/B 测试方法的前提是两部分样本来自于同一分布，另外要求两个数据尽量一致，也就是要求在做流量切分的时候要确保两部分的客户尽量"资质一致"。还要考虑客户的还款可能与客户总的借款额度、利率的关系。在进行流量切分时，需要对这部分进行检验。为了验证最终结果的有效性，我们还需要验证客群的接通率。只有这些条件都满足一致性检验，我们才能确定方案的有效性，也就是只改变其中测试的规则，其他规则保持一致，以确保方案在取数方面的科学性以及合理性。

4. 样本量设计

根据离线数据新的策略，催收率会提升两个点。基于这个目标用以下公式推断我们需要的样本量：

$$n = \frac{\sigma^2}{\Delta^2}(Z_{\alpha/2}+Z_\beta)^2$$

式中，n 是每组所需样本量，因为 A/B 测试一般至少 2 组，所以实验所需样本量为 $2n$；α 和 β 分别称为第一类错误概率和第二类错误概率，一般分别取 0.05 和 0.2；Z 为正态分布的分位数函数；Δ 为两组数值的差异，如点击率 1% 到 1.5%，那么 Δ 就是 0.5%；σ 为标准差，是数值波动性的衡量，σ 越大表示数值波动越厉害。

根据本项目，使用在线推断公式，计算样本需求量，如图 7-21 所示。

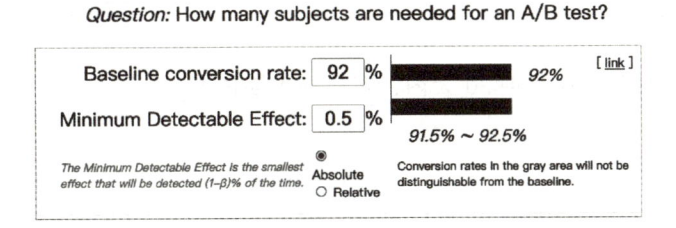

图 7-21　样本需求量

5. 客观条件检验

在计算好需要的最小客户量后，需要检验两个客群是否"资质"一致，这里会检验两个客群模型分数自愈客群占比、额度分布、利率分布、接通率（这里的接通率是指 IVR 或者人工电话接通率）是否一致。

按照最小样本的要求，实验组和对照组各抽取 50000 条样本，结果见表 7-30。

表 7-30　客户自愈情况

组　别	数量（名）	自愈客户（名）	非自愈客户（名）
实验组	50000	14800	35200
对照组	50000	14850	35150

通过上图可以检出实验组自愈客户的占比为 $p_1 = 14800/50000 = 29.6\%$，对照组自愈客户的占比为 $p_2 = 14850/50000 = 29.7\%$。做出假设检验，设定 $\alpha = 0.05$；H_0：$p_1 = p_2$；H_1：$p_1 \neq p_2$。因为 $p > \alpha$，所以我们不能拒绝原假设，因此可以认为实验组和对照组在自愈模型分数 cutoff 点以上的客户占比是一致的。

6. 额度分布检验

对两组客户的额度进行描述，如图 7-22 所示。

基于以上数据可以看出实验组和对照组额度的方差一致，均值相差不大，但是为了验证我们额度分布的一致性我们需要进行假设检验，设定 $\alpha = 0.05$；H_0：两个额度分布一致；H_1：两个额度分布不一致。因为 $p > \alpha$，所以认为实验组和对照组的额度不存在显著差异。

	实验组	对照组
count	50000.000000	50000.00000
mean	16506.280700	16556.00566
std	7807.821812	7808.36844
min	3000.000000	2905.00000
25%	9741.500000	9794.00000
50%	16538.000000	16585.50000
75%	23311.000000	23354.25000

图 7-22　额度描述

7. 策略有效性检验

统计实验组和对照组两组在账期 30 天内，客户的逾期情况结果见表 7-31。

表 7-31　客户逾期情况

组　别	数量（名）	催回客户（名）	逾期客户（名）
实验组	50000	42000	8000
对照组	50000	41000	9000

通过上表可以检出实验组催回客户的占比为 $p_1 = 42000/50000 = 0.84$，对照组催回客户的占比为 $p_2 = 41000/50000 = 0.82$。

做出假设检验，设定 $\alpha = 0.05$。

1) H_0：$p_1 < p_2$。
2) H_1：$p_1 \geq p_2$。

因为 $p < \alpha$，我们可以拒绝原假设，认为新的策略催收率显著的优于老的策略。

本项目建立了 A/B 测试方法，测试了催收策略调整后的有效性。在实际应用中，客户模型分层方式会较为复杂，为此我们可以借鉴本案例中的数据分析方法完善实际的风险策略的分级分类。

7.6 本章小结

本章主要讲述了基于机器学习分析方法实现商业银行零售业务风控数字化运营，通过对客户画像的分析，助力银行实现零售业务等场景的风险分析。

在本章中，我们重点学习了以下几个方面的知识：

1）银行零售业务数智化风险分析的方法。
2）结构化数据客户画像特征的挖掘分析方法。
3）机器学习技术的零售风险应用场景。
4）贷前数智化体系。
5）贷中数智化体系。
6）贷后数智化体系。

通过对本章内容的学习，我们可以深刻认识到数据分析技术对于商业银行零售业务风险管理的重要性和实现方式，同时也掌握结构化数据挖掘方法应用的实践技巧和方法。

【学习效果评价】

复述本章的主要学习内容	
对本章的学习情况进行准确评价	
本章没有理解的内容是哪些	
如何解决没有理解的内容	

注：学习效果评价包括少部分理解、约一半理解、大部分理解和全部理解四个层次。请根据自身的学习情况进行准确的评价。

第 8 章
对公业务中的数据分析

8.1 对公业务风险管理中的数据分析

【学习目标】
1）熟知银行对公风险管理中常见的业务场景。
2）熟知如何基于机器学习预测企业的风险。
3）熟知如何基于机器学习预测制造业上市公司财务造假。

商业银行对公业务风险管理是指银行针对企业和机构客户的各类业务活动，通过一系列风险管理措施和策略，识别、评估、监控和控制潜在风险，以保障银行的资产安全和业务稳健运营。

数据分析驱动的商业银行对公业务风险管理是指商业银行利用数据分析技术和工具，对企业和机构客户的各类业务风险进行识别、评估、监控和控制的一种管理方法。这种方法充分利用了数据的潜力，提高风险识别和管理的准确性和效率。通过数据的全面分析和应用，银行可以更好地把握风险状况，做出科学的决策，降低潜在风险对银行业务的影响。

8.1.1 对公业务风险管理中的常见业务场景

商业银行对公业务风险管理涉及多个常见的业务场景，具体见表 8-1。

表 8-1 商业银行对公业务风险管理的常见业务场景

业务板块	业务场景
贷款业务	商业银行在对公贷款业务中面临着信用风险、违约风险等多种风险。风险管理的关键在于审查贷款申请、评估客户还款能力、抵押品评估以及贷后监控等环节
资金结算和支付业务	商业银行为企业和机构提供资金结算和支付服务。在此过程中，存在操作风险、欺诈风险和网络安全风险等。银行需要确保支付系统的安全性、防范欺诈行为，以及处理异常交易和资金洗涤等问题

(续)

业 务 板 块	业 务 场 景
外汇和国际业务	商业银行在处理外汇交易和国际贸易融资等业务时，面临汇率风险、流动性风险和政治风险等。银行需要对客户的外汇交易进行风险评估和监控，并采取相应的风险对冲和管理措施
保理和票据业务	商业银行在保理和票据业务中面临违约风险、票据伪造风险等。银行需要对票据的真实性进行审查，把握保理交易的真实性和可靠性，同时加强对票据背书和转让的管理和监控
投资银行业务	商业银行在承揽 IPO、债券发行和并购重组等投资银行业务时，需要面对市场风险、法律风险和声誉风险等。银行需要进行尽职调查、风险评估和交易结构设计，并建立有效的风险控制和风险管理机制

这些业务场景只是商业银行对公业务风险管理中的一部分，实际上还有其他业务场景和风险需要考虑。银行一般会根据自身的业务特点和风险管理需求，制定相应的策略和措施来管理和控制风险。

8.1.2 基于机器学习预测企业的风险

基于机器学习的企业风险预测是利用机器学习算法和技术，通过对企业相关数据的分析和建模，预测企业面临的风险情况。商业银行使用基于机器学习的方法预测企业风险有以下几个主要原因：

1）提高预测准确性：机器学习算法能够通过对大量的企业数据进行分析和学习，发现潜在的风险模式和趋势，从而提高预测的准确性。相比传统的统计方法，机器学习能够捕捉更多的非线性关系和复杂模式，提供更精准的预测结果。

2）处理大规模数据：商业银行面临大量的企业数据，包括财务数据、市场数据、行业数据等。基于机器学习的方法可以高效处理大规模数据，并自动从中提取关键特征，减少人工处理的工作量和时间消耗。

3）实时监测和预警：机器学习模型可以实时监测企业数据的变化，并发现异常情况和风险信号。这使商业银行能够及时采取行动，快速响应潜在的风险事件，减轻风险带来的损失。

机器学习对比人类学习如图 8-1 所示。对比人类的经验学习，机器学习的过程是类似的，都是通过历史数据总结规律，从而使用规律进行预测。

机器学习算法通常是在离线的训练平台完成训练后，通过模型管理平台进行发布，为业务提供线上服务。机器学习分析开发与发布流程如图 8-2 所示。

图 8-1 机器学习对比人类学习

按照不同的学习方式可以将机器学习分为监督学习、无监督学习、半监督学习以及强化学习。

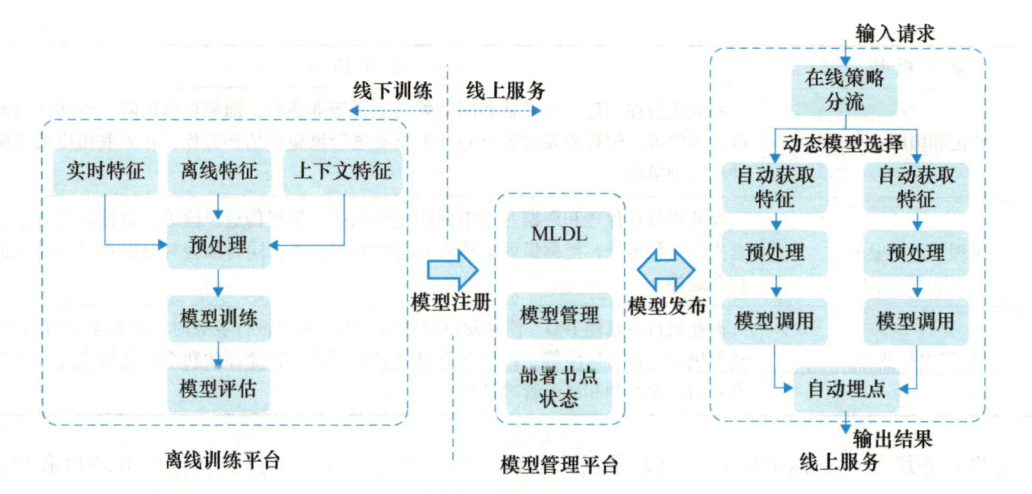

图 8-2 机器学习分析开发与发布流程

1)在监督学习中,输入数据被称为"训练数据",每组训练数据有一个明确的标识(打标签)或结果。

2)在无监督学习中,输入数据并不被特别标识,学习模型是为了推断出数据的一些内在结构。

3)在半监督学习中,输入数据部分被标识,部分没有被标识,这种学习模型可以用来进行预测。

4)在强化学习中,输入数据直接反馈到模型,模型必须对此立刻做出调整。

对于企业的风险预测,主要是采用监督学习的方案,完成企业的风险预测。

监督学习训练过程如图 8-3 所示。

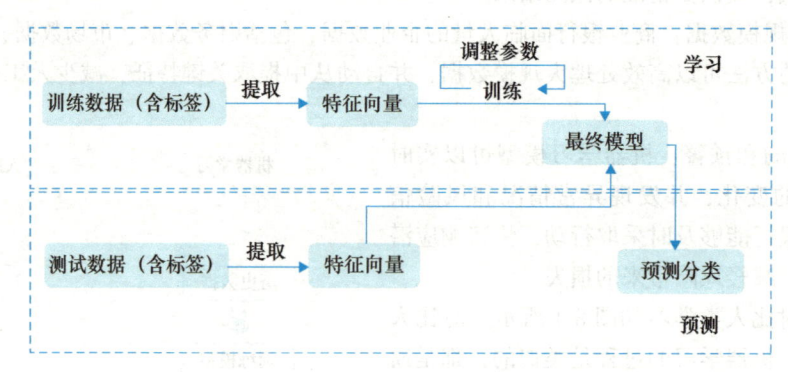

图 8-3 监督学习训练过程

1)**训练数据**:训练数据集由一系列数据点组成,每个数据点包括输入特征和相应的目标输出(标签)。

2)**特征与标签**:特征是数据的输入变量,标签是我们想要预测的输出。

3)**模型训练**:在监督学习中,模型通过学习训练数据中的特征与标签之间的关系来进行训练。

4)**预测**:训练完成后,模型能够对未见过的数据进行预测或分类。

而监督学习算法主要分为两类：分类算法与回归算法。

1）分类算法：当输出变量是类别时（如是/否、种类等），这种类型的问题称为分类。例如，判断邮件是否为垃圾邮件。

2）回归算法：当输出变量是连续值时（如价格、温度等），这种类型的问题称为回归。例如，预测房屋的销售价格。

在企业风险预测中，我们主要使用分类算法。例如我们可以预测企业的交易风险、欺诈风险等，本质都是分类技术。企业常用的风险分析场景分类算法如图 8-4 所示。

图 8-4　企业常用的风险分析场景分类算法

数据分类主要可以分为基本分类器与集成分类器，其中基本分类器包括：k 近邻法、支持向量机、决策树、朴素贝叶斯法、神经网络、逻辑回归；集成分类器包括随机森林、XGBoost、Stacking 等方法。

8.1.3　基于机器学习预测制造业上市公司财务造假

制造业上市公司是某银行重要的贷款客户群体，但是随着经济环境的变化，制造业上市公司出现财务风险的可能性越来越高。为此，业务团队希望丰富风险发现的手段，降低出现风险的可能性。由此提出了研究课题：基于机器学习预测制造业上市公司财务造假。

1. 项目背景介绍

随着我国经济快速发展和证券市场的不断扩容，上市公司的数量已超过 4000 家，涵盖了不同行业和规模。然而，近年来频繁出现上市公司财务数据造假和暴雷等问题，甚至在 2020 年还发生了流动性危机和信用债违约等事件。这些问题提醒监管部门对上市公司进行有效监控。

不法公司利用虚增交易、虚增资产、提前确认收入等手段制作虚假财务报表，以非法集资的方式欺骗投资人。在大数据时代，剥离财务造假的伪装，通过准确区分和识别财务造假的部分特征成为解决问题的必然方式。为了进一步提高投资市场的风险控制，保障投资人的资金安全，迫切需要通过数据挖掘的方式揭露财务造假的上市公司。为此，曝光财务造假上市公司已成为迫在眉睫的现实问题，以推动投资市场的发展和保护投资者利益。

2. 问题设计

本项目的核心内容是关于制造业上市公司财务数据的分析，主要目的为判断上市公司的财务数据是否造假，所以可以用分类算法解决该问题。

对于分类问题，最核心的部分是找出造假的财务数据与非造假的财务数据有哪些特征因子显著不同。

3. 数据预处理

在本案例中，对于数据预处理部分，主要是有缺失值处理、异常值处理、标准化处理、特征计算四个部分，相关的处理过程与结果如下：

（1）缺失值处理　根据总数据的比例，我们可以根据缺失值的大小采取不同的方法来处理各特征因子的缺失值。需要注意的是，在观察原始数据时，我们可以发现原始数据中的"是否在当年造假"和"所属行业"这两个特征与数据挖掘无关，因此在数据处理过程中无须对它们进行缺失值处理。具体操作如下：首先，我们需要将"是否在当年造假"这个因子移出原始数据，在缺失值处理环节结束后再将其添加回数据中；其次，"所属行业"这个因子作为数据分类的依据，我们可以根据不同行业将数据进行分组处理，以利于针对不同行业采取不同的特征选择方法，并且特征筛选的方式也会有所不同。特征缺失值比例与处理方法见表8-2。

表 8-2　特征缺失值比例与处理方法

特征缺失值比例	业 务 场 景
(0.5, 1]	对于缺失比例大于 0.5 的特征，采取剔除的方式进行处理。由于这些特征的缺失数据较多，使用其他填充方式可能会降低整体数据的可信度，因此最好的处理方法是将它们删除
[0.2, 0.5]	采取填充的方式处理缺失值。然而，考虑到不同行业在判断缺失值的标准上可能存在差异，对于不同特征，不同行业可能有不统一的衡量标准。因此，在缺失值填充的环节中，把 0 值视为缺失值，并根据行业对需要填充的数据进行分类。针对每个行业的数据采用均值填充的方法进行处理。这样可以确保在数据填充过程中考虑不同行业之间的差异性
[0, 0.2)	利用随机森林回归模型的预测能力来填充缺失值，并且通过迭代选择填充后缺失值最小的一列，逐步填补数据中的缺失值。 1）针对每个特征，计算缺失值的数量。 2）选择缺失值最小的一列作为目标列，该列将用随机森林回归模型进行填充。 3）使用其他特征作为输入特征，建立随机森林回归模型来预测目标列的缺失值。 4）使用该模型对目标列的缺失值进行填充。 重复步骤 1）~4），直到所有特征列的缺失值都被填充

填充结果即为缺失值处理后得到的 15230 行、105 列的数据，包含填充前移出的"是否在当年造假"因子。

(2) 异常值处理　异常值即数据中的录入错误以及含有不合常理的数据。在本项目中我们采用箱型图法进行异常值处理，如图 8-5 所示。

(3) 标准化处理　经过异常值和缺失值处理后，不同特征数据可能存在一定的差异性。在本次处理中，我们注意到一些特征因子的最大值和最小值未知，或者存在超出取值范围的离群数据。针对这种情况，可以采用 z-score 标准化方法进行标准化处理。该方法的主要目的是将数据的均值调整为 0，标准差调整为 1，以便进行特征因子的筛选。标准化方差的计算公式为

$$\bar{x} = \frac{x - \bar{x}}{std(x)}$$

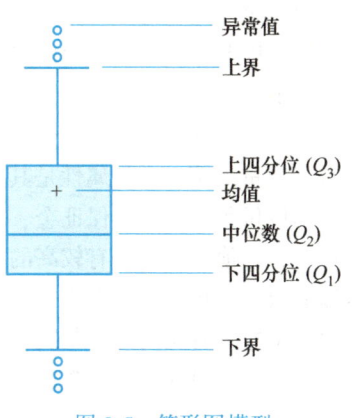

图 8-5　箱形图模型

(4) 特征计算　为了更好地预测制造业上市公司财务造假，需要进行特征选择，只有更好的特征才能对企业财务造假预测得更精准。本项目中使用随机森林、XGBoost 这两种算法筛选特征，依次计算制造业上市公司财务数据中每一个特征的权重，根据计算出来的特征权重值进行排序，选出权重值最大的前 30 个特征，具体如图 8-6 所示。

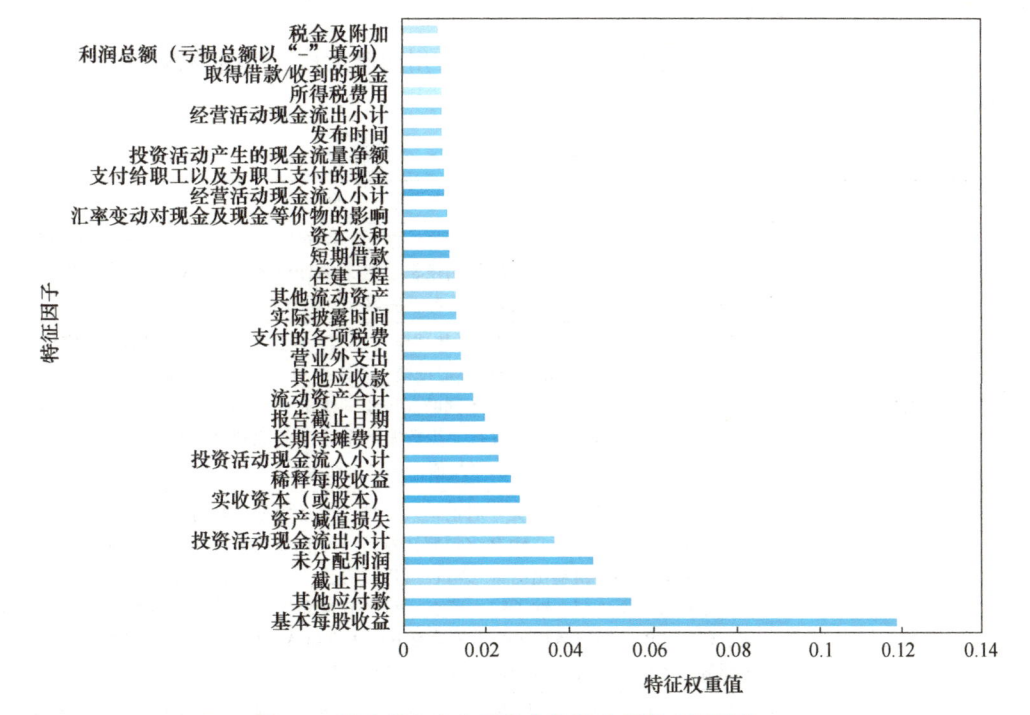

图 8-6　制造业上市公司财务数据造假影响因子前 30

其中，基本每股收益是最重要的特征之一，它反映了企业每股普通股股东应得的净利润，通过将净利润除以发行在外的普通股的加权平均数来计算。如果企业有合并财务报表，基本每股收益应

以合并财务报表为基础进行计算和报告。由于基本每股收益与股东利益直接相关,其属性不容易被人为操纵。因此,当一家企业的其他属性与基本每股收益不一致时,很可能存在财务数据造假的情况。股票的基本收益是反映企业盈利状况最重要的因素之一。如果股票的基本每股收益较低,上市公司可能会在其他财务数据上进行篡改,以营造虚假的经营状况,从而欺骗投资者。

特征权重值第二高的属性是其他应付款。其他应付款是指与企业主营业务无直接关系的应付款项,包括应付租金、存入保证金、应付统筹退休金、职工未按期领取的工资等。在制造业的许多上市公司中,其他应付款具有较高的操作性,存在较大的财务造假空间。因此,检测该属性的异常情况可以有效地发现制造业上市公司是否存在财务数据造假的情况。制造业上市公司可能通过操纵其他应付款来掩盖真实的财务状况,例如虚报租金支出或滞后支付员工工资等手段,以营造虚假的经营情况。因此,对其他应付款进行监测和分析,可以帮助揭示潜在的财务造假行为。

未分配利润的特征权重值也比较大。未分配利润是企业留待以后年度分配或待分配的利润,属于所有者权益的一部分。它由期初未分配利润加上本期实现的净利润,减去提取各种盈余公积和分配出去的利润后得到。未分配利润往往只有高层管理人员才知道,具有较高的隐秘性,不容易受到市场监管,且具有较高的操作性,容易进行数据造假。因此,如果企业的每股收益较低,但未分配利润却较高,很可能存在财务数据造假的情况。企业可能通过虚报利润或滞后分配利润等手段来人为增加未分配利润的数额,以营造虚假的经营情况。因此,对于未分配利润的异常情况需要进行特别关注,以揭示潜在的财务数据造假行为。

(5)机器学习算法介绍 由于本次是分类任务,使用的分类算法包括逻辑回归、随机森林、MLP、XGBoost、GBDT 五种,具体原理见表 8-3。

表 8-3 制造业预测不同算法及其原理

算 法	原 理
逻辑回归	LR(Logistic Regression)是一个强大的统计学方法,它可以用一个或多个解释变量来表示一个二项式结果。它通过使用逻辑函数来估计概率,从而衡量类别依赖变量和一个或多个独立变量之间的关系,后者服从累计逻辑分布
随机森林	随机森林是基于 Bagging 思想的集成学习模型,通过构建多个学习器共同完成学习任务。该模型的 Bagging 算法原理类似投票,每次使用一个训练集训练一个弱学习器,有放回地随机抽取 n 次后,根据不同的训练集训练出 n 个弱学习器。对于分类问题,根据所有的弱学习器的投票,进行"少数服从多数"的原则进行最终预测结果。对于回归问题,采取所有弱学习器的平均值作为最终结果
MLP	MLP 也称多层感知器,是一种前馈人工神经网络模型,其将输入的多个数据集映射到单一的输出数据集上。MLP 多层感知器是一种前向结构的人工神经网络 ANN,映射一组输入向量到一组输出向量。MLP 可以被看作一个有向图,由多个节点层组成,每一层全连接到下一层。除了输入节点,每个节点都是一个带有非线性激活函数的神经元。使用 BP 反向传播算法的监督学习方法来训练 MLP。MLP 是感知器的推广,克服了感知器不能对线性不可分数据进行识别的弱点
XGBoost	XGBoost 由 GBDT、RGF 等算法改进而来,是一种基于 Boosting 的集成学习算法。XGBoost 的基学习器可以是决策树,也可以是线性模型。对于有少量缺失值的数据集,该模型具有较好的容错能力,可以通过稀疏感知算法自动学习出决策树的分裂方向。在决策树的分裂过程中,使用贪心算法的近似算法寻找最有可能的分裂点。由于采用分布式计算,需要遍历所有的数据集,XGBoost 会更加消耗计算机内存

(续)

算 法	原 理
GBDT	梯度提升树（Gradient Boosting Decision Tree，GBDT）是 2001 年 Friedman 提出的一种 Boosting 算法。它是一种迭代的决策树算法，该算法由多棵决策树组成，所有树的结论加起来作为最终答案。具体思想是每次建立模型是在之前建立的模型损失函数的梯度下降方向，而传统的 Boosting 思想是对正确和错误的样本进行加权（每一步的结束，增加分错的点的权重，减少分对点的权重）

(6) 模型评价　由于数据集样本各行业财务造假公司数量极不平衡，因此需要综合考虑模型的查准率和召回率，本文采用 F_1 分数作为模型训练的评价标准，同时 AUC 评价也可以作为辅助评价的指标。

1) F_1 值评价。F_1 分数，是统计学中用来衡量二分类（或多任务二分类）模型精确度的一种指标。它同时兼顾了分类模型的准确率和召回率。F_1 分数可以看作模型准确率和召回率的一种加权平均，它的最大值是 1，最小值是 0，值越大意味着模型越好。本案例中，F_1 值约为 0.7，效果可接受。

$$F_1 = \frac{2}{\frac{1}{\text{Precision}} + \frac{1}{\text{Recall}}}（方便理解） \tag{8-1}$$

$$F_1 = \frac{2\text{Precision} \times \text{Recall}}{\text{Precision} + \text{Recall}}（标准公式） \tag{8-2}$$

2) AUC 评价。AUC 评价可视化如图 8-7 所示。AUC 被定义为 ROC 曲线下与坐标轴围成的面积，显然这个面积的数值不会大于 1。又由于 ROC 曲线一般都处于 $y=x$ 这条直线的上方，所以 AUC 的取值范围在 0.5 和 1 之间。AUC 越接近 1.0，检测方法真实性越高；等于 0.5 时，则真实性最低，无应用价值。在本案例中，AUC 值约为 0.78，效果可接受。

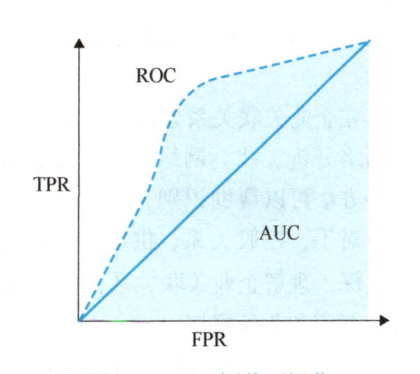

图 8-7　AUC 评价可视化

(7) 模型预测　经过项目的综合测试，选择 GBDT 模型去预测第 6 年该行业财务造假的上市公司。其中，模型预测出的制造业造假上市公司股票代码为：16916、75645、325632、393847、610185、694894、978338、986020、1145258、1148273、1299232、1343104、1430872、1468966、1508932、1794373、1876786、2077309、2106304、2239503、2341216、2503343、2615523、2643320、2656200、2673748、2704109、2848498、2850127、2873110、2941088、3027803、3342777、3344750、3451668、3646698、3682953、3716093、3766507、3852602、3869239、3914715、4008179、4087185、4457516、4864298、4930214。

本案例通过机器学习数据分析方法，完成针对制造业财务造假上市公司的预测。通过案例可知，机器学习的最大优势在于在复杂的因子中找到规律，进而完成预测。这种方法的好处是，补充了经验分析的不足，进一步提升了风险发现的可能性，进一步降低了银行的损失。

8.2 对公业务中的企业关联关系分析

【学习目标】

1）学习企业关联关系分析定义。
2）学习企业关联分析的应用场景。
3）学习如何基于知识图谱完成企业关联关系分析。
4）学习上市公司关联关系分析。

8.2.1 企业关联关系分析的定义

企业关联关系分析是一种方法或技术，用于识别和分析企业之间的关联、连接和依赖关系。它旨在揭示企业之间的所有权、控制、合作、竞争、供应链等方面的关系，以及这些关系可能对企业经营和决策产生的影响。

企业关联关系分析可以基于多种数据源和指标进行，包括财务数据、股权结构、合作协议、供应链数据、组织结构等。通过收集和整理这些数据，可以构建企业之间的关联网络，用图谱或图表等形式进行可视化展示和分析，如图 8-8 所示。

在企业关联关系分析中，常见的分析方法包括网络分析、社会网络分析、关联规则挖掘等。这些方法可以帮助识别企业间的关键合作伙伴、竞争对手、控股关系、供应链依赖等重要关系。

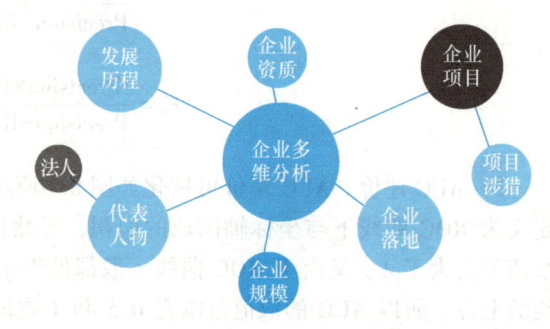

图 8-8 企业关联知识图谱示意

通过深入理解企业关联关系，可以获得对市场竞争、风险管理、战略合作等方面的洞察，从而支持决策制定和业务规划。

企业关联关系分析在许多领域都有应用，包括商业情报、金融风险评估、反洗钱监测、市场调研等。它有助于揭示企业间的复杂关系网络，提供更全面的视角和深入洞察，以支持企业的战略决策和风险管理。

8.2.2 企业关联关系分析的应用场景

商业银行企业关联关系分析在风险管理、反洗钱、客户管理和战略规划等方面具有重要的应用价值。它可以提供全面的视角和深入的洞察，帮助银行做出更明智的决策，提高业务效率和风险控制能力。构建有效的监控体系和客观的评价标准见表 8-4。

表 8-4　构建有效的监控体系和客观的评价标准

应用场景	说　明
建立风险传播模型	通过企业关联关系分析，可以识别并建立企业之间的关联网络。这样的关联网络可以用于构建风险传播模型，帮助企业了解风险如何在关联企业之间传播。这有助于预测和评估潜在风险的扩散路径，以及风险事件对整个关联网络的影响
连锁反应风险评估	企业关联关系分析可以帮助企业识别潜在的连锁反应风险。通过分析企业之间的关联程度和依赖关系，可以评估当某个企业面临风险或危机时，该风险如何传播到其他关联企业，并确定可能受到最大冲击的企业
集团风险管理	对于大型企业集团而言，企业关联关系分析能够帮助管理层更好地理解集团内各个子企业之间的关联和相互影响。这有助于集团层面的风险管理，包括资金流动、财务风险、信用风险等。通过识别关键子企业和风险传播路径，集团可以更有效地监控和管理整个集团的风险
供应链风险管理	企业关联关系分析在供应链风险管理中也具有重要作用。通过分析企业与供应商、合作伙伴之间的关联关系，可以评估供应链中潜在的风险传播路径和脆弱环节。这有助于采取预防措施，减少供应链中的风险事件对企业造成的影响
合规风险评估	企业关联关系分析可以帮助企业评估合规风险。通过分析企业与关联企业的法律、道德和商业关系，可以识别潜在的合规风险，例如关联企业的不当行为、违法活动或声誉风险。这有助于企业制定合规策略和措施，减少法律和声誉方面的风险

商业银行企业关联关系分析在风险管理中具有多个应用场景，包括风险集中度评估、债务违约风险评估、信用风险传染评估以及交易监测和异常检测等。这些应用场景有助于银行更好地识别、评估和控制风险，维护金融系统的稳定和安全。

8.2.3　基于知识图谱完成企业关联关系分析

知识图谱是由谷歌公司于 2012 年正式提出的概念，最早用于提高搜索引擎的搜索质量和效率，后来在智能搜索、情报分析、社交网络、深度问答以及垂直行业等领域得到了广泛的应用。知识图谱示意如图 8-9 所示。

可以看到，当两个节点之间存在关系时，它们会通过一条无向边连接在一起。我们将这些节点称为实体（Entity），而将它们之间的边称为关系（Relationship）。

知识图谱的基本单位是由"实体（Entity）—关系（Relationship）—实体（Entity）"构成的三元组。这种三元组结构是知识图谱的核心。

1）实体：是指具有可区别性且独立存在的某种事物。在知识图谱中，实体可以是具体的物体、抽象的概念、事件、人物等。不同实体之间可以通过关系相互连接。

2）关系：关系是连接不同实体的纽带，用于描述实体之间的联系或交互。在知识图谱中，关系表示实体之间的特定关联或依赖关系。例如，"任职"关系可以连接一个人物实体和一个组织实体，表示该人物在该组织中的职位关系；"投资"关系可以连接一个投资者实体和一个企业实体，表示投资者对企业的投资关系。

知识图谱的原始数据类型一般来说有三类：

1）结构化数据（Structured Data）：这类数据具有明确定义的结构，通常存储在关系型数据库中。结构化数据以表格形式组织，使用固定的字段和数据类型。例如，关系型数据库中的表格、行和列就是结构化数据的典型表示。结构化数据适合存储和查询规范化的数据，可以通过 SQL 等查询语言进行检索和分析。

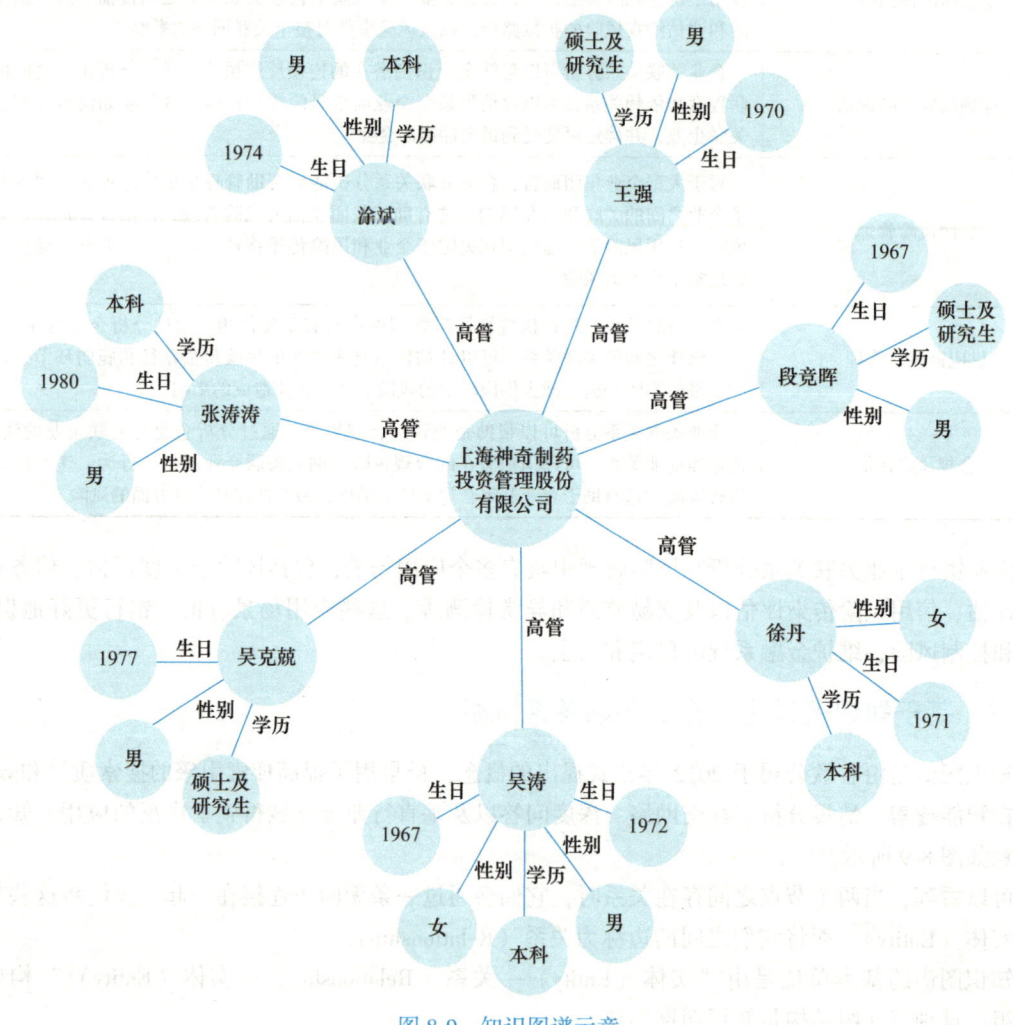

图 8-9 知识图谱示意

2）半结构化数据（Semi-Structured Data）：这类数据具有部分结构，不像结构化数据那样严格遵循预定义的模式。半结构化数据通常以文本或标记语言的形式存在，如 XML（可扩展标记语言）和 JSON（JavaScript 对象表示法）。半结构化数据可以包含嵌套的字段、标签或元数据，但不要求所有数据都遵循相同的结构。这种数据类型常见于 Web 页面、API 响应和一些百科类网站。

3）非结构化数据（Unstructured Data）：这类数据没有明确的结构和预定义的模式。非结构化数据通常以自由形式存在，如文本文档、电子邮件、图片、音频、视频等。这些数据不容易被传统的关系型数据库处理和分析，因为它们缺乏固定的结构和标准化的格式。处理非结构化数据需要使用自然语言处理（NLP）、图像处理、音频处理等技术来提取有用信息。

如何存储上面这三种类型的数据呢？一般有两种选择，一种是通过 RDF（资源描述框架）这样的规范存储格式来进行存储，还有一种方法，就是使用图数据库来进行存储，常用的有 Neo4j 等。一般情况下，在企业关联分析中，会使用属性图结构来进行。知识图谱属性图结构如图 8-10 所示。

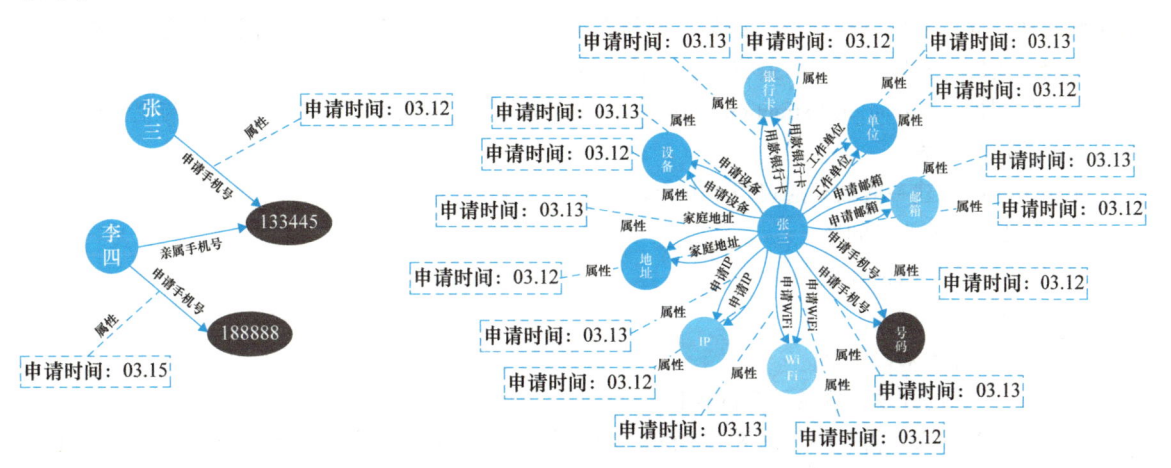

图 8-10　知识图谱属性图结构

知识图谱数据抽取框架如图 8-11 所示。

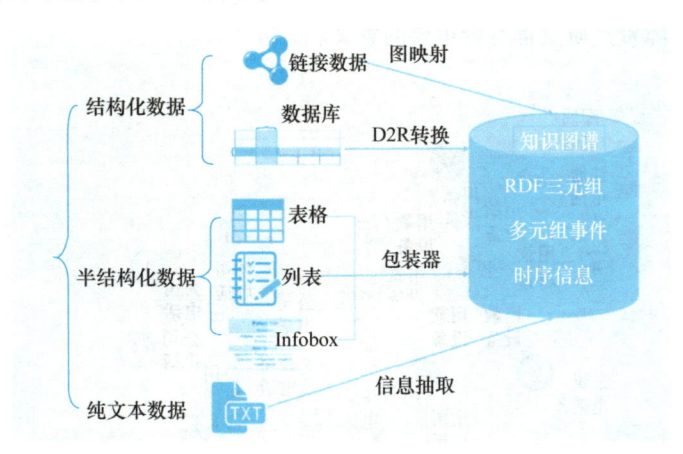

图 8-11　知识图谱数据抽取框架

为了构建知识图谱，我们需要把数据从不同的数据源中抽取出来，一般情况下，数据源主要来自两种渠道：

1）结构化的数据：关系型数据库中的数据。这种数据一般只需要经过简单的预处理即可以作为后续 AI 系统的输入。

2）非结构化数据：网络上公开、抓取的数据。这些数据通常以网页的形式存在，一般需要借助自然语言处理等技术来提取结构化信息。

知识提取主要可以通过以下几个方面的自然语言处理技术来进行：

1）实体命名识别（Name Entity Recognition）。实体命名识别就是从文本中提取出实体，并对每个实体做分类/打标签。比如，企业。

2）实体统一（Entity Resolution）。一般在现实生活中不同的实体有多种写法，实体统一的目标就是将写法不同的实体进行统一。比如"阿里"和"阿里巴巴"表面上是不同的字符串，但其实指的都是阿里巴巴这家公司，需要将两个字符串进行合并。

3）关系抽取（Relation Extraction）。从文本中提取实体间的关系，比如企业法人与企业的关系可以定义为法人代表。

知识图谱的构建一般需要通过以下几个步骤：

1）定义具体的业务问题。
2）数据的收集和预处理。
3）知识图谱的设计。
4）把数据存入知识图谱。
5）上层应用的开发，以及系统的评估。

某企业风险关联分析应用如图 8-12 所示，该案例是笔者在真实信贷业务中遇到的一个可疑团伙案例。18 个客户之间通过用款设备、注册电话、公司电话、亲属电话、配偶电话等关系有着错综复杂的连接，形成一个关系紧密的小团体。18 个客户之中有 13 个客户借款后发生了逾期，整个小团体的客户逾期率达到了 72.2%。业务中，及时、全面地发现这样性质异常的团簇对于降低整个信贷业务欺诈率、保障资产质量都有着重要的意义。

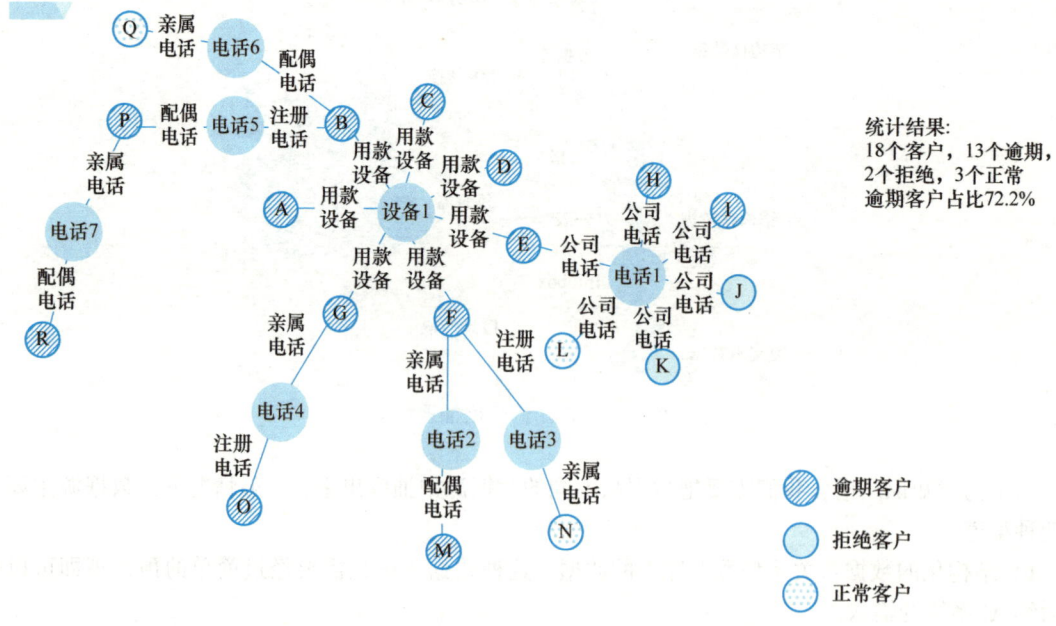

图 8-12　某企业风险关联分析应用

所以总体来讲，知识图谱并不是一种新的技术，而是一种数据管理模式，是对传统数据管理方式的一种补充。基于此，提供了新型的数据分析方法。

8.2.4 上市公司关联关系分析

企业的关联关系信息挖掘是企业监管中十分重要的一环，对于银行、证券、信托等金融机构以及负责金融监管的国家机关都有十分重大的意义。随着现代公司经营体系的不断发展，当前企业在生产经营过程中与其他企业和个人产生了大量关系，例如企业之间存在的投资、股东、担保、分支等关系，企业和个人之间存在的高管、股东等关系，各种关系构成了一张庞大的企业关系网络。传统的企业关联关系挖掘方式往往依赖专业人士，不仅分析周期长，消耗人力资源大，而且难以发现隐藏在复杂企业关系网络中的关联关系。

1. 项目背景介绍

某银行对公部门企业风险应用如图 8-13 所示。该银行拥有大量的上市公司客户，均与银行有贷款与发薪等相关业务合作。随着企业经营的复杂程度变高，存在大量的风险与关系网状结构。为此，对公业务部门希望提高企业风险分析能力。建立企业关联风险分析引擎，利用新的分析技术预测企业风险，提高对公部门的风险管理水平。

2. 企业风险分析引擎设计

在本项目中，将企业风险引擎构建过程归纳为五个步骤，如图 8-14 所示。

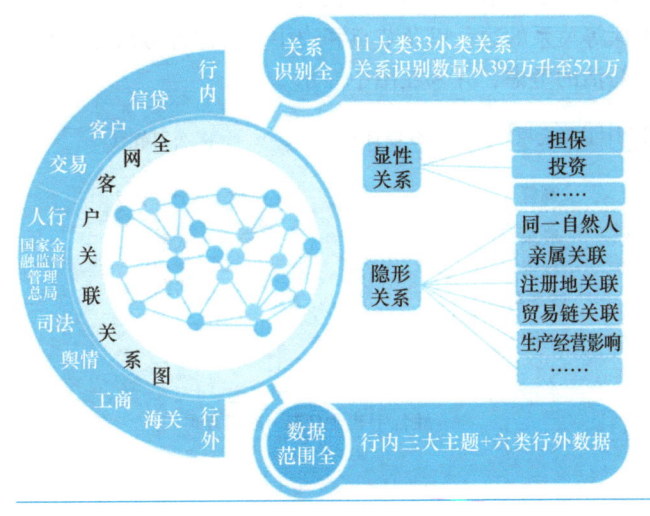

图 8-13　某银行对公部门企业风险应用

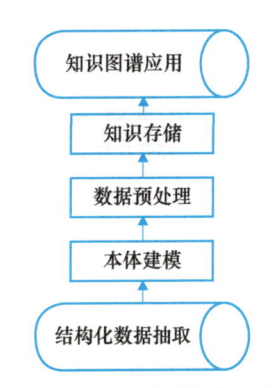

图 8-14　企业风险引擎构建过程

主要包括结构化数据抽取、本体建模、数据预处理、知识存储、知识图谱应用等五个步骤。

项目首先要完成本体（实体）建模，本项目中涉及的实体类型较多，具体介绍公司实体与个人实体两类，见表 8-5。其中公司实体的关键属性为组织机构代码、注册资本、企业类型等；而个人实体的关键属性包括姓名、个人证件、联系方式等。

表 8-5 企业风险公司与个人实体建模

实 体	关 键 属 性
公司	组织机构代码、注册资本、企业类型等
个人	姓名、个人证件、联系方式等

其次要完成关系建模。本项目中涉及的关系类型较多，企业风险公司与个人关系建模见表 8-6。该表展示了个人与公司间的股东关系、投资关系、担保关系、分支关系、高管关系、联系人关系，以及各关系中包含的相关属性值，包括持股比例、投资比例、担保比例、职位名称、关系类型等。

表 8-6 企业风险公司与个人关系建模

关 系	关 键 类 型	关 系 属 性
公司—公司	股东关系 投资关系 担保关系 分支关系	持股比例 投资比例 担保比例 持股比例
个人—公司	股东关系 投资关系 担保关系 高管关系 联系人关系	持股比例 投资比例 担保比例 职位名称 关系类型

企业与个人关系图谱如图 8-15 所示。该图展示了数据构建完成后，形成的企业关系分析图谱，包含代表公司和个人的节点，代表企业之间的分支、股东、担保、投资等关系的边，代表个人与公司之间的高管、股东、投资、联系人、担保等关系的边，以及节点和边中包含的部分属性。其他大量属性如企业工商信息、个人信息等出于简洁的考虑，并未在图中显示。

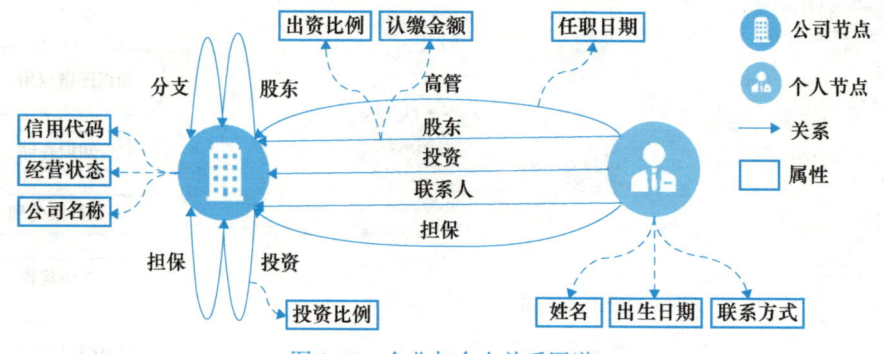

图 8-15 企业与个人关系图谱

3. 企业关联关系挖掘

在知识图谱中，企业之间的直接关系可以直观地表示出来。然而，当一家企业与大量其他企业产生联系时，存在广泛的间接关联关系，但很难被发现。对于这种看似割裂但实际存在间接关联的两个实体的关联关系挖掘对企业关系发现和风险传播预测等方面具有重要意义。

通过挖掘关联路径，可以发现企业知识图谱中任意两个实体之间的间接关联关系。这些关联路径是通过多个中间节点连接而形成的。关联路径查询的目的是衡量企业之间联系的密切程度，并发现潜在的风险问题。

企业关系查询如图 8-16 所示。如果我们需要查询实体 P_2 和实体 C 之间的关联路径，可以利用知识图谱中的查询功能来实现。通过查询算法，我们可以找到连接 P_2 和 C 的路径，这些路径揭示了它们之间的间接关联关系。关联路径查询的结果可以帮助我们理解两个实体之间的关系，并发现可能存在的风险问题。

其查询结果如图 8-17 所示，可以看出 P_2 和 C 之间存在的联系。

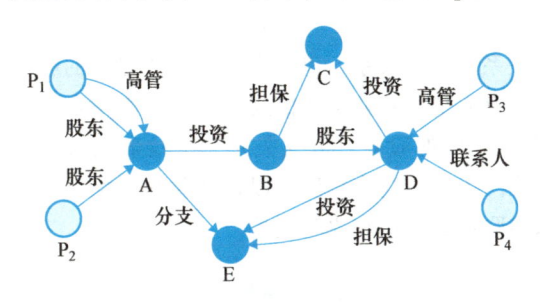

图 8-16　企业关系查询

图 8-17　企业关联路径查询结果

4. 企业实际控制人发现

在现代企业体系下，由于股权、协议或其他安排等因素的影响，企业的实际控制人很难被确定。在某些情况下，股东签订的协议或其他安排可能导致公司控制权的变更，且相关数据的获取存在困难。因此，本案例中将最终持股比例超过 25% 的实体视为企业的实际控制人。

对实际控制人进行有效描述的方法如下：当一个公司（或个人）x 直接持有公司 y 超过 25% 的股份，或者通过多个其他公司间接持有公司 y 的股份总和（可能还包括 x 直接持有的股份），使 x 对公司 y 的持股比例达到 25% 以上时，我们称 x 为公司 y 的实际控制人。

实际控制人发现算法如图 8-18 所示。在知识图谱中，采用图的深度优先遍历算法，基于股东关系，可以找到指定公司所持股份的所有路径。然后，针对每条路径，计算最顶层股东节点对该公司的持股比例。通过加法运算和比较，确定最终持股比例超过 25% 的最顶层股东，即该公司的实际控制人。

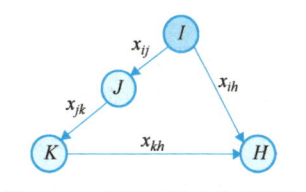

图 8-18　实际控制人发现算法

5. 企业所属集团发现

企业集团是一种由若干个具有独立法律地位的公司在统一管理下形成的经济联合组织。作为现代企业的高级组织形式，企业集团通过紧密的组织结构和统一的管理模式，实现整个集团规模经济和整体竞争力的优势。然而，随着企业之间联系的加深，集团内部也带来了潜在的风险，增加了经济市场的不稳定因素。企业集团的边界通常难以界定，一些核心企业通过长期投资、控股链条以及派驻高管、家族经营等方式来控制外围公司。这些公司往往被视为独立运营的实体，从而使金融或监管机构难以监管和判断相互担保、交叉持股等高风险行为。

准确找到企业所属的集团对于判断整个集团的业务活动非常重要。通过分析集团成员公司的生产经营状态，可以对整个集团的业务活动进行评估。另外，根据集团核心企业的经营活动，也可以推断其他企业成员的行为。这对于及早发现企业集团的潜在风险，以及进行更有效的监管，具有重要意义。

企业集团通常以一家核心企业为中心，成员公司通过分支机构、股东关系等相互联系。此外，公司之间还可以通过共同的高管、股东、联系人等方式形成集团。企业集团的内部联系主要基于股权关系，同时分支机构、高管、联系人等关系充当连接其他成员的纽带。因此，企业集团的整体持股结构通常呈现金字塔式或围绕式的结构。

在项目的企业关系分析中，企业之间的股东关系、分支关系，以及个人与企业之间的股东、高管和联系人关系是构成企业集团的重要联系。想要有效描述企业集团的规则，可以使用企业所属集团发现算法，如图 8-19 所示。该算法通过分析企业之间的股东、分支关系，以及个人与企业之间的股东、高管和联系人关系，来发现企业所属的集团关系。这个算法可以帮助我们理解企业集团的组织结构，揭示企业之间的联系，并提供基于这些联系的分析和决策支持。

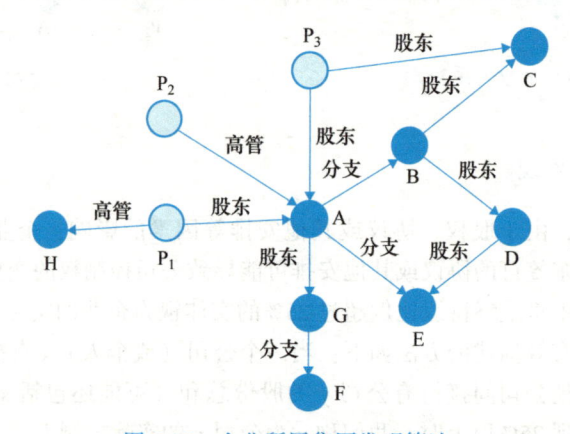

图 8-19　企业所属集团发现算法

当集团核心企业或个人对其他企业的最终控股比例超过 20% 形成绝对控股，并且这些被绝对控股的企业与其他企业或个人之间存在分支、高管、联系人关系时，可以将上述企业和个人划归为同一个企业集团。为了发现企业的实际控制人，可以使用企业实际控制人发现算法，该算法沿着股权控制路径找到企业的实际控制人，然后通过实际控制人的所有股权控制路径找到其他控股企业，形成一个股权控制骨架。在该过程中，当实际控制人控制的具有独立法律地位的企业数量达到设定的阈值时，可以认定其构成一个企业集团。

这种算法的目的是确定企业集团的实际控制结构，以及识别控股关系中的关键人物。通过分析股权控制路径和控股比例，可以揭示企业集团内部的所有权关系，并帮助监管机构或决策者了解企业集团的组织结构和控制关系。这种信息对于有效的监管、风险评估和决策制定都具有重要意义。

通过分析每个成员企业或个人的分支、高管和联系人关系路径，可以揭示企业集团在知识图谱中的整体结构。

通过使用企业所属集团发现算法，我们能够快速准确地定位企业所属的集团，并了解该企业在集团内部的地位。这对于分析企业风险传播路径和了解企业集团的经营活动具有重要帮助。这种分析方法使我们能够更好地了解企业集团的组织结构和内部关系，从而为风险评估、决策制定以及监管措施的制定提供支持。

本案例通过关联分析数据分析方法，完成针对上市公司的关联关系分析。通过案例我们可知知识图谱关联分析最大的优势在于，在复杂的关系中找到规律，进而完成分析。这种方法的好处是补充了关系分析的不足，进一步提升了风险发现的可能性，并降低了银行的损失。

8.3 对公业务中的企业舆情分析

【学习目标】

1) 学习舆情数据的价值与类型。
2) 学习对公业务的常见业务场景。
3) 学习如何基于文本分类定义舆情信息的类别。
4) 学习如何基于关键词提取方法分析舆情的关键信息。
5) 学习如何基于算法合并舆情信息。
6) 学习上市公司如何进行舆情风险分析。

8.3.1 舆情数据的价值与类型

舆情分析在金融行业的很多业务环节中都会起到非常重要的作用，比如快速感知突发负面事件、辅助企业信用评级、量化交易等。

舆情系统实现了舆情主体提取、面向主体的情绪识别、基于语义的文章内容去重等处理能力，并可针对舆情主体进行多级情绪判定，从海量的舆情信息中快速定位到关注的公司主体的正负面信息并存储到统一的数据平台中，提供给多个下游业务系统使用。

企业舆情数据的类型可以分为以下几种：

1) 文本数据：包括新闻报道、社交媒体帖子、评论、博客文章等。这些数据通常以文本形式存在，需要进行文本分析和处理，提取关键信息和情感倾向。

2) 图像数据：包括企业活动照片、产品图片、市场推广素材等。这些数据可以通过图像处理和计算机视觉技术进行分析，例如识别企业标识、产品特征或市场反应的情绪表达。

3) 视频数据：包括企业发布的宣传视频、产品演示视频、新闻报道视频等。这些数据需要进行视频分析和处理，例如提取关键场景、识别表情变化或分析声音情绪。

4) 数值数据：包括市场指标、销售数据、财务报表等与企业经营状况相关的数值信息。这些数据可以用于量化分析和建立模型，评估企业的财务健康状况和潜在风险。

5) 时间序列数据：包括企业在一段时间内的舆情变化趋势、市场反应的波动等。这些数据可以用于趋势分析和时间序列模型，揭示企业舆情的演变和市场波动的影响。

6）地理位置数据：包括企业分布的地理位置信息、市场覆盖范围等。这些数据可以用于地理空间分析和区域风险评估，了解企业在不同地区的表现和潜在风险。

综合利用这些不同类型的数据，可以获得更全面、多维度的企业舆情信息，有助于深入分析企业的风险状况和商业前景。在分析过程中，需要适当地使用数据预处理、特征提取和统计分析等方法，以获取有价值的信息并支持决策制定。

8.3.2 对公业务的常见业务场景

商业银行在对公业务中可以使用舆情数据分析的场景包括：

1）企业信用评估：舆情数据可以提供关于企业声誉、知名度、社会形象等方面的信息。通过分析舆情数据，银行可以评估企业的公众形象和声誉风险，辅助决策制定和信用评估过程。

2）风险监测和预警：舆情数据分析可以帮助银行监测潜在的风险事件和危机情况。通过监测社交媒体、新闻媒体以及在线论坛等渠道的舆情信息，银行可以及时发现与企业相关的负面新闻、投诉、舆论等，提前预警潜在风险。

3）市场情报和竞争分析：舆情数据可以提供有关市场动态、行业趋势以及竞争对手的信息。银行可以通过分析舆情数据了解特定行业的发展状况、市场竞争格局以及竞争对手的优势和劣势，从而优化产品策略和市场定位。

4）媒体监测和声誉管理：银行可以通过舆情数据分析，监测媒体对银行的报道和评价。这有助于了解银行在公众和媒体中的形象和声誉，及时发现负面报道和舆论，做好声誉管理和公关应对措施。

5）客户服务和关系管理：通过舆情数据分析，银行可以了解客户对银行产品和服务的反馈和评价。这有助于银行改进产品和服务质量，加强客户关系管理，提高客户满意度和忠诚度。

需要注意的是，舆情数据分析虽然提供了额外的信息来源，但在使用过程中需要结合其他数据源进行综合分析和判断，以确保评估的准确性和可靠性。同时，银行在使用舆情数据时也需要遵守相关的法律法规和隐私保护原则。

8.3.3 基于文本分类定义舆情信息的类别

金融领域的风险事件文字描述沉淀在大量的客观报道或分析报告中，需从文本中提取出事件与事件之间复杂的关系。风险事件示例从宏观、行业、企业等不同层面对风险进行了分类，通过标签将事件进行标引可以从事件的角度对各方面的风险情况进行追踪，并且构建事件之间的内在联系。舆情文本分类见表8-7。

表8-7 舆情文本分类

舆情文本	舆情分类
实控人和高管拟套现30亿，公司市值狂跌20%	企业_市值下跌
上市公司子公司连续5年财务造假，历年年报审计结论却是"无保留意见"	企业_违法行为
共计遭遇10次行政处罚，累计被罚款429万元	企业_行政处罚
营销费用高出研发费用近5倍，为其产品质量问题埋下了隐患，产品质量问题成为消费者投诉重灾区	企业_产品问题

该类问题属于 NLP 中的文本多分类问题，需要使用文本分类算法解决相关的数据分析问题。目前常用的分类技术包括 Bert、TextCNN、Stanford Parser 等。当然随着大模型技术的广泛应用，我们也可以使用大模型技术完成文本分类。本方法主要包含以下实现逻辑。

1. 数据预处理

一是分类标注。先利用规则将部分数据进行人工标注，最终结合数据质量和业务专家经验将舆情文本进行分类，舆情数据格式见表 8-8。

表 8-8　舆情数据格式

舆 情 文 本	舆 情 分 类
实控人和高管拟套现 30 亿，公司市值狂跌 20%	企业_市值下跌

在该案例中，主要的分类包括企业_市值下跌、企业_违法行为、企业_行政处罚、企业_产品问题等二十多个风险类别。

二是停用词库。由于中文短文本通常存在"的""我""吧"等高频且无实际意义的词，因此将这类词语加入停用词库中进行过滤，可以降低输入文本的特征维度，且有助于提升分类算法的效率和准确度。

三是文本向量化。例如对于一段文本："实控人和高管拟套现 30 亿，公司市值狂跌 20%"。由于通常文本分类数据会使用 Bert 等人工智能模型，所以需要将该段文字转化成 Embedding 向量。通常情况下，向量的维度为 100、300、500、512、768 等，具体与转向量的模型有关。例如，实字转化为 100 维的向量形态见表 8-9。

表 8-9　文本向量示例

实	0.2、0.2、0.31、0.23、0.23、0.23、0.25、0.45……

使用向量的原因是实字在不同句子中所蕴含的含义不同。

2. 分类模型框架

Bert 是一个自然语言处理通用模型，该模型先使用深度网络模型无监督地从大规模语料数据集中学习到自然语言中复杂的语义信息（预训练），再通过迁移学习的方式部署到下游任务中。作为一种预训练模型，Bert 支持将输出的向量嵌入层输入到下游的训练模型。所以使用 Bert 模型，可以完成对文本的分类。Bert 模型结构如图 8-20 所示。

3. 分类效果评估

在分类问题中最常用的模型衡量指标为准确率，但是准确率在样本不均衡及多分类的情况下不能全面反映模型的性能。因此，以混淆矩阵为基础，选择精确度、召回率和 F_1 分数（F_1-score）作为模型的度量指标，基于文本分类的舆情分析结果见表 8-10。

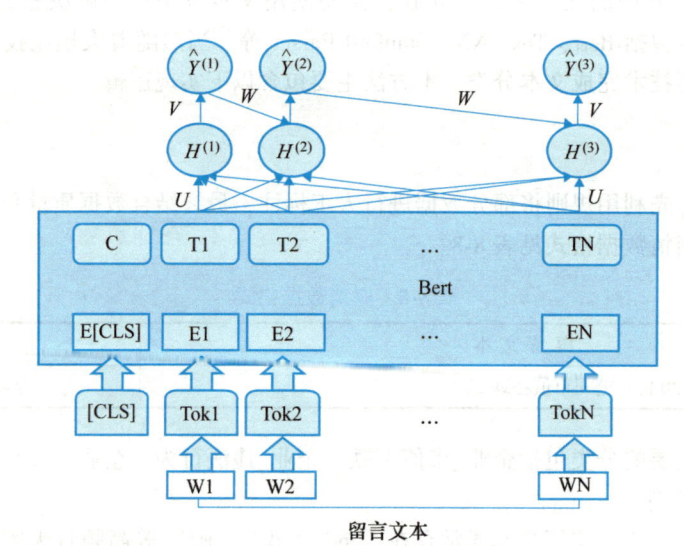

图 8-20 Bert 模型结构

表 8-10 基于文本分类的舆情分析结果

类别	精确度	召回率	F_1 分数 (F_1-score)
企业_市值下跌	0.92	0.56	0.91
企业_行政处罚	0.81	0.81	0.53
企业_违法行为	0.73	0.78	0.87
企业_产品问题	0.92	0.73	0.82

8.3.4 基于关键词提取方法分析舆情的关键信息

基于关键词提取方法分析舆情的关键信息是指通过提取舆情数据中的关键词，对文本进行处理和分析，以获取对舆情具有重要意义的信息或洞察。

关键词提取方法通过识别和提取出在文本中具有显著频率或重要性的词语，从而揭示出舆情数据中的重要信息。这些关键词在舆情分析中起到以下作用：

1) 主题分析：通过提取关键词，可以了解舆情数据中讨论的主要话题和关注点。识别关键词后，可以根据关键词的共现模式进行主题聚类或主题分析，以了解舆情的主要内容和热点。

2) 情感分析：关键词中可能包含表达情感倾向的词语，如积极词汇、消极词汇等。通过分析关键词中的情感词汇，可以判断舆情数据中的情感倾向，例如正面、负面或中性。这有助于了解公众对特定话题或事件的情感态度。

3) 实体识别：关键词中可能包含特定实体的名称，如公司、人物、地点等。通过识别和提取这些关键词，可以确定舆情数据中涉及的相关实体，从而了解舆情与哪些实体相关联，以及实体在舆情中的重要性和影响力。

4）聚类分析：通过关键词的相似性和相关性，可以将舆情数据进行聚类分析，将具有相似关键词的文本归为一类。这有助于发现舆情数据中的不同话题、观点或群体，并进一步分析和理解这些聚类的特征和趋势。

基于关键词提取方法的舆情分析可以帮助快速了解和总结大量舆情数据的关键信息，提供对舆情的概览和洞察。但需要注意，关键词提取方法是基于词汇频率和重要性的简化方法，可能无法捕捉到文本的全部语义和上下文信息。因此，在舆情分析中，结合其他自然语言处理技术和方法可以获得更全面和准确的分析结果。

可以使用关键词提取算法对预处理后的文本进行关键词提取。例如使用 TF-IDF（词频-逆文档频率）方法计算每个词的 TF-IDF 值，即在文本中的词频与在整个文集中的逆文档频率的乘积。TF-IDF 值高的词被认为是关键词。TF-IDF 的计算公式如下：

词频(TF) = 某个词在文章中的出现次数

逆文档频率(IDF) = log10(语料库的文档总数/包含该词的文档总数)

TF-IDF = 词频(TF)×逆文档频率(IDF)

以"实控人和高管拟套现 30 亿，公司市值狂跌 20%"为例，假定该文长度为 1000 个词，"实控""套现""高管"各出现 20 次，则这三个词的词频（TF）都为 0.02。然后，搜索所有文章库发现，包含"中国"两字的网页共有 250 亿张，假定这就是企业文章网页总数。包含"实控"的网页共有 62.3 亿张，包含"高管"的网页为 0.484 亿张，包含"套现"的网页为 0.973 亿张。则它们的逆文档频率（IDF）和 TF-IDF 值见表 8-11。

表 8-11 关键词 TF-IDF 值

关　键　词	包含该词的文档数（亿张）	IDF	TF-IDF
实控	62.3	0.603	0.0121
套现	0.484	2.713	0.0543
高管	0.973	2.410	0.0482

得到了关键词后，基于词典规则，就可以判断"实控人和高管拟套现 30 亿，公司市值狂跌 20%"的类别应该是高管、套现类风险内容。

TF-IDF 的优点是简单快速，而且容易理解；缺点是有时候用词频来衡量文章中的一个词的重要性不够严谨，有时候重要的词出现的次数可能不够多，而且这种计算无法体现位置信息，无法衡量关键词在上下文的重要性。

8.3.5　基于算法合并舆情信息

在舆情分析中，可以使用不同的文章聚类算法来对舆情数据进行分组和聚类。我们主要使用两种技术方案完成舆情信息合并：

1）k-means 聚类算法。k-means 是一种迭代的、基于距离的聚类算法。它将文本数据划分为预先指定数量的簇（k 个簇），通过最小化簇内样本之间的平方距离来优化聚类效果。k-means 聚类算法对文本向量化表示非常有效。

2）层次聚类算法。层次聚类算法根据样本之间的相似性逐步构建聚类层次结构。最常见的层次聚类算法是凝聚层次聚类（Agglomerative Clustering），它将每个样本作为一个簇开始，然后逐步合并最相似的簇，直到满足停止条件。层次聚类算法可以自动确定聚类数量。

当涉及企业风险舆情信息聚类时，k-means 聚类算法可以帮助企业将相似的舆情信息聚集在一起，从而揭示潜在的风险模式或关联。具体操作步骤如下：

1）数据准备。收集与某家电子公司相关的舆情信息，包括新闻报道、社交媒体帖子和评论。例如，新闻报道可以包括以下标题：

"ABC 电子公司发布全新智能手机，市场反响强烈。"

"ABC 电子公司发布财务报告，营收增长 10%。"

"市场竞争加剧，ABC 电子公司面临压力。"

"ABC 电子公司产品出现质量问题，消费者抱怨不断。"

2）特征提取。从每篇舆情信息中提取关键词作为特征。例如，从新闻报道中提取关键词新产品、收入增长、市场竞争、产品质量问题等。

3）特征向量化。将提取的特征转化为数值向量表示形式，以便进行聚类分析。可以使用词向量化方法（如 Word2Vec）或基于 TF-IDF 的向量化方法。例如，假设使用词袋模型，将舆情信息转化为以下向量表示：

舆情信息 1 的向量表示：[1, 1, 0, 0]。

舆情信息 2 的向量表示：[0, 1, 0, 0]。

舆情信息 3 的向量表示：[0, 0, 1, 0]。

舆情信息 4 的向量表示：[0, 0, 0, 1]。

4）聚类分析。应用 k-means 聚类算法对特征向量进行聚类。在使用 k-means 聚类算法之前，需要确定聚类的数量为 k，可以通过手动选择或使用聚类评估指标（如轮廓系数）进行选择。假设设置聚类的数量 k 为 2，代表将舆情信息分为两个类别，则有：

舆情信息 1 的聚类结果：簇 1。

舆情信息 2 的聚类结果：簇 1。

舆情信息 3 的聚类结果：簇 2。

舆情信息 4 的聚类结果：簇 2。

5）结果解释和分析。根据 k-means 聚类算法的聚类结果，分析每个聚类簇中的舆情信息。可以检查每个簇的关键词、情感倾向等特征，了解该簇代表的风险类型或事件。还可以对每个簇内的样本进一步的探索，例如查看具体的舆情内容或相关评论。

簇 1 包含了与新产品、收入增长相关的舆情信息，可能表示正面的市场反应和业绩增长。

簇 2 包含了与市场竞争、产品质量问题相关的舆情信息，可能表示与市场竞争和产品质量有关的潜在风险。

6）结果可视化。使用散点图或热力图可视化聚类结果，以更好地理解不同簇之间的相似性和区分度。例如，在二维散点图中，可以使用不同的符号或颜色来标记不同簇的舆情信息，并观察它们在特征空间中的分布情况。

8.3.6 上市公司舆情风险分析

近些年来，资本市场违约事件频发，财务造假、董事长被抓、股权质押爆仓、城投非标违约等负面事件屡屡出现。而在大数据和人工智能技术的加持下，各种新兴的金融风险控制手段也正在高速发展，其中通过采集互联网上的企业舆情信息来挖掘潜在风险事件是一种较为有效的方式。但这些风险信息散落在互联网的海量资讯中，若能从中及时识别出涉及企业的风险事件，并挖掘出潜在的风险特征，将使银行、证券等金融机构在风险监控领域中更及时、全面和直观地掌握客户风险情况，大幅提升识别和揭示风险的能力。而风险事件以文本的形式存在，需要采用人工智能方法进行自然语言理解，实现风险事件的高精度智能识别。风险事件的知识图谱结构如图 8-21 所示。

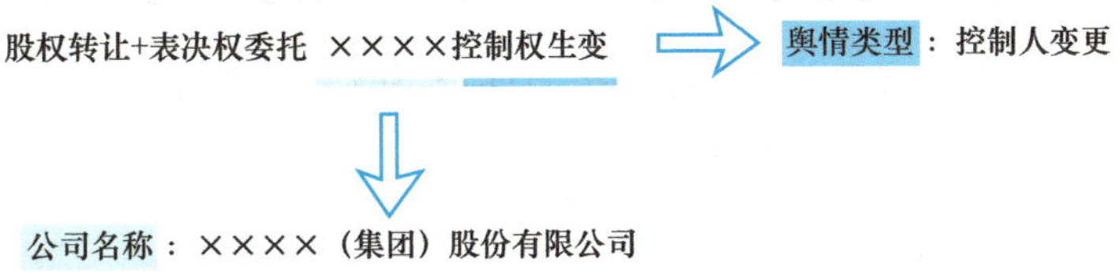

图 8-21　风险事件的知识图谱结构

1. 项目背景介绍

在本项目中，该银行业务人员希望利用数据分析技术，从给定的互联网信息中提取、识别出企业主体名称，以及标记风险标签。选手预测标签对应格式为（新闻 ID、主体全称、对应风险标签）。

1）每篇互联网信息可能会涉及 0 到多个主体（公司），每篇互联网信息中对每个主体只预测一个风险标签。
2）新闻中提及的主体可能为其简称或别名或主体相关的自然人。

企业舆情风险数据的主要字段见表 8-12。

表 8-12　企业舆情风险数据的主要字段

属性名称	测试用例
新闻标题	××××有限公司发生爆炸，两人死亡
正文	\<div class="TRS_Editor"\>\<p\>　　中国经济网北京××月××日讯 昨日……
文章类型	新闻/科技/体育等
公司名称	××××有限公司
风险标签	债务逾期/实控人变更/破产重整/股票质押率过高/被政府职能部门/处罚/被监管机构罚款或查处/被采取监管措施/重大诉讼仲裁/信息披露违规/安全事故等

2. 数据概况

本项目中，我们使用分析程序对数据实体情况进行初步探索，具体数据见表 8-13。

表 8-13　企业舆情风险数据实体情况

统 计 维 度	统 计 数 据
数据总个数为	11685
不存在实体事件的样本个数	3042
存在于标题中的实体个数	1029
存在于内容中的实体个数	4765
仅存在于标题中的实体个数	1
仅存在于内容中的实体个数	1782

从上表可以看到，实体大多数存在于内容中，且内容中实体出现的位置相对偏中后。新闻内容中存在大量 html 标签，成功处理比较重要。

接下来对标签情况做分析，具体数据见表 8-14。

表 8-14　企业舆情风险标签情况

统 计 维 度	统 计 数 据
实控人变更	811
信息披露违规	800
重大诉讼仲裁	1029
股票质押率过高	799
主板/创业板/中小板/债券退市	799
被政府职能部门处罚	799
债务逾期	798
被监管机构罚款或查处	796
被采取监管措施	796
破产重整	796
安全事故	326
环境污染	323
无	3042

3. 方法架构

某企业舆情数据分析流程如图 8-22 所示。

1）从数据源中选择性抽取历史数据与每天定时抽取数据。
2）对抽取的文本数据进行周期性分析以及数据清洗、数据变换等操作后，形成建模数据。

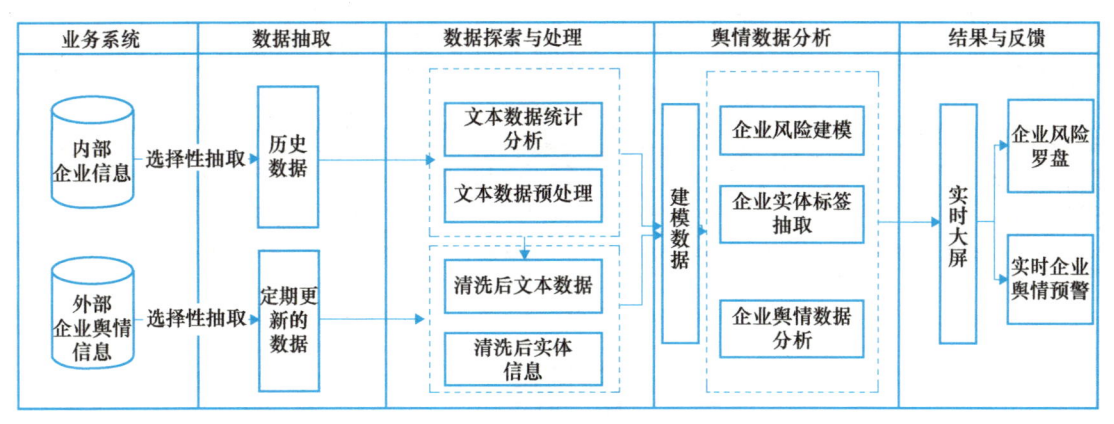

图 8-22　某企业舆情数据分析流程

3）采用企业风险建模、标签抽取、企业舆情分析数据对建模数据进行模型的构建，利用模型进行企业舆情分析。

4）应用效果评估数据，进行加权分析后，输出企业风险罗盘并且完成实时企业舆情预警。

4. 文本预处理

本项目中，文本内容信息如图 8-23 所示，包括 </section> 等标签，为此，我们需要对文本内容信息进行清洗。

```
'<section class="Art-Wrap ArtMainArea" id="ArtHideArea" style="display:none">\n        \u3000\u30001月13日,资本邦讯,永平资源(836960.OC)发布全国股转公司下发的关于对山东永平再生资源股份有限公司及相关责任主体采取自律监管措施的决定。<br>\n\n\u3000\u3000公告显示,经查明,永平资源及相关责任主体有以下违规事实：<br>\n\n\u3000\u3000一、股份转让协议签署<br>\n\n\u3000\u30002017年间,三三集团与超过30名投资者签署股份转让协议,约定向不符合投资者适当性要求的投资者进行股份转让,载明从协议签订之日起一年内,如投资者未能开设完成相关证<br>\n\n\u3000\u3000券账户,则由三三集团为其持有股份至永平资源首次公开发行股份并上市。2017年间,鼎融资产与超过6名投资者签署股份转让协议,载明从协议签订之日起一年内,如投资者未能开设完成相关证券账户,则由鼎融资产为其持有股份至永平资源首次公开发行股份并上市。三三集团作为担保方签署了部分股份转让协议,并出具股份回购承诺函,对永平资源2017年至2018年的业绩进行承诺。孙学萍参与了上述协议签署。<br>\n\n\u3000\u30002017年9月,永平资源发布澄清公告,载明公司不涉及首次公开发行股份并上市等事宜。三三集团、鼎融资产对外签署的上述协议内容与永平资源客观事实不符。<br>\n\n\u3000\u3000二、投资协议签署<br>\n\n\u3000\u30002017年8月,永平资源披露《2017年第一次<a style="color: #0981e7" href="http://3g.cnfol.com/stock.shtml">股票</a>发行方案》,载明拟向不特定对象发行股份2,000万股。其后,永平资源未提交股票发行备案材料,亦未披露终止此次股票发行公告。<br>\n\n\u3000\u3000三三集团及控股子公司永平环境与超过60名投资者签订投资协议,约定永平环境参与永平资源股票发行后,永平环境以获得的股份为投资者代为持有永平资源股票。<br>\n\n\u3000\u3000永平资源相关主体对外签署了上述协议,导致挂牌公司股权不明晰,信息披露不规范,违反《非上市公众公司监督管理办法》第三条及《全国中小企业股份转让系统业务规则(试行)》(以下简称"业务规则")第1.4条、1.5条的规定,永平资源未能充分配合主办券商持续督导工作,向主办券商提供必要材料并告知重大事项,违反了《全国中小企业股份转让系统主办券商持续督导工作指引(试行)》第四条规定。三三集团、鼎融资产、永平环境作为挂牌公司股东,孙学萍作为挂牌公司实际控制人、董事长兼总经理,参与签署协议,对违规行为负有责任,违反《业务规则》第1.4条、第1.5条规定。鉴于上述违规事实和情节,根据《业务规则》第6.1条、《全国中小企业股份转让系统自律监管措施和纪律处分实施细则》第十四条、第十六条的规定,股转公司做出如下决定：<br>\n\n\u3000\u3000对永平资源、孙学萍采取出具警示函的自律监管措施;对三三集团、鼎融资产、永平环境采取出具警示函的自律监管措施。<br>\n\n\u3000\u3000<a style="color: #0981e7" href="http://live.3g.cnfol.com/index.php?r=Images">图片</a>来源：123RF<br>\n\n\u3000\u3000转载声明：本文为资本邦原创稿件,转载需注明出处和作者,否则视为侵权。<br>\n\n\u3000\u3000风险提示<br>\n\n\u3000\u3000：<br>\n\n\u3000\u3000资本邦呈现的所有信息仅作为投资参考,不构成投资建议,一切投资操作信息不能作为投资依据。投资有风险,入市需谨慎！        </section>\n        '
```

图 8-23　文本内容信息

使用正则表达式方法清洗数据后，如图 8-24 所示。清洗后数据新闻文本长度减少一半，如图 8-25 所示。

1月13日，资本邦讯，永平资源(836960.OC)发布全国股转公司下发的关于对山东永平再生资源股份有限公司及相关责任主体采取自律监管措施的决定。公告显示，经查明，永平资源及相关责任主体有以下违规事实：一、股份转让协议签署2017年间，三三集团与超过30名投资者签订股份转让协议，约定向不符合投资者适当性要求的投资者进行股份转让，载明从协议签订之日起一年内，如投资者未能开设完成相关证券账户，则由三三集团为其持有股份至永平资源首次公开发行股份并上市。2017年间，鼎融资产与超过6名投资者签署股份转让协议，载明从协议签订之日起一年内，如投资者未能开设完成相关证券账户，则由鼎融资产为其持有股份至永平资源首次公开发行股份并上市。三三集团作为担保方签署了部分股份转让协议，并出具股份回购承诺函，对永平资源2017年至2018年的业绩进行承诺。孙学萍参与了上述协议签署。2017年9月，永平资源发布澄清公告，载明公司不涉及首次公开发行股份并上市等事宜。三三集团、鼎融资产对外签署的上述协议内容与永平资源客观事实不符。二、投资协议签署2017年8月，永平资源披露《2017年第一次股票发行方案》，载明拟向不特定对象发行股份2,000万股。其后，永平资源未提交股票发行备案材料，亦未披露终止当次股票发行公告。当年，三三集团及控股子公司永平环境与超过60名投资者签订投资协议，约定永平环境参与永平资源股票发行，永平环境以获得的股份为投资者代为持有永平资源股票。永平资源相关主体对外签署上述协议，导致挂牌公司股权不明晰、信息披露不规范，违反《非上市公众公司监督管理办法》第三条及《全国中小企业股份转让系统业务规则(试行)》(以下简称"业务规则")第1.4条、1.5条的规定，永平资源未能充分配合主办券商持续督导工作，向主办券商提供必要材料并告知重大事项，违反了《全国中小企业股份转让系统主办券商持续督导工作指引(试行)》第四条规定。股转公司表示，三三集团、鼎融资产、永平环境作为挂牌公司股东，孙学萍作为挂牌公司实际控制人、董事长兼总经理，参与签署协议，对违规行为负有责任，违反《业务规则》第1.4条、第1.5条规定。鉴于上述违规事实和情节，根据《业务规则》第6.1条、《全国中小企业股份转让系统自律监管措施和纪律处分实施细则》第十四条、第十六条的规定，股转公司做出如下决定：对永平资源、孙学萍采取出具警示函的自律监管措施；对三三集团、鼎融资产、永平环境采取出具警示函的自律监管措施。图片来源：123RF转载声明：本文为资本邦原创稿件，转载需注明出处和作者，否则视为侵权。风险提示：资本邦呈现的所有信息仅作为投资参考，不构成投资建议，一切投资操作信息不能作为投资依据。投资有风险，入市需谨慎！

图 8-24　文本内容信息（清洗后）

```
count    11685.000000
mean      3324.683098
std       6741.110801
min          4.000000
25%         31.000000
50%        979.000000
75%       2807.000000
max      32767.000000
Name: content_len, dtype: float64
```

图 8-25　文本内容信息长度

5. 企业舆情分类建模

企业舆情分类，相当于对文本进行分类。因此在本项目中采用 Bert 文本分类模型。Bert 是基于 Transformer 的编码器和海量文本训练出的预训练模型，通过学习完形填空和上下句预测的任务来获得类似人类一样对通用语义的理解能力。在文本分类场景，只需要将原始文本输入到 Bert 中，就可以利用预训练的 Token Embedding 知识以及 Bert 的 Self Attention 结构直接将文本转化为对应的特征向量，其中向量的第一个位置［CLS］是单独用来给下游分类任务使用的，比如文本分类、情感分类、对文本的相似匹配分类等。企业舆情分类流程如图 8-26 所示。

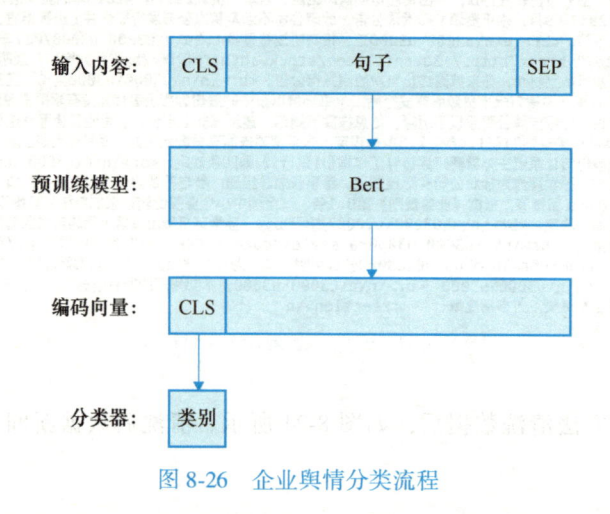

图 8-26　企业舆情分类流程

Bert 输入如图 8-27 所示。针对不同的任务，Bert 模型能够在一个 Token 序列中明确地表示单个文本句子或一对文本句子（比如［问题，答案］）。对于每一个 Token，其输入表示通过其对应的 Token Embedding、段表征（Segment Embedding）和位置表征（Position Embedding）相加产生。

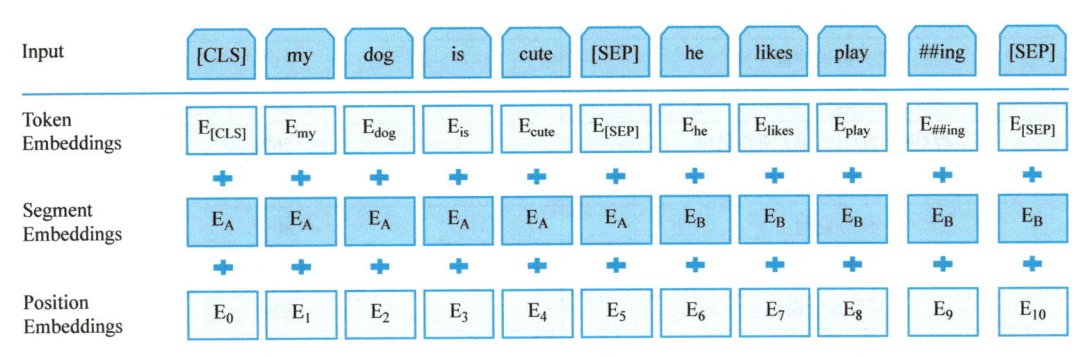

图 8-27 Bert 输入

使用 Bert 提供的 Tokenizer 工具，将输入的文本处理为 Bert 能够识别的数据，如图 8-28 所示。

```
tokenizer("中国人民财产保险股份有限公司涞水支公司高沟营销服务部")
{'input_ids': [101, 704, 1744, 782, 3696, 6568, 772, 924, 7372, 5500, 819, 3300, 7361, 1062, 1385, 3878, 3717, 3118, 1062, 1385, 7770, 3765, 5852, 7218, 3302, 1218, 6956, 102], 'token_type_ids': [0, 0, 0, 0, 0, 0, 0, 0, 0, 0, 0, 0, 0, 0, 0, 0, 0, 0, 0, 0, 0, 0, 0, 0, 0, 0, 0, 0], 'attention_mask': [1, 1, 1, 1, 1, 1, 1, 1, 1, 1, 1, 1, 1, 1, 1, 1, 1, 1, 1, 1, 1, 1, 1, 1, 1, 1, 1, 1]}
```

图 8-28 Tokenizer 处理后数据

随后使用 Bert 工具提供的 Python 代码完成训练，训练过程如图 8-29 所示。

```
---------------Epoch: 0 ---------------
epoth: 0, iter_num: 100, loss: 0.7529, 34.13%
epoth: 0, iter_num: 200, loss: 0.4986, 68.26%
Epoch: 0, Average training loss: 0.7961
Accuracy: 0.8492
Average testing loss: 0.4957
---------------Epoch: 1 ---------------
epoth: 1, iter_num: 100, loss: 0.4518, 34.13%
epoth: 1, iter_num: 200, loss: 0.2276, 68.26%
Epoch: 1, Average training loss: 0.4353
Accuracy: 0.8492
Average testing loss: 0.4957
---------------Epoch: 2 ---------------
epoth: 2, iter_num: 100, loss: 0.3224, 34.13%
epoth: 2, iter_num: 200, loss: 0.4535, 68.26%
Epoch: 2, Average training loss: 0.4325
Accuracy: 0.8492
Average testing loss: 0.4959
```

图 8-29 训练过程

本例中的企业舆情风险标签情况见表 8-15。

表 8-15 企业舆情风险标签情况

统计维度	准确率
实控人变更	70%
信息披露违规	72%
重大诉讼仲裁	71%
股票质押率过高	76%
主板/创业板/中小板/债券退市	56%
被政府职能部门处罚	46%
债务逾期	80%
被监管机构罚款或查处	81%
被采取监管措施	82%
破产重整	83%
安全事故	84%
环境污染	85%

6. 企业公司主体识别

使用规则方式，提取文章内容中涉及的实体信息，过程如图 8-30 所示。

图 8-30 基于规则的实体信息识别过程

公司名称一般由地区（Region）、关键词（X）、行业（Industry）、公司后缀（Org_Suffix）四部分组成。比如【深圳市万网博通科技有限公司】，地区为【深圳市】，【万网博通】是关键词，【科技】是行业词，【有限公司】是公司后缀，这样就可以用【RXIO】表示此公司的名称结构。基于此结构，可以使用规则提取内容中的实体信息，如图 8-31 所示。

公司名称	分词标记	结构
万达宝贝王有限公司	万达/X宝贝/X王/X有限公司/O	XXXO
上海擎达电气有限公司	上海/R擎达/X电气/I有限公司/O	RXIO
广州市博艺文化传播有限公司	广州市/R博艺/X文化/I传播/I有限公司/O	RXIIO
同昕生物技术（北京）有限公司	同昕/X生物技术/I北京/R有限公司/O	XIRO
盈久盈（厦门）资产管理有限公司	盈久盈/X厦门/R资产管理/I有限公司/O	XRIO

图 8-31 公司实体信息提取

7. 企业舆情风险罗盘

当提取完舆情信息后,就可以开始着手构建监控动态推送、监控统计分析和风险信号设置等应用场景。企业舆情风险罗盘和风险监控如图 8-32 所示。

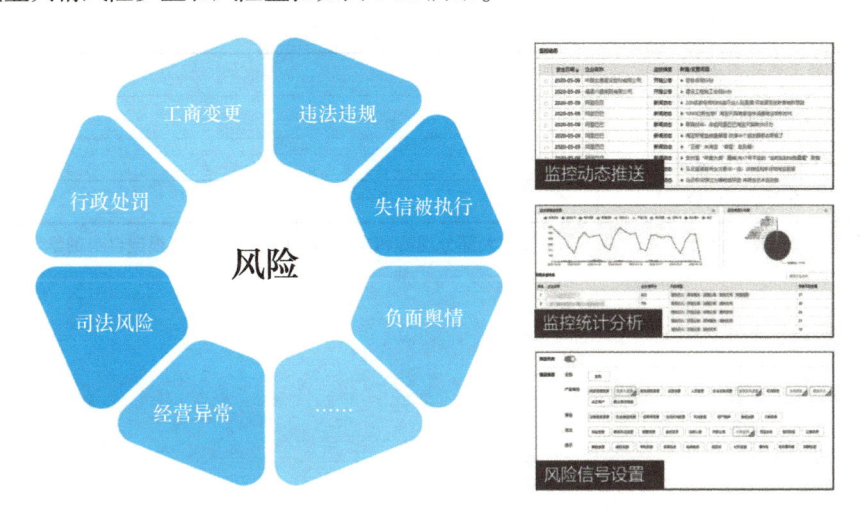

图 8-32　企业舆情风险罗盘和风险监控

其中,风险监控功能可以对企业工商信息变动、司法诉讼、失信被执行、人员监控、负面舆情等 8 大类 60 余个信息维度进行 7×24 小时的实时风险监控,通过邮件、短信、微信等多种方式推送预警。同时对风险信号进行可视化分析,涵盖监控维度趋势图、监控维度分布图、风险企业排名、最新司法风险以及最新经营风险等维度,帮助银行人员及时识别企业风险,实时监控高风险客户,将风险前置,及时调整下一步决策。

本案例通过文本数据分析方法,完成针对上市公司舆情信息风险分析。通过案例我们可知文本分析最大的优势在于,在非结构化信息中挖掘价值,进而完成分析。这种方法的好处是,补充了关系型数据分析的不足,进一步提升了发现企业风险的可能性,降低了银行的损失。

8.4　本章小结

本章主要讲述了基于文本分析、关系分析、机器学习分析方法实现商业银行对公业务数字化运营,通过对非结构化数据的分析,助力银行实现风险分析等场景的分析能力。

在本章中,我们重点学习了以下几个方面的知识:

1)银行对公业务风险分析数智化的方法。
2)非结构化数据中文本数据的挖掘分析方法。
3)机器学习技术的对公分析应用场景。
4)知识图谱分析技术的应用场景。
5)对公企业舆情风险分析的方法。

6) 对公企业关联关系的分析方法。

通过本章的学习,我们深刻认识到了数据分析技术对商业银行对公业务的重要性,同时也掌握非结构化数据挖掘技术应用的实践技巧和方法。

【学习效果评价】

复述本章的主要学习内容	
对本章的学习情况进行准确评价	
本章没有理解的内容是哪些	
如何解决没有理解的内容	

注:学习效果评价包括少部分理解、约一半理解、大部分理解和全部理解四个层次。请根据自身的学习情况进行准确的评价。

第 9 章
经营管理与决策中的数据分析

9.1 银行日常经营管理概论

【学习目标】

1) 熟知银行日常经营中的常见业务场景。
2) 熟知银行经营管理中常用的数据分析方法。
3) 熟知数据如何改善经营管理与决策。

银行正全面推进数字化转型，构建数据驱动的经营体系。在这个升级转型的过程中，数据发挥着关键作用，用于指导和支持各个方面的决策和行动。

数据驱动的银行日常管理体系依赖于数据收集与整合、数据质量管理、数据分析与挖掘、统计报告与仪表盘、风险管理与合规监测、客户洞察与个性化服务、预测与规划，以及实时监控与反馈等要素。这样的管理体系可以帮助银行更好地理解业务状况、识别风险和机会、提供个性化服务，从而支持决策制定、业务优化和持续改进。

9.1.1 银行日常经营中的常见业务场景

银行日常运营需要进行的活动主要包括资产负债管理、资金清算、金融服务、内控管理等。具体来说，银行需要吸收存款、发放贷款、投资理财、管理资产负债比例、防范流动性风险、信用风险和市场风险；办理企业账户开立和销户、企业日常收付款、票据承兑和贴现、银行卡收单；提供存款、贷款、汇款、理财等金融服务，以及咨询、代理等非金融服务；建立健全内部控制制度、加强风险管理、确保合规经营。此外，银行还需要维护硬件设施和软件系统、保障安全和保密、处理客户投诉和建议、履行社会责任等。截至 2022 年年末，广州银行的组织架构如图 9-1 所示。

图 9-1 广州银行组织架构

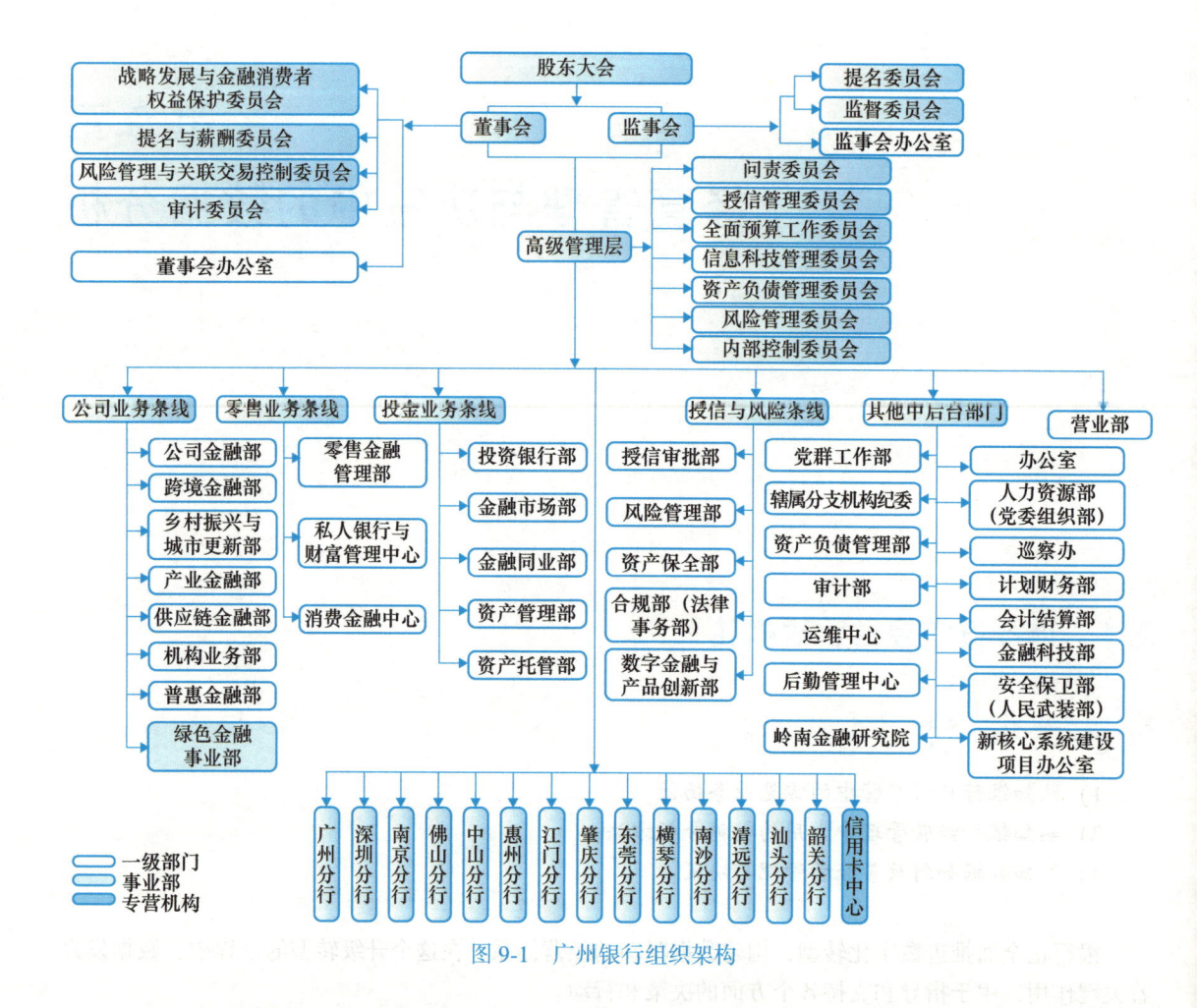

广州银行运营组织架构包括公司业务条线、零售业务条线、投金业务条线、授信与风险条线等。

基于此业务形态，银行会基于客户生命周期开展以拉新、促活、留存、防流失等多种运营目标为目的的运营活动，如客户运营、活动运营、市场运营等。

在实际的运营活动中，银行通常需要依赖数据支持活动开展，以降低决策风险，提高决策的效率。

9.1.2 银行经营管理中常用的数据分析方法

在银行的经营管理中，数据分析方法成为一把犀利的利剑，为银行管理层揭示了业务运营的奥秘、客户行为的秘密和市场趋势的脉络。某银行活动策划中数据分析的应用场景如图9-2所示。

首先在设定活动目标时可以通数据分析实现目标量化、测算与分解，使目标设定有依据、可测算、更合理和科学。例如在本次活动中，希望客户流失率降低2个百分点，传统模式更依赖经验与领导意愿，而基于数据分析的科学决策，需要基于对目标进行拆解，分析2个百分点提升的潜力客群为哪些，是否具备提升的可能性。

活动策划与方案设计

目标设定 → **确定活动主题** → **目标用户选择与分析** → **活动内容与规则设计**

- 设定活动期望达到的目标
- 确定活动的话题/基调/口号/主线
- 选择活动针对的目标用户,并分析其需求特征
- 确定活动内容和具体的业务规则

用数据能做什么

目标设定	确定活动主题	目标用户选择与分析	活动内容与规则设计
• 用数据做目标量化、测算与分解 ✓目标设定有依据,可测算 ✓目标设定更合理,更科学 ✓目标可指标化、数量化 ✓目标KPI分解	• 不光靠头脑风暴,还可结合多方面做数据分析: ✓竞争对手的活动主题 ✓行业内热点 ✓社会热点 ✓粉丝评论 ✓公司战略 ✓产品问题	• 数据分析给出理由: ✓为什么选择某些用户作为本次活动的目标用户 用数据测算规模: ✓分析活动针对的目标用户规模 用数据观察用户: ✓用数据给目标用户做画像	• 用A/B测试决定采取何种宣传文案 • 基于用户偏好选择投放的媒体和渠道 • 基于用户画像做活动规则设计 • 基于用户历史行为分析预测活动效果 • 基于效果预测做活动的经费预算

图 9-2　某银行活动策划中数据分析的应用场景

其次,在活动主题确定的过程中,通过社交媒体数据分析和竞品数据分析可以将主题确定得更贴近用户兴趣。例如在本次客户流失挽留活动中,通过分析产品客户评论,发现客户对齐理财产品赎回策略不满意,为此可以在挽留中,建议产品部门调整赎回策略或者为客户提供补偿,降低客户流失率。

再次,基于活动主题,利用数据分析方法,确定本次活动目标客群的合理性,结合客户画像与需求预测,转换预测等方法,结合历史数据,提前预测可能的转化率,选择合理的客群。例如,在本次活动中,业务规划选择的客群年龄范围为 20~40 岁,经过实际测算,将客群年龄范围调整为 25~45 岁。

最后,在确定活动内容与规则设计中,利用数据分析方法,结合历史数据,可以模拟客户转化,预测客户营销活动响应情况,确定活动策略设计是否合理,例如通过数据分析可以确定本次营销活动中现金卷领取的概率,进而选择针对哪些客户采用此种策略。

在以上的案例中,集中使用了大量的数据分析方法,具体说明见表 9-1。

表 9-1　经营活动中常用的数据分析方法

数据分析方法	说　　明
描述性统计分析	描述性统计分析为银行管理者提供了对数据的基本了解。通过揭示数据的集中趋势、离散程度和分布情况,描述性统计分析使银行能够洞悉客户特征、产品销售情况和业务绩效等关键信息。这些数据指标如同琳琅满目的明信片,为银行管理者呈现了一个个数据画面,让他们能够轻松把握业务全貌。通过计算平均值、中位数、标准差、最大值、最小值等统计指标,可以了解数据的集中趋势、离散程度和分布情况。描述性统计分析可以帮助银行了解客户群体特征、产品销售情况、业务绩效等基本情况

(续)

数据分析方法	说　　明
预测分析	预测分析是一双能够穿越时光的千里眼。借助历史数据和统计模型，预测分析为银行打开了未来的大门。通过时间序列分析、回归分析和机器学习等方法，预测分析可以帮助银行制定合理的业务规划、资源分配和风险管理策略。这些预测模型犹如智慧的先知，为银行管理者预示着未来的发展趋势，让他们能够做出明智的决策。通过时间序列分析、回归分析、机器学习等方法，可以建立模型预测市场需求、客户行为、财务绩效等。预测分析可以帮助银行制定合理的业务规划、资源分配和风险管理策略
数据挖掘	数据挖掘如同一顶神奇的魔法帽，为银行管理者展示了数据中的隐藏宝藏。通过聚类分析、关联规则挖掘、分类与预测等技术，数据挖掘能够从海量数据中提取出有价值的模式、关联和趋势。这些宝藏给银行带来了诸多机遇，例如客户细分、产品推荐、反欺诈和风险评估等。数据挖掘带来的洞见犹如宝藏的钥匙，让银行能够开启成功的大门
统计推断	统计推断是一剂强力的药方，为银行管理者解决问题提供了有力的支持。通过抽样调查和假设检验，统计推断使银行能够从有限的样本数据中推断出总体的特征和差异。这些药方犹如医生的诊断，能够让银行管理者准确判断市场调研、产品测试和风险评估等方面的情况，为决策提供准确的依据
实时监控与数据仪表盘	实时监控与数据仪表盘是银行管理者的得力助手。通过建立实时监控系统和数据仪表盘，银行能够随时掌握业务状况、风险指标和关键绩效指标。这些仪表盘犹如驾驶舱的指示灯，为银行管理者提供了全面且即时的数据反馈，让他们能够迅速做出调整和决策
文本挖掘与情感分析	文本挖掘与情感分析为银行管理者打开了一扇洞察客户的窗户。通过处理和理解客户的评论、投诉以及社交媒体内容等非结构化数据，银行能够获取对产品和服务的客户反馈，了解客户满意度和需求

以上数据分析方法，在银行经营活动中通常会组合运用，完成较为复杂的业务活动支撑。例如在上文提到的确定目标客群的业务操作中，会使用描述性统计、数据挖掘、预测分析、统计推断最少四种分析方法，提高业务决策的精准性。为了掌握如此复杂的操作流程，银行通常会形成标准操作流程与模版，降低相关人员的学习成本。

9.1.3　数据如何改善经营管理与决策

在当今时代，商业银行经营处在一个较为复杂的竞争环境中，一方面受到互联网企业冲击，同时同行的竞争加剧也使银行的经营者面临巨大的不确定性。通过数据分析可以改善并且降低这种不确定性带来的风险，提高经营管理与决策的确定性。

举个例子，某家总部位于美国的大型跨国银行集团，在全球多个国家和地区设有分支机构。近年来，它面临着净利润增速放缓、营收结构单一、同业竞争加剧等挑战。为提升市场竞争力，银行决定充分利用数据资源，优化业务运营和管理决策。

经过两年的数据应用实践，该银行实现了以下成果：
1）净利润增长 8%。
2）零售贷款市场份额提高 3 个百分点。
3）客户流失率降低 15%。

4）成本费用比率下降 2 个百分点。
5）在零售银行领域的监管压力测试中表现优异。
该银行的数据驱动实现过程见表 9-2。

表 9-2　该银行数据驱动实现过程

过　　程	说　　明
建立数据平台和治理机制	构建数据平台与治理机制，将遍布各个业务条线的数据进行整合
聚合数据	1）客户数据：交易记录、理财情况、人口统计学等。 2）风险数据：贷款逾期、担保品价值变化等。 3）营销数据：活动效果、营销成本等。 4）渠道数据：网点客流、网银使用等
利用数据分析洞察见解	采用机器学习等分析方法，从海量数据中发现客户行为模式、风险隐患、营销规律等见解。 1）建立客户分层模型，精准识别目标客户群。 2）利用行为轨迹分析，预测客户流失风险。 3）构建风险评分卡，优化风险定价。 4）通过多因子分析，优化营销投放策略等
数据分析成果应用	1）建立客户分层模型，精准识别目标客户群。 2）利用行为轨迹分析，预测客户流失风险。 3）构建风险评分卡，优化风险定价。 4）通过多因子分析，优化营销投放策略等

在这个落地过程中，遇到了诸多难点，具体如下：
1）跨部门数据整合，需统一格式标准。
2）确保数据质量，处理缺失和异常值。
3）部署新模型需系统改造，成本较高。
4）人员培训，高级数据人才较缺乏。
5）保护数据隐私安全，严格权限管控。

通过持续两年的实践和优化，该银行已基本实现数据化经营，在客户营销、风险管理、运营优化等领域受益良多，进一步增强了可持续发展能力。

而通过分析，我们发现在银行经营管理与决策中，数据的应用能够显著改善效果，其原因主要有以下几点：

1）数据为银行管理层和决策者提供了客观的事实依据，使其能够做出基于数据和证据的决策。通过数据分析，银行能够深入了解客户行为、市场趋势、业务绩效等方面的真实情况，而非仅仅依靠主观猜测或经验判断。

2）数据分析帮助银行发现隐藏在数据中的模式、趋势和关联性，从而提供宝贵的洞察。通过深入挖掘数据，银行可以获得对客户需求、产品偏好、风险趋势等方面的深刻理解。这种洞察使银行能够更好地了解客户，为其提供个性化的产品和服务，并进行业务发展的预测和规划。

3）数据分析在风险管理方面发挥着积极作用。银行借助数据的监测和分析，能够及时发现潜在的风险和违规行为，并采取相应措施进行管理和防范。数据驱动的风险管理使银行能够提高风险识别和应对能力，确保业务的稳健运行。

4）数据分析对于银行的业务预测和规划也具备重要意义。通过利用历史数据和预测模型，银行能够准确预测市场需求、财务绩效、风险趋势等关键指标，为战略决策和资源分配提供有力支持。基于数据的预测和规划能够提高银行的决策准确性和业务响应能力，使其在市场中保持竞争优势。

5）数据分析还能够实现银行业务的实时监控与反馈。通过实时数据的收集和监控系统的建立，银行能够全面掌握业务的动态，及时发现问题和异常情况，并采取相应的行动进行调整和改进。实时监控与反馈能够提高银行的决策速度和灵活性，确保业务的稳健运行。

综上所述，数据在改善银行的经营管理与决策效果方面发挥着至关重要的作用。它们为银行提供客观事实依据、带来洞察发现、支持风险管理、实现个性化服务、促进业务预测与规划，并实现实时监控与反馈。银行管理者们应充分利用数据的力量，智慧地应用科技，引领银行走向成功之路。

9.2 银行网点选址案例

【学习目标】

1）了解案例背景。
2）学习网点选址中的数据类型。
3）学习网点效能评估模型。
4）学习网点营销潜力模型。
5）学习网点选址模型。
6）了解选址分析结果如何产生。

9.2.1 案例背景

随着市场环境的转变、金融行业数字化改革加速度，银行网点选址规划面临新的挑战。在新形势下，各家银行对网点的撤并、拓新、运营等方向不断探索，建设智慧型银行、构建新一轮的智慧网点选址战略与实施规划，成为银行数字化转型的重要阵地。

据统计，2021 年—2023 年，金融机构陆续改造了近 4 万个营业网点，这也充分印证了各家金融机构更为关注的是物理渠道的科学布局和对现有渠道的调整，更加重视对实体网点的优化升级，以"网点转型"推动网点功能由核算交易型向营销服务型转变。

由此可见，银行网点选址考虑因素不单是从网点布局数量出发，更多是结合实际业务，往轻型化、智能化、特色化、社区化发展。目前某银行在实际网点选址过程中会遇到以下问题：

1）网点选址盲目：片面追求网点数量，忽略了网点布局的覆盖范围和经济效益，造成大量网点盲目建设，增加银行的运营成本。
2）网点布局不均衡：发达地区网点分布密集（特别是城镇繁华地段），偏远地区网点分布稀疏。
3）脱离客户需求：网点按照通用的模式和标准，根据行政区划进行注册设置网点，按照上级统一规定，未针对当地的实际客户需求、经济发展水平进行调整，造成客户资源被其他银行抢夺，以及成本上升。

所以业务部门希望数据分析支持部门能够利用数据分析方法来驱动银行网点选址决策的精准度提升，并降低决策的风险。同时，他们也希望构建一个标准的网点评价体系，以对网点的效能进行评估并发挥相关作用。

因为网点选型是一套较复杂的多因子分析问题，本案例采用的基础数据分析方法包括描述统计、数据挖掘、预测分析，在此基础上，构建了网点效能评估模型、网点营销模型、网点选址模型等三大分析模型，总体流程如图9-3所示。

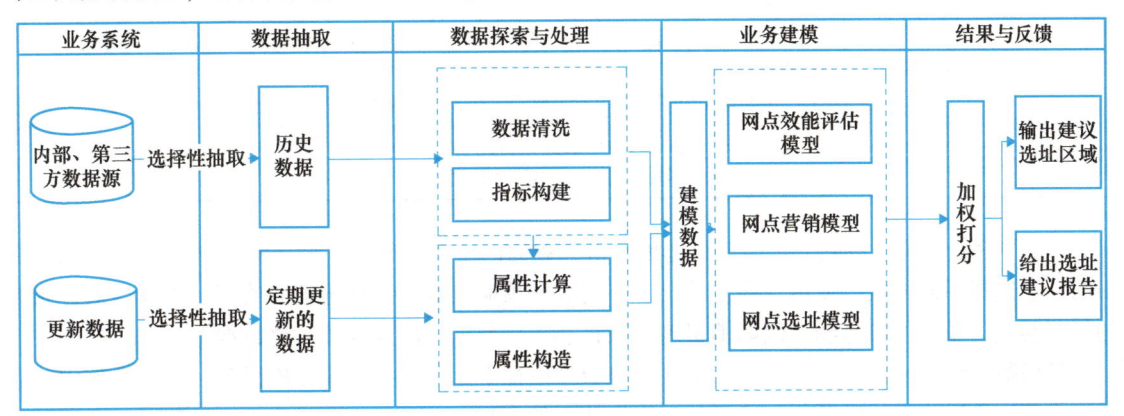

图 9-3　某银行网点选址数据分析流程

银行网点选址建模过程主要包含以下步骤：

1) 从数据源中选择性抽取历史数据与每天定时抽取数据。
2) 对抽取的数据进行周期性分析以及数据清洗、数据变换等操作后，形成建模数据。
3) 采用网点效能评估模型、网点营销模型、网点选址模型对建模数据进行模型的构建，利用模型分析网点数据。
4) 应用效果评估数据，经加权分析后，输出建议选址区域并给出选址建议报告。

9.2.2　网点选址中的数据类型

在本案例中，需要通过多个数据分析模型，对多个因子进行评价，是一个典型的多因子分析模型。这种模型需要收集和分析相关关键数据，具体见表9-3。

表 9-3　多因子分析模型相关关键数据

数据类型	内容和作用
人口数据	主要内容包括：目标区域的总人口数量、人口年龄结构分布、人口收入水平分布和学历分布、职业密度分布图等。 主要作用包括：评估存贷款能力、网点预期收益、潜力评估
网点详细数据	主要内容包括：已设立的网点地理位置、每个网点的服务覆盖半径以及每个网点的客户规模。 主要作用包括：竞争对手分析、潜在客户数量分析、网点布局优化

(续)

数据类型	内容和作用
消费潜力数据	主要内容包括：目标区域的消费能力指数、主要商圈和消费热点区域、居民消费习惯和偏好、楼盘价值等。 主要作用包括：消费潜力、客户价值、贷款预期数量、客户收入水平等
地理信息数据	主要内容包括：道路交通网络分布、公共交通设施分布（如地铁站等）、社区/居民区分布、商业综合体分布、核心路口数量等。 主要作用包括：区域客户密度、网点距离计算、客户预期流量计算等
竞争对手数据	主要内容包括：竞争银行网点分布，竞争银行业务覆盖情况，竞争银行客流量，业务完成情况等。 主要作用包括：竞争对手调研、竞争水平分析、竟对流量情况等
网点历史效益数据	主要内容包括：距离相近网点的存款、贷款情况、利润率、收益等。 主要的作用包括：网点效能评估预测等

从表9-3我们可以看到，对于银行选址来讲，数据因子属性较多，而银行在选址过程中的目标不同，会选择不同的数据使用。通常情况下，网点的预期效益是银行选址的关键，所以与效益相关的指标会成为重点的参考物，例如消费潜力数据、人口数据、网点效益对比数据等。

任何数据都有来源，对于银行来讲，自身数据往往不足以支撑某些分析任务。在本案例中，需要引入第三方数据源辅助分析，主要数据来源体系见表9-4。

表9-4 第三方数据来源体系

数 据 源	承担数据内容
电信运营商、地图类互联网、App类公司合作	人口数据、消费潜力数据、网点分布数据、地理信息数据等
内部	网点历史收益数据、竞争对手数据、自有客户人口数据等
其他渠道	竞争对手数据、地区GDP数据、商圈数据、发展数据等

电信运营商和地图类互联网公司是重要的第三方数据渠道。在合作的过程中，需要注意数据安全与数据合规，防范数据接入风险。所以在本项目中，数据直接由总行采购最大限度降低数据的使用成本与风险。

9.2.3 网点效能评估模型

网点效能评估模型是网点选址的关键分析模型，用来评估与预测选定网点的预期效益。有了这个模型，就可以针对不同选址决策进行效果预测。

1. 网点效能评估模型的核心思路

效能评估体系主要是对银行现有网点的经济效益和社会效益进行评估，从而为银行网点在转型期间的经营管理模式创新、产品选择、营销方式提供参考。通过对现有网点进行效能评估，有利于充分利用银行现有资源评估网点效益以及预期的收益。用于后续网点选址的评估与分析。本项目中的核心思路如下：

1）确定评估指标。首先，需要确定一组评估指标，用于衡量网点的效能。这些指标应该能够反映网点的业务绩效、服务质量和客户满意度等方面。常见的评估指标包括网点收入、客户增长率、客户满意度调查结果、交易量、服务响应时间等。

2）收集数据。收集和整理与评估指标相关的数据。这可以包括网点的业绩数据、客户反馈数据、交易记录等。确保数据的准确性和完整性非常重要，因此可以利用数据库、CRM 系统、调查问卷等手段获取数据。

3）数据预处理。对收集到的数据进行预处理，包括数据清洗、数据转换和数据归一化等步骤。清洗数据可以删除异常值、缺失值等，确保数据的质量。数据转换可以将原始数据转换为可用于评估的形式，例如计算比率、指标归一化等。

4）建立评估模型。根据所选的评估指标和预处理后的数据，建立网点效能评估模型。可以采用统计分析方法、机器学习模型或多指标决策方法等来构建模型。例如，可以使用回归分析来建立收入与客户增长率之间的关系模型，或使用聚类分析来识别不同网点的绩效类别。

5）模型验证和调整。对建立的评估模型进行验证和调整。可以使用历史数据进行模型验证，比较模型的预测结果与实际结果的差异。根据验证结果，对模型进行调整和优化，以提高模型的准确性和可靠性。

6）应用和解释。将建立的评估模型应用于实际的网点效能评估中。根据模型的输出结果，对不同网点进行排名和比较，识别出绩效较好和较差的网点，并提供解释和建议。这些解释和建议可以用于改善网点的业务运营、优化资源配置和制定激励措施等。

7）持续改进。评估模型是一个持续改进的过程。根据实际应用中的反馈和经验，不断优化和完善评估模型，以适应不断变化的业务环境和需求。

综上所述，构建网点效能评估模型的核心思路包括确定评估指标、收集数据、数据预处理、建立评估模型、模型验证和调整、应用和解释，以及持续改进。这个过程需要综合运用统计分析、机器学习和决策方法，以确保评估模型的准确性和实用性。

2. 网点效能评估模型指标体系

在本案例中，相关部门结合当地实际和网点历史数据，并且考察了解营业网点具体情况以及行业标准，从网点的经济效益、品牌效益、社会效益三个方向，建立适合本地银行营业网点效能评估的指标体系。网点效能评估模型指标体系见表 9-5。

表 9-5 网点效能评估模型指标体系

效能评估指标（权重）	二级指标（权重）	三级指标（权重）	指标得分
社会效益（0.1）	服务人口（0.6）	服务人口数量和人口结构、购买力水平等	服务人口数量和人口结构、购买力水平高（1） 服务人口数量和人口结构、购买力水平中（0.5） 服务人口数量和人口结构、购买力水平低（0.1）
	便民情况（0.4）	交通地理位置、周边设施	交通地理位置、周边设施便利（1） 交通地理位置、周边设施不便利（0）

(续)

效能评估指标（权重）	二级指标（权重）	三级指标（权重）	指标得分
品牌效益（0.2）	形象影响力（0.5）	网点形象、品牌影响力水平	网点形象、品牌影响力水平高（1） 网点形象、品牌影响力水平低（0）
	品牌曝光情况（0.5）	日均覆盖人口数（0.6）	日均覆盖人口数高（1） 日均覆盖人口数中（0.5） 日均覆盖人口数低（0.2）
		日均进点人数（0.4）	日均进点人数高（1） 日均进点人数中（0.5） 日均进点人数低（0.2）
经济效益（0.7）	对企业发展的贡献（0.3）	网点营业利润率（0.4）	网点营业利润率高（1） 网点营业利润率中（0.5） 网点营业利润率低（0.2）
		网点收入规模（0.4）	网点收入规模高（1） 网点收入规模中（0.5） 网点收入规模低（0.2）
		投资回报率（0.2）	投资回报率高（1） 投资回报率中（0.5） 投资回报率低（0.2）
	经济收益（0.4）	网点营业成本：用地成本、运营成本、人工成本等（0.6）	网点营业成本高（0） 网点营业成本中（0.5） 网点营业成本低（1）
		人均产值（0.4）	人均产值高（1） 人均产值中（0.5） 人均产值低（0）
	行业竞争力（0.3）	当地市场占有率情况（0.8）	当地市场占有率高（1） 当地市场占有率中（0.5） 当地市场占有率低（0.1）
		金融业务竞争对手情况（0.2）	竞争对手情况高（0.1） 竞争对手情况中（0.5） 竞争对手情况低（1）

其中，效能评估指标、二级指标、三级指标等，均包含了权重设计，通过权重设计调整因子贡献得分。具体的权重分配结合具体选址网点会有调整。

3. 网点效能评估指标数据采集与处理

想要建立适合本地银行营业网点效能评估的指标体系，需要对数据进行采集与收集，具体包括软件系统采集与人工采集两种方式。经过收集，我们获取到网点相关数据后，进行数据清洗工作，包括替换缺失值、噪声数据清洗、数据整合、归一化等。根据属性与指标权重设计的维度，完成数据清洗与计算。珠江路8号选址效能打分见表9-6。

表 9-6 珠江路 8 号选址效能打分

效能评估指标（权重）	二级指标（权重）	三级指标（权重）	指标得分	打 分
社会效益（0.1）	服务人口（0.6）	服务人口数量和人口结构、购买力水平等	服务人口数量和人口结构、购买力水平高(1) 服务人口数量和人口结构、购买力水平中(0.5) 服务人口数量和人口结构、购买力水平低(0.1)	服务人口数量和人口结构、购买力水平中
	便民情况（0.4）	交通地理位置、周边设施	交通地理位置、周边设施便利（1） 交通地理位置、周边设施不便利（0）	交通地理位置、周边设施便利
品牌效益（0.2）	形象影响力（0.5）	网点形象、品牌影响力水平	网点形象、品牌影响力水平高（1） 网点形象、品牌影响力水平中（0.5） 网点形象、品牌影响力水平低（0）	网点形象、品牌影响力水平中
	品牌曝光情况（0.5）	日均覆盖人口数（0.6）	日均覆盖人口数高（1） 日均覆盖人口数中（0.5） 日均覆盖人口数低（0.2）	日均覆盖人口数中
		日均进点人数（0.4）	日均进点人数高（1） 日均进点人数中（0.5） 日均进点人数低（0.2）	日均进点人数中
经济效益（0.7）	对企业发展的贡献（0.3）	网点营业利润率（0.4）	网点营业利润率高（1） 网点营业利润率中（0.5） 网点营业利润率低（0.2）	网点营业利润率高
		网点收入规模（0.4）	网点收入规模高（1） 网点收入规模中（0.5） 网点收入规模低（0.2）	网点收入规模高
		投资回报率（0.2）	投资回报率高（1） 投资回报率中（0.5） 投资回报率低（0.2）	投资回报率中
	经济收益（0.4）	网点营业成本：用地成本、运营成本、人工成本等（0.6）	网点营业成本高（0） 网点营业成本中（0.5） 网点营业成本低（1）	网点营业成本高
		人均产值（0.4）	人均产值高（1） 人均产值中（0.5） 人均产值低（0）	人均产值中
	行业竞争力（0.3）	当地市场占有率情况（0.8）	当地市场占有率高（1） 当地市场占有率中（0.5） 当地市场占有率低（0.1）	当地市场占有率中
		金融业务竞争对手情况（0.2）	竞争对手情况高（0.1） 竞争对手情况中（0.5） 竞争对手情况低（1）	竞争对手情况中

经过以上表格计算，珠江路 8 号网点效能评估的加权打分结果为：

社会效益得分 = 服务人口数量和人口结构、购买力水平中×0.6+交通地理位置、周边设施便利×0.4 = 0.5×0.6+1×0.4 = 0.7

品牌效益得分 = 网点形象、品牌影响力水平中×0.5+(日均覆盖人口数中×0.6+日均进点人数中×0.4)×0.5 = 0.5×0.5+(0.5×0.6+0.5×0.4)×0.5 = 0.25+0.25 = 0.5

经济效益得分 = (网点营业利润率高×0.4+网点收入规模高×0.4+投资回报率中×0.2)×0.3+(网点营业成本高×0.6+人均产值中×0.4)×0.4+(当地市场占有率中×0.8+竞争对手情况中×0.2)×0.3 = (1×0.4+1×0.4+0.5×0.2)×0.3+(0×0.6+0.5×0.4)×0.4+(0.5×0.8+0.5×0.2)×0.3 = 0.27+0.08+0.15 = 0.5

综合得分 = 社会效益得分×0.1+品牌效益得分×0.2+经济效益得分×0.7

选址网点 A 效能评估的加权打分总和为：0.7+0.5+0.5 = 1.7 分，以此类推，可以对其他选址完成打分预测，进行网点效能评估。

4. 专家评估

为了得到更准确的网点效能评估模型，需要邀请相关专家为网点效能进行人工打分。在本次案例中，我们选取了三位专家，设计了与数据指标同样的打分表，由相关专家打分，最后形成网点效能打分表，见表 9-7。

表 9-7 网点效能打分表

网　　点	社会效益得分	品牌效益得分	经济效益得分
珠江路 8 号	0.65	0.5	0.65
长江路 5 号	0.66	0.4	0.66
闽江路 18 号	0.63	0.3	0.63
长安路 14 号	0.67	0.1	0.67
车户路 8 号	0.68	0.5	0.68
安苏路 5 号	0.69	0.1	0.69

与数据分析得到的指标求平均值，最终矫正完成后，就可以获取每个网点的效能评估结果。

9.2.4 网点营销潜力模型

因为网点环境在不断地变化，所以投资建设网点不只要考虑当前情况，更要考虑未来的收益增长预期，进而实现投资价值的最大化。网点营销潜力模型是网点选址的关键分析模型，用来评估与预测一个网点的营销潜力。通过营销潜力模型，可以预测网点未来营销的价值与增长预期。

1. 网点营销潜力模型的核心思路

网点营销潜力体系主要是对银行现有网点的营销潜力进行评估，从而为银行网点未来预期收益提供依据。本案例中，我们主要使用人口和家庭状况，交通地理情况等维度构建模型。核心思路如下：

1）确定目标变量。首先，需要确定一个目标变量，用于衡量网点的营销潜力。这个目标变量可以是网点的销售额、利润、客户增长率等。确保目标变量与网点的营销绩效直接相关。

2）收集数据。收集与网点营销潜力相关的数据。这可以包括网点的销售数据、客户数据、市场数据等。确保数据的准确性和完整性非常重要，可以通过内部系统、市场调研、第三方数据提供商等途径获取数据。

3）数据预处理。对收集到的数据进行预处理，包括数据清洗、数据转换和数据归一化等步骤。清洗数据可以删除异常值、缺失值等，确保数据的质量。数据转换可以将原始数据转换为可用于建模的形式，例如计算比率、指标归一化等。

4）特征选择。从收集到的数据中选择与网点营销潜力相关的特征。这可以通过统计分析、相关性分析、特征重要性评估等方法来确定。选择那些对目标变量有较大影响的特征，以提高模型的预测准确性。

5）建立预测模型。根据所选的特征和预处理后的数据，建立银行网点营销潜力预测模型。可以采用回归分析、决策树、神经网络等机器学习算法来构建模型。根据数据的特点和需求选择适合的模型。

6）模型训练和验证。使用历史数据对建立的预测模型进行训练和验证。将数据集划分为训练集和测试集，使用训练集对模型进行训练，然后使用测试集评估模型的预测性能。根据模型的预测结果和实际结果的差异，对模型进行调整和优化。

7）应用和解释。将建立的预测模型应用于实际的网点营销潜力评估中。根据模型的输出结果，对不同网点的营销潜力进行预测和排名，识别出潜力较高的网点，并提供解释和建议。这些解释和建议可以用于制定针对性的营销策略和资源分配计划。

8）持续改进。预测模型是一个持续改进的过程。根据实际应用中的反馈和经验，不断优化和完善预测模型，以适应变化的市场环境和需求。

综上所述，构建银行网点营销潜力模型的核心思路包括确定目标变量、收集数据、数据预处理、特征选择、建立预测模型、模型训练和验证、应用和解释，以及持续改进。通过综合运用统计分析和机器学习方法，可以提高银行对网点营销潜力的预测能力，从而优化营销策略和提升业绩。

2. 网点营销潜力模型指标体系

在网点营销潜力模型中，应结合当地实际情况，考查了解营业网点具体情况，将网点选址指标权重作为参考，根据网点所处地段交通地理情况、人口和家庭状况，建立适合本地银行营业网点营销潜力评估的指标体系。网点营销潜力模型指标体系见表9-8。

表9-8 网点营销潜力模型指标体系

潜力评估指标（权重）	二级指标（权重）	三级指标（权重）
交通地理情况（0.4）	地理位置（0.2）	是否临街（0.3） 十字路口（0.3） 三岔路口公交（0.4）
	公交地铁情况（0.2）	地铁站牌数量（0.5） 公交、地铁线路（0.5）
	停车场数量与规模（0.2）	停车场数量>3（1） 3≥停车场数量>1（0.5） 停车场数量=1（0.1） 停车场数量=0（0）
	上下班路线（0.2）	是上下班路线（1） 不是上下班路线（0）

(续)

潜力评估指标（权重）	二级指标（权重）	三级指标（权重）
交通地理情况 （0.4）	高峰时段人流量（0.1） 高峰时段车流量（0.1）	高（1） 中（0.5） 低（0.5） 高（1） 中（0.5） 低（0.5）
人口和家庭状况 （0.6）	常住人口数量（0.1） 家庭户数（0.1）	人口数量高（1） 人口中（0.5） 人口低（0.1） 家庭户数高（1） 家庭户数中（0.5） 家庭户数低（0.1） 人口密集区（1） 人口中常区（0.5） 人口稀疏区（0.1）
	人口年龄结构（0.2） 文化程度分布（0.2）	年轻型（0.1） 成年型（0.5） 老年型（1） 小学（0.1） 初中（0.2） 高中（0.4） 大专（0.6） 本科（0.8） 硕士及以上（1）
	家庭人均年收入和购买力 （0.3）	5000 以下（0.2） (5000,10000]（0.5） (10000,20000]（0.8） 20000 以上（1）

其中，潜力评估指标、二级指标、三级指标等均包括了权重设计，通过权重设计调整因子贡献得分。具体的权重分配，结合具体选址网点会有调整。

3. 网点营销潜力指标数据采集与处理

本案例中，根据属性与指标权重设计的维度，完成数据清洗与计算。形成了网点营销潜力指标初步打分数据，见表9-9。

表 9-9　珠江路 8 号营销潜力指标初步打分数据

效能评估指标（权重）	二级指标（权重）	三级指标（权重）	数　据	打　分
交通地理情况（0.4）	地理位置（0.2）	是否临街（0.3） 十字路口（0.3） 三岔路口公交（0.4）	临街 十字路口	0.6
	公交地铁情况（0.2）	地铁站牌数量（0.5） 公交、地铁线路（0.5）	地铁站牌数量 4 公交、地铁线路 6	4×0.5+0.5×6=0.5
	停车场数量与规模（0.2）	停车场数量>3（1） 3≥停车场数量>1（0.5） 停车场数量=1（0.1） 停车场数量=0（0）	停车场数量 = 2	0.5
	上下班路线（0.2）	是上下班路线（1） 不是上下班路线（0）	是上下班路线	1
	高峰时段人流量（0.1）	高（1） 中（0.5） 低（0.5）	中	0.5
	高峰时段车流量（0.1）	高（1） 中（0.5） 低（0.5）	中	0.5
人口和家庭状况（0.6）	常住人口数量（0.1） 家庭户数（0.1）	人口数量高（1） 人口中（0.5） 人口低（0.1）	人口中	0.5
		家庭户数高（1） 家庭户数中（0.5） 家庭户数低（0.1）	家庭户数中	0.5
		人口密集区（1） 人口中常区（0.5） 人口稀疏区（0.1）	人口中常区	0.5
	人口年龄结构（0.2） 文化程度分布（0.2）	年轻型（0.1） 成年型（0.5） 老年型（1）	成年型	0.5
	家庭人均年收入和购买力（0.3）	小学（0.1） 初中（0.2） 高中（0.4） 大专（0.6） 本科（0.8） 硕士及以上（1）	本科	0.8
		5000 以下（0.2） [5000,10000)（0.5） [10000,20000)（0.8） 20000 以上（1）	[10000,20000)	0.8

经过以上表格计算，网点 A 的营销潜能的加权打分结果为：

交通地理情况得分＝地理位置得分×0.2+公交地铁情况×0.2+停车场数量与规模得分×0.2+上下班路线得分×0.2+高峰时段人流量得分×0.1+高峰时段车流量得分×0.1 = 0.12+0.1+0.1+0.2+0.05+0.05 = 0.62。

人口和家庭状况得分 = 常住人口数量×0.1+家庭户数×0.1+人口密度×0.1+人口年龄结构×0.2+文化程度分布×0.2+家庭人均年收入和购买力×0.3 = 0.05+0.05+0.05+0.1+0.16+0.24 = 0.65。

网点 A 的营销潜能的加权打分总和为：0.62×0.4+0.65×0.6 = 0.638。

4. 专家评估

为了得到更准确的网点营销潜力评估模型，需要邀请相关专家为网点营销潜力进行人工打分，本次案例中，我们选址了 5 位专家，设计了与数据指标同样的打分表，由相关专家打分，最后形成网点效能打分表，见表 9-10。

表 9-10　网点效能打分表

网　点	交通地理情况	人口和家庭状况
珠江路 8 号	0.65	0.5
长江路 5 号	0.66	0.4
闽江路 18 号	0.63	0.3
长安路 14 号	0.67	0.1
车户路 8 号	0.68	0.5
安苏路 5 号	0.69	0.1

与数据分析得到的指标求平均值，最终矫正完成后，获取了每个网点的网点营销潜力评估结果。

9.2.5　网点选址模型

网点选址模型是网点选址的关键分析模型。在本案例中，我们将整体的步骤分为四个关键环节，包括信息调研、数据分析、候选网点地址比较和网点建后跟踪评价。

1. 网点选址模型的核心思路

营业网点是银行的核心资源和重要展示平台，在当前企业转型发展的背景下，传统网络优势正在逐步退化，因此应以市场为基础，满足客户多元化需求，寻求网点转型的效益发展道路，成为网点选址的重中之重。随着线上线下流量的打通，用户逐渐减少了线下办业务的需求，到点率逐渐下降，土地成本增加，人员成本增加，以数据分析驱动选址，成为新一代银行选址体系的核心。构建网点选址模型的核心思路如下：

1）确定目标：首先，需要明确网点选址模型的目标。可以是最大化销售额、最大化利润、最大化市场份额或最大化客户满意度等。明确目标有助于确定模型的评估标准和优化策略。

2）收集相关数据：收集与网点选址相关的数据。这些数据可以包括人口普查数据、经济数据、消费者行为数据、竞争对手数据等。确保数据的准确性和完整性非常重要，可以通过市场调研、数据提供商、政府机构等途径获取数据。

3）数据预处理：对收集到的数据进行预处理，包括数据清洗、数据转换和数据归一化等步骤。清洗数据可以删除异常值、缺失值等，确保数据的质量。数据转换可以将原始数据转换为可用于建模的形式，例如计算密度、指标归一化等。

4）确定影响因素：根据选址的特点和目标，确定影响网点选址的关键因素。这些因素可以包括人口密度、竞争对手数量、消费能力、交通便利性等。根据实际情况和需求选择适当的因素。

5）建立模型：根据确定的影响因素和预处理后的数据，建立网点选址模型。可以采用多种方法，如地理信息系统（GIS）、空间分析方法、机器学习算法等。根据数据的特点和需求选择适合的模型。

6）模型验证和调整：对建立的选址模型进行验证和调整。使用历史数据或模拟数据进行模型验证，比较模型预测结果与实际结果的差异。根据验证结果，对模型进行调整和优化，以提高模型的准确性和可靠性。

7）应用和解释：将建立的选址模型应用于实际的网点选址决策中。根据模型的输出结果，评估不同选址候选地点的优劣，选择最合适的网点位置。同时，对模型的结果进行解释，提供决策支持和理由。

8）持续优化：选址模型是一个持续优化的过程。根据实际应用中的反馈和经验，不断改进和完善选址模型，以适应变化的市场环境和需求。

综上所述，构建网点选址模型的核心思路包括确定目标、收集数据、数据预处理、确定影响因素、建立模型、模型验证和调整、应用和解释，以及持续优化。通过综合应用地理信息和数据分析技术，可以提高网点选址决策的科学性和准确性，从而优化网点布局和提升业绩。

2. 网点选址模型指标体系

本案例中，相关部门结合当地实际，考察了解营业网点具体情况，以网点选址指标权重作为参考，对网点所处地段的用地成本、交通地理情况、人口家庭状况、周边配套设施、外部竞争环境及当地政策和规划进行评估，建立适合本地银行营业网点选址的指标体系。具体指标说明见表 9-11。

表 9-11 网点选址模型指标体系

营业网点选址指标（权重）	指标子类（权重）	指标内容（权重）
业务发展潜力（0.2）		未来 3~5 年预期收入
用地成本（0.1）	自有住房	自有住房（1）
	租赁、购买	土地交易价格水平（0.2） 房产交易价格水平（0.2） 商铺租金（0.2） 可建面积（0.2） 广告位情况（0.2）

(续)

营业网点选址指标（权重）	指标子类（权重）	指标内容（权重）
交通地理情况（0.2）	地理位置（0.2）	是否临街（0.3） 十字路口（0.3） 三岔路口公交（0.4）
	公交地铁情况（0.2）	地铁站牌数量（0.5） 公交、地铁线路（0.5）
	停车场数量与规模（0.2）	停车场数量>3（1） 3≥停车场数量>1（0.5） 停车场数量−1（0.1） 停车场数量=0（0）
	上下班路线（0.2）	是上下班路线（1） 不是上下班路线（0）
	高峰时段人流量（0.1）	高（1） 中（0.5） 低（0.5）
	高峰时段车流量（0.1）	高（1） 中（0.5） 低（0.5）
人口和家庭状况（0.15）	常住人口数量（0.1）	人口数量高（1） 人口中（0.5） 人口低（0.1）
	家庭户数（0.1）	家庭户数高（1） 家庭户数中（0.5） 家庭户数低（0.1）
	人口密度（0.1）	人口密集区（1） 人口中常区（0.5） 人口稀疏区（0.1）
	人口年龄结构（0.2）	年轻型（0.1） 成年型（0.5） 老年型（1）
	文化程度分布（0.2）	小学（0.1） 初中（0.2） 高中（0.4） 大专（0.6） 本科（0.8） 硕士及以上（1）
	家庭人均年收入和购买力（0.3）	5000以下（0.2） [5000,10000)（0.5） [10000,20000)（0.8） 20000以上（1）

（续)

营业网点选址指标（权重）	指标子类（权重）	指标内容（权重）
周边配套设施 （0.15）	政府机构（0.2）	有（1） 无（0）
	企业、工厂（0.2）	企业、工厂数量=0（0） ≤1 企业、工厂数量<5（0.2） ≤5 企业、工厂数量<10（0.8） 10 企业、工厂数量≥10（1）
	学校（0.2）	学校数量=0（0） ≤1 企业、工厂数量<3（0.5） ≤3 企业、工厂数量<5（1）
	百货商场、超市（0.2）	百货商场、超市=0（0） ≤1 百货商场、超市<3（0.8） ≤3 百货商场、超市<5（1）
	写字楼数量（0.2）	写字楼数量=0（0） ≤1 写字楼数量<3（0.5） ≤3 写字楼数量<5（1）
外部竞争环境 （0.1）	附近同类行业网点分布 （0.4）	竞争对手数量=0（1） 3>竞争对手数量≥1（0.5） 5>竞争对手数量≥3（0.2） 竞争对手数量≥5（0）
	附近同类行业网点收益 （0.6）	竞争对手收益高（1） 竞争对手收益中等（0.5） 竞争对手收益差（0.1）
地方政策和规划 （0.1）	是否符合当地政策和 发展规划	符合（1） 不符合（0）

其中，营业网点选址指标等，均包括了权重设计，通过权重设计调整因子贡献得分。具体的权重分配，应结合具体选址网点会有调整。

3. 网点选址指标数据采集与处理

本案例中，为建立适合本地银行营业网点选址的指标体系，需要对数据进行采集与收集。

1) 内部调研。使用访谈法和问卷调查法，调查银行高层。搞清楚银行战略，选址目的，网点类型，区域选择，网点选址投入资金，网点大小等。

2) 外部调研。选址区域辐射地周边的分布图、地理位置交通，包括企业、政府事业机关、商圈、写字楼、社区、人口数量、人口流量，目标客户收入等。

3) 竞争调研。对该区域所有竞争银行的网点统计，再加上主要竞争对手网点的业务数据，包括客户流量、业务量统计等。

经过采集与收集，我们获取到网点相关数据后，进行相关的数据清洗工作，包括替换缺失值等。根据属性与指标权重设计的维度，完成数据清洗与计算。形成了如下珠江路 8 号在选址 A 方案的初步打分数据，见表9-12。

表9-12　珠江路8号选址A方案的初步打分数据

营业网点选址指标（权重）	指标子类（权重）	指标内容（权重）	数　据	得　分
业务发展潜力（0.2）		营销潜力打分	2亿/年	1
用地成本（0.1）	自有住房	自有住房（1）	自有住房	1
	租赁、购头	土地交易价格水平（0.2） 房产交易价格水平（0.2） 商铺租金（0.2） 可建面积（0.2） 广告位情况（0.2）		
交通地理情况（0.2）	地理位置（0.2）	是否临街（0.3） 十字路口（0.3） 三岔路口公交（0.4）	临街 十字路口	0.6
	公交地铁情况（0.2）	地铁站牌数量（0.5） 公交、地铁线路（0.5）	地铁站牌数量4 公交、地铁线路6	4×0.5+0.5×6=0.5
	停车场数量与规模（0.2）	停车场数量>3（1） 3≥停车场数量>1（0.5） 停车场数量=1（0.1） 停车场数量=0（0）	停车场数量=2	0.5
	上下班路线（0.2）	是上下班路线（1） 不是上下班路线（0）	是上下班路线	1
	高峰时段人流量（0.1）	高（1） 中（0.5） 低（0.5）	中	0.5
	高峰时段车流量（0.1）	高（1） 中（0.5） 低（0.5）	中	0.5
人口和家庭状况（0.15）	常住人口数量（0.1）	人口数量高（1） 人口中（0.5） 人口低（0.1）	人口中	0.5
	家庭户数（0.1）	家庭户数高（1） 家庭户数中（0.5） 家庭户数低（0.1）	家庭户数中	0.5
	人口密度（0.1）	人口密集区（1） 人口中常区（0.5） 人口稀疏区（0.1）	人口中常区	0.5
	人口年龄结构（0.2）	年轻型（0.1） 成年型（0.5） 老年型（1）	成年型	0.5

（续）

营业网点选址指标（权重）	指标子类（权重）	指标内容（权重）	数据	得分
人口和家庭状况（0.15）	文化程度分布（0.2）	小学（0.1） 初中（0.2） 高中（0.4） 大专（0.6） 本科（0.8） 硕士及以上（1）	本科	0.8
	家庭人均年收入和购买力（0.3）	5000以下（0.2） [5000,10000)（0.5） [10000,20000)（0.8） 20000以上（1）	[10000,20000)	0.8
周边配套设施（0.15）	政府机构（0.2）	有（1） 无（0）	无	0
	企业、工厂（0.2）	企业、工厂数量为=0（0） 1≤企业、工厂数量<5（0.2） 5≤企业、工厂数量<10（0.8） 企业、工厂数量≥10（1）	企业、工厂数量≥10	1
	学校（0.2）	学校数量=0（0） ≤1学校数量<3（0.5） ≤3学校数量<5（1）	1≤学校数量<3	0.5
	百货商场、超市（0.2）	百货商场、超市=0（0） 1≤百货商场、超市<3（0.8） 3≤百货商场、超市<5（1）	1≤百货商场、超市<3	0.8
	写字楼数量（0.2）	写字楼数量=0（0） 1≤写字楼数量<3（0.5） 3≤写字楼数量<5（1）	3≤写字楼数量<5	1
外部竞争环境（0.1）	附近同类行业网点分布（0.4）	竞争对手数量=0（1） 3>竞争对手数量≥1（0.5） 5>竞争对手数量≥3（0.2） 竞争对手数量≥5（0）	竞争对手数量≥5	0
	附近同类行业网点收益（0.6）	竞争对手收益高（1） 竞争对手收益中等（0.5） 竞争对手收益差（0.1）	竞争对手收益中等	0.5
地方政策和规划（0.1）	是否符合当地政策和发展规划	符合（1） 不符合（0）	符合	1

经过以上表格计算，选址A方案的加权打分结果为：
业务发展潜力得分×0.2+用地成本×0.1+交通地理情况得分×0.2+人口和家庭状况得分×0.15+

周边配套设施×0.15+外部竞争环境得分×0.1+地方政策和规划得分×0.1

其中：业务发展潜力得分为0.20，用地成本得分为0.10。

交通地理情况得分＝地理位置得分×0.2+公交地铁情况×0.2+停车场数量与规模得分×0.2+上下班路线得分×0.2+高峰时段人流量得分×0.1+高峰时段车流量得分×0.1 ＝ 0.12+0.1+0.1+0.2+0.05+0.05＝0.62。

人口和家庭状况得分 ＝ 常住人口数量×0.1+家庭户数×0.1+人口密度×0.1+人口年龄结构×0.2+文化程度分布×0.2+家庭人均年收入和购买力×0.3 ＝ 0.05+0.05+0.05+0.1+0.16+0.24=0.65。

周边配套设施得分 ＝ 政府机构×0.2+企业、工厂×0.2+学校×0.2+百货商场、超市×0.2+写字楼数量×0.2 ＝ 0+0.2+0.1+0.16+0.2 ＝ 0.66。

外部竞争环境得分 ＝ 附近同类行业网点分布×0.4+附近同类行业网点收益×0.6 ＝ 0+0.3 ＝ 0.3。

地方政策和规划得分＝1×0.1=0.1。

选址A方案的加权打分总和为：0.20+0.10+0.62+0.65+0.66+0.30+0.10=2.63。

结合以上的分析结果，在本案例中，对6个选址地进行打分，结果见表9-13。

表9-13　6个选址地得分情况

地　　点	业务发展潜力得分	用地成本得分	交通地理情况得分	人口和家庭状况得分	周边配套设施	外部竞争环境得分	地方政策和规划得分
珠江路8号	0.20	0.10	0.62	0.65	0.66	0.30	0.10
长江路5号	0.10	0.05	0.66	0.51	0.52	0.56	0.00
闽江路18号	0.10	0.10	0.63	0.61	0.51	0.74	0.10
长安路14号	0.30	0.05	0.67	0.62	0.65	0.65	0.00
车户路8号	0.10	0.10	0.68	0.66	0.74	0.68	0.10
安苏路5号	0.20	0.05	0.69	0.67	0.71	0.61	0.10

通过加权，我们可以计算每个候选地的得分。

4. 网点选址数据补充

由于网点能够收集的数据有限，为了更好地进行决策，需要补充数据。各网点基层部门应根据各自网点的具体情况，提供选址资料，并补充选址指标体系的各项指标内容。

5. 专家评估

为确保决策的科学性和公正性，本项目中，各省行将组建专家组。专家委员会主席必须是省行政一把手，或由省行政一把手指定专人担任。专家组成员数量约为10人左右，当出席率达到2/3以上时，决策方可视为有效。

专家组成员将根据各市局提交的完整网点选址指标体系表格，对每个指标进行评估和打分，并提出各自的选址意见。根据民主集中制的原则，由专家委员会主席统一评估结果，并形成最终的专家决策意见。

该意见将包括两个方面的内容：首先，评估该选址地段是否适合建设支行营业网点；其次，如果适合建设网点，指明适合的网点建设类型，例如金融服务网点、品牌展示网点或便民服务网点。此外，根据网点的功能定位，专家组还将提出指导性意见，涉及网点应该开展的业务类型和重点业务发展方向。

这样的专家决策意见将为市局提供重要的参考，以确保选址决策的科学性和合理性，并为未来网点建设和业务发展提供指导。

9.2.6 选址分析结果

根据网点选址模型、网点效能评估模型、网点营销潜力模型三个模型，我们对任意网点即可完成综合评价。选址地总体得分情况见表9-14。

表 9-14 选址地总体得分情况

地 点	网点选址模型得分	网点效能评估得分	网点营销潜力得分
珠江路 8 号	2.6	2.5	0.65
长江路 5 号	2.2	2.05	0.66
闽江路 18 号	2.3	2.1	0.63
长安路 14 号	2.4	2.05	0.67
车户路 8 号	2.1	2.1	0.68
安苏路 5 号	2.2	2.05	0.69

结合以上数据，我们可以采用加权法计算出每个候选网点的综合评分结果，作为选址的辅助依据，也可以将每一种指标独立分析，辅助决策或者形成选址报告。

通过本案例可知，使用数据分析方法，可以将多因子复杂问题进行规范化处理，采用量化的方式完成分析辅助，降低了分析的难度。当然选址指标权重也是较为重要的方法，我们可以通过专家法或者机器学习方法选择参数权重。

9.3 银行智慧网点运营案例

【学习目标】

1) 学习银行智慧网点运营背景。
2) 学习银行智慧网点运营中的数据类型。
3) 学习银行网点智能客流分析。
4) 学习银行网点智能 VIP 用户分析。
5) 学习银行网点智能用户行为检测。

9.3.1 银行智慧网点运营背景

智慧网点是指利用信息技术和物联网等先进技术手段，对传统的网点（如银行、邮局、便利店等）进行智能化改造和升级，以提供更加智能、便捷和个性化的服务。智慧网点通过集成各种智能设备、传感器、无线通信等技术，实现了对网点内部环境、设备、资源的智能监测、管理和控制。同时，智慧网点也与用户之间建立了智能化的互动和连接，提供了更加个性化和全面的服务体验。

随着线下线上流量的一体化趋势明显，对于某大型银行，网点运营的智慧化转型已经迫在眉睫。为此，该行希望引入数据分析技术，提升该行相应网点的数字化能力，具体的流程如图9-4所示。

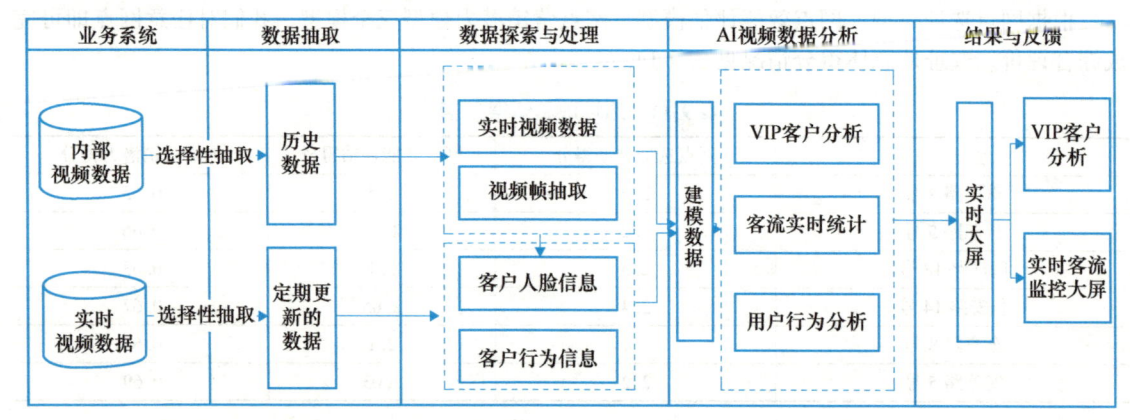

图9-4 某银行智慧网点运营数据分析流程

银行智慧网点运营数据分析过程主要包含以下步骤：
1) 从数据源中选择性抽取视频数据以及每天定时更新。
2) 对抽取的数据进行周期性分析以及数据清洗、数据变换等操作后，形成客户人脸信息、行为信息图像。
3) 采用VIP客户分析模型，客流实时统计模型，用户行为分析模型对建模数据进行模型的构建，利用模型分析客户数据。
4) 将分析结果，输入实时大屏，输出VIP客户的信息与实时客流监控大屏统计数据。

9.3.2 银行智慧网点运营中的数据类型

商业银行建设智慧网点通常需要收集和利用以下几类数据：
1) 客户数据：包括客户基本信息、交易数据、理财数据、贷款数据等，用于客户画像分析、精准营销、产品推荐等。
2) 交易数据：包括各类交易记录、交易金额、交易时间、交易渠道等，用于分析客户交易习惯、网点业务量、高峰时段等。
3) 流量数据：即进出网点的实时客流量数据，包括人流量、人流高峰时段、停留时长等，可分析客户网点体验、优化网点布局等。
4) 设备数据：包括网点内各类自助设备、智能设备的运行数据，如使用率、故障率等，用于设备运维、改进网点智能化程度。

5）网点环境数据：包括网点内温度、湿度、噪音、灯光等环境因素数据，用于调节网点环境、优化客户体验。

6）视频数据：网点内的视频监控数据，用于安全防范、优化服务流程等。

7）地理位置数据：包括网点周边的人口分布、消费习惯等数据，用于新网点选址决策。

8）员工数据：包括员工工作效率、服务质量等数据，用于绩效考核、培训改进等。

以上仅列举了一些常见的数据类型，实际上在银行网点智能运营中，还可以根据具体业务需求和系统架构，涉及更多类型的数据。这些数据通过采集、存储、处理和分析，可以为银行提供决策支持、业务优化和客户服务的智能化解决方案。

9.3.3 银行网点智能客流分析

本项目中，银行网点智能客流分析项目的主要是提升客户体验、提高运营效率、数据驱动决策以及增强安全风控管理。通过引入智能客流分析技术，银行能够更好地满足客户需求，提升竞争力，并在数字化转型的浪潮中保持领先地位。

网点通过收集和分析大量的客流数据，包括客户到访时间、流量峰值、繁忙时段，以及客户的行为轨迹和偏好等。这些数据可以为银行提供决策支持，例如网点选址、业务规划、人员调配等方面，使银行能够更加科学地制定战略和策略。

1. 网点客户运营的相关痛点

传统银行营业厅针对进店客流量、业务办理率等缺乏准确的统计手段，无法量化分析或考核店铺客流运营。

无法对顾客整个办理过程、轨迹、停留时间感知，进而无法针对展厅陈列、动线布局、人员聚集提供数据支撑、实时响应。

2. 网点智能客流分析使用的数据

在本分析模型中，我们使用的数据包括网点出入口监控视频数据，格式为视频。

由于每个网点都存在已经安装的普通摄像头数据，所以直接从摄像头获取即可。在实际安装中，尽量保证拍摄画面清晰、光照充足、人形较正、无遮挡。

3. 网点智能客流分析建成效果

配合楼层平面图与摄像头的位置匹配关系，将客流数据实时导入平面图，可以展示网点不同区域客流的实时数据，如图9-5所示。

客流实时动线如图9-6所示。结合客流轨迹与楼层分布，绘制客户动线，了解客户的流线，进行辅助营销等。

通过可视化大屏，实时展示客流数据，为网点运营提供实时信息。图9-7展示客流量与销售额的关系，图9-8展示了客户的年龄、性别等特征。

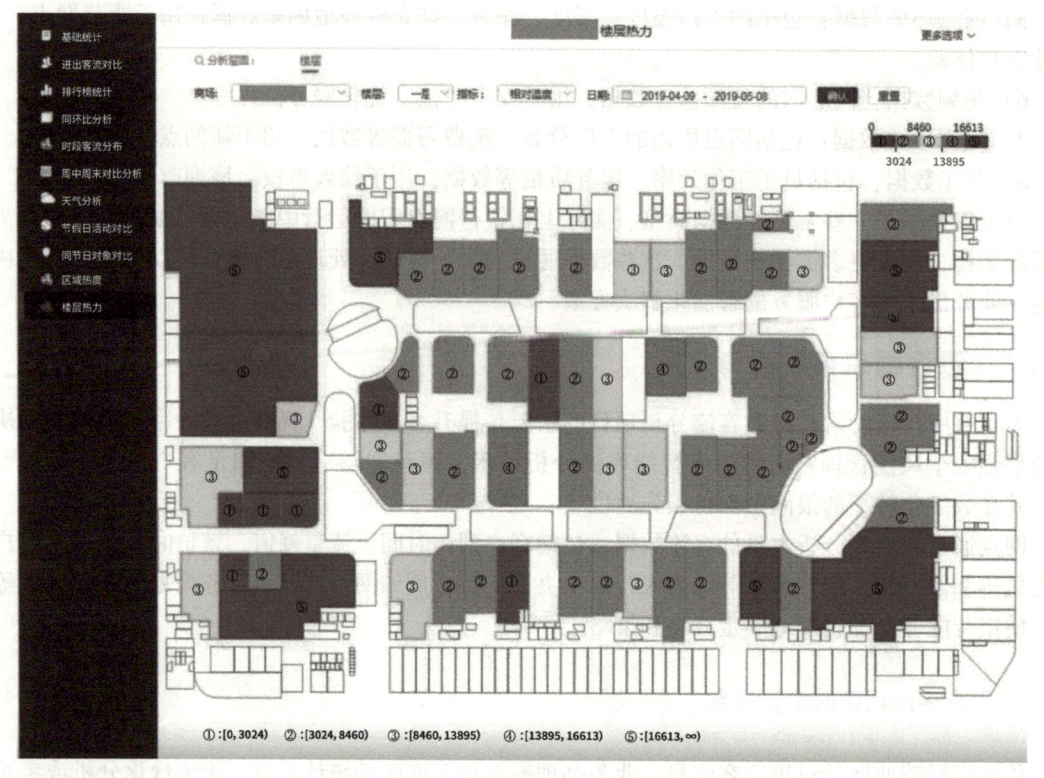

图 9-5　银行网点实时客流监控

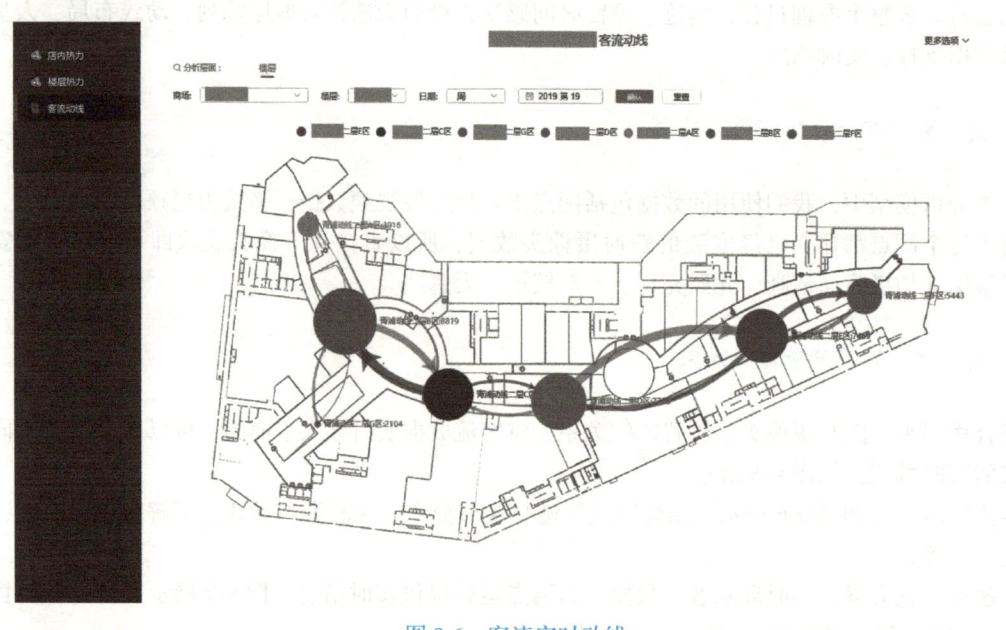

图 9-6　客流实时动线

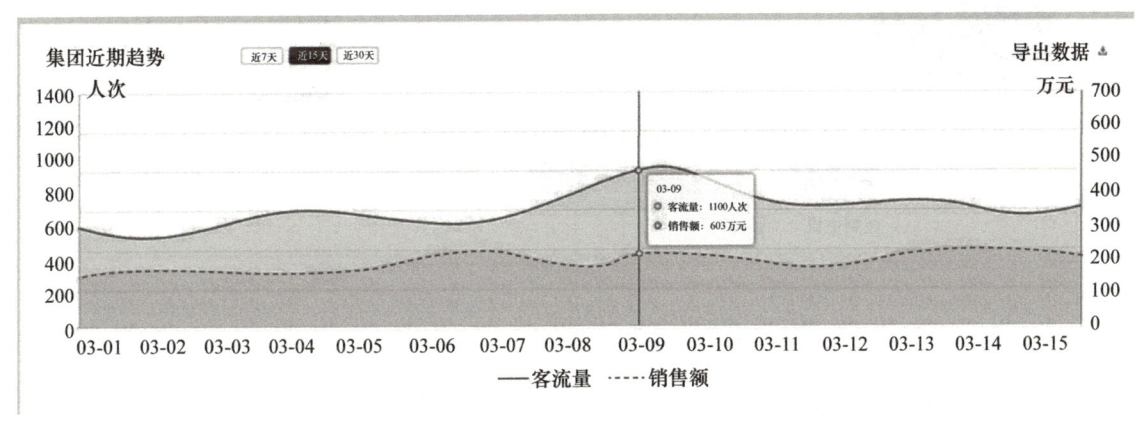

图 9-7　实时客流量与销售额统计数据

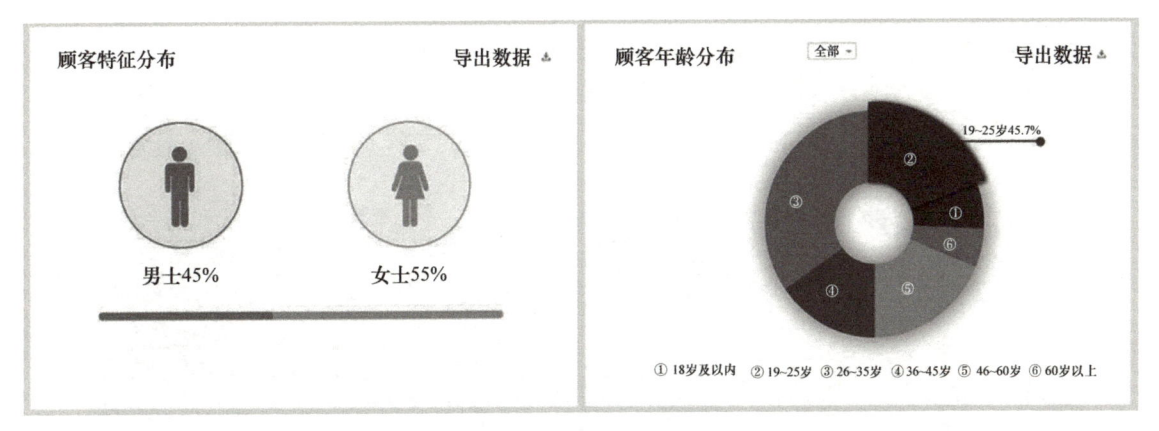

图 9-8　实时客流画像

4. 某大型银行网点智能客流分析解决方案与核心分析技术

客流量统计 AI 算法是一种运用人工智能技术进行数据分析的方法，它利用机器学习、深度学习等算法，能够实时监测和统计客流量。该算法主要依赖机器学习和计算机视觉技术，并包含了图像采集、图像预处理、目标检测、目标跟踪和客流量统计等关键步骤。通过在监控视频中识别和跟踪人的轮廓或特征，该算法能够准确统计和分析人流量的情况。

实时客流分析系统架构如图 9-9 所示。

本次客流检测主要使用 YoloV5 算法完成客流的实时分析，YoloV5 是一个面向实时工业应用而开源的目标检测算法，主要基于深度学习原理，能够检测到视频里的人的信息，受到了广泛关注。我们认为让 YoloV5 爆火的原因不单纯在于 YoloV5 算法本身的优异性，更多在于开源库的实用和鲁棒性，YoloV5 结构如图 9-10 所示。

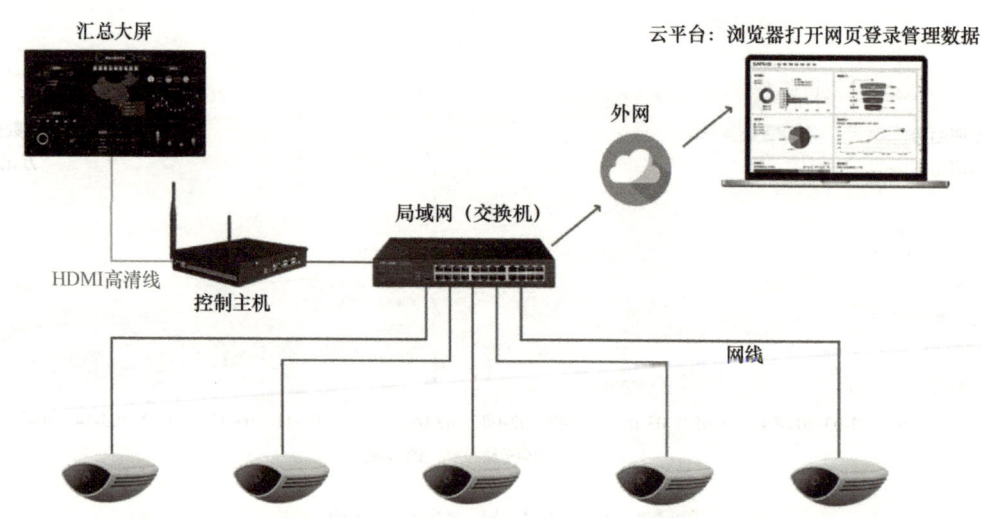

282 // 银行数字化转型：数据思维与分析之道

图 9-9　实时客流分析系统架构

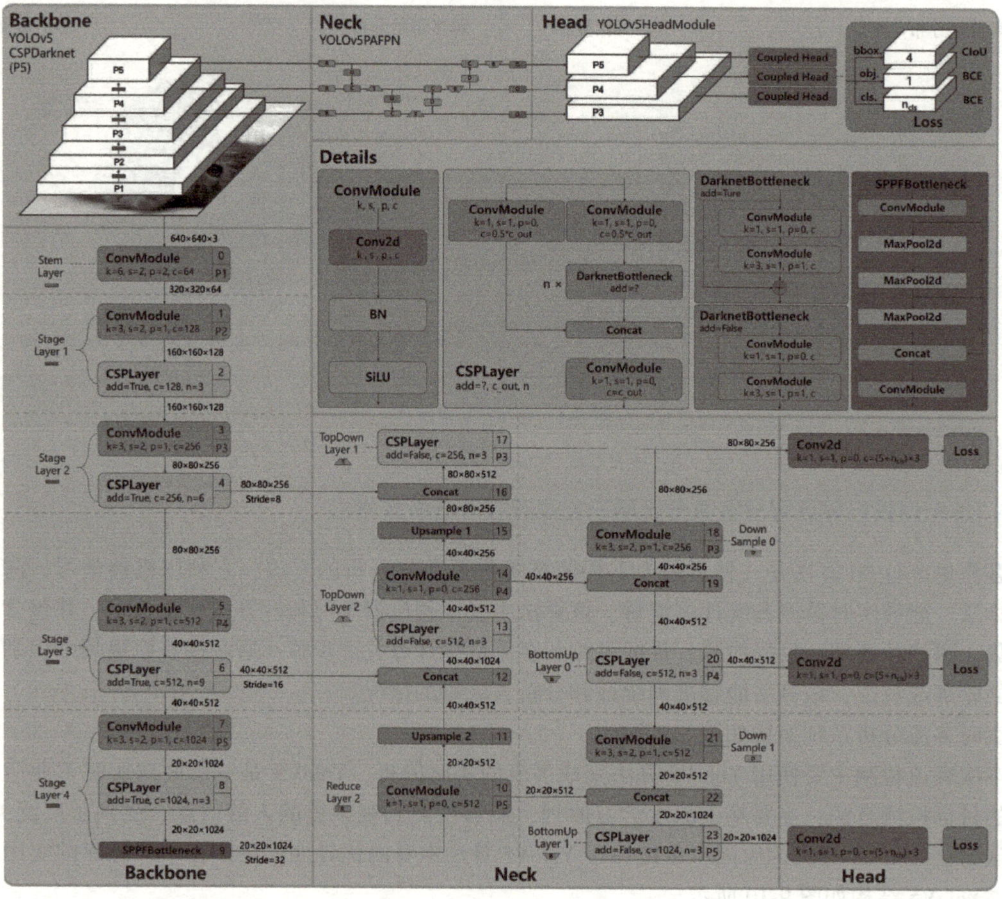

图 9-10　YoloV5 结构

YoloV5 客流统计效果如图 9-11 所示。其主要原理是在视频中绘制一根如图所示的线，然后检测到视频里人的信息，如果物体移动过线，代表一个客流经过。这种方法同时可以区分物体坐标变化的方向，完成实时的计数统计。

图 9-11　YoloV5 客流统计效果

9.3.4　银行网点智能 VIP 用户分析

本项目中，银行网点 VIP 用户分析的目的主要是更好地识别到店的 VIP 用户，以便为其提供更好的服务。

网点通过收集和分析大量的客流数据，包括客户身份信息等，进行 VIP 用户的识别，及时通知服务人员 VIP 到店情况，进而完成 VIP 用户的服务。

1. 网点 VIP 用户运营的相关痛点

传统银行营业厅无法知道 VIP 到店情况，也无法实时感知 VIP 的轨迹。无法对顾客整个办理过程、轨迹、停留时间进行感知，进而无法为 VIP 用户提供个性化服务。

2. 网点 VIP 用户分析使用的数据

在本分析模型中，我们使用的数据包括网点出入口监控视频数据，格式为视频流，以及用户的人脸信息。

3. 网点 VIP 用户分析建成效果

配合银行内部 VIP 用户信息与客户人脸匹配关系，对进入网点 VIP 进行实时分析。识别到 VIP 用户后，发送提醒信息到网点服务人员手中，完成跟进服务与接待准备。

4. 网点 VIP 用户分析核心算法与解决方案

本项目中，VIP 识别算法主要采用的是人脸识别算法，其识别步骤如图 9-12 所示。人脸识别是一种软件层面的算法，通过处理视频帧或数字图像来验证或识别一个人的身份。面部识别技术有几种不同的工作方法，但是他们通常会将图像中的面部特征与数据库中的面部特征进行比较。

图 9-12　VIP 用户人脸识别步骤

特定的神经网络被训练用来检测人脸的标签，并将人脸与图像中的其他物体区分开来。标签是人类普遍的五官等面部特征，比如眼睛、鼻子、嘴巴、眉毛等。人脸识别算法流程如图 9-13 所示。

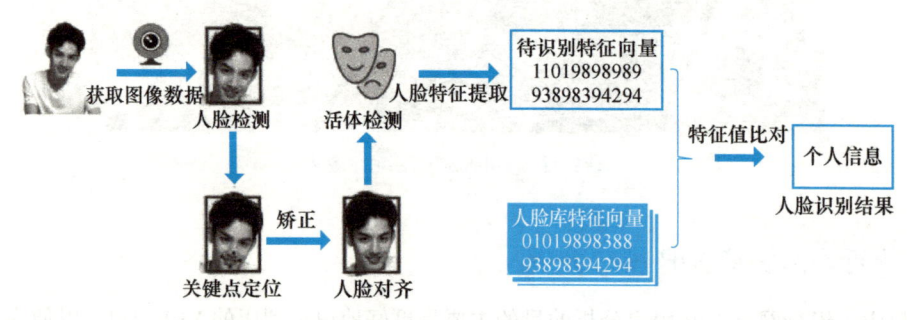

图 9-13　人脸识别算法流程

通过摄像头读取人脸数据，然后检测到客户的人脸位置，识别人脸的特征信息后，变成特征向量，随后与数据库中的人脸向量比对，查看与哪个 VIP 存储的人脸数据相似，进而获取人的身份信息。

9.3.5　银行网点智能用户行为检测

本项目中，银行网点智能用户行为检测的目的主要是检测用户在网点的违规行为，例如吼叫、打架等。进而方便网点对运营安全进行实时检测。

1. 网点用户行为检测运营的相关痛点

传统银行营业厅无法知道客户在网点中都存在哪些动作，需要哪些服务，无法对海量顾客整个办理过程、轨迹、行为进行感知，进而无法为客户提供个性化服务，同时也无法检测到违规行为。

2. 网点用户行为检测使用的数据

本分析模型中我们使用的数据主要是用户在网点中活动的相关视频数据。

3. 网点用户行为检测建成效果

配合银行内部监控信息数据，对进入网点用户行为进行实时检测，例如打架、烟雾等，全面保障网点的运行安全。用户行为检测效果如图 9-14 所示。

图 9-14　用户行为检测效果

4. 网点用户行为检测核心算法与解决方案

用户行为检测技术架构如图 9-15 所示。由于行为检测需要海量的实时数据计算能力，所以通常采用边缘计算的方式完成数据分析。即在营业网点部署相关的 AI 算法分析模型，边缘计算设备可在嵌入式设备和边缘设备上构建和部署高质量训练 AI 模型，依托厂商的计算芯片卓越的图形计算性能，快速训练并优化 AI 模型网络，通过设备的容器化部署可实现灵活顺畅的更新迭代。厂商的计算芯片并行计算平台和编程模型，将出色性能和功率优势与丰富的 IO 相结合。利用小巧的外形、传感器众多的接口和出色性能。

图 9-15　用户行为检测技术架构

在边缘计算设备中，有多种 AI 预警技能可供选择。这些技能包括但不限于以下几种：人脸检测统计、烟火检测告警、物品遗失告警、人员拥挤告警、物体跌落告警、暴力破坏告警和肢体冲突告警等。这些 AI 技能可以同时接入 4~8 种摄像头，并通过先进的智能视频分析技术为传统的普通摄像头提供增强能力。借助这些技术，边缘设备可以在传统监控场景中实现智能感知，包括人脸识别、人形检测、行为分析和环境感知等智能监控功能。边缘算法计算系统如图 9-16 所示。

从算法角度，本项目采用了 YoloV8 算法，YoloV8 在继承 Yolo 系列网络结构思想的基础上，进行了多方面的改进和创新。其网络结构主要由骨干网络（Backbone）、颈部网络（Neck）和检测头（Head）三部分组成。骨干网络负责提取图像的特征，颈部网络进行特征融合，而检测头则负责生成最终的检测结果。YoloV8 算法网络结构如图 9-17 所示。

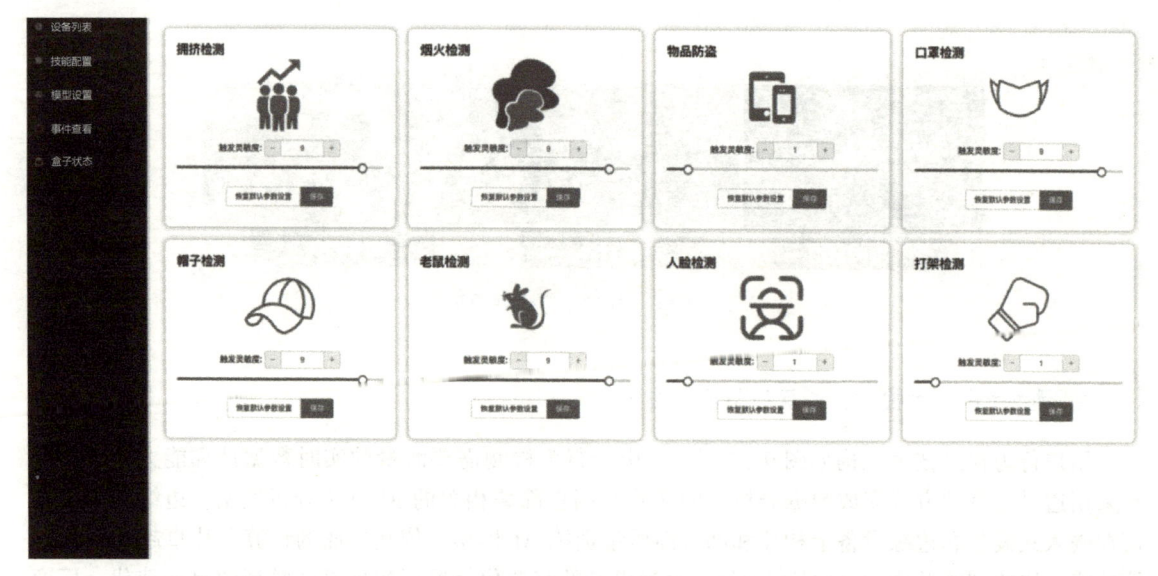

图 9-16 边缘算法计算系统

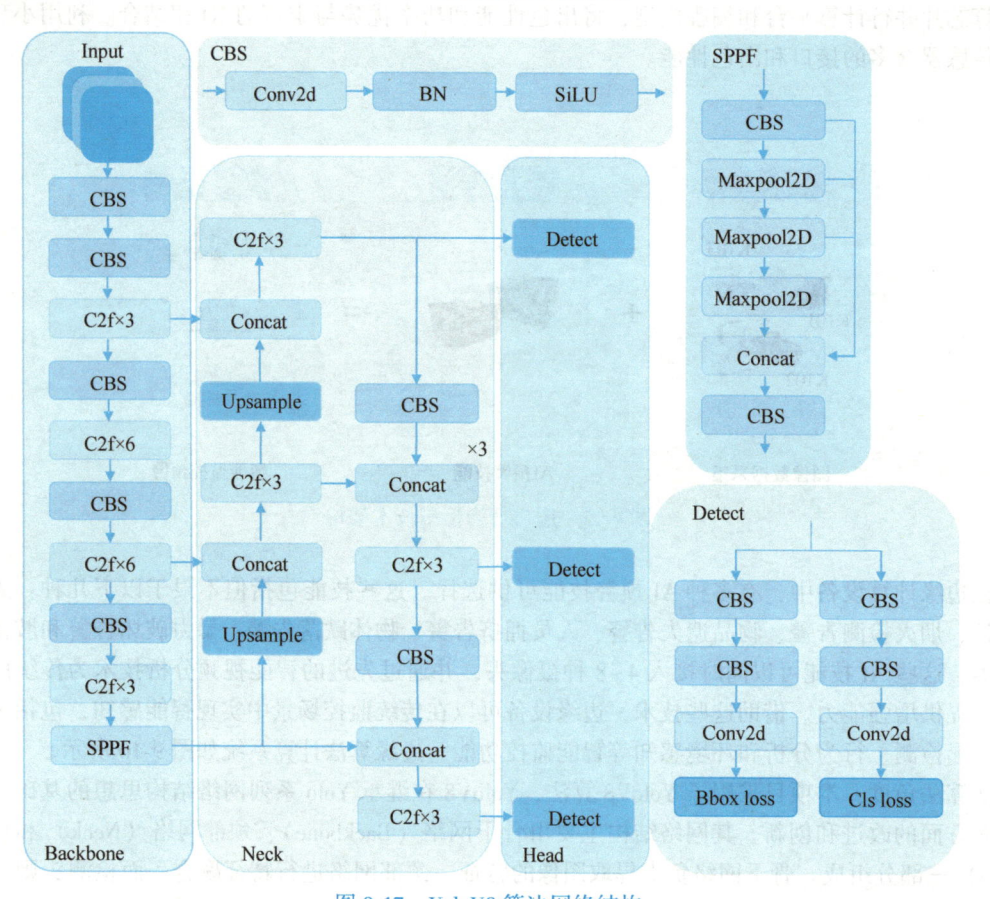

图 9-17 YoloV8 算法网络结构

本案例中，使用了基于深度学习的多种分析方法，包括 YoloV5、YoloV8 等多款模型。基于这些模型，可以分析网点运营中的非结构化数据进行挖掘分析，并且能够将分析结果运用在网点运营中，丰富网点的运营体系，提升网点的经营效率，形成如图 9-18 所示网点智能运营监控数据体系。

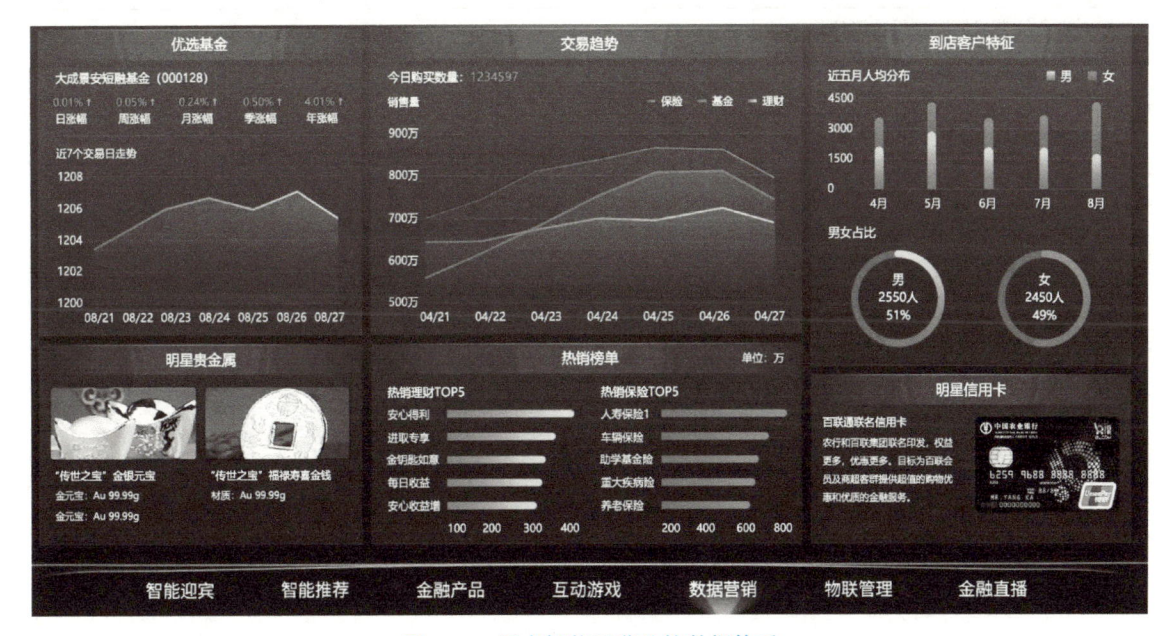

图 9-18　网点智能运营监控数据体系

该体系实现了银行网点的运营数字化转型，进而让网点运营更透明，业务监控更有效。

9.4　本章小结

本章主要讲述了基于深度学习方法实现商业银行数智化运营，通过对非结构化数据的分析挖掘，如图像、视频，助力银行的数字化转型。

在本章中，我们重点学习了以下几个方面的知识：

1）银行网点数智化运营的方法。
2）非结构化数据中视频图像数据的挖掘分析方法。
3）人脸识别分析技术的应用场景。
4）目标检测分析技术的应用场景。
5）银行网点客流分析的方法。
6）银行网点 VIP 用户识别的方法。
7）银行网点用户行为检测的方法。

通过本章的学习，我们深刻认识到了人工智能技术对于商业银行业务经营的重要性和实现方式，同时也掌握非结构化数据挖掘方法应用的实践技巧和方法。

【学习效果评价】

复述本章的主要学习内容	
对本章的学习情况进行准确评价	
本章没有理解的内容是哪些	
如何解决没有理解的内容	

注：学习效果评价包括少部分理解、约一半理解、大部分理解和全部理解四个层次。请根据自身的学习情况进行准确的评价。